Susanne Spindler

Corpus delicti

Männlichkeit, Rassismus und Kriminalisierung im Alltag jugendlicher Migranten

EDITION DISS

Edition des Duisburger Instituts für Sprach- und Sozialforschung im UNRAST-Verlag, Münster

UNRAST

Bibliographische Information der Deutschen Bibliothek
Die Deutsche Bibliothek verzeichnet diese Publikation in der Deutschen Nationalbibliografie; detaillierte bibliographische Daten sind im Internet über http://dnb.ddb.de abrufbar.

Die Arbeit wurde als Dissertation an der Erziehungswissenschaftlichen Fakultät der Universität zu Köln angenommen und für die Veröffentlichung überarbeitet. Tag der mündlichen Prüfung: 19.07.2005.
GutachterInnen:
Prof. Dr. Wolf-Dietrich Bukow und Prof. Dr. Elke Kleinau.

Susanne Spindler - Corpus delicti
Edition DISS Bd. 9
1. Auflage, 2006
ISBN 3-89771-738-7

Postfach 8020, 48043 Münster - Tel. (0251) 66 62 93
info@unrast-verlag.de
www.unrast-verlag.de
Mitglied in der *assoziation Linker Verlage* (aLiVe)

Umschlag: Peter Heuer
Satz: Unrast Verlag, Imprint. Jörn Essig
Druck: Interpress, Budapest

Inhalt

	Einleitung	9
1	**Geschlechterforschung**	**19**
1.1	Widersprüchliche Geschlechterbilder und die Erosion der Bedeutung von Geschlecht	21
1.2	Die Anfänge der modernen Geschlechterdebatte: Themen und theoretische Wegweiser	31
1.3	Geschlecht als soziales Konstrukt: Die Debatte um sex und gender, das (verlorene) Subjekt der Forschung und die geschlechtliche Durchdringung des Alltags	35
1.4	Männlichkeitsforschung: Männlichkeiten statt Männlichkeit	43
1.5	Verortung: Plädoyer für den Erhalt der Analysekategorie Geschlecht	49
2	**Rassismus und Vergeschlechtlichung**	**53**
2.1	Zur Entwicklung des Rassismus	55
2.2	Kulturdifferenz, Patriarchen und unterdrückte Migrantinnen als gesellschaftliche und wissenschaftliche »Leitbilder«	65
2.3	Verortung: Differenzierungen durch Intersektionalität von »race« und gender	68
3	**Aspekte der Diskussion um Kriminalität**	**79**
3.1	Männer und Frauen als Täter und Opfer	79
3.2	Kriminalität, Herkunft und Geschlecht zusammen denken	81
3.3	Die mediale Inszenierung der Jugendgewalt	85
3.4	Jung, männlich, »Ausländer«: Den Täter dingfest machen	90
3.5	Desintegration, Machismo, Ehre oder subordinierte Männlichkeiten? Einige wissenschaftliche Erklärungen zu Jugendkriminalität und Geschlecht	93
3.6	Verortung: Die Relevanz von Kriminalisierung, Geschlecht und Herkunft zum Verständnis von Kriminalität	103

4 Methodisches und Methodologisches 107

4.1 Biographie als Dokument der Verknüpfung von Subjekt und Kollektiv 108
4.2 Biographieforschung in Überschneidung mit anderen Forschungsfeldern 112
4.3 Biographische Interviews mit Jugendlichen in der Haft: Methodische Zugänge zu den Lebensgeschichten 117
4.4 Zusammenfassende Beurteilung des methodischen Vorgehens 127

5 Kurzbiographien der Interviewten 131

Abdul 131
Adnan 132
Engin 133
Franco 133
Hüseyin 134
Iwan 136
Ömür 137
Levent 138
Muhammet 138
Murat 139
Reza 140

6 Familie 143

6.1 Der Vater als Aggressor 145
6.2 Der Vater als gebrochener Mann 148
6.3 Ein Vater im Verschwinden 151
6.4 Der Vater als Held, der nicht beschützt 152
6.5 Selbstethnisierung und Geschlechterklischees: »Mein Vater ist ein typischer Türke« 153
6.6 Mütter: Emotionale Anker der Jugendlichen 157

7 Schulischer Kontext 161

7.1 Strukturelle Diskriminierungen von MigrantInnen in der Schule 161

7.2 Rassismuserlebnisse der Jugendlichen 166

7.3 Geschlechterkonstruktionen von Schülern und LehrerInnen 169

7.4 Brutalität als Merkmal der »Ausländerschulen« 172

8 Relevanz von und Möglichkeiten zur Erwerbsarbeit 175

8.1 Relevanz der Erwerbsarbeit – Väter: Zwar besser, aber auch nicht richtig 175

8.2 Möglichkeiten zur Erwerbsarbeit: Der Wille allein reicht nicht 178

8.3 Institutionelle Notausgänge: Halbherzige Versuche der Integration in den Arbeitsmarkt 183

8.4 Eigene Notausgänge: Schattenarbeiten 185

9. Leben als Flüchtling 189

9.1 Rechtliche Hintergründe 189

9.2 Flüchtlinge als gesellschaftlich definiertes Problem 192

9.3 Psychische Belastungen durch Flucht 195

9.4 Die Wohnsituation: Kontrolle im Flüchtlingsheim 198

10 Sexualisierte Gewalt 205

10.1 Männer als Täter und Jungen als Opfer 206

10.2 Das pädosexuelle Milieu als Beschleuniger der Kriminalisierung 208

10.3 Zusammenhänge von sexualisierter Gewalt und Rassismus 210

10.4 Umgang mit und Verarbeitungen von sexualisierter Gewalt: Versuche, die Männlichkeit wieder gerade zu rücken 217

11 Zur Bedeutung von Homosexualität 225

11.1 Homosexualität und die Angst vor Vergewaltigung 226

11.2 Homosexualität und die biographische Erfahrung des sexualisierten Missbrauchs 228

11.3 Der »Vorwurf« der Homosexualität als Entmännlichung 231

12 Beziehungen zu Mädchen und Frauen 237

12.1 Mädchen als Statussymbol 237

12.2 Wie weit darf Mann gehen? – Gewalt gegen Frauen 238

12.3 Verhinderte Beziehungen auf Grund des Merkmals »Ausländer« 240
12.4 Der souveräne und rationale Mann 241
12.5 Mann muss Frauen helfen 243
12.6 Die gleichberechtigte Beziehung – der gefühlvolle und moderne Mann 244
12.7 Beziehungen und Familiengründung: Vater-Sein 246

13 Die Clique als Ort der Solidarität 249

13.1 Anführer und Mitläufer 250
13.2 Kämpfe um Territorien 255
13.3 Der Cliquenname als Symbol der Macht 257
13.4 Mädchen in der Clique 258
13.5 Die Polizei als »ebenbürtiger« Gegner 261

14 Leben im Gefängnis als junger Migrant 265

14.1 (K)ein Jugendleben in Haft 266
14.2 Erschwerte Vollzugsbedingungen durch die rechtliche Situation als Ausländer 270
14.3 Die Gewalt (in) der Haft: Produktion und Reproduktion von Männlichkeit und Ethnizität 272

15 Abschiebung 283

16 Fazit 289

16.1 Von den Kontexten der Jugendlichen zur Dekontextualisierung 290
16.2 Rassismus und Körper 314
16.3 Positionierung im Nichts: Rassismus durch Ausschluss aus der Gouvernementalität 320

Literatur 329

Transkriptionszeichen 357

Die Autorin 358

NO
~~MY~~ HOME

NO
~~MY~~ CASTLE

Dan Perjovschi, Lecture
(In: Projekt Migration, 2005: 195)

Dank an alle, die diese Arbeit ermöglicht haben,

an Wolf Bukow, der die Arbeit überhaupt erst auf den Weg gebracht hat und mir über alle Holprigkeiten hinweg immer wieder kreativ und strukturierend zur Seite stand; an Elke Kleinau für ihre Ermunterungen und kritischen Anregungen; an die Jugendlichen, die bereitwillig ihre Geschichten erzählt haben; an Margret und Siegfried Jäger vom Duisburger Institut für Sprach- und Sozialforschung, die diese Veröffentlichung ermöglicht haben; an Uğur Tekin, Gerda Heck und Erika Schulze für alles; an Erol Yıldız, Brunhilde Sauer-Burghard und alle MitarbeiterInnen und WeggefährtInnen der Forschungsstelle für interkulturelle Studien für ihre Unterstützung; an Susanne Freisberg, Chrissi Jung, Sabine Heinz und alle meine Freundinnen und Freunde - was hätte ich ohne euch gemacht?; an meine Schwester Melanie, Mama meiner Lieblingsneffen und gestrenge Germanistin ihres Zeichens; und an meine Eltern Irmgard und Eckhard Spindler, die mir vertraut, mich immer unterstützt und nie bezweifelt haben, dass dieses Buch eines schönen Tages auf ihrem Küchentisch liegen wird.

Einleitung

Jung, männlich, türkisch - und schon entsteht vor dem inneren Auge das Bild eines Jugendlichen, der mit Goldkettchen, Kampfhund und protzigem Körper ausgestattet, andere Jugendliche abzockt, alten Damen die Handtasche klaut und ganze Stadtteile in Angst und Schrecken versetzt. Das Phänomen scheint wissenschaftlich und medial geklärt zu sein: Wir haben es dabei mit dem Typ »türkischer Macho« zu tun. Junge männliche Migranten seien geprägt von patriarchalen Männlichkeitsvorstellungen, die sie in der Familie gelernt hätten. Gewalt und ein gewalttätiges Geschlechterverhältnis seien für sie normal. Mit emanzipatorischen Verhältnissen in der Bundesrepublik konfrontiert, gerieten sie mit solchen Konzepten von Männlichkeit in einen Kulturkonflikt - und würden ihr Dilemma dann durch Gewalt verarbeiten. Ihre Gewaltbereitschaft schmälere ihre Chancen, sich in der Gesellschaft einen Platz zu erobern (vgl. z.B. Pfeiffer/Wetzels 2000: 21ff, Aslan 2003).

Diese und ähnliche Sichtweisen der Situation männlicher Jugendlicher mit Migrationshintergrund deuten deren Gewalt als einen Ausdruck längst überholter Vorstellungen von Männlichkeit und als Gegensatz zum gesellschaftlich vorherrschenden Geschlechterverhältnis und -verhalten - denn gerade Männlichkeit sei nicht mehr das, was sie mal war. Allenthalben macht die Rede vom »neuen Mann« die Runde, sind die Geschlechterverhältnisse »im Umbruch«, lässt sich Männlichkeit nicht mehr in alten Stereotypen erfassen. Gleichberechtigung der Geschlechter ist allgemein akzeptiertes gesellschaftliches Ziel, und es gibt Raum für Individualität jenseits von Geschlecht. In der individualisierten Gesellschaft verliere Geschlecht an Bedeutung und an strukturierender Kraft (vgl. Beck 1995: 185ff). Nur einige hätten das noch nicht begriffen: Angehörige bestimmter Milieus verkörpern immer noch einen Typ »Macho«, rückständig, traditionell und patriarchal zugleich. Der »kriminelle türkische[1]« Jugendliche ist so einer. Damit wäre der Täter dingfest gemacht: Diese Jugendlichen gilt es zu ändern, ihnen ihre Geschlechterstereotype auszutreiben. Ihr Modernisierungsrückstand, der sich in Einstellungen, Werten und im Lebensstil ausdrücke, müsse bekämpft werden.

---

1 »Türkisch« ist alltagssprachlich zum Sammelbegriff und Synonym für MigrantInnen aus der Türkei, dem arabischen Raum und/oder muslimischer Religion geworden (vgl. Jäger 2000: 10); die Konzentration der Diskussion auf »die Türken« macht sie zum Inbegriff der »Anderen« (vgl. Bukow/Heimel 2003: 16ff).

Und doch stellt sich ein Unwohlsein ein bei dieser Lösung, denn sie geht gleich von mehreren Annahmen aus, die zu hinterfragen sind. Eine erste Annahme zielt auf das Geschlecht: Es verliere an Relevanz, Geschlechtertraditionen und -konventionen spielten kaum noch eine gesellschaftliche Rolle, Institutionen und Alltagssituationen seien immer weniger von geschlechtlichen Ungleichheiten durchzogen. Geschlecht als Kategorie der Ungleichheit und das Patriarchat sowieso seien »out«. Die zweite Annahme, die mit der ersten zusammenhängt, geht davon aus, dass sich diese Tendenz bei jungen Migranten und deren Familien in eine entgegengesetzte Richtung entwickelt: Deren Lage sei vorrangig kulturell bedingt und »ihre« Kultur - im Gegensatz zu »unserer« - sehr stark von patriarchalen Geschlechterungleichheiten durchzogen; der Machismo der Jugendlichen sei Resultat dieser familiären Situation.

Stellt man diese Annahmen über Geschlecht, Kultur und (die Familienstruktur von) MigrantInnen in Frage, und damit zugleich das Bild gesellschaftlicher Verfasstheit, das sie implizieren, dann schrumpft der »türkische Macho« auf eine reine Beschreibung zusammen. Das Verhalten der Jugendlichen ist damit allerdings nicht erklärt. Ein Forschungsdesiderat wird sichtbar: Hängen Gewalt und Kriminalität mit Männlichkeit und Herkunft der Jugendlichen zusammen? Und wenn ja, wie?

Dass Jugendliche mit Migrationshintergrund in bundesdeutschen Gefängnissen überrepräsentiert[2] sind, war der Ausgangspunkt eines an der Universität zu Köln unter Leitung von Prof. Dr. Wolf-Dietrich Bukow durchgeführten Forschungsprojektes. Das Projekt wurde von der Deutschen Forschungsgemeinschaft (DFG) gefördert, von 1999 bis 2002 war ich als wissenschaftliche Mitarbeiterin daran beteiligt. Exemplarisch haben wir eine Untersuchung mit inhaftierten Jugendlichen mit Migrationshintergrund, deren Lebensmittelpunkt vor der Inhaftierung in Köln war, durchgeführt. Forschungsziel war, die Lage der Jugendlichen zu beschreiben und zu deuten, das Bedingungsgefüge ihrer »Kriminalitätskarrieren« zu analysieren und dann mögliche Maßnahmen gegen die Überrepräsentation dieser Jugendlichen in Haft herauszuarbeiten. Dazu führten wir Interviews mit inhaftierten Jugendlichen sowie mit VertreterInnen der Instanzen sozialer Kontrolle.

Die Ergebnisse in einigen groben Linien zusammengefasst: Die Inhaftierung bedeutet nicht, dass Jugendliche mit Migrationshintergrund »krimineller« sind als andere, sondern zeigt vielmehr, dass sie auf Grund von

2 Statistisch erfasst durch die höhere Anzahl Nichtdeutscher als Tatverdächtige, Verurteilte sowie in der Untersuchungshaft.

Ethnisierungs- und Kriminalisierungsprozessen eher in der Haft landen. Sie wachsen in meist schwierigen Situationen auf, die nicht durch eine besondere Disposition kultureller, religiöser oder »ethnischer« Provenienz bedingt sind, sondern durch verschiedenste Formen der Exklusion. Diese greifen in der biographischen Entwicklung - je nach der entsprechenden Phase oder dem Kontext - als Ausgrenzung (z.B. als Ausländer), als Diskriminierung (z.B. als ressourcenloser Jugendlicher), als Ethnisierung (als verdächtiger Fremder) und als Kriminalisierung (als Objekt erhöhter sozialer Kontrolle).[3]

Auffällig ist, dass in unserem Untersuchungszeitraum ausschließlich junge Männer und keine einzige weibliche Jugendliche mit Migrationshintergrund und Lebensmittelpunkt in Köln inhaftiert waren. So deuten weitere Ergebnisse auch auf eine Relevanz des männlichen Geschlechts hin: Als in Fremd- und Selbstzuschreibung marginalisierte Jugendliche und Heranwachsende suchen sie sich meist auf risikovolle Weise Plätze in Alltagsnischen. Diese Positionen und ihre Orte sind oft mit Attributen von Männlichkeit belegt, sei es, dass sie in männerbündischer Art und Weise organisiert oder nur mit Hilfe des männlichen Körpers zu erlangen sind. Milieus wie Drogen-, Prostitutions- oder pädosexuelles Milieu, in denen meist gleichgeschlechtliche Begegnungen stattfinden, sind oft durch Männlichkeit konstituiert. Sehr auffällig, aber von anderen Forschungen kaum bearbeitet, hatten viele der von uns interviewten Jugendlichen, die als »Intensivtäter« bezeichnet werden, sexualisierte Gewalt erfahren, auch außerhäuslich in einem pädosexuellen Milieu. Die Auswirkungen dieser Erfahrungen auf ihr Geschlecht spiegeln sich biographisch wider.

An solchen Punkten zeichnet sich ab, dass eine intensivere Beschäftigung mit der Frage des Geschlechts zur Klärung der Problematik der jugendlichen Biographien durchaus ertragreich sein könnte, ihr vielleicht sogar eine maßgebliche Bedeutung zukommen muss. Daher entschied ich mich, nun die Frage der Relevanz von Männlichkeit und Männlichkeitskonstruktionen in den Mittelpunkt zu stellen, wobei Ergebnisse der Projektarbeit einfließen und mit den hier relevanten Fragestellungen reinterpretiert werden.

Folgende Aspekte stehen im Mittelpunkt der Arbeit: Die Jugendlichen konstruieren Geschlecht in einem Umfeld, das Vorgaben macht, bewegen sich in schon geschlechtlich strukturierten gesellschaftlichen Verhältnissen, Situationen und Institutionen. Ihre Geschlechterkonstruktionen sind eng mit ihrer Situation als Jugendliche mit Migrationshintergrund verbunden, die entscheidend ihre Lebenslage prägt. Rassismus wird in institutionellen und alltäglichen Zusammenhängen bedeutsam, betrifft oft unmittelbar oder indirekt ihr Ge-

3 Die Projektergebnisse sind erschienen in Bukow et al. 2003.

schlecht. Es zeigen sich Überkreuzungen der Kategorien »Ethnizität« und Geschlecht, die mehrfach Macht produzieren und die Jugendlichen einordnen. Je mehr man über die Bedingungen dieser Jugendlichen erfährt, über die Umstände, unter denen sie aufwachsen, desto deutlicher zeichnen sich die Möglichkeiten und Grenzen von Geschlechterkonstruktionen und deren Ausgestaltungen ab und desto verständlicher werden ihre Verhaltensweisen. In den unterschiedlichen Biographien scheinen die Lebenswege der Jugendlichen zunächst noch relativ offen und verengen sich dann immer mehr. Zugänge zu Bildung, Arbeit oder zu anderen Milieus sind stark reduziert oder bleiben verwehrt, ihre Lebenswege spitzen sich immer weiter in kriminalisierte Milieus zu, bis in die Inhaftierung hinein. Für ihre Konstruktionen von Geschlecht entstehen daraus enge Vorgaben, und es gelingt den Jugendlichen nur manchmal, vor allem in nicht-institutionellen Zusammenhängen, daraus auszubrechen.

Der theoretische Teil der Arbeit ist so konzipiert, dass er Orientierung und Hintergrund für die Interpretation des empirischen Materials bietet. Zum Inhalt im Einzelnen:

Geschlecht wird heute mal als an Bedeutung verlierend, mal als nach wie vor den Alltag dominierende und strukturierende Kraft beschrieben. Zu einer Stellungnahme in dieser Frage bieten die Geschlechterforschung und auch die Männlichkeitsforschung gute Anknüpfungspunkte (*Kapitel 1*). Der (de)konstruktivistische Ansatz geht davon aus, dass Geschlecht als soziale Konstruktion in und durch alltägliche Interaktion hergestellt wird, somit in jeder sozialen Interaktion produziert wird. »Doing gender« bedeutet aber nicht, dass die Herstellung von Geschlecht gänzlich den Subjekten überlassen ist. Durch tradierte Geschlechterkonventionen, ökonomische und institutionelle Strukturen und gesellschaftlichen Common Sense sind Grenzen gesetzt. Klassenlage und Herkunft entfalten als gesellschaftliche Spaltungslinien Wirkungskraft und sind eng mit spezifischen Zuschreibungen an Geschlechtlichkeit verknüpft, die sich wiederum auf die Positionierung der Subjekte auswirken. Verschiedene Möglichkeiten der Überkreuzungen der Kategorien »race«, class und gender verweisen darauf, dass es nicht nur eine alles überwölbende Geschlechterlage geben kann, nicht *die* Männlichkeit oder *die* Weiblichkeit, sondern vielmehr Männlichkeit*en* und Weiblichkeit*en* (vgl. Connell 2000: 54, Döge 2000: 18). Im Konzept der hegemonialen Männlichkeit zeigt Connell die ungleichheitsstrukturierende Kraft von Geschlecht auf: In seiner Analyse von Männlichkeitskonstruktionen als Hegemonie beanspruchend, nach Hegemonie strebend und sich um Hegemonie gruppierend verwendet er die Kategorie gender, um Ausgrenzungs- und Privilegierungsmuster entlang einer geschlechtlichen Ordnung zu erkennen. Er deckt dabei ebenso die Mittel auf, mit denen hegemoniale Männlichkeit hergestellt wird, als auch die Funktion, die die Unterordnung bestimmter Gruppen von Männern zur Herstellung oder zum Erhalt der Hegemonie anderer Männer einnimmt.

Vor allem Schwarze[4] Geschlechterforscherinnen kritisierten schon in den 1980er Jahren, dass Geschlecht als scheinbar immer gleich wirkende, universelle Kategorie der Unterdrückung dargestellt wird, statt es mit der jeweiligen Lage des Individuums und mit anderen gesellschaftlich etablierten Differenzierungsmustern abzugleichen (vgl. Frey/Dingler 2000) (*Kapitel 2*). Rassismus wird zu einem entscheidenden Macht konstituierenden Element und seine Konstruktion von »Rasse« zur Schlüsselkategorie dieser Analyse: »Rasse« kann nicht einfach nur *neben* andere Differenzierungskategorien gestellt und addiert werden, sondern beeinflusst je nach Kontext maßgeblich die gesellschaftliche Position - und damit auch Vergeschlechtlichungsprozesse. Die deutsche Migrationsforschung hat diese Erkenntnis allerdings lange ignoriert, auch wenn sie Geschlecht und Geschlechterverhältnisse in der Migration ständig thematisiert(e) (vgl. Lutz/Huth-Hildebrandt 1998: 159). Meist steht die weibliche Migrantin als Opfer ihres Mannes im Fokus, womit das Geschlechterverhältnis von MigrantInnen als »traditionelles und patriarchales« dem emanzipierten Geschlechterverhältnis geradezu entgegengestellt werden muss. Kritische Migrations- und GeschlechterforscherInnen stellen den bisherigen Diskurs in Frage[5] dazu rekurrieren sie auf einen Zweig der Migrations- und Rassismusforschung, der schon lange die Kulturdifferenzhypothese und den diskursiven Umgang mit dem Thema Migration kritisiert.[6] Auf diesen beziehe ich mich in der Beschäftigung mit der Frage nach der Herstellung und der Funktion des »Anderen«.

4 »Schwarz« (in Großschreibung) ist eine politische Kategorie, die den Minderheitenstatus und nicht die Hautfarbe anzeigt; als Selbstbezeichnung wurde der Begriff vor allem im angloamerikanischen Raum aufgebracht (vgl. Lutz 1990: 1). In diesem Sinne werde ich den Begriff »Schwarz« (und analog dazu den Begriff »Weiß« als Zeichen der Zugehörigkeit zur dominanten Gruppe) verwenden, um die politische Dimension und den konstruktiven Charakter der Kategorien zu verdeutlichen.

5 Vgl. z.B. die Studien von Gültekin 2003, Gutiérrez Rodríguez 1999, Inowlocki/Lutz 2000, Lutz 2002, Weber 2003 sowie die Beiträge in Apitzsch/Jansen 2003, *beiträge zur feministischen theorie und praxis* 2003, Castro Varela/Clayton 2003.

6 Darunter z.B. Bukow/Llaryora 1988, Dittrich/Radtke 1990, Hamburger 1984, Kalpaka/Räthzel 1990, Rommelspacher 1995. Zu den jüngeren Autoren s. z.B. Badawia et al. 2003, Demirovic/Bojadzijev 2002, Mecheril 2001, Terkessidis 2000, 2004, Yildiz 1999.

Trotz der Ergebnisse dieser Forschungen bricht sich immer wieder ein gesellschaftlicher Konsens Bahn, der ständig die Bedrohung durch »den Fremden« zitiert, wenn es um das Thema Migration geht (*Kapitel 3*). Der »bedrohliche Fremde« ist nicht nur in medialen Konstruktionen vorhanden, sondern auch in juristischen (z.B. im Ausländergesetz), im Umgang mit Flüchtlingen, in der Schule und auf dem Arbeitsmarkt. Kurzum: Dieses Bild durchdringt die Gesellschaft und ist zudem oft eng mit Bildern von Kriminalität verknüpft. Junge männliche Migranten betrifft das besonders, sie dienen als Folie verschiedenster lauernder Gefahren - Gefahren, die von Jugend, von Migranten und von Männern ausgehen. Im dritten Kapitel geht es um solche Diskurse, die sich um das Thema Kriminalität gruppieren. Medien als Vermittler bestimmter Vorstellungen von Kriminalität werden ebenso betrachtet wie einige ausgewählte kriminologische Untersuchungen, die sich mit Jugendkriminalität allgemein oder der Kriminalität junger Migranten beschäftigen. Der Zusammenhang zwischen Kriminalität, Geschlecht und Herkunft erfährt in der Forschung entweder zu wenig oder zu einseitige Beachtung. Kriminalität junger männlicher Migranten diskutiert die Kriminologie oft noch unter dem Stichwort »Ausländerkriminalität« mit seinen Implikationen.

In ihrer Konzeption ist die Arbeit als qualitative Studie angelegt, Theorie und Praxis sind im Sinne qualitativer Forschung als Wechselspiel entwickelt worden. Im Mittelpunkt des Erkenntnisgewinns stehen die Rekonstruktion und die Analyse der jugendlichen Biographien. Vor deren inhaltlicher Bearbeitung führe ich in Methodologie und Methode ein (*Kapitel 4*). Für die Analyse habe ich 11 der 23 biographischen Interviews ausgewählt; diese haben wir im Forschungsprojekt mit jungen Männern mit Migrationshintergrund in den Justizvollzugsanstalten Heinsberg, Siegburg und Ossendorf geführt. Die biographische Rekonstruktion rückt das Individuum in den Mittelpunkt, um Vergesellschaftungsprozesse zu erfassen. Das Subjekt gewinnt im Zuge von Individualisierungsprozessen an Bedeutung. Und zugleich sind gerade Jugendliche mit Migrationshintergrund schon in feste gesellschaftliche Zuschreibungen eingebunden. Deshalb ist es besonders aufschlussreich, wenn sie selber ihre Biographien erzählen, ihre Sichtweisen darlegen. Sie erzählen von migrationsbedingten Problemen politischer, ökonomischer und sozialstruktureller Art und damit vom gesellschaftlichen Umgang mit Migration und MigrantInnen. Nevâl Gültekin (2003) nennt die Verflechtung der Sichtweise von Einwanderungsgesellschaft und Einwanderern in der Person des Migranten oder der Migrantin die »Doppelperspektivität« - und diesen Blick auf Migrationsphänomene können ausschließlich MigrantInnen geben. Ihre Biographien sind neben dem individuellen Lebensweg immer auch Dokument der Situation der entsprechenden Bevölkerungsgruppe und zugleich Zeugnis gesellschaftlicher Strukturen (vgl. Alheit 2002: 223). Geschichte und Erfahrungen des Subjekts sind in Zusammenhänge eingebettet, die Handlungsspielräume und Entscheidungsfreiheiten ermöglichen oder verschließen (vgl. Rosenthal 1999: 32). Die Biographieforschung lenkt so den Blick vom Individuum hin zu gesellschaftlichen Zusammenhängen und Ungleichheiten. Mit dem Vorgehen möchte ich den komplexen Lebenswegen, Situationen und Beziehungen, in denen die Jugendlichen stehen, gerecht werden und so offen wie möglich an sie herantreten. Diese Offenheit ist insofern wichtig, weil sich gerade das vorliegende Thema durch die Fragen nach Konstruktion von Geschlecht und Ethnizität in einem Spannungsfeld der dekonstruierenden Analyse des Phänomens und seiner gleichzeitigen Konstitution durch die Kategorienbildung befindet. Insofern müssen während des Forschungsprozesses die Interessen und scheinbar geklärten Kategorien immer wieder reflektiert werden, was sich mit Methode und Methodologie qualitativer Forschung gut vereinbaren lässt.

Um die Jugendlichen kennen zu lernen und einen Eindruck ihrer Lebenswege zu bekommen, stelle ich sie in Kurzbiographien vor (*Kapitel 5*). Da ich mich für eine nach Kontexten und Themen (und nicht nach einzelnen Biographien) angeordnete Bearbeitung der Ergebnisse entschieden habe, dienen die Kurzbiographien auch zum Nachschlagen.

In der Rekonstruktion der Lebensgeschichten schließlich möchte ich Form, Funktion und Entstehungsgeschichte der Entwürfe von Geschlecht in Verbindung mit der Herkunft und der Erfahrungsgeschichte beleuchten (*Kapitel 6-14*). Dazu werde ich Situationen, in denen die Jugendlichen leben, biographisch rekonstruieren, um mich der Frage nach Genese und Art und Weise der Geschlechtskonstruktionen der Jugendlichen zuzuwenden. Zentrale Bereiche des jugendlichen Lebens stehen im Mittelpunkt: die Bedeutung von Familie, Schule, Arbeit und Cliquen, das Verhältnis zu Angehörigen des eigenen und des anderen Geschlechts, damit auch verbunden Aspekte von Sexualität und Körperlichkeit. Biographische Themen wie beispielsweise die Auswirkungen sexualisierter Gewalt greife ich ebenso auf wie strukturelle Bedingungen, denen die Jugendlichen als Angehörige der Unterschicht und als Migranten ausgesetzt sind. Nachgegangen wird den Konstruktionen von Männlichkeit, die bei den Jugendlichen sichtbar werden, sowie der Frage, wie sie diese ausgestalten und mit Sinn füllen, warum sie bestimmte Wege einschlagen und andere nicht. Diese ordne ich in ein gesellschaftliches System der Männlichkeiten ein: Es wird deutlich, in welchem Rahmen sich die Männlichkeitskonstruktionen der Jugendlichen bewegen, inwiefern sie mit dem gesellschaftlichen Verständnis übereinstimmen oder nicht. Spielräume werden sichtbar, aber auch verbotene Räume – sie weisen auf die Kontextgebundenheit von Geschlechtskonstruktionen hin. Eine Clique ist z.B. ein anderer Kontext als die Familie, daher zeigen sich verschiedene Formen von Männlichkeit, die hier oder dort ausgelebt werden.

Einige Leitlinien, die sich durch die Lebenszusammenhänge der Jugendlichen durchziehen, möchte ich hier schon mal umreißen: Zum Ersten leben die Jugendlichen oft in gewalttätigen Formationen, die sich in der ein oder anderen Form kontinuierlich durch das Leben bis in das Gefängnis hinein verfolgen lassen. Flüchtlinge machen nach manchmal traumatischen Erfahrungen im Herkunftsland Erfahrungen der Ohnmacht als Asylbewerber in der Bundesrepublik: Hier sind sie mit übermächtiger struktureller Gewalt konfrontiert, leben oft jahrelang in einer Situation der Unsicherheit und des provisorischen Lebens. Alle Jugendlichen berichten von Rassismus und Benachteiligungen in ihrem Alltag, vom Leben in unterprivilegierten und stigmatisierten Quartieren. In einigen Biographien zeigt sich die Erfahrung sexualisierter Gewalt, auch außerfamiliär in pädosexuellen Milieus. Gerade hier wird offenbar, wie sehr die Jugendlichen reduziert werden und wie sehr sich diese Reduktionen auf ihre Körper beziehen. Zudem verbringen sie einen großen Teil ihrer Zeit auf der Straße, wo das Leben in Cliquen, in Kleinkriminalität und Drogenmilieus organisiert wird, auf die wiederum die Kontrollorgane ein besonderes Augenmerk haben.

Zum Zweiten tritt die Konstruktion des Geschlechts in scheinbar überkommenen Vorstellungen von Männlichkeit zu Tage, die sich in Gewalttätigkeit ausdrückt und dabei stereotype Züge annimmt. Die jungen Männer leben diese Formen von Männlichkeit in männerbündischen Zusammenschlüssen aus, denen als weiteres konstitutives Element »ethnische« Zugehörigkeit zu Grunde liegt. Es geht in diesen Cliquen weniger um kulturelle Merkmale als verbindendes Element als vielmehr um einen Solidaritätsverbund von den als »Ausländer« Bezeichneten, die sich durch »doing ethnicity« in auffälligen Formen präsentieren und inszenieren.

Zum Dritten fließen ständig gesellschaftliche Männlichkeitskonventionen und -tradierungen in die Geschlechtskonstruktionen ein – und nicht nur sie, sondern auch die Institutionen und Milieus tragen entscheidend zur geschlechtlichen Positionierung bei. Dazu untersuche ich die Auseinandersetzungen der Jugendlichen in spezifischen Milieus und mit anderen gesellschaftlichen Akteuren, die bestimmte Formen der Männlichkeit repräsentieren, wie z.B. die Polizei oder die Beamten im Gefängnis.

Männlichkeit wird zum widerspruchsvollen Prozess: Als eine von wenigen Ressourcen dient sie den Jugendlichen zunächst der Orientierung, bestreiten sie dann gewollt oder ungewollt einen Großteil des Alltags damit, wird sie aber zur Falle. Die Jugendlichen geraten in einen Kreislauf, der den Einsatz gewalttätiger Formen von Männlichkeit verstärkt, nicht nur eigene Gewalt, sondern auch die der anderen, nicht nur die individuelle, sondern auch die strukturelle. Es ist richtig, dass sich in den Biographien Stereotype des Mann-Seins finden, aber es wird ebenso deutlich, dass diese die Konsequenz der Lebensbedingungen sind und sein sollen. In welchen Zusammenhängen sich die Jugendlichen auch bewegen, ihre Ausformulierungen von Geschlecht erhalten dann Sinn, wenn man sie in den größeren Zusammenhang einbettet. Durch Geschlecht und Herkunft werden gesellschaftliche Rangordnungen hergestellt; darin versuchen die Jugendlichen sich zu positionieren und dagegen kämpfen sie auch an.

Im abschließenden *Fazit* resümiere ich die einzelnen Felder und spitze die Argumentation anhand der Einflüsse zu, die ich als Grundstrukturen der Biographien herausgearbeitet habe: Sie führen von der Verweigerung einer anerkannten Männlichkeit über die Reduzierung auf den Körper hin zur Verunmöglichung einer Positionierung bis zur Ent-Männlichung.

Die Arbeit endet mit dem Versuch zu verstehen, welcher Mechanismus diese Jugendlichen selektiert und an ihnen ein Exempel statuiert, das zum vollständigen Gesellschaftsausschluss führt. Rassismus bestimmt ihre Lage, trennt sie vom Rest der Gesellschaft, biographisch zeigen sich seine Zäsuren in allen Lebensbereichen, bis der Staat sie letztlich ausschließt und sie somit auch aus seiner Verantwortung entlassen will. Dafür bedient er sich des Geschlechts und zielt dabei immer auf den Körper. Um die anhaltende Wirkungskraft rassistischen Ausschlusses zu verstehen, bin ich abschließend der Frage nachgegangen, ob wir es mit einer modernisierten Variante von Rassismus zu tun haben, die sich als Ausschluss aus Regierungstechniken darstellt und in der Abschiebung manifeste Gestalt annimmt. Den theoretischen Hintergrund dafür bietet Foucaults Konzept der Gouvernementalität, seine Analyse des Verhältnisses von Macht und Subjekt im Neoliberalismus. Foucault beschreibt eine Form der Macht, die sich, statt durch Herrschaft, durch Formen der Führung realisiert, durch Fremdführung wie auch Selbstführung. Dazu sind Subjektivierungsprozesse notwendig, denen ein sehr zwiespältiges Potenzial inhärent ist: Sie sind nicht etwa mit Autonomie des Subjekts gleichzusetzen, sondern davon gekennzeichnet, dass sie Zwänge und neue Zumutungen in das Innere des Individuums verlagern, es sich »selbst regiert«. Es scheint so, als sollten die Jugendlichen von solchen Prozessen nicht erfasst werden. Appelliert man andernorts ständig an »Selbstverantwortlichkeit«, zeigt der Umgang mit den Jugendlichen, wie wenig diese Anrufung an sie gerichtet ist - zugedacht werden ihnen disziplinierende und repressive Behandlungen, die ihre »Andersartigkeit« verdeutlichen sollen und ihre »Machomännlichkeit« legitimiert dieses Vorgehen. Haben für das Leben der Jugendlichen »race«, class und gender als Spaltungslinien eine überwölbende Funktion, erscheint deren Wirkungskraft nun jedoch selbstverschuldet. Ein auf neoliberalen Anrufungen beruhender Gesellschaftskörper kann sich dadurch von seinen »vormodernen« Mechanismen der Selektion freisprechen und sich damit zugleich als nationaler erschaffen, so die abschließende These.

1 Geschlechterforschung

Geschlecht ist strukturierendes Element im Alltag jedes einzelnen Menschen: Ihm wird Wert beigemessen, es beinhaltet Bewertung, weist Plätze zu, ist politisch umstrittene Kategorie, kann Barriere sein oder Türöffner. Die Formung von geschlechtlicher Identität, das Verhältnis zwischen den Geschlechtern sowie Darstellung, Ausdrucksform und individuelle Ausgestaltung von Geschlecht findet in einem von Wandel geprägten gesellschaftlichen Rahmen statt. Sichtet man die soziologische Literatur zu diesem Thema, so stößt man immer wieder auf Ulrich Becks Ausarbeitung der Individualisierungstheorie. Er analysiert einen Wandel in der Form der Vergesellschaftung, den er als Individualisierungsprozess charakterisiert. Zugleich verweist er auf neue Möglichkeiten, die die Gesellschaft zur Bearbeitung von Geschlecht eröffne. Die explizite Zuwendung zu Fragen von Geschlecht und Vergesellschaftung unterscheidet die Individualisierungstheorie von anderen Gesellschaftstheorien[1] ebenso wie die Popularität, die ihr zukam. Sie eignet sich, um gesellschaftlichen Wandel bezüglich der Auswirkungen auf Geschlecht zu diskutieren und zudem den Blick darauf zu richten, wie die Theorie selbst auf das gesellschaftliche Verständnis von Geschlecht zurückwirkt, indem sie bestimmte Ausprägungen konstatiert. Mit einer Kritik aus feministischer Perspektive zeigen sich Schwachstellen und Fehleinschätzungen der Individualisierungstheorie.

Danach verfolge ich entwicklungsgeschichtliche Linien von der feministischen Forschung bis hin zur Männlichkeitsforschung. In der Debatte vorwiegend am weiblichen Geschlecht durchbuchstabiert[2], zeigt sich die geschlecht-

---

1 Der Vergleich bezieht sich auf die Theorien, die sich, ebenso wie die Individualisierungstheorie, nicht in feministischer Theorietradition verstehen.

2 Dass Frauen im Mittelpunkt der Forschung stehen, ist einerseits logisches Ergebnis der Entwicklung der Frauenforschung, andererseits auch paradox: Der hegemoniale androzentrische Diskurs beinhaltet als konstitutives Moment eine Ausblendung von Frauen. Dies, sowie die Notwendigkeit der Thematisierung der Unterdrückung von Frauen durch Männer, verlangt es offensichtlich, die Frau zum Forschungsgegenstand zu machen und über Frauen zu sprechen. Andererseits prangern Feministinnen an, dass immer schon Frauen als »geschlechtliche« Wesen betrachtet wurden, während Männer durch die Nichtthematisierung als geschlechtliche Wesen »neutral« erschienen. Heute werden immer noch hauptsächlich Frauen thematisiert, wenn es um Geschlecht geht, was ein Dilemma erzeugt: Diese Thematisierung ist einerseits notwendig und andererseits schreibt sie die Ausblendung des Mannes als geschlechtliches Wesen fort.

liche Strukturiertheit des Alltags bzw. die strukturierende Bedeutung, die dem Geschlecht im Alltag zugeschrieben wird. Deshalb werden im ersten Kapitel Punkte behandelt, die zunächst wie »Frauen-Fragen« aussehen und in einer Arbeit, die sich mit Männlichkeitskonstruktionen beschäftigt, als Seitenzweige erscheinen mögen. Wesentlich beinhalten die Debatten aber Aussagen über beide Geschlechter und vor allem über den gesellschaftlichen Umgang mit dem Thema Geschlecht. Die feministische Diskussion zeigt die Wirkungsmacht der Kategorie Geschlecht in verschiedenen Bezügen.

Der Verlauf der Debatte verdeutlicht aber auch, dass allein mit der Kategorie Geschlecht viele Formen gesellschaftlicher Ungleichheit nicht erklärt werden können: Die Konzentration auf die Geschlechterungleichheit und die Unterdrückung der Frauen hat also begrenzte Erklärungskraft. Damit möchte ich in keiner Weise die Notwendigkeit bezweifeln, strukturelle und individuelle Unterdrückung und Benachteiligung von Frauen, die Bestandteil unseres Alltags sind, zu thematisieren. Dennoch gibt es Lebenslagen und Alltagssituationen, in denen andere Machtfaktoren dominanter als das Geschlechterverhältnis sein können bzw. dieses kreuzen und auf einer anderen Ebene die Position des Einzelnen rahmen. Eine Analyse, die keine Kategorie der Macht/Benachteiligung/Unterdrückung in den Vordergrund stellt, sondern das Ausloten des Zusammenspiels der verschiedenen Verhältnisse, wird in der neueren Debatte mit den Stichwort Intersektionalitätsanalyse gefasst.

> »*Intersectionality* ist sowohl Identitätstheorie als auch ein Instrument, das der Analyse der sozialen Positionierung von Menschen dient. Identitäten sind auf Kreuzungen von Differenzlinien zu lokalisieren; sie sind nicht eindimensional, sondern das Produkt von simultanen, sich kreuzenden Mustern von Verhältnissen und Merkmalen. Abhängig von der sozialen Situation der Handelnden und Sprechenden treten einige Differenzlinien in den Vordergrund, andere werden vernachlässigt. Bei der Analyse müssen offenkundige, *auf den ersten Blick sichtbare Differenzerklärungen hinterfragt werden.*« (Lutz/Davis 2005: 231, Hervorh. i. Orig.)

Durch eine solche Analyse der Gesamtlage soll der Blick frei werden für die Frage, warum die hier untersuchten jungen Männer so agieren wie sie es tun, welche Funktion ihre Bearbeitung von Männlichkeit hat, wie sie als Männer verortet werden und sich selbst verorten. Die jeweiligen Bezugspunkte, in denen sich die Jugendlichen bewegen, werden im theoretischen Teil noch in großen und eher abstrakten Kategorien wie »Ethnizität« erfasst, während sie im anschließenden empirischen Teil ihren konkreten Niederschlag in den Biographien der Jugendlichen finden. In einem ersten Schritt führe ich die Bedeutung von Geschlecht und Geschlechterbildern unter gegenwärtigen gesellschaftlichen Bedingungen aus.

1.1 Widersprüchliche Geschlechterbilder und die Erosion der Bedeutung von Geschlecht

In der deutschsprachigen Wissenschaft nimmt Becks Version der Individualisierungstheorie, die als umfassende Gesellschaftstheorie auch Geschlechterfragen beleuchtet, eine bedeutende Stellung ein. Den Terminus der Individualisierung haben schon Simmel, Weber und Durkheim benutzt, um damit einen zunehmenden Grad an Autonomie des Subjekts über die Gestaltung seines Lebens zu beschreiben. In der zeitgenössischen gesellschaftlichen Entwicklung sieht Beck eine neue Dimension, die Individualisierung kennzeichne: Sie führe nicht nur zum Autonomiegewinn des Einzelnen, sondern auch zu einer neuartigen, durchaus widersprüchlichen Form der Vergesellschaftung. Sie setze nicht nur frei, sondern halte auch neue Zwänge bereit. Damit wendet er sich dem problematischen Potenzial von Individualisierungsprozessen zu. Um die von Beck dargelegte Form der Vergesellschaftung und den darin stattfindenden Wandel des Geschlechterverhältnisses im gesamtgesellschaftlichen Kontext einordnen zu können, werde ich die Theorie etwas genauer skizzieren.

Beck geht davon aus, dass frühere Sinnquellen, die aus kollektiven und gruppenspezifischen Zusammenhängen geschöpft wurden, heute von neuen Mustern der Sinngebung abgelöst werden. Die Definition von Sinn werde von nun an den Individuen selbst überlassen, die Biographie werde zur »Wahlbiographie«. Im Unterschied zur Gesellschaft des beginnenden 20. Jahrhunderts - sie entlässt die Menschen aus ständischen oder religiösen Bindungen heraus, hinein in die Industriegesellschaft, wie das etwa Simmel beschreibt - werde das Individuum heute aus der Industriegesellschaft heraus in die so genannte »Weltrisikogesellschaft« katapultiert (vgl. Beck 1995: 185)[3]. Der Sozialstaat, der den Einzelnen als Träger von Rechten und Pflichten betrachtet, ermögliche es, das Individuum aus alten Klassenkulturen sowie aus Geschlechtslagen freizusetzen. Traditionelle Kategorien lösten sich auf, und zwar so weit, dass wir uns in einem »Kapitalismus ohne Klassen«[4] wieder fänden (Beck 1995: 188). Starre Einbindungen in soziale Klassen, in Schichten oder Stände, in denen die ihnen Angehörigen ehemals mit allen Konsequen-

3 Zur Produktion, Verteilung und Logik von Risiken vgl. Kap. I und II in Beck 1986.

4 Wie andere Individualisierungstheoretiker auch greift Beck auf die Einteilung Webers in (objektive) Erwerbsklasse und (lebensweltliche) soziale Klasse zurück. Im Mittelpunkt bei Beck wie auch den anderen Individualisierungstheoretikern steht die Auflösung der sozialen Klassen (vgl. Beck 1986: 130ff und Neckel 1989: 55).

zen der Ungleichheit fest verankert waren, verlören ihre Wirkungskraft - und dennoch bliebe soziale Ungleichheit weiterhin bestehen. Beck macht einen »Fahrstuhl-Effekt« aus und fasst die Entwicklung folgendermaßen zusammen:

> »Auf der einen Seite sind die Relationen sozialer Ungleichheit in der Nachkriegsentwicklung der Bundesrepublik weitgehend *konstant* geblieben. Auf der anderen Seite haben sich die Lebensbedingungen der Bevölkerung radikal verändert. Die Besonderheit der sozialstrukturellen Entwicklung in der Bundesrepublik ist der ›*Fahrstuhl-Effekt*‹: die ›Klassengesellschaft‹ wird *insgesamt* eine Etage höher gefahren. Es gibt - bei allen sich neu einpendelnden oder durchgehaltenen Ungleichheiten - ein *kollektives Mehr* an Einkommen, Bildung, Mobilität, Recht, Wissenschaft, Massenkonsum. In der Konsequenz werden subkulturelle Klassenidentitäten und -bindungen ausgedünnt oder aufgelöst. Gleichzeitig wird ein Prozess der *Individualisierung* und *Diversifizierung* von Lebenslagen und Lebensstilen in Gang gesetzt, der das Hierarchiemodell sozialer Klassen und Schichten unterläuft und in seinem Wirklichkeitsgehalt in Frage stellt.« (Beck 1986: 122, Hervorh. im Orig.)

Im Unterschied zur früheren sozialen Ungleichheit sei das Wesen der heutigen, dass sie individualisiert sei und dass sich die »soziale Bedeutung von Ungleichheiten gewandelt hat« (Beck 1986: 122): Der Einzelne bewege sich mit seinen Problemen nicht mehr innerhalb klassenkultureller Lebenszusammenhänge, sondern sehe sich als Individuum alleine gelassen - selbst wenn es sich bei dem Problem beispielsweise um ein Massenphänomen wie Arbeitslosigkeit handele. Konstante kollektive Zusammenhänge existierten nicht mehr »natürlicherweise«, und die Individualisierung erschwere es, sie zu organisieren. Gemeinsame Interessen könnten sich schnell ändern und gemeinsames Handeln fände vorwiegend themenbezogen statt. Die Individualisierung sozialer Ungleichheit verschärfe sich dadurch noch mehr und es käme zu einem »Fahrstuhl-Effekt nach unten« (Beck 1986: 143).

Zur Individualisierung gehöre die Freisetzung aus traditionellen Geschlechtslagen, die sich auch in der Ehe- und Hausarbeitsversorgung zeige - so sei Individualisierung bis in die Familie vorgedrungen. Familie wird uneindeutig und in vielfältige Formen zersprengt: Partnerschaften überdauerten nicht mehr das ganze Leben, Kinder (so vorhanden), wüchsen in wechselnden Konstellationen biologischer und sozialer Eltern auf - eine »Verhandlungsfamilie auf Zeit« (Beck 1995: 189) sei entstanden. Dadurch, dass stabile Bezugspunkte nun weder durch Klassen noch »privat« in der Kleinfamilie existierten, werden der und die Einzelne zur »lebensweltlichen Reproduktionseinheit des Sozialen« (ebd.). Beck spezifiziert das, indem er die Folgen der Ablösung von Klasse und Familie benennt: Die Klasse habe die Kleinfamilie zur Voraussetzung, diese wiederum Geschlechterrollen, diese die Arbeitsteilung und diese die Ehe. Das Gefüge löse sich auf und dadurch wandelt sich zum einen das Geschlechterverhältnis. Zum anderen träten sozialstaatliche Regelungen und das Individuum als Akteur seiner eigenen Biographie in den Vordergrund.

Dieser Individualisierungsprozess gehe mit einer hochgradigen Standardisierung einher: Das Individuum befände sich nun zwar in individualisierter Lage, aber seine Abhängigkeit von Institutionen würde trotzdem steigen. So sei der weniger vergemeinschaftete Mensch erstens mehr auf sozialstaatliche Fürsorge angewiesen, und zweitens ziehe die Individualisierung eine erhöhte Konsum- und Beratungsabhängigkeit nach sich. Wir haben es nun mit einem widerspruchsvollen Prozess der Vergesellschaftung zu tun, so Beck: Die Individualisierung, die Autonomie verheißt, schränkt somit ebendiese ein – paradoxerweise verkehrt sie sich in einen Zwang (vgl. Beck 1995: 185ff).

Beck (1990: 44f) und Beck-Gernsheim (1990: 82ff) konkretisieren den Prozess der Individualisierung in seiner Bedeutung für das Geschlechterverhältnis. Sie zeigen Faktoren auf, die dessen Wandel begünstigten: Durch die Verlängerung der Lebenserwartung hätten Frauen mehr Lebenszeit, und dadurch neben ihrer Rolle als Mutter mehr Zeit zur Verfügung. Technischer Fortschritt habe die Hausarbeit rationalisiert und dequalifiziert. Sexualität und Mutterschaft seien heute getrennt und so läge der Zeitpunkt, Kinder zu bekommen, nun vorrangig in der Hand der Frauen. Die Scheidungszahlen wüchsen, Frauen könnten sich ökonomisch nicht mehr auf die Männer verlassen und eroberten stärker den Arbeitsmarkt. Als Grundpfeiler dieser neuen Ordnung machen Beck (vgl. 1986: 128) und Beck/Beck-Gernsheim (vgl. 1990: 27) den gestiegenen Bildungsgrad der Frauen aus, eine Folge der Bildungsexpansion der 60er Jahre. Die Bildung führe Frauen zu einer verbesserten Ausgangsposition im Wettbewerb mit Männern, verhelfe zu finanzieller Unabhängigkeit und ermögliche somit ein eigenständiges Leben.[5]

Neue Formen des Geschlechterverhältnisses werden zwar durch ökonomische und zivilgesellschaftliche Prozesse begünstigt, so Beck, aber zugleich stehen ihnen entscheidende Hindernisse im Weg. Frauen als Protagonistinnen der Veränderung hätten sich schnell auf die neuen Rahmenbedingungen eingestellt, die Männer

5 Was die Bewertung der Bildungsexpansion als maßgeblich für die Auflösung von Ungleichheiten betrifft, so sei an dieser Stelle schon eine Kritik von Sigrid Metz-Göckel (1996: 384) angebracht: »Unterschätzt wurde, wie wir heute wissen, die Allokationsfunktion der Schule, übersehen wurde die hierarchische Struktur der Geschlechterbeziehungen und individualisiert wurde ein Verständnis von Gesellschaft, bei dem Vorgaben an sozialer Ungleichheit gegenüber individuellen Bildungsanstrengungen in den Hintergrund traten.«

hingegen hinkten dieser Entwicklung hinterher. Sie befürchteten dadurch vor allem den Verlust ihrer Funktion - für sie stand die Vereinbarkeit von Beruf und Familien nie zur Debatte. Es sei demnach nicht verwunderlich, dass sich im Selbstverständnis von Männern sowie in den traditionell korrespondierenden Verhaltensweisen und Lebensformen weniger getan habe, als die Theorie vermuten ließe. Dabei könnten Veränderungen Vorteile für die Männer bereithalten, auch wenn sie diese oft nicht als solche begreifen würden. Die Befreiung aus der Alleinernährerrolle bedeute nämlich nicht nur, Macht abzugeben, sondern hieße zugleich Autonomiegewinn. Beck und Beck-Gernsheim schätzen die Verhaltensänderungen der Männer aber pessimistisch ein:

> »Die jungen Frauen haben - in der Angleichung der Bildung und in der Bewusstwerdung ihrer Lage - Erwartungen an mehr Gleichheit und Partnerschaft in Beruf und Familie aufgebaut, die auf *gegenläufige* Entwicklungen auf dem Arbeitsmarkt und im Verhalten der Männer treffen. Die Männer haben umgekehrt eine *Rhetorik der Gleichheit* eingeübt, ohne ihren Worten Taten folgen zu lassen.« Und weiter: »Die harmonische Männersicht der Geschlechterordnung, von der Helge Pross noch Mitte der siebziger Jahre berichtet hat (...), ist einer *verbalen Aufgeschlossenheit bei weitgehender Verhaltensstarre gewichen.*« (Beck/Beck-Gernsheim 1990: 24, 31, Hervorh. i. Orig.)

Die Verkürzungen der Individualisierungstheorie liegen auf der Hand: Mit der Erklärung der Erosion der Kategorien Klasse und Geschlecht müssen die Probleme der Veränderung von Geschlechterverhältnissen vorrangig bei den Individuen gesucht werden, Beck erfasst sie dann z.B. als »Verhaltensstarre«. Wie im Weiteren noch aufzuzeigen ist, werden (Re)Aktivierungen der Bruchstellen sozialer Ungleichheit in der Individualisierungstheorie außen vor gelassen, wie z.B. patriarchale Ordnungen und Machtgefüge.[6] Diese Spur möchte ich nun

6 Um zum Thema Bildung ein Beispiel zu nennen: Friebel et al. (2000) interpretieren die geschlechtsspezifische Ausrichtung von Bildungsbiographien junger Männer und Frauen nicht als männliche oder weibliche Verhaltensstarre der Individuen, sondern sie machen vielmehr das Bildungssystem als Problemträger aus. Immer noch selektiert es nach geschlechtlichen Kriterien: »Der Berufsbildungsmarkt ist gespalten, Frauen werden in weiblich typisierte Berufsfelder kanalisiert, Männer in männlich typisierte. Die Hierarchisierung der Geschlechterrelation wird hier ständig perpetuiert« (2000: 21). Auch die familiale Tradierung durch Eltern als Gatekeeper trägt ihren Teil dazu bei: »Es sind bühnenreife Lehrstücke des Alltags, wie Familien ›wachsen‹, wie Familiengründung im kulturell konservativen Modell vorgegebener und interaktiv geteilter (...) Werte im Kindergeburtstakt geschlechtstypische Haltungen, Handlungen und Lebenszusammenhänge tradiert. Wen wundert es da noch, dass Väter in die Weiterbildung eingegrenzt, Mütter aus der Weiterbildung ausgegrenzt werden?« (S. 362).

verfolgen, indem ich Konstruktionen von Männlichkeit im öffentlichen Diskurs, repräsentiert durch die Medien, aufzeige, bevor dann die hier nur angeklungenen Schwachstellen der Individualisierungstheorie mit feministischer Kritik konfrontiert werden. Beide Schritte liefern Argumente dafür, dass die Kategorie Geschlecht als Faktor der Ungleichheit keineswegs überholt ist.

Medien und Bilder vom »neuen Mann«

Die Widersprüchlichkeiten, die aus der Debatte um die Veränderung der Bilder von Weiblichkeit und Männlichkeit, um neue Zuschreibungen und alte Bestände entstehen, lassen sich anhand ihrer medialen Darstellung verdeutlichen. In der Analyse medialer Repräsentationen zeigen sich immer wieder grundlegende Tendenzen, Werte, Interessen und Diskurse einer Gesellschaft. Was vermitteln Medien über Männlichkeit? Welche Bilder - auch im wörtlichen Sinn - benutzen sie dazu? Was zeigen sie, worüber berichten sie, was thematisieren sie dabei und was nicht, und was blenden sie auf diese Weise aus? Diese Fragen werden in der Arbeit noch öfter auftauchen, und zwar nicht nur in Zusammenhang mit Geschlechterkonstruktionen, sondern auch, wenn ich in Kapitel 3 auf die Themenfelder Kriminalität und Migration zu sprechen komme. Gerade dabei spielen die Medien und andere öffentliche Diskurse eine herausragende Rolle zur Formierung der öffentlichen Meinung.

Zunächst werde ich Geschlechtskonstruktionen in der Werbung aufzeigen; gemeinsam mit anderen medialen Formen repräsentiert sie gesellschaftlich vorhandene Geschlechterbilder - und reproduziert sie nicht nur, sondern gestaltet sie aktiv. Einige Männlichkeits- und Medienforscher beschäftigen sich mit der Analyse von Männerbildern in den Medien[7]; sie vereint der Tenor, dass mit dem Aufbrechen der Geschlechterordnung sich auch die medialen Männerbilder veränderten. Diese wurden jedoch gleichzeitig von verschiedenen Strömungen geprägt und seien ebenso inhomogen wie das Bild des »neuen Mannes«.

> »Während von den Werbestrategen noch die zärtlich fürsorglichen Väter und Liebhaber (...) entdeckt und umworben werden, posieren zugleich (ironisch genug) archaische, nackte und stahlharte Männerkörper für Kosmetikprodukte und Bekleidung. Während das männliche Geschlecht in zahlreichen Ratgebern, Karikaturen und Kinogeschichten als das schwache Geschlecht behandelt und

7 Klaus Theweleit (1977, 1978) hat eine solche Analyse in beeindruckender Weise vorgemacht, indem er mediale und sonstige Dokumente in seinem Standardwerk »Männerphantasien« analysiert.

therapiert wird, tauchen im selben Moment, auf den Bühnen, in der Werbung, in den Filmen und in anderen Phantasien schon wieder ganz andere, ›neue‹ Männer auf: ein zur Maschine mutierter Arnold Schwarzenegger beispielsweise oder schweigende Filmhelden à la Rambo und Mad Max - in den Körpern von Sylvester Stallone, Mel Gibson, Jean Claude van Damme, Rutger Hauer, Bruce Lee und mit einer Mission, die zumeist darin gipfelt, das Universum zu retten, sowie unglaubliche Kampffertigkeiten, aberwitzige Überlebenstechniken und gigantische Explosionen vorzuführen.« (Erhard/Hermann 1997: 5)

Die Werbung ist dabei ein Bestandteil des Motors, der solche Widersprüche erzeugt. Die Verarbeitung von Gegensätzen, die in medialen Männerbildern konstituiert und manifestiert werden, schlagen sich nach Zurstiege (2001: 208) in der Ausbreitung von Männerdiskursen nieder: Steigende Zahlen von Männergruppen, -tagungen etc. wertet er als Ausdruck eines Bedürfnisses nach Orientierung, die durch die Diversifizierung einander widersprechender Männerbilder immer notwendiger wird. Neue und alte Bilder von Männlichkeit, die sich überschneiden und zeitgleich nebeneinander existieren, passen sich zunächst einmal folgerichtig in die Individualisierungstheorie von Ulrich Beck ein. Zurstiege belegt die von Beck als Kehrseite der Individualisierung genannte standardisierte Lebenslage. Sie geht einher mit der Abhängigkeit von Beratung. In der Verbreitung der Beratungen von Männern für Männer zeigt sich beispielsweise, dass diese Beratung sich direkt auf den Umgang mit Vergeschlechtlichung beziehen kann.

Aber sind die »neuen« Bilder des Mannes tatsächlich so neu? Wissenschaftliche Untersuchungen zum Thema Werbung und Männerzeitschriften hinterfragen den omnipräsenten »neuen Mann«. Die mit ihm verbundenen Erwartungen generieren die Medien oft erst durch ihre eigene Arbeitsweise: Ihre Zielsetzung, nämlich die Steigerung der Verkaufszahlen, verfolgen sie unter Bezugnahme auf schon vorhandene Bilder und kollektiv geteilte Sinnbestände, die sie jedoch in neuer und den gegenwärtigen Modeströmungen entsprechender Verpackung präsentieren. Meuser (2001: 221), der die *Men's Health* zum Untersuchungsgegenstand hatte, führt als Ergebnis seiner Untersuchung an, dass diese Zeitschrift zwar ein Forum für Männlichkeitsdiskurse darstellt, das aber selten zur tatsächlichen Neu-Definition von Männlichkeit genutzt wird, sondern vielmehr dazu, Themen und Bilder in alte, hegemoniale Männlichkeitsdiskurse einzupassen. Der Diskurs reflektiert die Rolle des Mannes kaum, sondern erlaubt vielmehr, traditionelle Bilder in abgewandelter Form auch im heutigen Kontext funktionieren zu lassen. Männermagazine und Werbung modernisieren und übersetzen also vor allem Altbewährtes für den heutigen Gebrauch; nur scheinbar handelt es sich beim »neuen Mann«

tatsächlich um ein Novum (vgl. Meuser 2001: 221ff, Bregenstroth 2003). Dahingehend spitzt auch Zurstiege (2001: 210) das Ergebnis seiner Untersuchung zu: »Der neue Mann der Werbung ist der alte geblieben, und gleichzeitig ist er unvergleichlich besser als dieser.«

Diese angeblich neuen Konstruktionen von Männlichkeit sind für den weiteren Verlauf der Arbeit bedeutsam, denn sie bezeichnen wesentliche Änderungen, die aber gar nicht vollzogen sind. Zusätzlich fällt dieses Bild des »neuen Mannes« mit dem des »westlichen Mannes« zusammen: Den hier im Mittelpunkt stehenden Jugendlichen wird eine vor allem Migranten betreffende männliche Traditionalität unterstellt - und damit wird ihnen eine fortschrittliche Männlichkeit abgesprochen, die so gar nicht existiert. Die zuvor angeführten wissenschaftlichen Untersuchungen weisen darauf hin, dass es hier hakt: Indem sie die Rhetorik aufzeigen, die dem »neuen« Mann anhaftet, und die Rekodierung traditioneller Männlichkeitskonstruktionen, enttarnen sie, dass weniger im Umbruch ist, als es scheint - insofern befänden sich also männliche Migranten, denen patriarchale Geschlechtsbearbeitungen zugeschrieben werden, in »guter« Gesellschaft.

Widersprüche und Kritik der Individualisierungstheorie

Umstritten ist die Bewertung weiterer Entwicklungen, die die Individualisierungstheorie konstatiert: Verliert die Kategorie Geschlecht auf Grund der Vervielfältigung von Lebenslagen und Geschlechterbildern tatsächlich an Bedeutung? Ist die Auflösung geschlechtlicher Durchdringung von Gesellschaftsstrukturen nur noch eine Frage der Zeit, oder gibt es andere, widersprüchliche Tendenzen, die dafür sprechen, dass zeitgleich mit Aufbrechen der starren Geschlechterzuschreibungen dem Geschlecht eine große Bedeutung für die Lage der Individuen erhalten bleibt? Und zeigt sich nicht auch in vielen Institutionen, wie starr sie in alten Zuschreibungen verharren? Ist nicht nur der neue Mann der Werbung der alte geblieben, sondern auch der Mann im Alltag der von früher? Mit anderen Worten: Wie patriarchal ist unsere Gesellschaft noch? Oder: Wie sehr gruppiert sie noch Macht um die Kategorie Geschlecht herum?

Eine Hauptfrage, die Beck und andere Vertreter der als »new scepticism« bezeichneten Richtung aufwerfen, ist die nach der Tauglichkeit von Geschlecht als Analysekategorie (vgl. Knapp 2002: 15). Trotz der skeptischen Haltung Becks und Beck-Gernsheims ob der Änderungen im Verhalten der Individuen, bietet die Individualisierungstheorie Anlass, dem Geschlecht als strukturierende Kategorie eine geringer werdende Bedeutung beizumessen. In der Rezeption hat sich ein Forschungsstrang entwickelt, der davon ausgeht, dass durch zunehmende Pluralisierungen von Lebens- und Beziehungsformen die strukturierende Wirkung des Geschlechts immer mehr an Bedeutung verliert. In Anlehnung daran gehen Systemtheoretiker von einer »De-Institutionalisierung« (Heintz/Nadai) oder einer »Dethematisierung« von Geschlecht aus (vgl. Knapp 2002: 19).

Andere GeschlechterforscherInnen sehen völlig andere Tendenzen und üben scharfe Kritik an dem von Beck konstatierten Verlust der Bedeutung von Geschlecht, der aus der Individualisierungstheorie resultiert: Schon in der historischen Grundlage sei die Bewertung nicht richtig, Beck und Beck-Gernsheim entgehe die Tatsache, dass Frauen sich schon früher in sehr unterschiedlichen strukturellen Zusammenhängen häuslicher und außerhäuslicher Wirtschaftsformen bewegt haben, so Gudrun-Axeli Knapp (2002: 26). Daran zeigt sich, wie Klassen- und Geschlechterverhältnisse ineinander greifen. Die Bedeutung der die bürgerlichen Gesellschaften konstituierenden Institutionen für das Geschlechterverhältnis bleibt in der Konzeption Becks außen vor und er beachtet das weit verzweigte vergeschlechtlichte System aus Sprache, Politik, Institutionen und sozialen Normen, das sich in die Identität einschreibt, nicht.

Analog dazu überschätzt Beck auch die Auflösung der Kategorie Klasse als Kategorie sozialer Ungleichheit. Der Bedeutungsverlust der Kategorie Klasse ist bei Beck allerdings nicht konsistent, in der »Risikogesellschaft« (1986: 44ff) schreibt er von der »Reichtums- und Risikoproduktion«, die die Gesellschaft hervorbringt, die er dann allerdings in die weitere Analyse nicht mehr einbezieht (vgl. Aulenbacher 2002: 201). Wichtige Fragen bezüglich der These der Auflösung der Klassen übergehe Beck, so Bieling. Dazu gehört die Frage danach,

> »...ob sich nicht auch jenseits der Verflüssigung, Biographisierung und Subjektivierung der Sozialbeziehungen, d.h. jenseits einer durch und durch individualisierten Gesellschaft, neue, mitunter auch klassenspezifisch strukturierte Gemeinschaftsbildungen abzeichnen. Zudem bleibt theoretisch unterbestimmt, wie und über welche Mechanismen die verschiedenen Aspekte der Individualisierung ineinandergreifen, durch welche - gesellschaftlich umkämpften - Dynamiken (ökonomische Reorganisationsstrategien, politische Projekte, Regulationsformen etc.) sie angetrieben werden, inwiefern sich über die Individualisierungsschübe Macht- und Herrschaftsverhältnisse reproduzieren, und warum infolge der Individualisierung die Klassenbeziehungen nicht nur enttraditionalisiert werden (so z.B. Vester 1998), sondern sich auflösen.« (Bieling 2000: 105)

Gerade im Zuge der Globalisierung analysieren feministische Kritikerinnen die Auswirkungen neoliberaler Prozesse als eine Zuspitzung geschlechts- und klassenspezifischer Aspekte. Frigga Haug macht zunehmende Ungerechtigkeiten in der Verlagerung eines großen Teiles gesellschaftlicher Gesamtarbeit auf Frauen aus (z.B. Haug 2000: 70). Auch die »Feminisierung von Arbeit« - mit Arbeit ist Erwerbsarbeit gemeint, der reproduktive Bereich ist von jeher feminisiert - ist nicht, wie bei Beck, nur mit gestiegener Bildung zu erklären, sondern auch mit einer höheren Bereitschaft von Frauen, sich in prekäre Arbeitsverhältnisse zu begeben. Trotz Feminisierung der Arbeit werden Frauen massiv in der Arbeitswelt abgewertet. Hess sieht hierin die »Voraussetzungen für die prekäre Reintegration in die Transformationsprozesse. Denn die neu konzipierte Rolle - die der hinzuverdienenden Hausfrau - scheint dazu bestens geeignet« (Hess 2003: 3). Das Stichwort Feminisierung von Arbeit umfasst genau genommen die Ausbreitung prekärer Arbeitsverhältnisse insgesamt, denn diese waren, da sie vom Modell lebenslänglicher, gesicherter Lohnarbeit des männlichen Familienernährers abweichen, »zunächst als ›atypisch‹ und ›feminisiert‹ diskreditiert worden« (Wichterich 2000: 18), und insofern bisher meist den Frauen vorbehalten.

Und ebenso verschärft sich die Klassenfrage, sie zeigt sich in einer neuen Zusammensetzung der Arbeiterklasse, »in die auch Frauen auf bisher unbekannte Weise geschleudert werden« (Haug 2000: 71). Notz (2000: 85) macht folgende Tendenz aus: »Die Globalisierung verstärkt die Klassenfrage, wenn auch die Dichotomisierung zwischen Kapitalisten und Arbeitern heute nicht in dem Maße wie damals greift.«

Diese Prozesse des Wandels bei gleichzeitiger Verschärfung geschlechts- und klassenspezifischer Lagen erkennt Beck nicht. Beck sieht zwar die Widersprüche zwischen der »Rhetorik der Gleichheit« und einer sich »zuspitzenden Gleichheitswirklichkeit« (Beck 1986: 162), hat aber für die Widersprüche keinen analytischen Erklärungshorizont, sondern verharrt in alten unscharfen Begriffen wie den »ständischen« oder »feudalen Grundlagen der Industriegesellschaft« (Beck 1986: 175f) (vgl. Gerhard 1995: 206f). Gerhard führt die Kritik weiter aus:

> »Die Diagnose auf der Grundlage der Frauenforschung dagegen lautet: Der neuzeitlich, spezifisch bürgerliche und keineswegs nur ›ständische‹ Patriarchalismus ist für die moderne Gesellschaftsordnung konstitutiv. Die Besonderheit dieser Form patriarchaler Herrschaftssicherung (...) liegt in der gesellschaftlichen Verkopplung von Geschlechterhierarchie und Marktwirtschaft und der Trennung von Privatsphäre und politischer Öffentlichkeit. In der ›Ordnung‹ der Familie hat diese Herrschaftsform ihren Ort und ihre Verankerung. (...) Kennzeichnend für die Geschlechterbeziehung in der bürgerlichen Gesellschaft ist darüber hinaus die Tatsache, dass die Inkonsequenz und Widersprüchlichkeit bürgerlichen Rechts aufgehoben bzw. verschleiert und ertragen wurde durch ein besonderes, geschlechtsspezifisches Liebeskonzept, wonach sich die Frau männlicher Vorherrschaft und Gewalt freiwillig und

›aus Liebe‹ unterwirft. Es beruht auf polarisierten Geschlechterrollen und einer im Zivilisations- und Sozialisationsprozess entwickelten ›Weiblichkeit‹ und ›Männlichkeit‹, die quasi zur ›inneren Natur‹ geworden sind.« (Gerhard 1995: 207)

Weiterhin zeigt sich bezüglich Becks Einschätzung der Entwicklung der Bildung oder des Geschlechterverhältnisses eine an vielen Stellen sehr auf die Mittelschicht bezogene Gesellschaftsanalyse, die weder Position noch Situation vieler Mitglieder dieser Gesellschaft repräsentiert. Gestiegene Bildungschancen treffen nicht auf alle Teile der Bevölkerung zu, MigrantInnen sind beispielsweise davon meist ausgenommen. Das Auseinanderklaffen sozialer und ökonomischer Chancen innerhalb der deutschen Gesellschaft und zwischen westlichen Ländern und Trikontländern wird nur wenig thematisiert. Was bedeuten diese zunehmenden Spaltungen für die Gesellschaft und das Geschlechterverhältnis?[8] Für solche Fragen finden sich bei Beck keine Antworten.

Feministische Theorie sieht es als ihr Anliegen, Veränderungspotenziale zu ergründen, die in den Konstitutionsbedingungen von Gesellschaft einerseits und den Formen von Geschlechterverhältnissen andererseits liegen. Um diese Zusammenhänge herauszuarbeiten, analysiert sie die Gesellschaft durchdringende Kategorien. Verhältnisse von Geschlecht, Klasse, Ethnie als Strukturelemente sozialer Ungleichheit stehen dabei Mittelpunkt der Gesellschaftsanalyse. Der aus dieser Perspektive an Beck gerichtete Vorwurf betrifft die Anlehnung seiner Theorie an die strukturfunktionalistische Perspektive von Parsons. Diese vermag einem westlich zentrierten Blick nicht zu entrinnen, sondern stellt die Entwicklung dieser Gesellschaften als Norm dar (vgl. Aulenbacher 2002: 189f). Die Kritik hebt damit nicht nur auf die Verengung der Perspektive ab, sondern weist gezielt auf den inhärenten Eurozentrismus hin.

Um die später folgenden empirischen Ausführungen in die Diskussion einbetten zu können, vertiefe ich zunächst diese Themen in der Frauen- bzw. Geschlechterforschung. Ich werde dabei die Entwicklung einiger Debatten verfolgen, die nicht nur den Weg zu neuen theoretischen Erkenntnissen, sondern auch einen gesellschaftlichen Wandel im Umgang mit Geschlecht selbst widerspiegeln. Sie zeigen deutlich, wie Widersprüche in der Relevanz des Geschlechts für unseren Alltag nebeneinander existieren und wie - je nach Lebenslage - Ausprägungen von Geschlecht mehr oder weniger dominant sind.

8 Die Ausweitung von Migration zeigt große weltweite Veränderungen an, die in den Einwanderungsländern auch Auswirkungen auf das Geschlechterverhältnis haben, z.B. durch die zunehmende Inanspruchnahme von Migrantinnen für reproduktive Arbeiten in Haushalt und Pflege (vgl. Kap. 2).

1.2 Die Anfänge der modernen Geschlechterdebatte: Themen und theoretische Wegweiser

Heutigen Erkenntnissen über Geschlecht und seine Bedeutung in sozialen Bezügen sowie über die gesellschaftspolitische Entwicklung der Geschlechterfrage geht eine lange und heftig umkämpfte feministische Debatte voraus. Frauenbewegung und wissenschaftliche Beschäftigung mit der »Frauenfrage« gingen darin zunächst Hand in Hand, während sie sich später ausdifferenzierten; nachfolgend fokussiere ich vornehmlich den wissenschaftlichen Diskurs.

Die Ungleichheit der Geschlechter ist zentraler Topos für die Beschäftigung mit der Relevanz von Geschlecht. Der Vorwurf von Seiten der Frauen, dass ihnen in vielen Bereichen der Zugang zur gesellschaftlichen Teilhabe verschlossen bliebe, ging einher mit dem Zweifel an Argumenten wie dem einer »naturgegebenen« Unterlegenheit oder dem der »Andersartigkeit« von Frauen, die deren gesellschaftlich untergeordnete Stellung begründen sollten. Die androzentrische Prägung wissenschaftlicher und gesamtgesellschaftlicher Diskurse, die Geschlechterungleichheiten und ihre Auswirkungen auf das Leben von Frauen waren zentraler Inhalt der Kritik.

Die Frau des 18./19. Jahrhunderts war das geschlechtlich bestimmte Wesen; wenn von Geschlecht die Rede war, so implizierte dies immer die Thematisierung *der* Frau, der mit ihrem Geschlecht verbundene Eigenschaften zugewiesen waren: Frauen erfuhren in der Metapher des »schönen Geschlechts« eine Reduktion auf ihren Körper, im Gegensatz dazu war der Mann der Sachverwalter der universellen Vernunft (vgl. Meuser 1999: 23f) - und erhob sich selbst durch diese Sichtweise zum Standard. Die frühen Feministinnen hinterfragten als Erste diese Zuschreibungen: Zum einen griffen sie die Formel an, die den Mann mit *dem Menschen* gleichsetzt und damit mit Norm und Normalität, zum anderen die von *der Frau als dem besonderen Wesen* mit einem dazu gehörenden Regelkanon.

Nach einem langen Kampf von Frauenbewegung und feministischer Forschung waren Ende der 1960er Jahre vor allem zwei Richtungen der feministischen Forschung bedeutsam: Der radikale und der marxistische Feminismus. Feministinnen dieser Provenienz bereiteten den Boden für zeitgenössische Studien über das Geschlecht, und damit auch über Männer und Männlichkeit. Um den Einstieg in die aktuelle Diskussion zu ermöglichen, stelle ich zunächst die Kernaussagen beider Richtungen kurz dar. Danach schließen sich Erläuterungen zur Ethnomethodologie an, die überleiten zu Fragestellungen rund um die Debatte der sozialen Konstruktion von Geschlecht.

Radikaler Feminismus: Unterdrückung durch das Patriarchat

Dreh- und Angelpunkt des radikalen Feminismus, der eingehend in den 70er Jahren diskutiert wurde, ist der Begriff des Patriarchats: Radikale Feministinnen gehen davon aus, dass das Patriarchat in Form männlicher Macht vorrangig die sozialen Beziehungen reguliert und die Unterdrückung der Frauen durch die Männer andere Formen der Unterdrückung überlagert (vgl. Kersten 1997a: 36). Millett als Vertreterin dieser Richtung deutet das Patriarchat als kulturelles Phänomen, das durch Sozialisation vor allem in der Familie reproduziert und damit gesichert wird (vgl. Millett 1971: 42ff). Der radikale Feminismus brachte unterschiedliche Themen auf die Tagesordnung: Seine Vertreterinnen gaben sich bald nicht mehr mit der Erklärung zufrieden, dass die mit dem Geschlecht zusammenhängende männliche Dominanz sowie Gewalt von Männern gegen Frauen erlernt sei, sondern sie wollten dem sozialen Wesen des Geschlechts auf die Spur kommen. Die intensive Beschäftigung mit Formen von Gewalt von Männern gegen Frauen und deren Funktion zum Erhalt der Geschlechterordnung verdeutlichte, dass Gewalt gegen Frauen ein Charakteristikum aller westlichen Industriegesellschaften ist und mit der Missachtung von Frauen einhergeht.[9] Ziel war es, das Phänomen der männlichen Dominanz an seinen Wurzeln zu packen, um es dann eliminieren zu können (vgl. Messerschmidt 1993: 32ff).

In den 80ern galt das Konzept des Patriarchalismus als Relikt vergangener Zeiten und der Begriff des Patriarchats wurde abgelöst von dem des »Geschlechts« (oder »gender«), der als Strukturierungsprinzip das Verhältnis zwischen den Geschlechtern bezeichnet. Der Begriff als solcher sagt noch nichts über die Art und Weise aus, wie das Geschlechterverhältnis ausgestaltet ist, er nimmt keine Wertung über Hierarchien und Unterordnungen vor. Ute Gerhard (1995: 204f) beschreibt deshalb den Begriff des Patriarchats als heute immer noch deutungsstark, wenn in ihm das Verhältnis der Geschlechter im Kontext anderer Ungleichheitsstrukturen inbegriffen ist und wenn er nicht als eine überhistorische, allgemeine Größe behandelt wird.

Marxistischer Feminismus: Unterdrückung durch Produktionsverhältnisse

Im Gegensatz zum radikalen Feminismus steht für den marxistischen Feminismus nicht die Frage der Differenz zwischen Mann und Frau im Mittelpunkt, sondern es geht ihm vorrangig um die Produktionsverhältnisse und deren

9 Als Vertreterinnen vgl. Susan Brownmiller (1978), Susan Griffin (1986) und Kate Millett (1971).

Auswirkungen auf die Beziehungen der Geschlechter. Der Kapitalismus mit seiner Aufspaltung in Produktions- und Reproduktionsarbeiten schreibt die Unterdrückung der Frauen systemimmanent fest. Veränderungen in der Geschlechterfrage sollten folgerichtig an dieser Stelle ansetzen (vgl. Lorber 1999: 42). Diese Richtung des Feminismus stellt ökonomische und daraus entstehende soziale Bedingungen in Rechnung und bricht ebenso den Begriff des Patriarchats herunter auf die Ebene seiner Personalisierung in Form männlicher Wesen. Sie schafft damit eine Verbindung zwischen Fragen des Geschlechts, Geschlechterhierarchien und -ungleichheiten sowie ihrer personalen Ausgestaltung und den Bedingungen des Systems, den Ungleichheiten, die die kapitalistische Produktionsweise erzeugt. Der marxistische Feminismus versteht den Zusammenhang von Patriarchat und Kapitalismus so, dass Produktion und Reproduktion auf die Gesellschaft eine strukturierende Kraft ausüben, die sich im individuellen Leben in Klasse und Geschlecht widerspiegelt. Da Männer und Frauen unterschiedliche soziale Erfahrungen machen, bewegen sie sich in verschiedenen Systemen, die ihr Verhalten prägen und limitieren (vgl. Messerschmidt 1993: 54f).

Ethnomethodologie: Infragestellen der »natürlichen« Ordnung der Zweigeschlechtlichkeit

Den weiteren Weg zur aktuellen Diskussion zum Thema Geschlecht bahnte die ethnomethodologische Geschlechterforschung, die ihren Ursprung in der Phänomenologie hat. Die Ethnomethodologie[10] fragt immer nach den Herstellungsprozessen, nach dem »Wie« - ihr Ziel ist es, aus der Perspektive der Handelnden die jeweiligen Wirklichkeitskonstruktionen zu verstehen. Ihr liegt die Annahme zu Grunde, dass Menschen Strukturen hervorbringen, indem sie stabile Situationen erzeugen; dadurch können die Menschen im Alltag bestehen. Sie tun dies, indem sie ihre Handlungen aneinander ausrichten. Die Interagierenden können nur aus einem den Kontext beachtenden Handlungsrepertoire auswählen. Die Akteure interpretieren die Handlung des jeweils Anderen und richten ihre zukünftigen Handlungen aneinander aus. Sie konstituieren damit nicht nur soziale Wirklichkeit, sondern sie analysieren sie auch. Sie sind »Laien-Methodologen«, deren Wissen wiederum beschreiben die Ethnomethodologen. Der oder die Forschende kann die Beziehung zwischen entste-

10 Als deren wichtigste Vertreter sind Harold Garfinkel (1967) und Aaron V. Cicourel (1972) zu nennen; Garfinkel als ihr Gründer bezieht sich theoretisch stark auf Alfred Schütz (1962, 1964, 1966) und dessen Begriff des Alltagswissens (»common culture«).

hender Erscheinung und dem Kontext (Indexikalität) mit Hilfe der dokumentarischen Interpretation[11] abgleichen. Die so erfasste Handlung lässt Rückschlüsse auf den Sinn der Handlung zu. Dabei ist gerade das, was fraglos übernommen wird, gar nicht so selbstverständlich, so Garfinkel (1967: 37). Die eigene Kultur soll als fremd begriffen werden, um den Blick auf sie zu öffnen - daher auch die Vorsilbe Ethno-. Hierbei wird das *Wissen* der Handelnden über *Techniken* des Wie und Wozu in den Mittelpunkt gestellt, in Abgrenzung zum Symbolischen Interaktionismus, der nur die Verfahren und Absichten des Handelns einbezieht (vgl. Lamnek 1995: 51ff).

Garfinkel (1967) hat mit seiner Studie zu »Agnes«, einer transsexuellen Person[12], die Geschlechterfrage mit diesem ethnomethodologischen Herangehen bearbeitet und damit einen wichtigen Beitrag zur modernen Geschlechterforschung geleistet. In seiner Untersuchung kommt er zu dem Schluss, dass Geschlecht ständig im Alltag präsent ist und ihn strukturiert und dass es ein erhebliches Bedürfnis nach eindeutiger geschlechtlicher Zuordnung gibt. Dieses bezeichnet er als Ausdruck »restriktiver Zweigeschlechtlichkeit«: Etwas Drittes zwischen Mann und Frau darf nicht existieren, denn solange keine Sicherheit darüber besteht, ob man es mit einem Mann oder einer Frau zu tun hat, kommen soziale Interaktionen nicht in Gang. Selbst die Probandin Agnes, die männliche und weibliche Geschlechtsmerkmale aufweist und sich mit 20 Jahren zur Frau operieren lässt, übernimmt diese Position: Sie will als »richtige« Frau gelten und lebt mit dem ständigen Legitimationsdruck zu beweisen, dass sie schon immer eine Frau war. Dabei bemüht sie sich dauerhaft und bewusst darum, Weiblichkeit im Alltag zu inszenieren (vgl. Garfinkel 1967: 116ff). Garfinkel weist in der Studie nach, dass für die Interpretation von Männlichkeit und Weiblichkeit die Verhaltensweisen und Inszenierungen als entweder Mann oder Frau eine wesentlich größere Bedeutung haben als das biologische Geschlecht (vgl. Treibel 1997: 136ff).

Das Thema Transsexualität bietet vielfältige Anstöße für die Geschlechterforschung; Kessler und McKenna haben die Debatte mit ihrer Studie »Gender. An Ethnomethodological Approach« (1978) intensiviert, später hat Judith Butler sie in ihrem Buch »Das Unbehagen der Geschlechter« (1991), mit dem sie viel Staub in der Geschlechterforschung aufgewirbelt hat, wieder aufgegrif-

11 Die dokumentarische Interpretation ist eine von Garfinkel (1967: 76ff) entwickelte Methode zur Detailanalyse von Interaktionssequenzen.

12 Garfinkel bezeichnet die Person als »intersexed« (zwischengeschlechtlich; er benutzt Anführungszeichen), sein Verständnis davon korrespondiert mit dem herkömmlichen Verständnis von Transsexualität.

fen. Ihre Inhalte und Denkanstöße werden im nächsten Kapitel im Zusammenhang mit dem postmodernen Feminismus ausführlich dargestellt. Angesichts dieser Forschungstradition zum Thema Transsexualität in den USA ließ eine solche Debatte in der Bundesrepublik auf sich warten. Noch 1992 kritisierten Gildemeister und Wetterer die hiesige Frauenforschung für ihren eingeschränkten Blick:

> »Während in der Gender-Forschung inzwischen subtile Einzelheiten der sozialen Konstruktion der Differenz diskutiert werden, argumentiert die Frauenforschung hierzulande noch häufig so, als könne man weiter unbesehen von der Zweigeschlechtlichkeit als einer Naturtatsache ausgehen und als wären auch politische Entwürfe nur im Rahmen des vorgegebenen Rasters ›männlich-weiblich‹ möglich. Damit setzt die feministische Sozialwissenschaft möglicherweise unbeabsichtigt (weil unbemerkt) eine Tradition fort, die sie mit allen herkömmlichen Theorieentwürfen teilt: die Tradition des Denkens in zweigeschlechtlich strukturierten Deutungsmustern.« (Gildemeister/Wetterer 1992: 203)

In der deutschsprachigen Debatte ist seit Anfang der 90er Jahre Gesa Lindemann[13] die wohl bekannteste Vertreterin der Forschung über Transsexualität.

1.3 Geschlecht als soziales Konstrukt: Die Debatte um sex und gender, das (verlorene) Subjekt der Forschung und die geschlechtliche Durchdringung des Alltags

Die Theorie der sozialen Konstruktion von Geschlecht steht in der Tradition der vorangegangenen Ausführungen. Sie hat unterschiedliche Bezeichnungen, je nach im Vordergrund stehender Herangehensweise. So ist die Rede von »poststrukturalistischen« und »(sozial)konstruktivistischen« Ansätzen, vom »postmodernen Feminismus« und in der Folge auch von »dekonstruktivistischen Analysen«. Diese stehen allesamt in einer konstruktivistischen Tradition und sind aus der zunehmenden Skepsis gegenüber universalisierenden Behauptungen[14] sowie aus der verstärkten Rezeption ethnomethodologisch-konstruktivistischer Theorien entstanden. Ziel der Forschungen sind oftmals dekonstruktive Analysen von Macht (vgl. Knapp 2002: 19, 27 und Smaus 1995: 14f).

---

13 Als Hauptwerk vgl. Lindemann 1993.

14 Damit sind die Annahmen von der Einheitlichkeit »des Subjektes Frau« sowie der essenzialisierenden Geschlechterdifferenz gemeint. Knapp (2002: 20) weist allerdings zu Recht darauf hin, dass es auch vordem schon eine identitätskritische Richtung des Feminismus gab, die Kritik an Übergeneralisierung formulierte.

Es sei einschränkend hinzugefügt, dass hier kein vollständiger Überblick über Geschlechtertheorien wiedergegeben wird, geschweige denn alle relevanten zeitgenössischen feministischen Denkerinnen einbezogen werden. Ich konzentriere mich daher auf einige Grundlagen und auf Aspekte, die zum Verständnis späterer Ausführungen über die Geschlechterkonstruktionen der Jugendlichen eine Funktion haben. Zentral ist die Annahme, dass Geschlecht für die Aktionen und Reaktionen der Jugendlichen situativ oft bedeutsam ist, manchmal in den Hintergrund tritt, wenn es durch andere Momente überformt wird. Mit Hilfe des Wissens über Prozesse der sozialen Konstruktion von Geschlecht wird die Lebenssituation der Jugendlichen deutlicher. Die Erforschung der Männlichkeitskonstruktionen der Jugendlichen setzt diese damit voraus und legt zugleich Kategorien fest, um benennen zu können, was die Männlichkeit der Jugendlichen ausmacht. In der Erforschung und Beschreibung dieser Prozesse steht das Konzept gender als theoretische Frage nicht im Mittelpunkt des Erkenntnisgewinns. Frey und Dingler (vgl. 2001: 20) weisen darauf hin, dass dieses Vorgehen nicht unproblematisch ist, da es zu einer Stabilisierung bestehender Geschlechterordnung statt Dekonstruktion oder Problematisierung kommen kann. Gerade deshalb ist es notwendig, auch das Konzept gender selbst zu reflektieren und die Diskussion um gender als Erkenntnisgegenstand nicht aus den Augen zu verlieren. Daher stelle ich Aspekte aus der Diskussion um Gendertheorien vor, verdeutliche daran Inhalte und Diskussionspunkte. Diese Ausführungen loten Geschlecht als eine der Hauptkategorien dieser Arbeit theoretisch aus, um zu vermeiden, es unreflektiert zu verwenden und damit auch festzuschreiben.

Den Mittelpunkt der Forschung über die soziale Konstruktion von Geschlecht bilden Fragen der Geschlechtsidentität und -zugehörigkeit; Dreh- und Angelpunkt ist die Kategorie gender, das »soziale Geschlecht«.

> »Dass das soziale Geschlecht nicht von vornherein festgelegt ist, sondern erst durch soziale Interaktion entsteht, ist ein wichtiger Aspekt der modernen Soziologie vom sozialen Geschlecht - von detaillierten ethnographischen Untersuchungen des Gesprächsverhaltens bis zur Organisationsforschung über die Diskriminierung durch Manager." (Connell 2000: 54)

So weit scheint Eintracht zu herrschen - schaut man sich jedoch die verschiedenen Erklärungsansätze innerhalb der Forschungsrichtung genauer an, so werden schnell Widersprüche deutlich. Spätestens an der Frage, ob und inwiefern die Unterscheidung in sex und gender sinnvoll ist, scheiden sich die Geister.

Bedeutung und Bedeutungswandel von sex und gender im feministischen Diskurs

Dass Geschlecht nicht per se existiert und Geschlechtsidentität keine Folge der biologischen Konstitution ist, hat die Frauenbewegung schon früh erkannt. Simone de Beauvoir hat es 1949 in ihrem Werk »Das andere Geschlecht« in der prägnanten Formel »man kommt nicht als Frau zur Welt, man wird es«[15], auf den Punkt gebracht und damit die Debatte über die Veränderbarkeit dessen, was als weiblich oder männlich bekannt war, vorangebracht. Feministische Ansätze kritisierten zwar die Naturalisierung des weiblichen Geschlechts, stellten die Annahme eines ontologischen Wesens »der Frau« als naturgegeben in Abrede, aber trotzdem blieb es beim Subjekt Frau als gemeinsame und unhinterfragte Größe von Frauenbewegung und Frauenforschung.

Zusätzlich zu den oben genannten großen Strömungen des radikalen und sozialistischen Feminismus können auf einer anderen Achse zwei große Denkrichtungen unterschieden werden: der Gleichheits- und der Differenzansatz. Obwohl sich beide für konträre Ziele einsetzten, haben sie einen gemeinsamen Ausgangspunkt: die Annahme der Binarität der Geschlechter. Der Gleichheitsansatz wollte die Gleichstellung der Frau mit dem Mann erreichen, wohingegen der Differenzansatz die Differenz zum Mann und zu männlichen Werten hervorhob bzw. das weibliche dem männlichen als »besseres Geschlecht« entgegenhielt. Beide Ansätze schreiben Männern und Frauen unveränderbare Eigenschaften zu, die ihren Ursprung im biologischen Geschlecht haben und sich von da aus in das soziale Leben hinein fortsetzen - sie sind also in ihrem Kern essenzialistisch. Die Debatte lebt von dem Gegensatzpaar Mann-Frau und begnügt sich damit, kulturelle Spiegelung biologischer »Tatsachen« zu sein. Das erfüllte auch eine Funktion: Eine so geführte Debatte diente dazu, den Gegenstand der Forschung und des Kampfes zu erhalten - und Gegenstand der Frauenforschung ist logischerweise »die Frau«.[16]

15 Anders als in der Übersetzung bei Rowohlt hat Alice Schwarzer den Satz übersetzt mit: »Man kommt nicht als Frau zur Welt, man wird dazu gemacht« (vgl. Moser/Raynova 1999).

16 Dieser kurze Abriss zeichnet natürlich nur in groben Zügen ein Wesensmerkmal beider Ansätze nach. Ihnen liegt eine heftig geführte Debatte zu Grunde, die heute immer noch aktuell ist und z.B. in Fragen der Koedukation zum Tragen kommt. Gerade für die Pädagogik zieht der eine oder andere Ansatz je vollkommen unterschiedliche Konsequenzen nach sich, sowohl was pädagogische Konzepte als auch Schulformen und die Partizipation von Frauen allgemein an Bildung und damit ihre gesellschaftliche Stellung betreffen (vgl. Kleinau 1996).

Erst mit der Einführung des Begriffs gender verloren das ausdrücklich feministische Selbstverständnis sowie das Subjekt Frau langsam an Gewicht. Ann Oakley setzt sich in ihrem Werk »Sex, Gender and Society« (1972) explizit mit der Unterscheidung von biologischem und sozialem Geschlecht auseinander. Sie verdeutlicht die über eine unterstellte Korrespondenz zum biologischen Geschlecht hinausgehende Bedeutung von gender:

> »Sex is a biological term: gender a psychological and cultural one. Common sense suggests that they are merely two ways of looking at the same division and that someone who belongs to, say, the female sex will automatically belong to the corresponding (feminine) gender. In reality this is not so. To be a man or a woman, a boy or a girl, is as much a function of dress, gesture, occupation, social network and personality, as it is of possessing a particular set of genitals.« (Oakley 1972: 158)

Oakley gab damit der feministischen Forschung Argumente gegen die Naturalisierung von Mann- und Frau-Sein an die Hand. Die deutsche Sprache beinhaltet keine direkte Differenzierung von biologischem und sozialem Geschlecht, so wie sie Oakley leicht mit den Worten sex und gender vollziehen kann. Im Deutschen hingegen muss man zur Bezeichnung von gender Kompositionen wie »soziale Konstruktion von Geschlecht«, »soziales Geschlecht« oder »geschlechtliche Identität« verwenden. Die Ungenauigkeiten der Übersetzung sowie die Länge der sich daraus ergebenden Wortkonstruktionen haben dazu geführt, das Wort gender als Fachbegriff zu übernehmen.

Aber auch die Differenzierung von Geschlecht in sex und gender konnte, wie sich hier andeutet, die Probleme, die eine Festlegung durch die Kategorie Geschlecht beinhaltet, nicht lösen - im Gegenteil, sie sorgt für neuen Diskussionsstoff. Postmoderne feministische Ansätze diskutieren, ob und wie das Soziale des Geschlechts zu beurteilen ist und welche Rolle überhaupt noch dem biologischen Geschlecht zukommen kann und soll. Im Mittelpunkt der Kontroverse steht die Frage, ob die Unterscheidung in sex und gender die Trennung von Kultur und Natur nicht einfach erneut aufnimmt und widerspiegelt: Gender entfaltet sich in und durch Abgrenzung von sex, wird so zum Gegenspieler, der den »Naturfaktor« braucht, um selber Bestand und Inhalt haben zu können. Die Bedeutung des Körpers, seine Funktion für gender sowie das Verhältnis von sex und gender wird in verschiedenen Modellen unterschiedlich bewertet (vgl. Frey 2000: 6). So verdeutlicht auch Oakley in dem Zitat die gesellschaftliche Konstruktion von gender. Das biologische Geschlecht hingegen bleibt bei ihr noch unhinterfragt, es wird in der Unterscheidung von sex und gender oft als gegeben vorausgesetzt. Diese Diskussion hat sich in verschiedene Richtungen ausdifferenziert. Im folgenden Zitat legt Judith Lorber dar, was sie unter gender versteht und warum sie die Einteilung in sex und gender beibehält:

> »Obwohl aus den möglichen Kombinationen von Genitalien, Körperformen, Kleidung, Verhaltensweisen, Sexualität und Rollen bei den Menschen unendlich viele Varianten entstehen könnten, hängt die soziale Institution *gender* davon ab, dass *gender* als Status nur in einer begrenzten Zahl von Ausprägungen produziert und aufrecht erhalten wird und dass die Angehörigen jedes Status einander angeglichen werden. Individuen werden *sexed*, aber nicht *gendered* geboren und müssen erst lernen, männlich oder weiblich zu sein.« (Lorber 1999: 66, Hervorh. i. Orig.)

Für die Autorin ist sex somit eine eindeutige Kategorie, die jedoch nicht die Grundlage bieten muss, für diese oder jene Ausformung von gender verantwortlich zu sein: Sex beinhaltet keine ihr notwendigerweise zugeordnete Genderkonstruktion, das Soziale des Geschlechts ist dem Biologischen nicht inhärent. Die soziale Konstruktion des Geschlechts ist unabhängig von seiner biologischen Disposition entstanden; die einzige Einflussnahme wird dann in Form kultureller Überformung akzeptiert, jedoch nicht als Naturtatsache. Lorber sieht in der Institution gender eine Erfindung, die die Konstruktion des sozialen Geschlechts in Schranken weist; diese reguliert sowohl den alltäglichen sozialen Umgang miteinander, als auch größere soziale Systeme. In Form von Mikro- und Makropolitik stützt und legitimiert sie sich - sie verstärkt und reproduziert sich dadurch. Dabei stellt gender einen Machtfaktor dar, der durch Kategorisierung die Auswahl bestimmter Menschen für bestimmte Aufgaben möglich macht und entscheidend steuert. Jeder nimmt seinen Platz in dieser sozialen Ordnung ein, was zugleich dem Erhalt von Macht dient. Lorber betrachtet allerdings nicht allein gender als Kategorie, die für Hierarchien sorgt, sondern bezieht andere Machtmechanismen wie Rassismus mit ein. Sie verdeutlicht, dass gender ausschließlich sozial konstruiert ist und insofern gibt es für sie keinen Grund, Abstand von der Kategorie zu nehmen (vgl. Lorber 1999: 55ff).

Doing gender

Der Anteil, der den Individuen bei der Darstellung und Veränderbarkeit bzw. Unveränderbarkeit von Geschlecht zukommt, ist eine weitere zentrale Frage der Geschlechterforschung, je nach theoretischem Ansatz wird ihnen mehr oder weniger Spielraum eingeräumt. Die alltägliche Bearbeitung des Geschlechts, seine Inszenierung sowie die Notwendigkeit, sich als geschlechtliches Wesen ständig, und zwar in jedem kleinen Teilbereich des Alltags neu zu entwerfen, wird als *doing gender* bezeichnet. Dieser permanente Prozess der

Herstellung von Geschlecht ist aber nie der völligen Beliebigkeit der Individuen überlassen. Prinzipiell besteht zwar eine Offenheit, wie jede/r Einzelne Geschlecht konstruieren kann, Grenzen sind schon dadurch gesetzt, dass gender nicht einfach oder einmalig herzustellen ist, sondern in jeder sozialen Situation neu (re)produziert werden muss (vgl. Messerschmidt 1993: 28). Die gesellschaftliche Position rahmt die Bearbeitung von Geschlecht, tradierte Geschlechterkonventionen fließen ebenso wie ökonomische und institutionelle Strukturen als Form gebende Elemente ein. In der Ausformung sozialen Geschlechts bestehen also schon allein durch die unterschiedlichen Positionen, aber zusätzlich noch durch vielfältige individuelle Bearbeitungen unterschiedliche Dynamiken und Widersprüche von Geschlecht, so dass es nicht *die* Männlichkeit oder *die* Weiblichkeit gibt (vgl. Connell 2000: 54).

Nach Butler besteht das doing gender aus ständiger Imitation von Regeln und Normen, wobei in der Nachahmung zugleich das entsteht, was wir nachahmen; ein »Original« ist gar nicht vorhanden (vgl. Butler 1991: 58). Und dennoch scheinen wir zu wissen, wie, warum und was es nachzuahmen gilt und aus welchem Repertoire wir schöpfen können, wenn wir Männlichkeit und Weiblichkeit konstruieren - wir konstruieren Geschlecht nicht beliebig. Mit den Fragen wie wir es tun, wozu es dient und woher wir wissen, was wir als Männer oder Frauen zu tun haben, werde ich mich ausführlicher in der Analyse der Biographien beschäftigen.

Die Dekonstruktion von Geschlecht und des einheitlichen Subjekts feministischer Forschung

Um eine weitere Form des Umgangs mit der Fragestellung Natur, Kultur und gender aufzuzeigen, gehe ich nun auf die Theorie Judith Butlers näher ein. Sie bezieht sich auf ein großes Themenspektrum der feministischen Debatte und lässt damit auch unterschiedliche Standpunkte und deren Konsequenzen deutlich werden. Mit ihrem Buch »Das Unbehagen der Geschlechter« sorgte sie für reichlich Diskussionsstoff im Geschlechterdiskurs. Schonungslos greift sie darin die Kategorien »Mann« und »Frau« an, die allein schon zum Selbsterhalt der Geschlechtertheorien bis dahin für unabdingbar gehalten wurden (vgl. Roedig 2001: 25). Ebenso wie die Frau der Frauenforschung unentbehrlich scheint, so gilt dies für den Mann als Subjekt der Männlichkeitsforschung. Judith Butlers Ansatz weist auf Schwachstellen in der feministischen Debatte hin und entwickelt den dekonstruktivistischen Diskurs fort.

Butler will weder Gleichheit zwischen Männern und Frauen noch die Differenz in den Blick nehmen, im Gegenteil: Sie kritisiert beide Auffassungen. Ihr geht es um die Dekonstruktion der Kategorie Geschlecht und damit auch der Aufhebung des Denkens in binären Kategorien von männlich und weiblich. Dem Feminismus wirft sie vor, durch die Konstruktion eines einheitlichen Subjekts Frau dem Patriarchat erst recht Vorschub zu leisten - die Haltung stütze den patriarchalen Anspruch, repräsentativ zu sein (vgl. Butler 1991: 19). Allerdings will sie die Bedeutung der Kategorie Geschlecht mitnichten in Frage stellen, sondern in einer umfassenden Analyse durchdringen und in seiner gesellschaftlichen Relevanz ihrem Publikum vorführen. Insofern geht sie also nicht davon aus, dass das Geschlecht als Kategorie an Bedeutung verliert, sondern zeigt uns im Gegenteil die geschlechtliche Durchdringung des Alltags bis hinein in unsere Köpfe, Körper und Wünsche.

Auch wenn die Kategorie gender einst mit der Absicht eingeführt worden sei, dem Schicksalhaften der Biologie zu entrinnen, so bringt sie doch weitere Zwänge. Wenn Geschlechtsidentität kulturelle Konstruktion ist, der keine dem Körper anhaftende biologische Bestimmtheit vorausgeht, warum bleibt es dann weiterhin bei zwei Geschlechtsidentitäten? Deren einzige Funktion bestünde dann darin, den Namen *kulturell* zu tragen *trotz* der biologischen Bestimmtheit, die dem Geschlecht weiter anhaftet. Unabhängig vom biologischen Geschlecht gedacht, ist gender frei schwebendes Artefakt (vgl. Butler 1991: 22f).

Laqueur analysiert historisch, wie es zur Annahme von Geschlechterunterschieden im Sinne zweier Geschlechter kam. Begründungen des Geschlechterunterschiedes bezogen sich auf den Körper, mal zog man den einen, mal den anderen anatomischen und physiologischen Vorgang dazu heran. Diese Begründungen dienten aber nicht dem Erkenntnisgewinn, sondern vielmehr einem politischen Ziel - der Installation des Zwei-Geschlechter-Modells, für das Laqueur zu dem Schluss kommt, »dass es im Zuge endloser Mikro-Konfrontationen über die Machtfrage im öffentlichen und privaten Bereich *hergestellt worden ist*« (Laqueur 1992: 220, Hervorh. i. Orig.).

Butler arbeitet an der *Dekonstruktion des geschlechtlichen Körpers*, was aber nicht bedeutet, dass sie den materiellen Körper leugnet - sie sieht ihn als Ort des Machtvollzugs, als angefüllt mit Diskursen (vgl. Tuider 2003: 49). Geschlecht, Geschlechtsidentität sowie Begehren bilden eine Trias, die ein System der Zwangsheterosexualität konstituiert. Selbst das Begehren ist diskursives Produkt, Resultat des Systems der Zwangsheterosexualität, das sich so bis in den letzten Winkel des Körpers einschleicht (vgl. Butler 1991: 22ff).

Sozialwissenschaftlich-philosophisch gründet sie ihre Analyse der Kategorie Geschlecht sowie die daraus folgende Dekonstruktion auf einen poststrukturalistischen Diskursbegriff. Der Sprache kommt dabei eine große Bedeutung zu, denn sie erzeugt erst das, was sie bezeichnet. Eine der sozialen Deutung vorgeordnete Natur kann nicht erfasst werden. Schon die Bezeichnung ist gesellschaftlich gewählt, also Interpretation. Sprache ist immer performativ, das heißt, dass im Sprechakt Dinge erst geschaffen werden. Das Bezeichnete und das Bezeichnende sind zum einen nicht deckungsgleich und zum anderen macht die Bezeichnung das Bezeichnete erst zu dem, was es ist - dieser Zusammenhang wird im Diskurs allerdings verschleiert. Ist der Körper erst einmal als solcher bezeichnet, so liegt darin schon eine Interpretation und somit ein kultureller Akt vor: Er kann jetzt folglich nicht mehr Natur sein und auch nicht als solche begriffen werden. Trotzdem vollzieht der Diskurs genau den gegenteiligen Prozess: Der Körper wird wieder naturalisiert und ihm wird eine biologische und damit vorkulturelle Bedeutung zugesprochen (vgl. Butler 1991: 25ff).

Für die bis dato im feministischen Diskurs übliche Unterscheidung in sex und gender bedeutet dies in der Konsequenz, dass sex überflüssig wird, denn auch den Körper und alles Biologische (im herkömmlichen Sinn als naturgegeben vorausgesetzt) erschaffen Menschen in Sprechakten, schon durch die Bezeichnung - und so wird auch sex zu gender, ist ebenso soziale Konstruktion. Roedig zieht Butlers unausgesprochene Parallele zwischen den Paaren »Begriff und Gegenstand« und »sex und gender« nach:

> »Interessant ist, dass Butler das Verhältnis von sex und gender analog zu ihrem Modell von Gegenstand und Begriff denkt und denselben theoretischen Schritt vollzieht: Zwischen sex und gender besteht kein Referenzverhältnis. Gender ist nicht Ausdruck von sex und auch kein Zeichen, das auf einen zu Grunde liegenden Körper verweist. Eher verhält es sich umgekehrt, dass sex sich zuallererst durch gender herstellt.« (Roedig 2001: 27)

Die sprachliche Vermittlung dessen, was »geschlechtliche Identität« beinhaltet, ist also konstitutiv für ihre Entwicklung, die dadurch zugleich normiert wird. Dem hält Butler immer wieder die innere Vielfalt der Menschen entgegen, die sich nicht auf ein simples Schema Mann - Frau reduzieren lassen kann; Menschen sind zu uneinheitlich, ihre Eigenschaften und die Kombination der Eigenschaften zu vielfältig - dennoch hat sich das Geschlechtersystem mit seinen Vereinheitlichungsbestrebungen in uns allen tief verankert. Neben der Analyse dieser Situation zeigt Butler unter der Bezeichnung »subversive Körperakte« Wege auf, Gegenpositionen zu beziehen oder dem System zu entkommen. Sie sieht diese vor allem in der Parodie von Geschlecht und in der Transsexualität - beides stiftet Verwirrung und wird zur subversiven Strategie (vgl. Butler 1991: 123ff). Auch auf Grund dieser Vorschläge, die sie aus ihrer Analyse zieht, ist Butlers Theorie ebenso beliebt wie umstritten. Kritisiert wird vor allem folgender Punkt:

> »Doch eins macht stutzig: Flexibilität, Identitätswechsel, Unabhängigkeit von körperlicher Befindlichkeit - das ist genau das, was die spätkapitalistische Gesellschaft ihren Mitgliedern abverlangt. Der Verdacht ist nicht von der Hand zu weisen, dass Butler uns das als subversives Ideal verkauft, was längst schon Mode, Norm und zum Teil auch Wirklichkeit geworden ist. Es ist ein eigentümliches Merkmal vieler Gesellschaftstheorien postmoderner Provenienz, dass in ihnen Affirmation und Kritik der bestehenden Verhältnisse fast ununterscheidbar nah beieinander liegen.« (Roedig 2001: 29)

Die bisherigen Ausführungen feministischer Diskurse und Geschlechterdebatten weisen schon Richtungen für die Diskussion der Männlichkeitsforschung auf - erst durch sie wird eine kritische Forschung über Männlichkeiten überhaupt möglich. An einigen Stellen können ihre Ergebnisse direkt transferiert werden: Wenn das einheitliche Subjekt Frau von der Geschlechterforschung bezweifelt wird, dann muss auch das einheitliche Subjekt Mann in Frage gestellt werden. Es muss nun in diverse Männlichkeiten unterschieden werden - was auch einen Ausgangspunkt der Männlichkeitsforschung darstellt.

1.4 Männlichkeitsforschung: Männlichkeiten statt Männlichkeit

Um unterschiedliche Männlichkeiten zu ergründen, müssen die Lebensumstände der Betroffenen, gesellschaftliche Bedingungen und Machtverhältnisse analysiert werden. Dabei stehen Fragen von Hegemonie, von Zugehörigkeit und Zuschreibung im Mittelpunkt. Ich skizziere diese nun in ihrer Bedeutung für die Männlichkeitsforschung und konkretisiere sie im zweiten und dritten Kapitel, wo wesentliche Fragestellungen der *Migrationsforschung in Verbindung mit der Geschlechterforschung* ausgeführt und dann schließlich auf die Debatten um geschlechtsspezifische Jugendgewalt, vor allem die Gewalt junger Migranten zugespitzt werden. Gerade deren Gewalttätigkeit wertet der öffentliche Diskurs heute zunehmend als geschlechtsspezifischen Ausdruck - als Ausdruck einer fehlgeleiteten Männlichkeit.

Entwicklung der Männlichkeitsforschung

Die Männlichkeitsforschung ist im angloamerikanischen Sprachraum entstanden. Neben dem großen Einfluss der Frauen- bzw. Geschlechterforschung war für die Entwicklung der Männlichkeitsforschung auch die politische Männerbewegung der 70er Jahre bedeutsam. Ihre Themen stießen sowohl in Männergruppen als auch in den Universitäten auf Interesse, hier wurden sie aufgegriffen und theoretisch eingebunden. Weiterer Impulsgeber für die Männlichkeitsforschung war die Homosexuellenbewegung der 80er Jahre (vgl. Döge/Meuser 2001: 17).

Auch die Vordenker aus dem europäischen Raum sollen nicht unerwähnt bleiben, da heute auf sie noch zurückgegriffen wird, wenn es um Geschlecht geht - wenn oft auch nur implizit. Connell führt Freud als bedeutenden Denker über Männlichkeit ein. Freuds Schriften zum Ödipuskomplex und der Kastrationsangst können als erste Auseinandersetzung mit dem Zustandekommen von Männlichkeitskonstruktionen begriffen werden: Er analysierte darin patriarchale Strukturen und deren Weitergabe an die nächste Generation. Neben weiteren Psychologen wie Adler, Reich oder Lacan, die sich auf je unterschiedliche Weise innerhalb ihrer theoretischen Ansätze mit Männlichkeit auseinandersetzten, führt Connell auch ExistenzialistInnen wie Jean-Paul Sartre oder Simone de Beauvoir als VordenkerInnen an (vgl. Connell 2000: 27ff). Döge und Meuser heben Simmel für die Entwicklung der Geschlechter- und damit auch der Männlichkeitsforschung hervor. Sein Vergleich des Verhältnisses von Männern und Frauen mit dem von Herren und Sklaven bringt nicht nur die Dominanz von Männern zum Ausdruck, sondern unterstreicht auch den Aspekt, dass der Sklave sich qua seiner Position immer als Sklave wahrnimmt - ebenso wie die Frau sich immer als geschlechtlich wahrnehmen muss. Die Notwendigkeit geschlechtlicher Reflexion besteht für den Mann hingegen nicht, denn er handelt nur manchmal als Mann und meist als Mensch (vgl. Döge/Meuser 2001: 11f).

In der Bundesrepublik entwickelt sich die zeitgenössische Männlichkeitsforschung eher zögerlich. Es gibt zwar schon seit Ende der 70er Jahre Studien über Männer, allerdings nur in geringer Zahl[17] - ansonsten beschränkte sich die Thematisierung von Männlichkeit ausschließlich auf die Sozialpädagogik in Form der Jungenarbeit sowie auf die Entwicklungspsychologie. Erst seit Mitte der 90er Jahre machten Soziologie, Politikwissenschaft und Kriminologie sie zum expliziten Gegenstand (vgl. Döge 2000: 18 und Döge/Meuser 2001: 18f).

---

17 Vgl. die Studien von Helge Pross 1978 und Sigrid Metz-Göckel/Ursula Müller 1986.

In der angloamerikanischen Debatte ergibt sich ein anderes Bild, denn die dortigen Men's Studies sind schon wesentlich etablierter als in der Bundesrepublik und greifen stärker die Verschränkung von Geschlecht mit anderen Faktoren auf. Connell und andere ForscherInnen lieferten wegweisende theoretische Erkenntnisse und fordern immer wieder nachdrücklich dazu auf, die Lebenssituation der Untersuchungsgruppe sowie ihre Einbindung in Hierarchien bei Untersuchungen zu Konstruktionen von Männlichkeit in den Mittelpunkt zu stellen.[18]

Die Theorie der hegemonialen Männlichkeit von Connell ist Grundlage für viele weitere Forschungen; da sie auch eine Basis der vorliegenden Arbeit ist, lege ich sie im Anschluss ausführlich dar. Sein mittlerweile zum Standardwerk avanciertes Buch »Der gemachte Mann, Konstruktion und Krise von Männlichkeiten«[19] steht im Mittelpunkt der Ausführungen.

Die Theorie der hegemonialen Männlichkeit von Robert W. Connell

Der zentrale Ausgangspunkt der zeitgenössischen Männlichkeitsforschung ist die Annahme, dass Männlichkeit ein soziales Konstrukt darstellt, das sich mit anderen Differenzierungsmustern verschränkt. Vielfältige Kombinationen erzeugen in der Konsequenz nicht nur eine Männlichkeit, sondern viele unterschiedliche Männlichkeiten (vgl. Döge 2000: 18), eine Erkenntnis, die auch aus der feministischen Debatte der Frage um das einheitliche Subjekt resultiert. Die entstehenden Männlichkeiten sind weder beliebig noch beliebig vielfältig - sie richten sich an einer Norm aus, die Connell als die »hegemoniale Männlichkeit« bezeichnet. Diesen von Carrigan, Connell und Lee (1985) erarbeiteten Ansatz entwickelte vor allem Robert W. Connell auf der theoretischen Grundlage der sozialen Konstruktion von Geschlecht weiter: Er beschreibt, wie hegemoniale Männlichkeit ein in westlichen Industriegesellschaften vorherrschendes Konzept von Männlichkeit darstellt, wie sie ausgestaltet wird und welche Auswirkungen sie auf die Geschlechterordnung hat.

Die hegemoniale Männlichkeit bildet sich durch eine bipolare Geschlechterordnung in Abgrenzung zur Weiblichkeit. Hegemonie als zentraler Terminus der Theorie bezieht sich auf Antonio Gramscis Begriff der Hegemonie, der sie als bewegliches und von historischen Konstellationen abhängiges Element erfasst.

18 Hierzu beispielsweise Beyon 2002, Connell 2000 und 2004, Clatterbaugh 1997, Messerschmidt 1993, oder auch die Sammelbände von Bowker 1998, Brod/ Kaufmann 1994, Kimmel 1987, Mac an Ghaill 1996.

19 Erste deutsche Auflage 1999; ich verwende hier die 2000 erschienene zweite Auflage. Im Original 1995 unter dem Titel »Masculinities« in Cambridge erschienen.

»Hegemoniale Männlichkeit kann man als Konfiguration geschlechtsbezogener Praxis definieren, welche die momentan akzeptierte Antwort auf das Legitimitätsproblem des Patriarchats verkörpert und die Dominanz der Männer sowie die Unterordnung der Frauen gewährleistet (oder gewährleisten soll).« (Connell 2000: 98).

Somit stellt hegemoniale Männlichkeit *keine Charaktereigenschaft* dar, sondern sie ist *kulturelles Ideal* sowie *Orientierungsmuster*, ein Ideal, an das sich Männer durch ihre Darstellung von Geschlecht immer wieder versuchen anzunähern (vgl. Meuser 1998: 98). Hegemonie bedarf der Zustimmung, die ständig hergestellt werden muss.

Die Annahme einer grundsätzlichen Überlegenheit von Männern gegenüber Frauen ist nach wie vor eine Grundkomponente zeitgenössischer Männlichkeitskonzepte. Männlichkeit wird immer noch aus althergebrachten Bildern gespeist: Der Mann sei Inhaber der Macht, sowohl Gesellschaft als auch Natur zu gestalten; solche Aussagen sind im Sozialisationsprozess von Jungen nach wie vor dominierende Motive (vgl. Döge 2000: 19). Zu erforschen ist deshalb auch, wie diese Männlichkeitskonventionen entstehen und in der sozialen Praxis tradiert werden (vgl. Connell 2000: 54).

Wesentliches Element des Verhältnisses der Geschlechter und der Herstellung von Hegemonie ist, dass auch Männer untereinander hierarchische Rangfolgen ausarbeiten. Dazu dienen »Eigenschaften«, die die Hierarchienbildung erleichtern - weiß, heterosexuell, mächtig und beruflich erfolgreich stellen die obersten Sprossen der Leiter dar. In seiner Studie untersucht Connell (vgl. 2000: 99ff) verschiedene Männergruppen und die Bedingungen, unter denen sie leben. Dabei stößt er auf verschiedene Arten von Männlichkeit - die Kehrseite der hegemonialen Männlichkeit sind die subordinierten Männlichkeiten. Die hegemoniale Männlichkeit definiert Männer mit bestimmten Merkmalen als unterlegen, und benötigt sie zugleich, um sich selbst durch Abgrenzung von ihnen eine Form zu geben (vgl. Connell 2000: 101). Als spezifische Form davon nennt Connell die Unterordnung homosexueller Männer unter heterosexuelle. Dabei greift die hegemoniale Männlichkeit auf das Mittel zurück, homosexuelle Männer mit Weiblichkeit zu konnotieren. Diese Zuweisung bedeutet aber nicht, dass heterosexuelle Männer nicht ebenfalls mit Weiblichkeit assoziiert und dadurch untergeordnet werden könnten.

Connell (vgl. 2000: 100) beschreibt die »Komplizenschaft« als weitere Form von Männlichkeit, die sich eng an der hegemonialen Männlichkeit ausrichtet: Diese setzt sich zwar von deren offensichtlichen Machtproduktionen ab und geht auch keine Risiken und Spannungen ein - aber die Privilegien des eigenen Geschlechts akzeptiert sie gerne. Diese Männer sind weder gewalttätig noch besonders autoritär, so dass von ihnen auch keine

Unterdrückung auszugehen scheint. Das Leben in familiären Zusammenhängen, das viele von ihnen führen, macht gewissermaßen Kompromisse mit Frauen notwendig. Die Männer stützen hegemoniale Männlichkeit, indem sie die Privilegien nicht in Frage stellen sondern für sich zu nutzen wissen.

Interessant im Rahmen dieser Arbeit ist der Typ der »protestierenden Männlichkeit« (vgl. Connell 2001: 138ff), der eine marginalisierte Form der Männlichkeit darstellt. Er greift Inhalte hegemonialer Männlichkeit auf und modifiziert sie im Kontext von Armut. Die schwache ökonomische und soziale Situation verunmöglicht wirkliche Teilhabe an hegemonialer Männlichkeit, allein schon der Anspruch darauf wirkt unrealistisch. Durch ihre - Connell charakterisiert sie als klassenspezifische - Situation sollen diese Männer keine Möglichkeit zur Partizipation an hegemonialer Männlichkeit bekommen. Um dieses Problem zu bewältigen, nehmen die Männer ihre Randständigkeit und Stigmatisierung an, richten sich darin ein - allerdings zeigt sich ihr Aufbegehren darin, dass sie diese Situation oft gewalttätig ausgestalten. Die protestierende Männlichkeit ist eine aktive Reaktion auf eine Lage, die nur sehr beschränkte Handlungsoptionen zur Verfügung stellt. Die Männer sind oft arbeitslos, so dass ihnen auch ein gemeinschaftliches Agieren auf der Grundlage einer »maskulinen Arbeiterklassenethik-Solidarität« genommen ist: »Der Verlust der ökonomischen Basis männlicher Autorität führt zu einem gespaltenen Bewusstsein - Egalitarismus und Misogynie - statt zu neuen politischen Zielen« (Connell 2000: 140).

Männer kreieren und erhalten ihr System der Hegemonie also durch Unterordnung von Frauen *und* von Männern. Somit besteht die ausgeübte hegemoniale Männlichkeit aus einem »doppelten Herrschaftsverhältnis« (Döge 2000: 89), aus dem auch unterschiedliche Formen von Männlichkeit resultieren. Für die Analyse der verschiedenen Formen von Männlichkeit fordert Connell:

> »Es reicht nicht, die Mannigfaltigkeit von Männlichkeitsformen zu erkennen. Es geht auch um die *Verhältnisse* zwischen den verschiedenen Arten von Männlichkeit: Bündnisse, Dominanz und Unterordnung. Diese Verhältnisse entstehen durch Praxen, die ein- und ausschließen, einschüchtern, ausbeuten, und so weiter. Männlichkeit bedeutet auch Geschlechterpolitik.« (Connell 2000: 56, Hervorh. i. Orig.)

Nach Connell muss das *kulturelle Ideal* der Männlichkeit mit *institutioneller Macht* zusammenfallen, um wirksam zu werden (vgl. Connell 2000: 98); die Forschung sollte daher im Blick behalten, dass institutionelle Vereinbarungen durchaus eine größere Rolle für Männlichkeitspolitik spielen können als die

Männlichkeit der Individuen selbst, auch wenn diese viel mehr im Fokus öffentlicher Beobachtung steht (vgl. Connell 2000: 62).

Hegemonie hat immer eine historische Tradition sowie konkrete Bezugspunkte zu Ressourcen: Für Connell ist die hegemoniale Männlichkeit eine patriarchale Männlichkeitsordnung, die sich in Form von Institutionen manifestiert, aber auch durch Schlagworte verteidigt. Sie sichert die Vorherrschaft von Werten, die mit Männlichkeit verknüpft sind. Die Durchsetzung dieser Ordnung wird allerdings heute hinterfragt und funktioniert nicht mehr so reibungslos wie früher; Männer haben deshalb als Verteidigung und Waffe drei Formen von Männlichkeitspolitiken hinzugezogen: männliche Gewalt, Propagierung männlicher Vorbilder und Führung in Organisationen (vgl. Connell 2000: 185ff). Darunter liegt eine Ebene individueller und vor allem institutioneller Handlungen: Connell erklärt das am Beispiel der Erziehungssysteme, die ins Konzept passende Minderheiten fördern und unpassende ausselektieren. Die Konsequenzen dieses Vorgehens wirken persönlichkeitsstrukturierend auf den Einzelnen (vgl. 2000: 189f).

Die hegemoniale Männlichkeit erschafft sich durch Hierarchiebildung unter Männern - und so banal dies klingen mag, so erklärt sich daraus doch wesentlich das Verhalten vieler Männer. Die Orientierung an ökonomischen und kulturellen Ressourcen, die gesellschaftliche Strukturierung durch rassistische Auf- und Abwertung hat danach einen wesentlichen Einfluss auf die Konstruktion von Geschlecht - vielmehr, als die Durchlässigkeit der Kategorien, auf die sich die Individualisierungstheorie beruft. Dass damit aber dennoch keine statischen Konzepte gemeint sind, führt Connell weiter aus:

> »Ich möchte betonen, dass in der hegemonialen Männlichkeit eine ›derzeitig akzeptierte‹ Strategie verkörpert ist. Sobald sich die Bedingungen für die Verteidigung des Patriarchats verändern, wird dadurch auch die Basis für die Vorherrschaft einer bestimmten Männlichkeit ausgehöhlt. Neue Gruppen können dann alte Lösungen in Frage stellen und eine neue Hegemonie konstruieren. Die Vorherrschaft *jeder* Gruppe von Männern kann von den Frauen herausgefordert werden. Hegemonie ist deshalb eine historisch bewegliche Relation. Ihr Hin und Her ist auch das Schlüsselelement von Männlichkeit, wie ich sie in diesem Buch beschreiben möchte.« (Connell 2000: 98f, Hervorh. i. Orig.)

Die Untersuchungen von Männlichkeitskonstruktionen im Kontext diverser Hierarchien setzen gender einerseits als Analysekategorie ein, die es ermöglicht, Ausgrenzungs- und Privilegierungsmuster entlang einer geschlechtlichen Ordnung zu erkennen, aber der theoretische Rahmen relativiert andererseits auch die Kategorie gender als universelle Kategorie, indem er andere mögliche Differenzierungskriterien einbezieht. Connell erfasst mit seinem Konzept der hegemonialen Männlichkeit die Anwendung von Macht entlang der Linie Geschlecht, aber eben auch ihre Überkreuzung durch Klasse, Alter oder Ethnie. Die hegemoniale Männlichkeit reproduziert Macht in ökonomischen, rechtlichen und kulturellen Mikro- und Makrostrukturen, die ohne Anwendung von Gewalt (zumindest von offensichtlicher Gewalt) die Vorherrschaft eines Geschlechts in einer geschlechterungleichen Kultur gewährleisten - und diese Ordnung schreibt sich in die Gesellschaftsmitglieder ein (vgl. Kersten 1997b: 106). Insgesamt zeigt Connell deutlich auf, dass Männlichkeit nicht als ein einheitlicher Gegenstand erfasst werden kann und somit auch keine eindimensionalen Definitionen möglich sind. Zuschreibungen dessen, was als Männlichkeit definiert wird, sind oft willkürlich, werden aber als neutrale Wahrheiten betrachtet und damit dann auch festgeklopft und tradiert - eine »objektive« Männlichkeit gibt es jedoch nicht.

1.5 Verortung: Plädoyer für den Erhalt der Analysekategorie Geschlecht

In diesem Kapitel habe ich die Relevanz von Geschlecht allgemein und speziell von Männlichkeit für die Strukturierung der Gesellschaft ausgelotet. Dabei wurden Widersprüche deutlich, die Diskurse um die Relevanz von Geschlecht als ordnende Kategorie prägen - und besonders was die Frage der Männlichkeit betrifft, ist sich die Wissenschaft ob der »Modernisierung« des männlichen Subjekts nicht einig. Einerseits konstatieren Theoretiker wie Beck, dass die Kategorie Geschlecht erodiert und sich die alte Ordnung trotz aller Widerstände im Zuge gesellschaftlicher Individualisierungstendenzen nicht mehr beibehalten lässt. Werfen wir aber einen Blick auf die politische Lage und die politische Diskussion um Geschlecht, so ist andererseits festzustellen, dass eine Dethematisierung nicht das Verschwinden der Relevanz bedeutet. So analysieren Barbara Schaeffer-Hegel und Peter Grottian (1998) auch in der Politik eine »dramatische Dethematisierung der Geschlechterfrage«. Dieser politischen Vorgehensweise müssen Untersuchungen entgegengehalten werden, die eine fortdauernde Aktualität geschlechterbezogener Problemlagen aufzeigen, angefangen bei der niedrigen Erwerbsbeteiligung von Frauen bis hin zu ihrer gesetzlichen Verankerung wie beispielsweise im Ehegattensplitting. Die zeitgenössischen Analysen veranlassen GeschlechterforscherInnen zur Feststellung, dass die Geschlechterungleichheit in allen Lebensbereichen wieder zunimmt; es beunruhigt sie vor allem, dass sich zur Verschlechterung der Situation von Frauen politisches Desinteresse gesellt. Die Skepsis bezüglich der These des Rückgangs der Relevanz von Geschlecht nimmt zu: Untersuchungen, die sich mit der Geschlechterfrage beschäftigen, verdeutlichen immer wieder die Aktualität der Kategorie Geschlecht. Die ForscherInnen konstatieren nicht nur eine Ungleichheit zwischen Männern und Frauen: Wie Connell in der Theorie der hegemonialen Männlichkeit zeigt, ist Geschlecht früher wie heute Merkmal von Dominanz oder Unterordnung - seine Trennlinien verlaufen zum einen zwischen den Geschlechtern und zum anderen auch innerhalb des Geschlechts.

Man könnte so die Frage stellen, ob die These des »neuen Mannes« nicht auch die Geburt eines spezifischen Zeitgeistes ist. Sowohl in der Kritik an der Individualisierungstheorie als auch anhand der Analyse des »neuen Mannes« in der Werbung wurde aufgezeigt, wie wenig neu der neue Mann tatsächlich ist; auch Connells Theorie verdeutlicht das, wenn sie aufzeigt, wie tief Interpretationen von Männlichkeit und Weiblichkeit sich trotz ändernder gesellschaftlicher Verhältnisse in unsere Köpfe und unsere Körper einschreiben oder auf neue Art eingeschrieben werden. Daher gehe ich davon aus, dass wir es bei Männlichkeitskonstruktionen heute eigentlich mit einem Rückwärtstrend zu tun haben, der sich mit der These vom neuen Mann tarnt. Für die hier untersuchten Jugendlichen ist dies bedeutsam: Ihre Männlichkeit, die als traditionell und rückständig bezeichnet wird, gerät zunehmend in den Fokus der Aufmerksamkeit, während die Männlichkeit der anderen Männer als Gegenbild dazu konzipiert und nur am Rande problematisiert wird. Aus Connells Theorie folgt, dass mit Macht ausgestattete Gesellschaftsmitglieder auf Ausgestaltungen und Inszenierungen von Männlichkeit zurückgreifen können, die weniger auffällig, aber nicht weniger patriarchal sind. Indem der Fokus dessen, was als »problematische, althergebrachte« Männlichkeit ausgemacht wird, auf bestimmte Gruppen verlagert wird, kann sich der Rest die Hände in Unschuld waschen, seinen Beitrag zu patriarchalen Strukturen von sich weisen. Welche gesellschaftliche Funktion diesem Prozess zukommt und wie er mit anderen Großkategorien, speziell mit Ethnizität zusammenhängt, werde ich im weiteren Verlauf ausführen.

Es scheint also durchaus ratsam, die Kategorie Geschlecht im Auge zu behalten. Würden wir dies nicht tun, so hieße es, existierende Ungleichheiten zu ignorieren. Und dennoch birgt das Vorgehen Probleme, derer man sich bewusst sein sollte, wenn man sich mit Geschlecht beschäftigt. Behalten wir die Kategorien Mann/Frau, männlich/weiblich bei, so konstituieren wir sie zugleich. Für Problematik der Thematisierung oder Dethematisierung von Geschlecht formuliert Stammermann in Anlehnung an Andrea Roedig (1992) ein doppeltes Dilemma, das mit der Kategorie Geschlecht als kultureller Konstruktion und zugleich mit seiner gelebten Existenz verbunden ist:

> »Eine feministische Theorie, die auf der Kategorie ›Geschlecht‹ aufbaut, besteht genau darin, diese Kategorie als ›Schein‹ zu entlarven. Sie steht unter dem Paradox, ihre eigene Grundkategorie (formal) in Anspruch zu nehmen und (inhaltlich) verleugnen zu müssen: sie sägt an dem Ast, auf dem sie sitzt.« (Stammermann 1997: 216)

Das heißt, wenn wir über Geschlecht sprechen, sehen wir uns immer in einer Spannung: Der Wille zur Analyse des Phänomens legt zugleich Kategorien fest und konstituiert das Phänomen dadurch erst; hier zeigt sich ein paralleles Dilemma für interkulturelle Fragestellungen, denn auch sie müssen von der Kategorie »des Anderen« erst ausgehen, um sie dann zu dekonstruieren - wir können nicht über Phänomene sprechen und nicht sprechen. Für Stammermann ist die inhaltliche Bestimmung von Weiblichkeit und Männlichkeit notwendig und zugleich problematisch. Maihofer (1995) weist eine Lösung auf: Die Bestimmung und Benennung von Geschlecht ist notwendig, da die gelebte Existenz nicht in Abrede gestellt werden kann. Geschlecht ist nicht nur reines Konstrukt, sondern:

> »,Geschlecht‹ ist nun eine komplexe Verbindung verschiedener historisch entstandener Denk- und Gefühlsweisen, Körperpraxen und -formen sowie gesellschaftlicher Verhältnisse und Institutionen, eben eine historisch bestimmte Art und Weise zu existieren.« (Maihofer 1995: 84)

In eben diesem Spannungsfeld von Konstruktion, permanentem doing gender der Individuen und Institutionen im Alltag, dem historischen Gewachsensein, Machtverhältnissen sowie den ganz konkreten Lebensumständen der Einzelnen bewegt sich die vorliegende Arbeit. Immer wieder ist in der biographischen Analyse zu bemerken, dass die Arbeit der Komplexität des Spannungsfeldes nicht entkommen kann - das ist eine Schwierigkeit, aber auch eine Herausforderung für das Thema. Wenn es auch an manchen Stellen so scheint, als sei ein temporäres Entrinnen aus dieser Problematik möglich, so wird doch immer wieder klar, dass dies nicht generell gilt. Es ist also notwendig, mit den Phänomenen sensibel umzugehen. Die Jugendlichen sollen weder hinsichtlich einer geschlechtlichen noch einer ethnischen Identität festgelegt werden, sondern ihre spezifischen Konstruktionen als Bearbeitungen im Rahmen der gesellschaftlichen Positionierung analysiert werden.

2 Rassismus und Vergeschlechtlichung

Greencard, Wirtschaftsflüchtlinge, Asylrechtsänderungen, kriminelle jugendliche Türken, Staatsbürgerschaftsrecht, Einwanderungsgesetz, Ghettobildung, Parallelwelten, misslungene Integration, Sprachprobleme, Kopftuch und islamischer Fundamentalismus: Die Liste von Schlagworten, unter denen in der Bundesrepublik Deutschland die Politik, die Medien, die Wissenschaft und die Stammtische über das Thema Migration sprechen, scheint schier endlos und allesamt sind sie mit Problemen, mit Schwierigkeiten, mit »Grenzen der Belastbarkeit« verknüpft. Sie zeichnen Bilder der Migration, die einerseits oft fernab von der Realität des Zusammenlebens liegen, andererseits aber auch genau dieses alltägliche Zusammenleben beeinflussen. Von den positiven Seiten von Einwanderung, von Innovationen und Bewegung, von der reibungslosen Alltäglichkeit des Zusammenlebens der Menschen unterschiedlichster Herkunft und ausdifferenzierter Lebensstile hingegen spricht kaum jemand (vgl. Bukow et al. 2001).

Die jüngere Migrationsgeschichte der Bundesrepublik lässt man gemeinhin 1955 beginnen[1], als man mit den so genannten »Gastarbeitern« willkommene Arbeitskräfte in Italien, Spanien, der Türkei, Portugal, Marokko, Tunesien, Jugoslawien und Griechenland anwarb. Aufnahmeverfahren und Grundgedanke der Anwerbung sorgten von Anfang an für eine starke gesellschaftliche Hierarchisierung zwischen EinwanderInnen und Alteingesessenen: Man hielt es für selbstverständlich, dass »Arbeitskräfte« kommen sollten, die nur zeitweilig in der Bundesrepublik seien, solange man ihre Arbeitskraft eben benötige. Das Inländerprimat, in dem der Vorrang von Inländern für jeglichen Arbeitsplatz festgeschrieben war, manifestierte dieses Herangehen. Es stützte eine ethnisierte Arbeitsmarktsegmentierung - Zugang zu Arbeit war für MigrantInnen hauptsächlich in unqualifizierten Bereichen möglich. Damit fungierte es als »inadäquater Ausdruck der ethnisierten Hierarchie der Arbeitskräfte« (Karakayalı/Tsianos 2002: 253) und war wesentlicher Bestandteil des Migrationsregimes der Anwerbephase. Nachdem 1973 der Anwerbestopp erlassen wurde, drehte sich die Diskussion um »Rückkehrhilfen« und vor allem um die Verhinderung weiterer Einwanderung. Legal und mit Perspektive auf eine verfestigte Niederlassung konnte man von nun an nur noch durch Heirat, Familienzusammenführung und Asylantrag einwandern.

1 Einwanderung gab es allerdings in Deutschland schon sehr viel früher, man denke beispielsweise an die Einwanderung aus Polen zu Beginn des Jahrhunderts.

Der Einwanderung selbst und der Verstetigung des Aufenthaltes der Eingewanderten konnte damit aber nicht Einhalt geboten werden. Die Krise des Fordismus manifestierte sich in der Änderung der Funktionsweise der Arbeitsmärkte, der Ablösung tayloristischer Methoden durch neue Produktionsweisen und Arbeitsformen. Neoliberale Strategien der Deregulierung und Flexibilisierung erzeugen segmentierte Arbeitsbereiche, Produktions- und Beschäftigungsverhältnisse unterliegen einer marktliberalen Reorganisation. Zugleich erhöhen sich die Möglichkeiten der Überausbeutung. Der Dienstleistungssektor breitet sich enorm aus, auch privat werden nun Arbeitskräfte zur Erledigung der Haushalts- und Pflegearbeiten benötigt. Mit der weltweiten Durchsetzung neoliberaler Arbeits- und Lebensformen verändert sich auch das Mobilitätsverhalten, die Migrationsursachen sowie Formen und Subjekte der Migration (vgl.Karakayalı/Tsianos 2002: 254ff). Diese wandern heute als hochqualifizierte Arbeitskräfte mit Greencard ein, als Studierende, SaisonarbeiterInnen, als Ehepartner oder eben - und das betrifft einen großen Teil - illegalisiert. Die Versuche der Regulierung und Kontrolle von Migration sowie der Abschottung vor MigrantInnen auf nationaler und supranationaler Ebene als dominante Motive von Migrationspolitiken scheitern letztendlich oft genug an den Subjekten. Sie entwickeln eigene Strategien und migrieren trotz aller Widrigkeiten. Hierin kommt die »Autonomie der Migration« (vertreten z.B. von Moulier Boutang 2002, Karakayalı/Tsianos 2002, 2005) zum Ausdruck. Dieses Konzept von Migration wirft ein anderes Licht auf MigrantInnen, erfasst sie nicht als Opfer, sondern als handelnde, erfolgreiche AkteurInnen und damit auch AkteurInnen des Migrationsregimes (vgl. Karakayalı/Tsianos 2005: 46). Auch wenn die Verortung von MigrantInnen als AkteurInnen eine mehr als gerechtfertigte und notwendige Perspektive ist, so darf dabei nicht vergessen werden, dass deren Praxen sich oft genug an den Verhinderungspraxen wie Grenzkontrollverschärfungen der anderen Akteure abarbeiten - sie umgehen die Migrationsverhinderungen, richten ihre Wege und Handlungen daran aus oder scheitern an den Kontrollen. Im Gegensatz zu den anderen Beteiligten des Migrationsregimes kann für sie das Scheitern existenziell sein.

Wendet man den Blick hin zu den Migrationspolitiken im Inneren, so werden Wirksamkeit und umfassende Bedeutung der Kontrolle für das Leben von MigrantInnen in Fragen des Aufenthalts, der nationalen Zugehörigkeit, des Zugangs zu sozialen und politischen Rechten und Sicherungssystemen deutlich (vgl. Benz/Schwenken 2005: 365). Das neue Zuwanderungsgesetz beispielsweise erkennt zwar die Bundesrepublik endlich als Einwanderungsland an, aber im Kern geht es, zusammen mit der Demontage des Asylrechts, um Einwanderungs- und Aufenthaltsbegrenzung. Auch das neue Staatsbürgerschaftsrecht, das im Jahr 2000 in Kraft getreten ist, enthält zwar eine wesentliche Neuerung, da es das bisherige ius sanguinis, das »Blutrecht«, das darüber entschied, wer Deutscher sei und wer nicht, um ein Territorialgesetz ergänzt. Es verlangt aber von den Jugendlichen spätestens mit 21 Jahren die Entscheidung, sich zu einer Staatsbürgerschaft zu »bekennen« und die andere abzulegen. Dieses Recht bekommen MigrantInnen und deren Nachkommen allerdings auch nur bei Erfüllung bestimmter Kriterien. Ansonsten gilt nach wie vor das ius sanguinis. Es wirkt als Grenze, die den »deutschen Volkskörper« aufrechterhalten soll, indem sie andere ausschließt - die Konstruktion oder Aufrechterhaltung des »Anderen« wird damit permanent fortgeschrieben. Im Folgenden werde ich mich daher der Entstehung und Wirksamkeit rassistischer Strukturen und Praxen zuwenden.

2.1 Zur Entwicklung des Rassismus

Konstruktionen vom »Anderen«, auf die der moderne Rassismus fußt, haben lange geschichtliche Vorläufer, die ein Teil der Begründung sind, warum sich speziell diese Konstruktion so lange hält. Geiss (1988: 88) belegt zwar bis ins Mittelalter Vorformen von Rassismus, seinen eigentlichen Beginn sieht er aber am Ende der Reconquista und des Spätmittelalters, besonders zur Zeit der Verschleppung von Menschen als Sklaven aus Afrika. Die Kolonisation ließ neue Beziehungen zu anderen Ländern entstehen, veränderte die Politik und erschloss in neuer Form den Zugang zu »Ressourcen«:

> »Und mit der Kolonisierung setzte eine Klasse von Europäern ein neues Zeitalter der Kontaktaufnahme und der Beziehungen zu eingeborenen Bevölkerungen in Gang, wobei diese Kontaktaufnahme in zunehmendem Maße durch Konkurrenzkämpfe um Ländereien, die Einführung des Rechts auf Privatbesitz, die Nachfrage nach Arbeitskräften und die Verpflichtung auf Konversion zum Christentum bestimmt wurde. All diese Elemente bildeten die Grundlagen des Zivilisationsdiskurses.« (Miles 1992: 30)

In der Verbindung zu den »Anderen« steckte ein deutlich materielles Interesse, das als Anspruch formuliert wurde und eben dieser Anspruch auf die Ressourcen anderer Länder war folglich erklärungsbedürftig - die Entwicklung eines umfassenden »Rasse«-Konzepts war eine Lösung:

> »Eine neue Mythologie war erforderlich, um Herkunft und Schicksal der »Rassen« so zu entwerfen, dass die Schwarzen zwar Ungeheuer blieben, aber auf eine Weise, mittels derer die zentrale Bedeutung, die ihre Ausbeutung im sich entwik-

kelnden Kapitalismus einnahm, gerechtfertigt werden konnte. Mit anderen Worten: ihre Marginalität war nicht mehr innerhalb eines *topographischen*, sondern eines *strukturellen* Rahmens zu verorten.« (Cohen 1990: 91, Hervorh. im Orig.)

Die »zivilisatorische Mission«, die als »Bürde des weißen Mannes« formuliert wurde, diente der Erklärung: Vor ihrem Hintergrund konnte man den »Anderen« zwar den Status als Menschen und nicht als völlig fremde Gattung zugestehen (denn ansonsten hätten sie nicht zivilisiert werden können), doch konnte man zugleich die Zuweisung einer untergeordneten Stellung damit begründen und errichten. Nach Cohen lösten die Engländer das Problem mit der Erklärung, sie seien als Einzige mit den »Gaben der Zivilisation« ausgestattet, und auch deshalb als Einzige fähig, das »kulturelle Vermächtnis« zu erhalten. Mit Hilfe des nun entstehenden »Rassen«-Diskurses legitimierte man Machterhalt und -ausdehnung durch Unterordnung von »Anderen« (vgl. Cohen 1990: 91f). Die Darstellung verdeutlicht, dass Rassismus anfänglich vielmehr soziale Praxis denn Ideologie war - diese wurde im Verlauf der Zeit erst ausgearbeitet (vgl. Terkessidis 2003a: 72).

Die Idee von »Rasse« eignete sich ebenso zur Erklärung für die Herausbildung der Nationen; die Bevölkerung der Nationalstaaten erhielt dadurch Eigenschaften, die in nationale Symbolik transformiert werden konnten. So wurde der »Rassen«-Diskurs auch zum zentralen Moment bei der Konstruktion nationaler Ursprungsmythen (vgl. Müller 2003: 75ff). Diesen Mythen für Deutschland nachgehend stellt Poliakov (1993: 105f) fest, dass eine neue Betonung von »Bodenständigkeit« und »Abstammung aus sich selbst« auftaucht.

Geiss sieht den Beginn eines modernen Rassismus in einer Sinnänderung des schon älteren Begriffs »Rasse« im ausgehenden 17. Jahrhundert: Er wurde zum Schlüsselbegriff für die Definition von Menschsein. Die Propagierung biologisch unveränderbarer Rassen, die in ein Wertesystem der Höher- und Minderwertigkeit eingeordnet werden, wird zum Ausgangspunkt der Durchsetzung des modernen Rassismus. Den Aufstieg des Rassismus in Deutschland im Laufe des 19. Jahrhunderts kennzeichnet eine »Reinheits-Besessenheit« (vgl. von See 1994: 211f) mit der Annahme, es gebe »reine Rassen«, die den anderen sowohl biologisch, als auch psychisch, gesellschaftlich, geistig und kulturell überlegen seien. Diese Überlegenheit sei die Legitimation für Herrschaft und Privilegien (vgl. Memmi 1987: 11ff). Der Aufstieg der »Rassenwissenschaft« zur Naturwissenschaft unterstellte zugleich Natur und »Natürlichkeit«, die jeglichen Zweifeln vorbeugen sollte (vgl. Bielefeld 1992: 113). Sie diente von nun an zur Legitimation der Durchsetzung konkreter materieller und ideologischer Interessen. Bemerkenswerterweise machte diese Idee vor keiner Wissenschaft Halt: Sie war bei Geisteswissenschaftlern, Historikern, Philosophen, Sprachwissenschaftlern ebenso zu finden wie bei Ärzten und Naturwissenschaftlern, Kunsthistorikern, Juristen, Theologen und Physikern.

Seit der bestialischen Ausschlachtung des Konzepts »Rasse« im Nationalsozialismus, wo sie als Begründung für die Selektion und den Tod von Juden, Sinti und Roma und weiterer Bevölkerungsgruppen herhielt sowie auch zur Legitimation des Krieges beitrug, kann zumindest im deutschsprachigen Raum niemand mehr von »Rassenwissenschaft« sprechen. Auch wenn der *Begriff* »Rasse« verpönt scheint, ist das *Konzept* »Rasse« noch in vielen Vorstellungen anzutreffen; Miles stellt fest, dass es nach wie vor eng mit Körperkonzepten verflochten ist.[2] Er beschreibt Rassismus als einen Fall ideologischer Bedeutungsbildung,

> »...in dem eine soziale Gruppe als eine diskrete und besondere, sich selbst reproduzierende Bevölkerung konstruiert wird. Dies geschieht unter Bezugnahme auf bestimmte (reale oder vorgestellte) biologische Merkmale und durch eine Verknüpfung mit anderen, negativ bewerteten (biologischen und/oder kulturellen) Eigenschaften. Durch diese Konstruktion einer besonderen sozialen Gruppe, die sich über Zeit und Raum hinweg reproduziert, bekommt der Körper, bekommen somatische Merkmale im Rassismus eine soziale Bedeutung. (...) Zwei Dimensionen sind mit rassistischen Diskursen verknüpft. Erstens sanktioniert die Konstruktion einer natürlichen Differenz auf ideologischer Ebene eine Ungleichheit auf der Ebene der Praxis: Dem als »Rasse« gedeuteten Anderen werden Ressourcen verweigert, die denen, die als zugehörig betrachtet werden, selbst in Mangelsituationen zugestanden werden. (...) Zweitens schafft die Konstruktion natürlicher Unterschiede eine naturalisierte Hierarchie der Akzeptanz und der Zugehörigkeit innerhalb einer sozialen Formation.« (Miles 1992: 209, 212)

Dieses Verständnis des sich an somatischen Merkmalen abarbeitenden Rassismus, sollte, so die Kritik von Terkessidis (vgl. 2004: 82), erweitert werden auf nicht-somatische, kulturelle Marker, wie beispielsweise das Kopftuch, das eben solche rassistischen Konstruktionsprozesse in Gang setzen kann. Miles bezieht diese lediglich als zusätzliche Funktion ein. Für mich stellt sich - angesichts der später dargestellten Ergebnisse meiner Arbeit - die Frage, ob diese nicht doch wieder auf den Körper und bestimmte Körperkonzepte zurückübersetzt werden müssen; der Diskurs um Kulturdifferenz würde dann funktional eingesetzt, die Ausrichtung auf den Körper unsichtbar zu machen, Rassismus diskursiv zu »modernisieren«.

---

2 In diesem Sinn verwende ich hier manchmal das Wort »Rasse« oder auch das englische Wort race; es dient der Bezeichnung der Differenz schaffenden, hierarchisierenden Kategorie.

Die Rolle von Ethnizität und Kultur

Wird auch kaum mehr von Rassen gesprochen, so gibt es dennoch eine Kategorie, die sich bei genauerer Betrachtung als deren Fortsetzung enttarnt: Die »Ethnizität«. Kritisch wenden sich Körber/Neckel (1997: 314) diesem Begriff zu, den WissenschaftlerInnen, die Medien und PolitikerInnen unbefangen benutzen. Entgegen der landläufigen Meinung, Ethnizität sei ein Zusammengehörigkeitsmerkmal, das in der kulturellen Tradition einer Gruppe begründet ist, weisen sie nach, dass Einwanderergruppen sich als ethnische Gruppen auf Grund der politischen und symbolischen Ordnungen des Einwanderungslandes formieren. In diesem Prozess wird die Staatsangehörigkeit zu einem wichtigen Ordnungselement. Dies gilt ebenso für Einwanderer wie Angehörige der Mehrheitsgesellschaft, die sich bis zur Reform des Staatsangehörigkeitsrechts im Jahr 2000 mit dem ius sanguinis als Kollektiv ausschließlich über die »Blutsbande« definierten. Neben dem rechtlichen Ordnungsinstrument der Staatsangehörigkeit ist Ethnizität selbst ein bedeutendes Ordnungsprinzip von Gesellschaften, das die Beziehungen nach innen und außen, des inner- und intragesellschaftlichen Austauschs reguliert (vgl. Dittrich/Radtke 1990: 16, Groenemeyer 2003: 27). Ethnizität kann zur Erzeugung der Differenz zu »Anderen« benutzt werden und vermittelt dabei das Gefühl, sich unter Gleichen zu befinden. Anhand des Konzeptes Ethnizität wird eine spezifische Kontrolle errichtet und es dient als Regulationsprinzip zur Ressourcenverteilung ökonomischer oder politischer Art sowie zur Verteilung von Arbeit. Es regelt Beziehungen der Menschen zueinander und ergänzt andere Konzepte, die ebenfalls Hierarchien herstellen bzw. sie bezeichnen, wie Klasse oder Geschlecht.

Setzt man die verschiedenen Bedeutungen zusammen, die Ethnizität einnehmen kann, kann sie gesehen werden als »...umfassendes soziales Phänomen (...), als Resultat sozialer Klassifikationsprozesse, sozial konstituiert in und durch Diskurse und Praxen der symbolischen und sozialen Ausschließung« (Dittrich/Lenz 1994: 24); ein imaginiertes »ethnisches Bewusstsein« kann so zur Durchsetzung politischer Interessen dienen (vgl. Müller 2003: 135).

Was aber kennzeichnet Ethnizität und lässt sie so lange Bestand haben? Unterschiede zwischen verschiedenen so genannten Ethnien werden nicht vorrangig an politischen Kriterien festgemacht, sondern an *kulturellen* Merkmalen. Nun können kulturelle Unterschiede verschiedenartig bewertet werden. Diejenigen, die Probleme des Zusammenlebens als Produkt kultureller Differenzen verorten, haben meist ein im Sinne von Kulturalismus zu Grunde liegendes Kulturverständnis, das Kultur als statisches Gebilde und als Determinante für Verhaltens- und Denkweisen begreift. Kulturkonflikte seien durch ein kulturell neues Umfeld unausweichlich, und unterschiedliche Kulturen müssten einander entweder fremd bleiben oder auch sich feindlich gegenüber stehen (vgl. Auernheimer 1993a: 82f, Sökefeld 2004: 16ff). Diese Unvereinbarkeit sei nicht aufzulösen. Solche Annahmen rekurrieren auf Kultur als homogenes Gebilde, dessen Grenzen zudem innerhalb der nationalstaatlichen Grenzen liegen. Die EinwanderInnen als »Fremde« in diesem Nationalstaat werden damit zu Kultur Bedrohenden und zum Risikofaktor eines reibungslosen Zusammenlebens stilisiert. Dieser Diskurs setzt also neben nationalstaatlichen Grenzen noch weitere, innere, nämlich die der Kulturdifferenz. Die Einwanderer importierten aus dem Herkunftsland kulturelle Differenzen, die sich im Einwanderungsland entfalteten und zu Konflikten führten. Balibar (1992: 28ff) betont die Merkmale des Neorassismus, der ein »Rassismus ohne Rassen« ist - in dessen Mittelpunkt stehen nicht mehr »biologische« Unterschiede, sondern das *Postulat unüberwindbarer kultureller Differenzen*. Dieser Kulturalismus tritt dafür ein, dass Grenzen nicht verwischt werden, da verschiedene Lebensweisen und Traditionen nicht zu vereinen seien - wenn dies aber doch geschehe, sei eine Abwehrreaktion der Menschen nur natürlich. So wird die Kultur als das konstruiert, was vorher die Natur war, Differenzen dadurch kreiert und ontologisiert. Kulturdifferenz, die eng an Ethnizität gekoppelt wird, wird in dieser Kombination zum neuen Begriff für »Rassendifferenz«.

Terkessidis (2000a: 188) führt den Gedanken von Balibar weiter und weist darauf hin, dass die Kategorie Ethnizität kein bloßes Substrat für den Begriff der »Rasse« darstellt. Neben der Verschiebung des biologisch konnotierten Begriffs »Rasse« hin zu Kultur oder Ethnizität im rassistischen Diskurs gibt es weitere Verschiebungen: Es wird der Übergang vollzogen von der Behauptung einer (biologischen) Überlegenheit der »Rasse« zur Behauptung einer unüberschreitbaren kulturellen/ethnischen Differenz, gleichzeitig wird die alte Form der Überlegenheit als vorurteilsbehaftete Vorstellung denunziert - die scheinbare Neutralität des Begriffes der Differenz ist also keine. Indem er den Begriff der Rasse als negativ vorführt, verdeckt der Ethnizitätsbegriff nicht nur die ihm inhärente Hierarchiebildung, sondern präsentiert sich explizit als frei davon. Es ist zudem davon auszugehen, so Terkessidis, dass sich im Rahmen rassistischer Diskurse auch immer die Legitimation für das hegemoniale Verhältnis zu anderen ausdrückt, so dass sich bei Veränderungen innerhalb des rassistischen Diskurses auch Veränderungen im »materiellen« Verhältnis aufweisen lassen. Ausgehend hiervon kann man also sagen, dass »...dieser Ethnizitätsdiskurs in mancherlei Beziehung in die Fußstapfen des Rassismus getreten ist« (Bukow 1996: 49).

Gegen diese problematische Verwendung von Ethnizität und Kultur wendet sich der Terminus der Hybridität, den beispielsweise Homi Bhabha vertritt und mit dem er die Multidimensionalität von Kulturen erfasst. Kulturen sind prozesshaft, können unterschiedlich verstanden und auf vielfältige Weise im Alltag ausgestaltet werden. Sie entstehen in sozialen Beziehungen, die ökonomische, historische, ethnische oder geschlechtliche Machtverhältnisse und -praxen und deren Überkreuzungen enthalten - damit werden wir alle zu Hybriden (vgl. Bhabha 2000:32ff).[3] Homogenität von Kultur etwa entlang »nationaler« Zugehörigkeiten oder »ethnischer Gruppen« zu propagieren, ermöglicht es, Kulturen zu miteinander unvereinbaren Gegensätzen zu ideologisieren und damit wiederum Machtverhältnisse zu etablieren oder aufrecht zu erhalten.

Die Zuweisung einer ethnischen Besonderheit: Das »Andere« als Gegenkategorie

Zuschreibungen »ethnischer Besonderheiten« beinhalten immer eine Reduktion der Menschen: Auf ihr Herkunftsland (das für die nächste Generation schon gar keins mehr ist, dennoch weiterhin als solches gilt), Hautfarbe, Religionszugehörigkeit oder Kultur. Indem von »dem Türken«, »den Schwarzen«, »dem Moslem« die Rede ist, wird die Vorstellung erzeugt, es gebe Charakteristika, die bei allen Menschen mit schwarzer Hautfarbe, türkischer Herkunft oder religiöser Zugehörigkeit gleich seien, ihre wie auch immer geartete Identität ausmachten. Diesem Gleich-Sein werden bestimmte, von »unseren« Vorstellungen abweichende, meist kulturelle Verhaltensweisen zugeschrieben, die »sie« von »uns« unterscheiden und ihre Identität bestimmen würden - hier findet das oben beschriebene Konzept der Ethnizität mit der Unterstellung kultureller Differenz als unüberwindliches Hindernis, weil in der Identität verankert, seinen Niederschlag.

Die Sichtweise einer ethnisch-besonderen Identität wird im Sinne eines »trennscharfen und schematischen Ordnungsmusters« (Nestvogel 1994: 15) verwendet, das zu einer Stigmatisierung der mit dem Stichwort »anders« belegten MigrantInnen beiträgt. Wolf-Dietrich Bukow und Roberto Llaryora (1988) charakterisieren diesen gesellschaftlich dominierenden Diskurs über Einwanderer und den politischen Umgang als Träger eines Ethnisierungsprozesses. Wie »der Andere« mit Hilfe von Etikettierung durch mehrere Diskursstränge hergestellt wird, beschreiben sie ausführlich: Zum einen unter-

3 Zur Problematik der Verwendung des Konzeptes der Hybridität vgl. Erel 2004: 41ff.

stellen Differenzhypothesen, die die Wissenschaften lanciert haben und die mittlerweile zu den hartnäckigsten Alltagstheorien gehören, eine per se vorhandene und für das Verhältnis von Mehrheit und MigrantInnen äußerst relevante Differenz. Diese sei entweder kulturell bedingt oder/und entspringe einem Modernitätsdefizit der MigrantInnen - die »eigene« Kultur wird dabei zum Maßstab erhoben (vgl. Bukow/Llaryora 1988: 12ff). Nachdem ein Freund-Feind-Schema im politischen Diskurs installiert wurde, bleibt dies nicht ohne Auswirkungen auf die Bereiche des alltäglichen Lebens. Der Indikator der Staatsangehörigkeit (der durch sich selbst schon eine Trennlinie markiert) wird als relevante Eigenschaft definiert: Er spaltet in die Gruppen »Deutsche«–»Ausländer«, die dann zu sozialen Gruppen umgedeutet werden, indem man die Gemeinsamkeiten aufkündigt, Grenzen zieht und spezifische Umgangsformen gegenüber den Ausgegrenzten entwickelt (vgl. Bukow/Llaryora 1988: 56ff). Als nächstes kommt ein Machtgefälle hinzu: Es wird einerseits über vertraute geschichtliche Analogien erzeugt, andererseits über das Aufweisen von Mängeln bei der untergeordneten Gruppe - eben jenen angeblichen Modernitätsdefiziten und Differenzen. Dazu deuten die Autochthonen beispielsweise das nicht (perfekte) Beherrschen der deutschen Sprache oder phänotypische Merkmale in *basale Defekte* um. Gerade für viele der herangezogenen kulturspezifischen Unterschiede ließen sich Analogien innerhalb der Gesellschaft finden[4] - diese zu sehen hieße aber eine Änderung des Blickwinkels vornehmen zu müssen und das wiederum würde der Funktion der Ethnisierung im Weg stehen. Denn die Zuweisung ethnischer Besonderheiten liefert *die* Begründung, EinwanderInnen sozial auf eine untere Rangstufe zu verweisen, während die Autochthonen ihre Identität mit sozial und ökonomisch höher Gestellten verbinden (vgl. Bukow/Llaryora 1988: 105). Dieses Machtgefälle bekommt dann eine »ontische Qualität« (Bukow 1993: 102), wobei Autochthone sich einen größeren Wert zuschreiben als den EinwanderInnen. An diesem Punkt findet die eigentliche Ethnisierung statt:

> »Bei fortschreitender Minorisierung und Diskriminierung sind schließlich Zuschreibungen zu konstatieren, die auf ein ›Wesenhaftes‹ abheben. So wird aus der Gruppe eine kulturelle Entität, die allenfalls noch einer Genealogie bedarf.« (Bukow 1993: 104f)

Die zugeschriebenen »Wesensarten« machen die Migranten dann beispielsweise zu »typischen Türken«; von nun an ist der Umgang der so voneinander

4 Zu einer genauen Analyse der strukturellen Analogien vgl. Bukow/Llaryora 1988:34ff; hier werden am Beispiel von Familienmustern eines »mediterranen Typus« die Ähnlichkeiten aufgedeckt.

getrennten Gruppen dadurch geprägt und jede Gruppe arbeitet ihre spezifische Identität aus (vgl. Bukow/Llaryora 1988: 106). Die Zuschreibung von ethnischer Identität durch die Betonung unüberwindbarer Unterschiede hat konkrete Auswirkungen im Alltag: Sie erzeugt spezifische Wahrnehmungen von der Umwelt und die wirken sich auf Formen des Umgangs aus. Das »eigene« wird nun zum »erfolgreichen« Handeln, das der »Anderen« zum nicht-erfolgreichen und Migranten gehören dadurch nicht zu denen, denen etwas »zusteht« - und das legitimiert den Ausschluss vom Zugang zu Ressourcen, Vergünstigungen und Chancen.

> »In diesem Zusammenhang werden ethnische Momente im Nachhinein bedeutsam. Doch sind sie dabei nicht konstitutiv, sondern eben gleichsam legitimativ relevant, werden gemäß traditionellen Gewohnheiten eingefügt, um Plausibilitäten herzustellen.« (Bukow/Llaryora 1988: 102)

Eingrenzung

Ein Blick in die Geschichte der Entwicklung der Homogenisierung von Kultur und kultureller Identität verdeutlicht ihren als großes politisches Projekt angelegten Charakter: In vorkapitalistischen Gesellschaften war die kulturelle Homogenisierung noch kein staatliches Anliegen, das Staatsgebiet war entweder kulturell heterogen, oder ein kulturell relativ homogenes Gebiet war in mehrere kleine Staaten zergliedert. Dies änderte sich mit Beginn der Industrialisierung: Kulturelle Homogenität im Staatsgebiet galt von nun an als unabdingbar, um die Bevölkerung für die Industrialisierung zu mobilisieren. Der Staat sah sich zu ihrer Herstellung in die Pflicht genommen, da der freie Markt sie aus sich heraus nicht erzeugen konnte. Zur Umsetzung bediente er sich verschiedenster Institutionen - der Schule, des Gerichtswesens, der Armee -, sie sollten darauf hinwirken, dass Kultur und Staatsterrain zu einem untrennbaren Gebilde würden. Bauman bezeichnet diese Antwort der sich herausbildenden Nationalstaaten auf Heterogenität innerhalb eines Staatsgebietes als »kulturellen Kreuzzug« (vgl. Bauman 1992: 7, 37). Zweck war nicht nur die industrielle Mobilisierung der Arbeiter, sondern deren gleichzeitige Integration in den Staat, um Klassenkonflikte zu umschiffen. Diese Idee der Homogenisierung schloss und schließt soziale Gleichheit nicht ein.

Um Menschen zu einer Gemeinschaft zusammenzuschweißen, hat sich eine Strategie schon immer gut bewährt: Die Konstruktion der Umwelt als eine feindliche überspielt die inneren Konflikte, indem sie Konflikte nach »außen« verlagert, auf kulturell »Andersartige« (vgl. Rohr 1994: 71). Ein- und Ausschluss bedingen sich so gegenseitig, und insofern hat nicht nur die

Konstruktion der Minderheit, sondern eben auch der Mehrheit hier ihren Ausgangspunkt. Diese schreibt sich zur Gruppenidentifikation eine spezifische »kulturelle« oder »nationale Identität« zu. Kulturelle Identitäten, als »›imaginierte Gemeinschaften‹, durch die Markierung der Differenz zu anderen« (Hall 2005: 803) werden damit zur Lösung, Brüche des »eigenen« in Eindeutigkeit zu verwandeln. Auf diese Funktion kultureller Identität weist Hall weiter hin, indem er die Interaktion zwischen Subjekt und Gesellschaft in der kulturellen Identität als die Verklammerung des Subjekts und der Struktur erfasst:

> »Dadurch, dass wir ›uns selbst‹ in diesen kulturellen Identitäten entwerfen, während wir gleichzeitig ihre Bedeutungen und Werte internalisieren, sie zum ›Teil von uns‹ machen, schließen wir unsere subjektiven Gefühle mit den objektiven Stellen, die wir in der sozialen und kulturellen Welt besetzen, zusammen.« (Hall 1994: 182)

Wie die kulturelle, so organisiert sich auch »nationale Identität« durch ihr Verhältnis zu dem, der nicht darin erfasst ist - so ist auch sie folglich immer mit der Frage nach den »Fremden«, oder präziser den »Ausländern«, denen, die »wir« als solche bezeichnen, verknüpft. Sie bildet also sozusagen das Pendant zur Ausgrenzung von Minderheiten: »Das ›Wir‹ konstituiert sich durch ›wertbezogene‹ Ablehnung, das nationale Kollektiv als positives ist in nationalistischen Konzeptionen nur zu haben mit dieser Ablehnung«, meint Bielefeld (1992: 121).

Aber sind diese nationalen Tendenzen nicht längst Vergangenheit? Wer, außer einigen ausgemachten Rechten, redet denn noch von »nationaler Identität«? Der politische Alltag spricht diese Sprache ständig, nur mit anderen Worten; hier vollziehen sich Reaktualisierungen von Nationalismen, und auch wenn es so scheint, als könne sich die Bundesrepublik gerade in Zeiten der Globalisierung zunehmend von Grenzen und Zwängen des Nationalstaats befreien, so zeigt sich doch überall das Gegenteil: Im Umgang mit Einwanderung steht nach wie vor auf der politischen Agenda, Migration als Konflikt beladen zu thematisieren. So müssen in jedem Wahlkampf immer wieder »Ausländer« dafür herhalten, Probleme zu verursachen, sei es durch Kriminalität, durch Arbeitsplatzklau und ihre bloße Anwesenheit, die eine Last darstelle. Die schwere Geburt des Zuwanderungsgesetzes, das Mitte 2004 zwar zum Abschluss kam, aber nur noch Rudimente seiner ursprünglichen Form enthält, verdeutlichte dann vollends, was Migration in dieser Gesellschaft bedeuten soll: Nein zur Liberalisierung von Einwanderung (die lässt sich nur in einigen wenigen Segmenten hochqualifizierter Arbeiten finden), nein zum humanitären Umgang mit Flüchtlingen (es sollen allenfalls EU-Normen umgesetzt werden) und nein zu Einwanderung überhaupt (denn im Kern geht es darum, sie zu begrenzen). Im Konstrukt Europa setzen sich nationalstaatliche Prozesse der Ausgrenzung fort, symbolisiert im Bild der »Festung Europa«, pervertiert in Schilys Vorschlag, Auffanglager, so genannte »EU-Außenlager«, in Afrika für afrikanische Flüchtlinge nach Europa einzurichten (vgl. z.B. *Süddeutsche Zeitung* vom 03.08.2004). Auch wenn Ludger Pries' »froher Botschaft« zuzustimmen ist, »dass sich längst Grenzen überschreitende, soziale und kulturelle, aber auch ökonomische und politische Vergesellschaftungsprozesse weit jenseits der Ökonomie und der Politik großer Organisationen vollziehen« (Pries 2005: 394), so zeigt sich, dass trotz aller Transnationalisierung sich alltäglich staatlich-rigide Politiken, Kontrolle über Migration durch Abschreckung und Grenzziehung vollziehen. In der Konsolidierung Europas, wie sie sich vollzieht, sieht Hall zum einen die Schwierigkeiten, sich von der kolonialen Vergangenheit zu verabschieden, ebenso wie die Schwierigkeiten, die Peripherien dort zu halten wo sie sein sollen (vgl. Hall 2005: 804).

> »Jetzt, wo ein neues Europa Form annimmt, bildet derselbe widersprüchliche Prozess der Markierung symbolischer Abgrenzungen und der Konstruktion symbolischer Grenzen zwischen innen und außen, Zugehörigkeit und Anderssein, die stille Begleitmusik.« (Hall 2005: 803)

Diese Grenzziehungen des innen und außen vollziehen sich ebenso im Inneren. In den unterschiedlichen Strängen, die bisher beleuchtet wurden, zeigt sich die multiperspektivische Eingeschriebenheit von Rassismus in die Gesellschaft: In ihrer historischen Dimension, in Körperkonzepten, in institutionellen Formen, in alltäglichen Praxen, in ideologischer oder ökonomischer Funktion. Rassismus ist damit nicht ein Diskursstrang unter vielen, sondern mitsamt biologistischen Kernelementen im Alltag verankert und somit vielseitig einsetzbar (vgl. Jäger/Jäger 1993: 74). Rassismus zeigt sich und wird aufgeladen in mal eindeutigen Themen - nationalistischen Diskursen, dem Konzept der »Rasse«, des »Ausländers« - und in mal weniger eindeutigen Themen, wie der Kulturdifferenz, der kulturellen Identität oder der scheinbar banalen Frage: »Wo kommst du denn her?«, die bei genauer Betrachtung ihre Unschuld verliert, unterstellt sie doch sofort das »Anders-Sein« sowie »Nichtzugehörigkeit«.[5]

---

5 Genau darauf richtet Terkessidis in seinem Buch »Die Banalität des Rassismus« den Blick, worin er es sich zur Aufgabe macht, eben diese alltäglichen Erfahrungen von Rassismus, »die kleinen Erlebnisse der Banalisierung zu entreißen« (2004: 208). Damit möchte er den Anstoß in die Rassismusforschung und -diskussion

Die Bildung nationaler Identität und deren Auswirkungen sind aber nicht nur Thema der Migrations- sondern auch der Geschlechterforschung; gerade das Geschlecht wurde wichtig, um Annahmen von kultureller Differenz zu unterstützen. Daher führe ich im folgenden Kapitel die Themenstränge Rassismus und Vergeschlechtlichung zusammen.

2.2 Kulturdifferenz, Patriarchen und unterdrückte Migrantinnen als gesellschaftliche und wissenschaftliche »Leitbilder«

Rassistische Konstruktionen werden dann besonders brisant, wenn sie mit Geschlechterfragen zusammen kommen. Im Gegensatz zu der Frauenforschung, die lange vorrangig mit dem Hauptwiderspruch der Unterdrükkung durch das Patriarchat arbeitete und dadurch Differenzierungen innerhalb eines Geschlechts unbeachtet ließ, ist der Migrationsdiskurs ständig darum bemüht, Differenz im Zusammenspiel von Geschlecht und Herkunft herzustellen. Männlicher Migrant scheint zwar gleich männlicher Migrant und weibliche Migrantin gleich weibliche Migrantin, wenn es um Geschlechterkonstruktionen geht - geschlechtliche Gemeinsamkeiten haben aber ihre Grenzen innerhalb der Zugehörigkeit zur Mehrheit oder zur Minderheit. Hier werden Unterscheidungen explizit getroffen und als wesentlich hervorgehoben: Migrantin und deutsche Frau bzw. Migrant und deutscher Mann scheinen nur wenig gemein zu haben, sind vielmehr Gegensätze. Pluralität der Gesellschaft, die Konstruktion von Unterschieden und das Unterlassen der Herstellung von Gemeinsamkeiten sind Themen der folgenden Ausführungen. Ein Blick auf den medialen Diskurs veranschaulicht, wie männliche und weibliche MigrantInnen und das Geschlechterverhältnis immer wieder beschrieben werden:

> »So entstanden auf der Rückseite der Republik ethnische Inseln, Parallelwelten von Ausländern, die eines gemeinsam haben: dass sie in Deutschland leben, ohne jemals in diesem Land angekommen zu sein. Da gibt es Muslime, die ihren deutschen Ehefrauen damit drohen, ihnen ›die Hand abzuhacken‹, wenn sie einen anderen Mann auch nur anschauen, wie sich die Ehefrau eines Hamburger Islamisten schaudernd erinnert. Oder analphabetische Patriarchen, die ihre Familienangelegenheiten mitten in Berlin nach dem Hausbrauch afghani-

---

bringen, das Dispositiv Rassismus, die Verbindung sozialer Praxis und rassistischen Wissens sowie seine Funktion zu analysieren, und in der Analyse rassistischer Strukturen Wissen *über* Rassismus zu erlangen (vgl. S.10, 92, 207).

> scher Bergvölker regeln. (...) Darunter sind Patriarchen, die immer noch ihre Ehefrauen in der Fußgängerzone mit drei Schritten Abstand hinter sich gehen lassen und in den Schränken ihrer Töchter schnüffeln, ob es dort nach Zigaretten und dem Aftershave eines Mannes riecht.« (Der Spiegel 10/2002)

Der migrierte Mann sei patriarchal und unterdrücke seine Frau, die wiederum sei von ihm abhängig, als »Familiennachzug« ins Land gekommen, auf die Familie beschränkt und nicht stark genug, sich gegen den Patriarchen zu wehren. Diese Zuschreibung erzeugt diverse Vorstellungen, z.B. über das Familienleben und die Geschlechtskonstruktionen sowie über das Geschlechterverhältnis von Migrantinnen und Migranten, aber auch zwischen eingewanderten und nicht eingewanderten Männer und Frauen. Diese Konstruktionen sind Resultat einer Debatte, die das Geschlechterverhältnis zum zentralen Bereich machte, um eine »ethnische Semantik« zu konstruieren und die Kulturdifferenz zu untermauern (Lutz/Huth-Hildebrandt 1998: 163). Und nicht nur das Verhältnis von Männern und Frauen, sondern die gesamte Migrantenfamilie geriet in den Fokus der Aufmerksamkeit - und dort steht sie immer noch.

Diesen Diskurs nähren nicht nur Medien: Auch die Migrationsforschung in der Bundesrepublik war lange Zeit, gerade bezüglich des Themas Geschlecht, in solchen Bildern verhaftet und produziert sie auch heute noch. Der gesellschaftliche Umgang mit dem Thema Migration spiegelt sich in den Forschungen wider - und zwar auf Kosten der Lebens*realitäten* von MigrantInnen, die dadurch aus dem Blick geraten (vgl. Bednarz-Braun 2004: 72ff). Die Frage des Geschlechts - in anderen Disziplinen meist ausgeblendet, wie zu Recht von der Frauenforschung kritisiert - wird in der Migrationsforschung ständig thematisiert (vgl. Lutz/Huth-Hildebrandt 1998: 159). Das hat aber nicht zur Differenzierung beigetragen, denn sie folgte lange dem schon beschriebenen einseitigen Blickwinkel, und bettete sich damit in den Mainstream-Diskurs ein. Hauptkennzeichen der Thematisierung von Geschlecht in der Migrationsforschung ist, dass vorrangig die weibliche Migrantin betrachtet wird, und zwar als *die* Migrantin, als gäbe es einen Standardtyp eingewanderter Frauen, als seien sie alle gleich.

Dem gegenüber steht das empirische Phänomen der Feminisierung der Migration: Frauen werden zunehmend Protagonistinnen von Wanderungsbewegungen (vgl. Heck/Spindler 2004). Mit steigendem Bedarf an weiblicher Arbeitskraft in bestimmten Sektoren wie dem Dienstleistungssektor, der Hausarbeit, Unterhaltungsindustrie und Prostitution, wächst die Anzahl von Migrantinnen in Europa (vgl. Lutz 2001, Sassen 1991: 241). Migrationsforscherinnen und -forschern, die sich auf offizielle Statistiken berufen bzw. diese erstellen, bleibt dieser Prozess oft verborgen, denn viele Frauen wandern illegalisiert ein oder pendeln mit Touristenvisa und erhalten dadurch keinen Eingang in Statistiken (vgl. Koser/Lutz 1998: 3). Gerade für die Migrantinnen bedeutet diese Illegalisierung, zumal wenn sie mit illegalisierten Arbeitsverhältnissen verbunden ist, ein Gefahrenpotenzial (vgl. Wichterich 2000: 20f). Trotz der häufig äußerst widrigen Bedingungen für Frauen im Prozess des Migrierens üben sie ihr Recht auf Mobilität aus und entwickeln »im ›doing migration‹ eine kontinuierliche Überlebensstrategie« (Hernandez 2003: 1). So kann Migration einerseits von ökonomischen Zwängen motiviert sein, die die Globalisierung mit sich bringt und andererseits die Entscheidung bedeuten, nicht nur geographische Grenzen zur Verbesserung der Lebensbedingungen zu überwinden, sondern aktiv das Schicksal in die Hand zu nehmen und mit der Migration relative Autonomie zu erlangen. Dies wird allerdings besonders den Frauen allzu oft abgesprochen.

Zugleich bilden sich neue Ungleichheiten und alte werden verstärkt. Betrachtet man den Sektor der Haushaltsarbeiten, in denen viele MigrantInnen arbeiten, ergeben sich vielfältige Abhängigkeiten. In »globalen Ketten der Fürsorge« (Arlic Hochschild) müssen die einen Frauen ihre Kinder zurück lassen, um die Kinder oder Eltern anderer Frauen versorgen zu können, damit diese wiederum arbeiten können. Jede dieser Arbeiterinnen ist von anderen Frauen abhängig, in einer negativen Dynamik von Abhängigkeiten werden unterschiedliche Länder verbunden. Sie wird zum Teil des Gefühlslebens und der Lebensbedingungen, greift in Lebensentwürfe und soziale Gemeinschaften ein (vgl. Pühl/Brenssell 2003: 93). Durch die zunehmende Delegation reproduktiver Arbeiten an Migrantinnen nimmt die Ungleichheit zwischen Frauen zu: deutsche Frauen auf der einen Seite und (unterbezahlte) Polinnen, Philippinas etc. auf der anderen. Viele der in Haushalten beschäftigten Migrantinnen haben zudem eine sehr gute Ausbildung und gehören in den Herkunftsländern zur Mittelschicht, erfahren also hier eine Deklassierung (vgl. Morokvasic-Muller 2003: 158f).

Die Hausarbeit der Migrantinnen verdeutlicht, wie wenig sich am Geschlechterverhältnis im Einwanderungsland geändert hat. In einer »Strategie der Entnennung« (Pühl/Brenssell 2003: 94) werden strukturelle Geschlechterkonflikte unsichtbar gemacht. Die Reproduktionssphäre bleibt unangetastet und unhinterfragt Frauenangelegenheit. Die Erzeugung und Verstetigung von Ungleichheiten durch die Überkreuzungen der Kategorien race/class/gender wird hier besonders deutlich. Solange dies nicht offensiv thematisiert und gehört wird, kann auch die Annahme weiter bestehen, die Bundesrepublik sei eine emanzipierte Gesellschaft, deren Alteingesessenen die »rückständigen«, in ihren »Traditionen« und »Kulturen« verhafteten Migranten und Migrantinnen entgegengesetzt werden müssen (vgl. Lutz/Huth-Hildebrandt 1998: 163 und Prodolliet 1999: 27ff). Für das männliche Geschlecht impliziert die Beschreibung, dass »der deutsche Mann« - im Gegensatz zum Migranten - nicht mehr patriarchal sei. »Die deutsche Frau« ist stark, unabhängig und kompetent, der Diskurs versieht sie mit männlichen Attributen - sie wird zum Gegenbild der Migrantin. Und damit ist seit neuestem auch das männliche Geschlecht zum Inhalt der Debatte geworden, und ist diesem Bild verhaftet. Rassismus in institutionellen Strukturen thematisiert dieser Diskurs nicht, Probleme von MigrantInnen werden auf familiäre Strukturen verlagert, zu denen weiterhin (religiöser) Fanatismus das seine beitrage (vgl. Weber 1999: 578f). Inbegriff eines solchen Diskurses ist die Kopftuchdebatte, die all diese Bilder in sich vereint. Martina Weber verdeutlicht die Funktion:

> »Der gesellschaftliche Konflikt, der aus der Herrschaft der Dominanzgesellschaft resultiert, wird in dem vorherrschenden Diskurs nun in einen innerethnischen transformiert und auf die private Sphäre der Geschlechterbeziehungen reduziert.« (Weber 1999: 579)

2.3 Verortung: Differenzierungen durch Intersektionalität von »race« und gender

Nachdem ich zunächst der gesellschaftlichen Rolle von Geschlecht und Rassismus sowie der Frage nachgegangen bin, wie Geschlecht in Migrationsdiskurs und -forschung aufgegriffen wird, möchte ich nun die beiden Debatten von Ethnisierung und Vergeschlechtlichung zusammenführen und damit eine intersektionelle Perspektive[6] einnehmen. Ich greife dazu zunächst einige Punkte aus der Genderdebatte an dieser Stelle wieder auf und bette sie in die Ausführungen der Konstruktion »des Anderen« ein und umgekehrt. Es ergeben sich Schnittstellen, aus denen sich Perspektiven entwickeln lassen, wie die Themen Vergeschlechtlichung und Ethnisierung diskutiert werden können.

---

6 Den Anspruch der Intersektionalitätsanalyse, »...die Notwendigkeit, die unterschiedlichen Verschiedenheiten (Geschlecht, Ethnizität, Klasse/Sozialstatus, Nationalität, Gesundheit, religiöse/weltanschauliche Orientierung, sexuelle Orientierung usw.) in ihrem - widersprüchlichen - Zusammenspiel und in Bezug auf die Gleichzeitigkeit ihrer Wirkung zu untersuchen« (Krüger-Potratz 2005: 152) konnte ich in der theoretischen Betrachtung nicht systematisch erfüllen. Im empirischen Teil wird deren Gültigkeit und Problematik, ebenso wie die des Alters, der Sprache oder der Sexualität aber immer wieder, je nach biographischem Zusammenhang und biographischer Relevanz, berücksichtigt.

Verschränkungen und Gegen-Identitäten: Feministische Forschung und Rassismus

In der Frage nach einem einheitlichen Subjekt feministischen Diskurses und Kampfes zeigen sich viele Überschneidungen und Parallelen zur Rassismusdebatte. Das Thema »Wer ist das Subjekt von Forschung und Bewegung?« stellt einen Scheideweg in Theorie und Praxis des Feminismus dar. In ihrer Einleitung zum Buch »Soziale Verortung der Geschlechter« beschreiben Gudrun-Axeli Knapp und Angelika Wetterer das viel diskutierte Hauptproblem:

> »Das Unruhemoment, das feministische Theoriediskussion stets antrieb, ist begründet in dem konstitutiven Spannungsverhältnis, das ihr zu Grunde liegt: der gleichzeitigen Unverzichtbarkeit und - im strengen Sinne - Unmöglichkeit der fundierenden Bezugnahme auf ein ›Wir‹ (Metasubjekt: ›Frauen‹). Das im feministischen Anspruch perspektivisch enthaltene ›Wir‹ unterstellt geteilte Problemhorizonte, die in der Abarbeitung an Ungleichheit und Verschiedenheit immer wieder differenziert, konkretisiert, relationiert, relativiert und neu bestimmt werden müssen.« (Knapp/Wetterer 2002: 11)

Die Problematik setzt sich in weiteren Fragen fort: Forscherinnen thematisieren, dass nicht nur das Subjekt definiert werden muss, sondern dass sich schon mit der Definition - ungeachtet ihrer inhaltlichen Ausgestaltung - Macht zeigt und herstellt. Und umgekehrt stellt sich die Frage ebenso für den Mann, denn ohne ein einheitliches Subjekt Frau kann auch kein einheitliches Subjekt Mann existieren. Sowohl im theoretischen Feld als auch im praktischen Kampf führen Frauenbewegung und -forschung diese Debatte, buchstabieren jedoch Geschlechterforschung nach wie vor am weiblichen Geschlecht durch. An dieser Frage also, wer denn nun das Subjekt der Geschlechterforschung sein soll und wer das wiederum bestimmen darf, entzündet sich eine der schärfsten Debatten der neueren Geschlechterforschung. Ein wichtiges Element darin ist die Rolle von Rassismus, der für die gesellschaftliche Situation von Minderheiten enorm wichtig ist, und ebenso die Lage der Mehrheiten bestimmt, auch wenn diese es nicht wahrnehmen (wollen). Die feministische Diskussion setzt sich deshalb auch mit dem Stellenwert von Rassismus selbst in der Debatte auseinander, sowie mit der Frage, warum er so oft »übersehen« wird.

Schon seit den 1970er Jahren kritisieren Feministinnen, die sich als »Afro-Amerikanerinnen«, als »Schwarze Feministinnen«, »Women of Colour« oder »afroamerikanischer Herkunft« bezeichnen,[7] dass Geschlecht keine universelle

7 Vgl. Einleitung, Fußnote 4. Die Problematik dieser Bezeichnungen, der damit verbundenen (Selbst-)Definition »Schwarzer Identität« sowie der verschiedenen Konnotationen, die Frauen unterschiedlicher Herkunft mit den oben genannten Bezeichnungen verbinden, legt Andrée N. McLaughlin 1993 dar.

Kategorie ist, sondern immer mit der jeweiligen Lage und mit anderen gesellschaftlichen Macht- und Differenzierungsmustern abgeglichen werden muss. Gloria I. Joseph (1993: 73ff) verweist in ihren Ausführungen auf die Dringlichkeit, Rassismus in feministische Analysen einzubeziehen. Sie betont den wesentlichen Unterschied in der Geschichte Weißer und Schwarzer Frauen, die Analyse dieser Geschichte muss die feministische Frage nach Ursachen der Ungleichheit zwischen Männern und Frauen zu völlig anderen Ergebnissen führen. Joseph macht deutlich, dass nicht zwei Geschichten existieren, eine der Männer auf Grund ihres Mann-Seins und eine von Frauen auf Grund des Frau-Seins. Ihre Kritik umfasst auch den marxistischen Feminismus, denn die dort im Mittelpunkt stehende ungleiche Einbindung von Männern und Frauen in das Arbeitssystem als Produktions- oder Reproduktionskraft hat bei Schwarzen Frauen eine andere Geschichte als bei Weißen; Joseph veranschaulicht das:

> »Die Sklavenerfahrung der Schwarzen in den Vereinigten Staaten kann nur mit Ironie als Beitrag zur männlichen/weiblichen Gleichberechtigung aufgefasst werden. Männer und Frauen wurden bei der Arbeit auf den Feldern oder im Haus gleichermaßen unmenschlich und brutal behandelt. Männer und Frauen rackerten sich Tat für Tag bei Regen oder Sonne ab, vom ›kann nicht sehen‹ zum ›kann nicht sehen‹ (vom frühen Morgen bis spät in die Nacht) und waren gleichermaßen Belästigungen, Leiden und Folter unterworfen.« (Joseph 1993: 73)

Schwarze Frauen wurden entweiblicht, als Frauen sollten sie ausgelöscht werden, und ebenso wurden Schwarze Männer entsexualisiert und entmännlicht.[8] Ziel war, gegenteilige Geschlechtsidentitäten zu Weißen Geschlechtsidentitäten herzustellen (vgl. Lorber 1999: 109). So machte die Sklaverei die Geschlechter gleich: Schwarze Männer und Frauen wurden zum Gegensatz der Ungleichheit zwischen Weißen Männern und Weißen Frauen (vgl. Joseph 1993: 74)

> »Die gemeinsame Unterdrückung der Schwarzen hat Gleichheit hergestellt, und die Krone der Rassenunterdrückung ist verziert mit den Worten: ›Ich bin der große Gleichmacher!‹« (Joseph 1993: 75)

8 Im 20. Jahrhundert wurde wiederum ein Mythos konstruiert: Schwarze Männer seien übertrieben männlich und die Frauen sehr selbstbewusst in ihrer Weiblichkeit (vgl. Lorber 1999: 110), womit diesmal eine Reduktion auf »biologische Gegebenheiten« stattfand. Hierin zeigte sich eine weitere rassistische Variante: Je mehr sich »Weiße« als zivilisierte und damit kulturelle Konstrukte begriffen, desto mehr wurden die »Schwarzen« auf ihre angebliche Biologie festgelegt. Solche Beispiele zeigen, dass rassistische Argumentationen trotz der Ablösung des Rassebegriffs doch immer wieder mit den Körpern begründet werden.

In diesen kurzen Skizzen zeichnet sich ab, wie verschieden die Geschichte und das Werden »des Subjekts Frau« bzw. »des Subjekts Mann« ist - so unterschiedlich, dass es einleuchtet, warum »das« einheitliche Subjekt nicht existieren kann. Und ebenso wird deutlich, wie überwölbend die Konstruktion der »Rasse« das Leben von Menschen beherrschen kann: sie beherrscht nicht nur diejenigen, die unterdrückt werden - auch die, die unterdrücken können nur deshalb ein »besseres Leben« führen, weil sie mit der Kategorie »Rasse« Macht erlangen.

Die Kritik am feministischen Diskurs beinhaltet auch eine explizite Aufforderung an Weiße Mittelstandsfeministinnen, ihren eigenen Beitrag zum Rassismus zu überdenken, die eigene gesellschaftliche Rolle in die feministische Analyse einzubeziehen.[9] Immer noch verhaftet in der Prämisse der Allgemeingültigkeit des Patriarchats als wichtigste Form der Unterdrückung können sie oft nicht erkennen, dass die Kategorie »Rasse« das Geschlecht als Unterdrückungskategorie durchkreuzt (vgl. Frey/Dingler 2000).[10] Und das lag vor allem daran, dass die Geschlechterforschung Migrantinnen systematisch aus ihren Untersuchungen ausblendete, bzw. sie gemäß dem Mainstream als Anhängsel ihrer Männer oder defizitäre Opfer wahrnahm, denen man helfen müsse.

Ende der 1980er/Anfang der 1990er Jahre bewegte sich die Debatte in zweierlei Hinsicht: Zum einen stellte die neuere, kritische Migrationsforschung den kulturalisierenden Diskurs vermehrt in Frage. Zum anderen haben Wissenschaftlerinnen, die sich in Rassismus- und Genderforschung verorten, feministische Kritik und kritische Migrationsforschung zusammengebracht.[11]

---

9 Zugleich prangert bell hooks (1996: 42ff) an, dass die Stimmen afroamerikanischer Frauen ungehört bleiben, während die Formulierung gleicher Kritik aus dem Mund Weißer Feministinnen in der Debatte wahrgenommen wird; ihre Kritik geht noch weiter: »Innerhalb der Elite der weißen feministischen Theoretikerinnen in den Vereinigten Staaten wird das Werk nichtweißer Frauen in der Regel nur im Zusammenhang mit Diskussionen über ›Rasse‹ zitiert. Unsere Arbeiten werden benutzt, um deren Behauptungen über ›Rasse‹ und Anderssein abzustützen und sind diesem Ziel untergeordnet.« (hooks 1996: 43)

10 Joseph besteht in diesem Zusammenhang darauf, dem Rassismus eine ganz eigene Bedeutung beizumessen und ihn nicht mit anderen hierarchisierenden Strukturierungskategorien in einem Atemzug zu nennen (vgl. Joseph 1993:72). Während die Individualisierung die Kategorie Klasse durchlässig gemacht habe, sei die der »Rasse« statisch geblieben.

Endlich wurden auch die oben genannten Forschungen Schwarzer Frauen wahrgenommen, nicht zuletzt auch deshalb, weil viele der jüngeren Forscherinnen selber einen Migrationshintergrund haben. Migrantinnen, ihre Migrationsgeschichten und ihre spezifische Situation in der Bundesrepublik stehen im Mittelpunkt der Forschungen.[12] Gümen (1998: 188) sieht diesen Richtungswechsel von Seiten der Geschlechterforschung durch die Erkenntnis forciert, dass Geschlecht ein relationales, prozesshaftes und soziales Phänomen darstellt und nicht in Einheitlichkeit oder statischer Zweigeschlechtlichkeit zu denken ist - mit ihr verbindet sich die Öffnung für neue Formen der Analyse weg von der Verallgemeinerung.

Auch die eigene Rolle für Rassismus in der Gesellschaft wurde zumindest von einem Teil des feministischen Diskurses reflektiert.[13] In der Festlegung von Normen, die definieren, wer und was Frau ist, formulieren sich auch Einschluss- auch Ausschlusskriterien. Weiße Mittelschichtsfeministinnen, die sich zu vermeintlichen Repräsentantinnen aller Frauen aufschwangen,[14] waren in die Falle geraten, genau dies dem androzentrischen Diskurs vorzuwerfen und zugleich durch die Vereinheitlichung *der* Frau dessen Elemente zu übernehmen (vgl. Frey/Dingler 2001: 14). Seit dieser Kritik tauchen Frauen manchmal in der Forschung auch als (rassistische) Täterinnen bzw. Konstrukteurinnen eines rassistischen Diskurses auf. Unterschwellig wirkt auch in der

---

11 Ungefähr gleichzeitig begann die feministische Öffentlichkeit im Anschluss an die aufgeführte Debatte ihr Subjekt zu hinterfragen und dabei auch die unterschiedlichen Lebenslagen wahrzunehmen. Die Debatte rankte sich nun vor allem um drei »Achsen der Differenz«: 1. Geschlechterdifferenz, 2. soziokulturelle Unterschiede zwischen den Geschlechtern, 3. Differenz innerhalb der Individuen (vgl. Knapp 2002: 38ff).

12 Vgl. Einleitung, Fußnote 5.

13 Die *beiträge zur feministischen theorie und praxis* diskutierten dies als eine der ersten feministischen Zeitschriften mit ihrem 1990 erschienenen Heft »Geteilter Feminismus. Rassismus - Antisemitismus - Fremdenhass.« Im Editorial heißt es: »Die Redaktion ist für diese Arbeit durch einen Mangel gekennzeichnet: Wir sind weiß, säkularisiert christlich, deutsch. Wir sind keine Schwarzen Frauen, Jüdinnen, Ausländerinnen, gehören keiner ethnisch ausgegrenzten Gruppe an. Wir versuchen einzuholen, was diese »anderen« Frauen über Rassismus, Antisemitismus, Feminismus schon seit Jahren entwickelt haben und weiterentwickeln.«

14 Diese Kritik betrifft schon die Entstehung der sex-gender Debatte. Donna Haraway (1987) verortet die Unterscheidung von sex und gender als im westlichen Denksystem entstanden und verankert und daher Probleme in Form des Ausschlusses Anderer nach sich ziehend (vgl. Frey/Dingler 2001: 10).

Geschlechterforschung der Opferdiskurs weiter, der Frauen eine passive oder moralisch-einwandfreie Rolle zuteil werden lässt. Dadurch bleibt auch fast unbemerkt, dass Weiße Frauen aktiv am rassistischen Diskurs mitwirken und mitgewirkt haben. Gerade im Nationalsozialismus oder im Kolonialismus entfalten sich aufschlussreiche Inszenierungen von Geschlecht unter rassistisch hoch aufgeladenen Bedingungen - und die dabei entstandenen Geschlechterkonstruktionen haben zum Teil bis heute Wirkungskraft. Elke Kleinau (2000: 202ff) weist solche Konstruktionen in der Biographie einer deutschen Lehrerin nach, die um die Jahrhundertwende nach Südwestafrika auswandert: Trotz ausgeprägt feministischen Bewusstseins unterstellt die Lehrerin den einheimischen Frauen stereotype Eigenschaften wie Dummheit, Faulheit und Schmutzigkeit. Sie bevorzugt dann auch, einen Mann als ihren persönlichen Bediensteten einzustellen, da junge Schwarze Männer besser als Frauen gehorchten und weniger nachlässig seien. In Anlehnung an Ghose (1995) folgert Kleinau:

> »Im Vergleich mit der passiven, geistig zurückgebliebenen schwarzen Frau ließen sich die emanzipatorischen Leistungen der Europäerin positiv hervorheben, für die patriarchalische Gesellschaft erwies sich dieser Vergleich aber als ausgesprochen funktional, weil er von der weiter andauernden Unterdrückung der Frauen in Deutschland ablenkte.« (Kleinau 2000: 216)

Letztendlich wenden sich dann aber doch die »Bemühungen« dieser deutschen Frau, sich über andere Frauen zu erheben und dadurch besser da zu stehen, gegen sie selber und ihre Bestrebungen, denn sie stützen den patriarchalen Diskurs. Zugleich macht das Beispiel deutlich, dass es immer fraglicher wird, Frauen auf Grund der Zugehörigkeit zum gleichen Geschlecht in einer ähnlichen Lage zu sehen: Für die Kolonisatorin gelten völlig andere Regeln als für die kolonialisierte Frau. In der Studie wird der Blick auf diejenigen gerichtet, die Bilder vom Schwarz-Sein herstellen - dies durchbricht auch den Konsens von Rassismus- und Geschlechterforschung, das Weiß-Sein diskursiv auszublenden und sich ausschließlich auf die Konstruktion des »Anderen« zu beziehen. Der Rassismus bekommt damit das Subjekt zurück, das ihn herstellt und ist nicht mehr nur bloße Konstruktion und Ideologie unabhängig vom praktizierenden Subjekt (vgl. Wollrad 2004: 191).

Eine feministische Allianz mit Rassismus wirkt sich nicht nur auf Konstruktionen von Weiblichkeit aus. Auch Männer werden in - mit Hilfe von Geschlecht konstruierten - rassistischen Stereotypen vereinheitlicht und gerade der koloniale Diskurs zeigt Stereotype »des schwarzen Mannes«. Heute finden solche Bilder ihre Fortsetzung in der Vereinheitlichung und Festlegung von Männern aus südlichen Ländern auf den Typ »Macho«, den gerade deutsche Feministinnen als neue Feinde der Emanzipation entdeckt haben.

Mehrfache Vergesellschaftungen

Verschiedene kritische Theoretikerinnen beziehen auch den Nationalstaat als wesentlichen Bestandteil der Positionierung von Frauen ein.[15] Ilse Lenz (1995: 33ff) hat dies besonders theoretisch ausgearbeitet: Neben die beiden Ebenen der Vergesellschaftung von Frauen zum einen als Reproduzentinnen in die Familie und zum anderen als Arbeitskraft in das Kapitalverhältnis[16] stellt sie eine dritte Ebene der Vergesellschaftung, nämlich die in den Nationalstaat in den Mittelpunkt ihrer Überlegungen - folglich spricht sie dann von einer dreifachen Vergesellschaftung. Dabei betrachtet sie die Interdependenzen verschiedener Abwertungs- und Ausgrenzungsprozesse in diesen Vergesellschaftungssektoren: Erstens wird die Arbeit von Frauen im Haushalt abgewertet. Zweitens überkreuzen sich auf dem freien Markt verschiedene Segregationen, bei denen interne Arbeitsteilungen und Hierarchien über Geschlechtertrennung ausgearbeitet werden, so dass sich hier Geschlecht und Klasse überkreuzen. Drittens, und das ist für das vorliegende Thema besonders spannend, erzeugt die Vergesellschaftung im Nationalstaat spezielle Formen: Denn auch wenn der Nationalstaat seine Mitglieder nicht über das Geschlecht sortiert und somit formal einbezieht, gilt dennoch die öffentlich-politische Sphäre als Männerdomaine, für die den Frauen die Kompetenz abgesprochen wird. Für die vorliegende Arbeit ist vor allem die definierte Zugehörigkeit zum Nationalstaat wichtig; diese ist allerdings politisch und nicht geschlechtlich bestimmt. Vergesellschaftung durch den Nationalstaat im Nationalstaat, deren Kriterium die Zugehörigkeit ist, muss also zwangsläufig für Migrantinnen und Migranten zum Merkmal des Ausschlusses werden. So überschneiden sich Ethnie, Klasse und Geschlecht auf verschiedenen Wegen. Auch Gümen (1998: 190f) erachtet es als dringend notwendig, den Nationalstaat als Ebene einzubeziehen, um geschlechtliche Positionierungen im sozialpolitischen Kontext zu bewahren und nicht doch wieder *die* Frau oder *den* Mann zu vereinheitlichen. Für die Wechselwirkung der drei verschiedenen Vergesellschaftungsebenen konstatiert Ilse Lenz:

---

15 Eine kritische Auseinandersetzung mit dem zwiespältigen Verhältnis von Frauenbewegung, -forschung und Nationalstaat beschreibt Cornelia Eichhorn (1995: 77ff).

16 Lenz nimmt dabei Bezug auf das Konzept der doppelten Vergesellschaftung von Regina Becker-Schmidt (1988). Becker-Schmidt erläutert, wie Frauen widersprüchlich im Rahmen familiärer Reproduktionsarbeiten und im Produktionsprozess vergesellschaftet werden.

> »Aber gerade deswegen (auf Grund komplexer wechselseitiger Verbindungen, d. Verf.) ist es nicht sinnvoll, sich die genannten Kategorien sozialer Ungleichheit als analoge oder additiv zusammenfallende Unterdrückungsverhältnisse vorzustellen. In den gesellschaftlichen Arbeitsteilungen und Herrschaftsverhältnissen wirken sie vielmehr in ihren *Konfigurationen* zusammen.« (Lenz 1995: 35f, Hervorh. i. Orig.)

Wenn aber diese widersprüchliche Vergesellschaftung im Nationalstaat schon Frauen marginalisiert *obwohl* sie als politische Subjekte anerkannt werden, so lässt sich folgern, dass auf dieser Ebene Migrantinnen wahrscheinlich völlig ausgeschlossen bleiben - denn sie werden oft als einem anderen Staat zugehörig begriffen. Da in diesem Fall der Migrationshintergrund als Unterdrückungsform das Geschlecht noch einmal überlagert, muss diese Marginalisierung auch für männliche Migranten gelten. Da Migrantinnen und Migranten, insofern sie gemäß ihres rechtlichen Status »Ausländer« sind, als politische Subjekte keine Anerkennung finden, kann »race« als Kategorie der Unterdrükkung die Kategorie Geschlecht überkreuzen oder überlagern. Und dadurch ergeben sich weitere Differenzen auch innerhalb eines Geschlechts. Die Notwendigkeit wird hier besonders deutlich, die Vielfalt von Überkreuzungen (Intersektionen) von Benachteiligungsfaktoren und ihre Auswirkungen auf die Positionierungen des Subjekts in der Gesellschaft systematisch zu betrachten.

Die Rolle des »Wir« in der feministischen Forschung – Identitätspolitik und Bündnisse

Das Wissen darum, dass Geschlecht im Hinblick auf die Relevanz für die gesellschaftliche Positionierung von der Kategorie »Rasse« überlagert werden kann, öffnet den Blick dafür, genauer hinzuschauen, inwiefern Geschlecht benutzt wird, um daran rassistische Zuschreibungen zu knüpfen. Konstruktionen von Geschlecht sind dann eben auch das Resultat dieser spezifischen Überlagerung; dabei ist darauf zu achten, dass auch das männliche Geschlecht genutzt werden kann, um Unterlegenheit herzustellen. Das wirft außerdem die Frage auf, ob für die Formulierung von Kritik und den Kampf gegen Ungerechtigkeit eine Vereinheitlichung der kämpfenden Subjekte notwendig ist. Bell hooks (vgl. 1996: 49) misst der postmodernen Debatte, die dem Essenzialismus zu entkommen vermag, im Kampf gegen Rassismus eine bedeutende Rolle für die Dekolonisierung ein: Paradigmatische Zuschreibungen von »schwarzer Identität« könnten mit ihrer Hilfe dekonstruiert werden. Zwar sieht sie die Notwendigkeit, identitätsstiftende Annahmen nicht zum Mittelpunkt gemeinsamen Handelns werden zu lassen, berücksichtigt gleichzeitig jedoch die positiven Elemente, die sie für viele Marginalisierte haben können, und misstraut insofern der postmodernen Kritik am Subjekt. Ein Aufbegehren der Unterdrückten, das jedoch mit dem Festhalten an einer Identitätspolitik unweigerlich verbunden sein muss, verwirft sie dann aber mit der Begründung, dass diese nicht wirklich den Diskurs verändern können (vgl. hooks 1996: 48).

Weitere Autorinnen ziehen aus der Frage andere Rückschlüsse: So wirft beispielsweise Nancy Hartsock (vgl. 1990: 171f) eine sehr ähnliche Frage auf[17] und kommt dabei zu dem Ergebnis, dass diejenigen, die nach ständiger Unterdrückung nun endlich zu Subjekten geworden sind, sich diesen Status nicht sofort wieder aberkennen lassen sollen; im Vordergrund solle die Erkenntnis stehen, dass man zugleich handelndes Subjekt und »behandeltes« Objekt sein kann. Im Unterschied zu bell hooks misstraut Nancy Hartsock der Debatte, die in der Abschaffung des »Wir« die Lösung sieht, und betont, dass es darum gehe, das falsche »Wir« abzuschaffen und ein richtiges »Wir« zu finden. Dieses wiederum werde dann zur notwendigen Bedingung feministisch-politischen Kampfes und bestünde in angemessenen Koalitionen, in denen sich die bis dahin Marginalisierten zusammenschließen. Sie wissen, wie das Leben am Rand aussieht und mit ihrer Kritik könnten sie sowohl die Macht als auch den Rand selbst transformieren. Dies hieße aber, wenn man die Gedanken von hooks einbezieht, dass Männer und Frauen durch Rassismus in eine wesentlich ähnlichere Lage gebracht werden als viele Menschen eines Geschlechts, so dass das »wir« nicht entlang einer Geschlechterlinie verlaufen kann - eine wirkungsvolle Koalition gegen Rassismus müsste daher Geschlechtergrenzen überwinden. Aus wieder einer anderen Richtung kommt die Kritik Butlers: Sie bezweifelt, dass für ein feministisches Bündnis eine Einheit, die Gleichheit voraussetzt, unabdingbar sei.

> »Es wäre falsch, von vornherein anzunehmen, dass es eine Kategorie ›Frau(en)‹ gibt, die einfach mit verschiedenen Bestandteilen wie Bestimmungen der Rasse, Klasse, Alter, Ethnie und Sexualität gefüllt werden muss, um vervollständigt zu werden. Wenn man dagegen die wesentliche Unvollständigkeit dieser Kategorie voraussetzt, kann sie als stets offener Schauplatz umkämpfter Bedeutungen die-

17 »Why is that just at the moment when so many of us who have been silenced begin to demand the right to name ourselves, to act as subjects rather than objects of history, that just then the concept of subjecthood becomes problematic?« (Hartsock 1990: 164) Hartsock bettet diese und andere Fragen weiterhin in den Kontext zu einer Zeit ein, in der sich Nationalismus und Redefinitionen des an den Rand gedrängten »Anderen« ausbreiten.

nen. Die definitorische Unvollständigkeit der Kategorie könnte dann als normatives Ideal dienen, das von jeder zwanghaften Einschränkung befreit ist.« (Butler 1991: 35)

Für den inneren Zusammenhalt des Bündnisses könnten - auch ungelöste - Widersprüche notwendig sein, wenn die Subjekte die Machtverhältnisse analysieren und reflektieren. Für Butler existiert »die Frau« nicht, sondern ist eine zu differenzierende Kategorie: Ihr Anliegen der Dekonstruktion möchte sie mit der Annahme untermauern, dass auch bei einer »Auffüllung« der Kategorie Frau mit anderen Kategorien dennoch nie zu vereinheitlichende Subjekte herauskommen, die aus der Summe der verschiedenen Konstellationen resultieren - sie plädiert für eine Analyse, die Individualität anerkennt und gleichzeitig Machtverhältnisse im Auge hat. Butler gelingt damit eine Annäherung daran, essenzialistische Zuschreibungen, die Teil der Suche nach *einer* Identität sind, aufzulösen.

Diese Perspektive, die auf den Poststrukturalismus Foucaults und auf Derridas Dekonstruktivismus rekurriert, findet ihre Entsprechung in den cultural studies, v.a. in der Form der postcolonial studies für die Frage der Kategorie »race«. Dabei vertritt beispielsweise Homi Bhabha eine stark antiessenzialistische und antiobjektivistische Perspektive: Übergreifende kulturelle oder normative Handlungsbezüge existierten nicht mehr, das »Ende der Meta-Erzählungen« (Lyotard) ist eingeläutet, Identitäten werden zu Effekten von Diskursen. Bieling (vgl. 2000: 78ff) problematisiert bezüglich dieser radikalisierten Variante einer postmodernen Perspektive sowie allgemein bei Theoretikern der Postmoderne, dass die Härten sozialer Ungleichheit, die Strukturen von Ausbeutung, Herrschaft und Widerstand sich in ihren Konzeptionen verflüchtigten, sie unterschätzten sozioökonomische Antagonismen und Herrschaftszusammenhänge.

Diese Kritik betrifft ebenso die dekonstruktivistische Geschlechterforschung.[18] In der Bundesrepublik klafft immer noch eine erhebliche Lücke zwischen Geschlechterpolitiken und theoretischer Debatte. Dies könnte - wie es Sabine Lang und Birgit Sauer (1998: 76ff) kritisieren - daran liegen, dass postmoderne Theorien vorwiegend im innerakademischen Rahmen diskutiert werden, durch die Benutzung von Fachtermini Herrschaftswissen produzieren und sich zunehmend von der (frauen)politischen Analyse entfernen. Sie thematisieren oft nur am Rande politische Probleme der Geschlechtergleichheit und alltägliche politische Praxis, in der Geschlecht als Benachteiligungs-

18 Zu dieser Debatte vgl. exemplarisch: Fraser 2005, Haug 2005, Zeitschrift *Widersprüche* 95/2005.

kategorie eingesetzt wird. Die Etablierung eines neuen Geschlechterregimes hat die alten Ungleichheiten zwar verändert, aber nicht aufgelöst. »Vergeschlechtlichung wird nach wie vor eine probate staatliche Strategie zur ›Lösung‹ sozialer und ökonomischer Probleme bleiben«, analysieren Lang und Sauer (1998: 77). Wie der Regimebegriff nahe legt, bleibt es nicht nur bei Strategien des Staates, sondern sie finden sich ebenso in ökonomischen Prozessen wie auch als Alltagsstrategien zwischen den Individuen. Ob die Konsequenz eher eine Antwort ist, bei der Geschlecht neu politisiert und in seinen Funktionen für polit-ökonomische neoliberale Prozesse analysiert wird um daraus Handlungsstrategien abzuleiten, oder inwieweit dekonstruktivistische Theorien im akademischen Diskurs für die Vorreiter gesellschaftlicher Entwicklungen und adäquater Strategien gehalten werden, wird wohl eine spannende Frage feministischer Theoriebildung und Praxis der nächsten Jahre sein.

3 Aspekte der Diskussion um Kriminalität

Spricht man von Kriminalität, so geht es dabei eigentlich um die Kriminalität von Männern, andernfalls spricht man automatisch von »Frauenkriminalität«. Trotz dieser Auffälligkeit in der terminologischen Unterscheidung - die Maskulinität ist dem Begriff der Kriminalität inhärent - beachten die kriminologische Theoriebildung sowie der Kriminalitätsdiskurs nur am Rande die Rolle des männlichen Geschlechts.

Daher beschäftige ich mich in diesem Kapitel zunächst mit Geschlecht und Kriminalität in der Theoriebildung. Danach werde ich den Mediendiskurs zum Thema Jugendgewalt sowie speziell den weit verbreiteten medialen Diskurs zur so genannten »Ausländerkriminalität« aufgreifen. Des Weiteren stelle ich ausgewählte Studien dar, die für die Themen Jugendgewalt, Migration und Kriminalität von Bedeutung sind, einige diskutieren auch Geschlechterfragen. Die kriminologischen Theorien und medialen Darstellungen betreffen die Untersuchungsgruppe, daher möchte ich sie auf die Frage hin prüfen, ob sie einer Annäherung an die Gruppe dienen können.

3.1 Männer und Frauen als Täter und Opfer

Lange Zeit hat die Kriminologie die Frage des Geschlechts in der Debatte um Kriminalität allgemein sowie um Jugendkriminalität im Speziellen ausgeblendet - jugendlich wurde mit Junge gleichgesetzt und »Gewalt gleich männlich« als gegeben vorausgesetzt. Messerschmidt (1993: 1) bezeichnet die Kriminologie als »gender-blind«, was sich darin äußert, dass das Thema Geschlecht nicht oder nur in Verbindung mit der Frage aufgegriffen wird, warum Frauen in den Kriminalitätsraten unterrepräsentiert sind.[1] Die Forschung entproblematisiert und entpolitisiert dadurch die Frage des Geschlechts und macht sie zum »taken-for-granted« (vgl. Connell 1993: VIII). Theorien, die das Geschlecht nicht mit einbeziehen, sind nicht nur unvollständig, sondern sie führen in die Irre, so die Kritik von Gelsthorpe und Morris (vgl. 1988: 98). Gransee und Stammermann (vgl. 1992: 42f) sind sich darin einig, dass es nicht ausreicht,

1 Schon 1985 war das Schwerpunktthema der *Monatsschrift für Kriminologie und Strafrechtsreform* »Weiblichkeitsmythen in der Kriminologie« (6/1985) sowie in Heft 1/1995 der *Neuen Kriminalpolitik* »Frauen und Kriminalität«. Ein Überblickswerk deutschsprachiger Arbeiten zum Thema Frauenkriminalität und Kriminalisierung hat Anina Mischau (1997) verfasst.

die Kriminalität von Frauen zu thematisieren, sondern betonen, dass stattdessen die Kategorie Geschlecht als solche grundsätzlich in der Kriminologie mit bedacht werden muss: Dazu gehört ganz wesentlich die Einsicht, dass ForscherInnen die gewonnenen Ergebnisse nicht als für beide Geschlechter gültig deklarieren können, wenn sich die Untersuchung - wie das meist der Fall ist - fast ausschließlich auf Männer bezieht.

Auch die Tatsache, dass hauptsächlich Männer bei Gewaltdelikten als Täter *und* Opfer involviert sind (vgl. Kersten 1997b: 104), ließ die Forschung lange unbeeindruckt. Dass Männlichkeit in der Kriminologie überhaupt zum Thema wird, ist der feministischen Forderung zu verdanken - Männer sind nicht geschlechtlich neutral, sondern ebenso wie Frauen vergeschlechtlicht. Die Schwierigkeit besteht allerdings darin, diese ebenso einfache wie politische Erkenntnis in das Bewusstsein der (meist männlichen) Forscher zu bringen.[2]

Mit der Ausbreitung feministischer Theorien konnten Gewalt und Kriminalität als vorrangig männliche Phänomene nicht mehr ausgeblendet werden (vgl. Collier 1998: 5). An der Entwicklung eines explizit feministischen Blicks in der Kriminologie haben zuerst der radikale und der marxistische Feminismus gearbeitet. Letzterer erklärt Zusammenhänge von Kriminalität und Geschlecht folgendermaßen: »criminality was theorized as related to the interaction of patriarchy and capitalism, and to the structural possibilities this interaction creates« (Messerschmidt 1993: 56). Messerschmidt kritisiert daran, dass der Ansatz dem Akteur keine Beachtung schenkt, sondern Kriminalität ausschließlich als Auswirkung sozialer Bedingungen versteht; außerdem werde Geschlecht als lineare Ableitung gedeutet, die den vielfältigen Bezügen, in denen gender von der Gesellschaft implementiert und erzeugt wird, nicht gerecht werden kann - Männlichkeit werde damit auf einen einzigen und invarianten Begriff festgeschrieben (vgl. Messerschmidt 1993: 56ff).

Der Labeling Approach und die gesellschaftliche Herstellung von Kriminalität

Nach Smaus (vgl. 1995: 23) kann gerade der Labeling Approach für die Öffnung der Kriminologie bezüglich der Geschlechterfrage eine entscheiden-

2 Dass dem Geschlecht trotz dezidierter theoretischer Grundlagen kaum Beachtung geschenkt wurde, hängt wohl damit zusammen, dass einerseits die feministischen Ansätze für die forschenden Männer Softskills waren, und dass andererseits, wie dies Kersten (1994: 189) vermutet, der Blick auf die Relevanz gesellschaftlicher Geschlechterverhältnisse durch die Konzentration auf die familiäre Situation und das Festhalten an der Geschlechtsrollentheorie versperrt blieb.

de Rolle einnehmen. Er definiert nicht das Verhalten der Menschen als abweichend, sondern bezeichnet die Normen selbst als »letzte Ursache« der Abweichung. So *ist* der Mensch nicht kriminell, sondern erst Prozesse der Definition machen Menschen zu Kriminellen oder Nicht-Kriminellen, machen eine Handlung zu einer kriminellen oder nicht. Damit wird es überflüssig, nach Ursachen für individuelles Abweichen zu suchen, da es nun die Prozesse zu entschlüsseln gilt, in denen Motive und Bedeutungen ihren Sinn zugeschrieben bekommen. Es geht darum, Kriminalität als soziale Erscheinung zu begreifen, die nicht bestimmte Eigenschaften von Individuen beschreibt, sondern deren soziale Beziehungen und gesellschaftliche Verhältnisse (vgl. Gransee/Stammermann 1992: 24ff).

Die geschlechtliche Durchdringung der Institutionen ist insofern für die Analyse von Geschlecht in Zusammenhang mit Kriminalität relevant. Die feministische kritische Kriminologie hält eine Erklärung dafür bereit, warum die Kriminalitätsbelastung vorrangig Männer betrifft: Kriminelles Verhalten wird eher Männern als Frauen zugeschrieben, die Angeklagten stehen vor Gericht als Träger sozialer Geschlechter (vgl. Sauer-Burghard/Zill 1984: 35 und Smaus 1995: 23). Das Strafrecht selektiert geschlechtsspezifisch, weil ihm eine selektive Normsetzung zu Grunde liegt und es damit patriarchale Strukturen erhält. Um es anschaulich zu machen: Richter trauen Männern eher zu, bei einem Delikt Anführer gewesen zu sein, während beteiligten Frauen, so sie überhaupt wahrgenommen werden, per se eine untergeordnete Rolle für das Delikt zugeschrieben wird und das Strafmaß dadurch für sie meist erheblich geringer wird. Sowohl die informelle als auch die institutionelle soziale Kontrolle haben eine geschlechtsspezifische Struktur, bestätigen sich gegenseitig und werden so gemeinsam zum Instrument sozialer Ungleichheit (vgl. Smaus 2000: 17ff). Deshalb fordern Althoff und Kappel:

> »Eine feministische Perspektive könnte die kritische Kriminologie zwingen, ihren Fokus - die gesellschaftliche Herstellung von Kriminalität - zu verändern, indem sie soziale Wirklichkeit als vergeschlechtlicht hergestellt in ihren unterschiedlichen Erscheinungsformen erkennt und untersucht.« (Althoff/Kappel 1995: 3f)

3.2 Kriminalität, Herkunft und Geschlecht zusammen denken

Wenn die Kriminalisierung von Frauen im Kontext der ideologischen Reproduktion gesellschaftlicher Verhältnisse anders als die von Männern verläuft, wenn Männer mehr als Frauen kriminalisiert werden, so wirft das die Frage auf, welche Bedeutung der Kriminalisierung von Männern zukommt; und wenn mehr Kriminalisierung von Migranten als von Nicht-Migranten erfolgt, ist die gleiche Frage in diesem Kontext zu stellen. Der Labeling Ansatz, der die Legitimität von Normen und Sanktionen bezweifelt, öffnet damit weitere Fragekomplexe: Gibt es gesellschaftliche Normen männlichen Verhaltens, die Gewalt beinhalten? Und wenn dem so ist, wie und wann stehen diese im Widerspruch zu Verhaltensnormen, die Gewalt negativ definieren? Kann es sein, dass in bestimmten Situationen die männlichen Normen der Gewaltanwendung stärker sind als das Wissen um und die Verinnerlichung von Gewalt als gesellschaftlich negativ belegtem Verhalten? In diesen Fragen deutet sich zum einen an, dass die Gewalt und Kriminalität der hier untersuchten Jugendlichen direkt damit zusammenhängt, welche Normen wann dominieren. Zum anderen weisen sie darauf hin, dass die Strafe, die diese Jugendlichen für ihre Gewalt erfahren, möglicherweise gar nicht im Blick hat, dass sich die Jugendlichen an einer anderen Norm ausgerichtet haben, die nun in diesen Zusammenhängen eine völlig andere oder keine Rolle mehr spielt. Die Jugendlichen würden somit für ein Verhalten sanktioniert, das für sie in einem anderen Kontext eingebettet ist - die Strafe hat für sie dann wenig mit der Tat zu tun. Obwohl formal zwar eine Normübertretung vorliegt, war die Norm, an der sich die Jugendlichen orientierten, eine ganz andere, und diese haben sie nicht übertreten, sondern erfüllt.

Neben solchen Anregungen, die aus dem Labeling-Ansatz gewonnen werden können, haben Arbeiten wie die von Messerschmidt (1993) und Connell erheblich für Bewegung in der Debatte um die Relevanz von Geschlecht im Kriminalisierungsprozess gesorgt. In der deutschsprachigen Kriminologie lässt sich die Beschäftigung mit dieser Frage noch schleppend an[3] und auch die amerikanische Kriminologie hat sich schwer damit getan, dem Geschlecht die Bedeutung beizumessen, die ihm gebührt. In den 80er Jahren begann man, die Begriffe »race« und gender neben den der Klasse[4] zu stellen: Von nun an wurden sie als strukturierende Kräfte auch für das Thema Kriminalität erkannt. Die Forschung blieb allerdings für die Kategorie gender noch in der Wahrnehmung verhaftet, dass Geschlecht vorrangig die Frau

3 Als VertreterInnen, die Aspekte des männlichen Geschlechts systematisch aufgreifen, wären hier mit vielfältigen Publikationen vor allem Joachim Kersten und Mechthild Bereswill zu nennen, vgl. exemplarisch Kersten 1997a, b, 2002 und Bereswill 1999a, b, 2001, 2003.

4 Die Kategorie Klasse sollte dadurch nicht relativiert werden, denn gerade die US-amerikanische Gesellschaft ist höchst polarisiert - 42% des Reichtums der USA sind in der Hand von 1% der Bevölkerung (vgl. Lynch 1996: 13ff).

meine - gender wurde so nur im Zusammenhang mit Frauen thematisiert. Das Einbeziehen von »race« sorgte für wesentliche Spannung: Clatterbaugh (vgl. 1997: 157ff) beschreibt, dass in den USA mittlerweile ein reges Interesse »am afroamerikanischen Mann« herrscht, wobei sich die Diskussion von der Beschreibung der sozialen Situation bis zur Frage nach der Teilhabe an politischen und wissenschaftlichen Diskursen bewegt.[5] Schwarze Männer waren schon immer ein Politikum in den USA und so beschäftigt sich die Nation mit »ihrer« Kriminalität: Die Theorien reichen von der rassistischen These eines niedrigeren IQs bis hin zu Studien darüber, dass die Selektivität des Strafrechts in Bezug auf junge, afroamerikanische Männer - die sich in der großen Anzahl Inhaftierter ausdrückt - eben auch mit Rassismus erklärt werden müsse. Statistiken belegen, dass schwarze Männer eher strafrechtlich verfolgt werden, ihr Risiko in der Haft zu landen und auch dort zu bleiben ist viel größer als das von weißen Männern.[6]

Die beschriebenen Entwicklungen in der Geschlechterdebatte spiegeln sich auch in neueren internationalen Untersuchungen zu Geschlecht und Kriminalität wider: Die jüngere Debatte des angloamerikanischen Sprachraums behandelt Fragen zum Zusammenhang von Geschlecht, Kriminalität und Herkunft. Zwei federführende empirische Arbeiten stellen der Sammelband von Newburn und Stanko (1994) sowie die Arbeit von Messerschmidt (1993) dar. Dieser hat als nachhaltiges Argument in die Debatte eingeworfen, dass *Kriminalität nicht ein Ausdruck von Männlichkeit* ist, sondern dass *sie ein Mittel ist, Männlichkeit herzustellen*. In seinem Modell muss Männlichkeit stets aufs Neue erzeugt werden und die Formen, in denen dies geschieht, korrespondieren mit der Situation.

> »Because men reproduce masculine ideals in structured specific practices, there are a variety of ways of ›doing masculinity‹. Although masculinity is always individual and personal, specific forms of masculinity are available, encouraged and permitted, depending upon one's class, race and sexual preference. Masculinity must be viewed as structured action - what men do under specific constraints and varying degrees of power (...) Thus, we do gender in response to the social structure circumstances in which we live and within different social milieux diverse forms of masculinity arise, depending upon prevalent structural potentials and constraints. Because masculinity is a behavioural response to

5 Letzterer Diskurs scheint wiederum rassistische Züge anzunehmen, da meist weiße Mittelschichtmänner in eher paternalistischer Weise für die Rechte von Afroamerikanern eintreten (vgl. Clatterbaugh 1997: 158)

6 In den USA sind mehr männliche Afroamerikaner in den Gefängnissen als in Colleges und Universitäten.

particular conditions and situations in which men participate, different types of masculinity exist in the school, the youth group, the street, the family, and the workplace. In other words, men do masculinity according to the social situation in which they find themselves.« (Messerschmidt 1993: 81, 83f)

Messerschmidts Ansatz basiert auf sozialkonstruktivistischem Hintergrund. Er denkt die Folgen des Konzepts des doing gender für Kriminalität systematisch weiter und geht in seinen empirischen Untersuchungen der Entstehung verschiedener Formen von Maskulinität nach, die je nach Kontext und Situation unterschiedlich sein kann. Auf diese Vielfalt weist er auch im Zitat hin. Er betont, dass wenn es um Kriminalität geht, sowohl individuelles Verhalten als auch die soziale Situation in Frage gestellt wird. Die Formen von Kriminalität, die angewandt werden bzw. die überhaupt angewandt werden können, hängen damit zusammen, welche Ressourcen dazu bereitstehen. Er weist damit darauf hin, dass die unterschiedliche Ausstattung mit Macht und Ressourcen zur Ausbildung unterschiedlicher Formen von Männlichkeit führt (vgl. Messerschmidt 1993: 84f und Kersten 1997b: 109).

Neben diesem Ansatz, der stark von Connells Theorie der hegemonialen Männlichkeit inspiriert ist, haben sich jüngst Diskussionen entsponnen, in denen die Ausblendung der Geschlechterfrage aus der kriminologischen Analyse ebenso behandelt wird wie die Frage, inwiefern Geschlecht für Gewalttätigkeit und Kriminalität relevant ist. Die Debatte differenziert sich in verschiedene Unterthemen aus, wie beispielsweise Bildung, Sport, Ethnizität, Gefängnis, Drogen sowie die Rolle der Medien. Collier fasst den Stand der Debatte zusammen:

»What emerges is a complex, challenging and compelling picture of the ways in which diverse and differentially empowered masculinities are constituted through men's various engagements in criminal activity. In keeping with broader developments within the sociology of masculinity more generally, these analysis stress the plurality of masculin*ities*, moving away from the fixed model of a unitary masculinity (which had tended to frame earlier sociological accounts).« (Collier 1998: 4)

Auch wenn sich die Forschung mittlerweile in die im Zitat angegebene Richtung entwickelt, so ist einschränkend hinzuzufügen, dass dies vor allem auf die angloamerikanische Debatte zutrifft - in der Bundesrepublik bleibt der Kreis derer, die eine differenzierte Forschung dazu betreiben, auf einige wenige ForscherInnen beschränkt, deren Ergebnisse von der Öffentlichkeit nur selten wahrgenommen werden. Das liegt auch daran, dass Kriminalität ein hochbesetztes Thema ist; vor allem die Medien sind maßgeblich verantwortlich für das, was wir über Kriminalität denken.

3.3 Die mediale Inszenierung der Jugendgewalt[7]

Jugendgewalt und Jugendkriminalität sind Themen, die zunehmend beklagt werden. Seit Ende der 80er Jahre verzeichnet die Polizeiliche Kriminalstatistik (PKS) eine erhebliche Steigerung bei den Gewalt- und Kriminalitätsdelikten von Jugendlichen (14-17 Jahre), Heranwachsenden und jungen Erwachsenen (18-25 Jahre) (vgl. Mansel/Hurrelmann 1998: 79). Die Begriffe Jugendkriminalität und Jugendgewalt sind zu unterscheiden: Der Begriff der Gewalt enthält ein wesentlich höheres Konfliktpotenzial als der der Jugendkriminalität, dennoch werden die Termini oft synonym verwendet. Wer von »Jugendkriminalität« spricht, der meint nicht den Jugendlichen, der Zigaretten im Supermarkt klaut, sondern bezieht sich meist auf den Jugendlichen, der durch Gewalt eine Bedrohung für andere darstellt. Zu dieser Begriffssynonymie tragen auch die Medien bei, da sie Lieferanten des gesellschaftlichen Wissens um Jugendgewalt und -kriminalität sind.

Viele Menschen kommen unmittelbar nie selbst mit diesen Formen von Kriminalität in Kontakt - trotzdem haben wir alle eine konkrete Vorstellung davon. Formelle und informelle Instanzen tragen dazu bei und Massenmedien sind ein Teil davon: Sie vermitteln Kenntnisse über Ereignisse oder Personen und haben dadurch Einfluss darauf, wie Geschehnisse dargestellt und in der Folge von den RezipientInnen verarbeitet werden. Die Palette der Darstellung reicht von boulevardesk-ausschlachtend bis analytisch-ergründend. Medien sind meinungsbildend, indem sie verschiedene Standpunkte zu Wort kommen lassen - in direkter Weise etwa in Interviews, in Leserbriefen oder Kommentaren, aber auch in indirekter Weise durch journalistische Beiträge, die der Linie ihres Mediums folgen. Ereignisse, über die sie berichten, geraten durch die mediale Aufbereitung in den Mittelpunkt der Aufmerksamkeit, andere bleiben zeitweilig ausgeblendet: Die Medien bestimmen mit der Auswahl ihrer Themen, wann über etwas und wie darüber gesprochen wird. Das bedeutet auch, dass Medien Politik machen. Im Diskurs über Kriminalität liefern sie Informationen über Straftaten, das Strafrecht, Täter, Opfer oder die Situation in Gefängnissen.[8] Sessar (1996: 284) beschreibt die Medien als Filter zwischen Gesellschaft und dem Phänomen Kriminalität. Und so hat auch dieser Mediendiskurs um Kriminalität weit reichende Folgen:

---

7 Die Kapitel 3.3 und 3.4 beinhalten einige Überlegungen aus Spindler 2003a.

8 Hier soll es ausschließlich um diese Form der Aufbereitung von Kriminalität in den Medien gehen. Die Auswirkung der ständigen Verarbeitung fiktiver Kriminalität in Kriminalromanen oder -filmen und weiteren Genres würde ein eigenständig zu behandelndes Thema darstellen.

> »Ein wichtiges Charakteristikum des Mediendiskurses ist es..., dass dieser nicht nur und nicht einmal in erster Linie Realitäten abbildet, sondern dass er vielmehr selbst Realität *ist* und als Applikationsvorgabe für gesellschaftliches und individuelles Handeln funktioniert, (Massen-)Bewusstsein nicht nur informiert, sondern *formiert*.« (Jäger u.a. 1999: 19, Hervorh. i. Orig.)

In ihrer alltäglichen Arbeit müssen JournalistInnen notgedrungen Information reduzieren, schnell auf sie zugreifen, gezielt Quellen suchen. Dabei weist der Bearbeitungsprozess gerade beim Thema Kriminalität eine sehr einseitige Selektion auf: Informationsquellen für die Berichterstattung sind die Polizeipressestellen, deren MitarbeiterInnen Informationen filtern, Meldungen auswählen und weiterleiten oder auch nicht; die Polizei misst dieser Arbeit große Bedeutung bei, so ist beispielsweise die Polizeipressestelle im Polizeipräsidium Köln mit sechs MitarbeiterInnen besetzt. Die Auswahl der Nachrichten orientiert sich an polizeieigenen Interessen, wie der Leitsatz der Kölner Polizeipressestelle zeigt: »Ziel und Aufgabe der Pressestelle ist es daher, der Öffentlichkeit über die Medien ein glaubwürdiges Bild der Institution Polizei zu vermitteln.«[9] Eine weitere Informationsquelle für die Medien sind die Nachrichtenagenturen, allerdings greifen viele Zeitungen vorrangig auf Meldungen der Deutschen Presse-Agentur (dpa) zurück, so dass verschiedene Redaktionen gleiche Meldungen übernehmen und damit die Berichterstattung vereinheitlichen; Eigenrecherche verwenden sie vor allem im Lokalteil.

Medien sind hauptverantwortlich für die »Pictures in our heads« (Geißler 1999: 23), die wir über Kriminalität und Jugendgewalt haben. Oft greifen sie beim Thema Jugendkriminalität auf die Polizeiliche Kriminalstatistik (PKS) zurück, die schon seit Jahrzehnten einen immer währenden Anstieg der Jugendkriminalität mit Zahlen belegt. Auch wenn sie damit scheinbar für klare Verhältnisse sorgt - in der Forschung ist schon seit den 60er Jahren umstritten, ob die Jugendkriminalität tatsächlich ansteigt und sich in ihrer Form verändert, oder ob dies nur ein gerne beschworener Mythos ist (vgl. Albrecht 1998: 385). Es werden immer wieder gute Gründe genannt, warum die Daten der PKS nicht mit einer realen Steigerung übereinstimmen müssen, auch wenn der erste Eindruck dies nahe legt: Die PKS muss in ihrem Erzeugungszusammenhang betrachtet werden. Denn sie ist keine Statistik, welche *die* Kriminalität misst, sondern sie registriert nur die kriminellen Delikte, die von Ermittlungsbehörden entdeckt wurden oder die zur Anzeige kamen. Die PKS sagt also mehr über Ermittlungstätigkeiten der Polizei und über das Anzeige-

9 Laut Internetauftritt der Pressestelle im Polizeipräsidium Köln www.polizei.nrw.de/koeln/presse/pressestelle.html (Stand: 13.05.02).

verhalten der Bevölkerung aus als über die Entwicklung von Kriminalität. Und auch wenn die Polizei einen Zuwachs an Delikten verzeichnet, so werden heute weniger Jugendliche als noch vor 30 Jahren verurteilt. Der Grund dafür, dass die Zahlen gerichtlicher Verurteilungen nicht steigen, ist darin zu sehen, dass es sich vor allem um Bagatelldelikte handelt.[10] Diese Tatsache steht im Kontrast zu dem von den Medien suggerierten Bild der immer gewalttätiger werdenden Jugend.

Oft verzichten die Medien darauf, sich eingehender mit der Komplexität einer solchen Statistik zu befassen oder deren Aussagekraft gar in Zweifel zu ziehen - aus journalistischen Gründen sind sie vielmehr an einer Pointierung interessiert.[11] Aus der Zusammenarbeit mit der Polizei und deren Pressestellen entsteht, so Helga Cremer-Schäfer, ein »polizeilich-publizistischer Dramatisierungsverbund«. Cremer-Schäfer (1993) lehnt sich mit dieser Bezeichnung an Scheerer (1978) an, der mit dem »politisch-publizistischen Verstärkerkreislauf« die Zusammenarbeit von Politik und Medien beim Thema Kriminalität erfasst. Scheerer beschreibt darin folgenden Prozess: Auch für PolitikerInnen stellen die Medien *die* Quelle des Wissens über Kriminalität dar und sie sind genauso wie der Rest der Bevölkerung der Wirkungskraft der medialen Berichterstattung ausgesetzt; folglich setzen die PolitikerInnen ihr

10 Für eine ausführliche Darstellung der Gründe, warum weder PKS noch Längsschnittstudien aussagekräftig sind für die Qualität von Gewalt und Kriminalität und somit für die Entwicklung der Schwere der Kriminalität vgl. Albrecht 1998: 387ff. Kritik an der überbewerteten Rolle der PKS übt Geißler 1999. Für Kritik an der PKS in Bezug auf den prognostizierten Anstieg der Jugendgewalt vgl. Neubacher 2003 sowie vor allem in Bezug auf die Rolle der Strafverfolgungsorgane vgl. Mansel/Hurrelmann 1998: 81ff.

11 Die Arbeitsweise der JournalistInnen unterliegt natürlich Zwängen, die organisatorischer, finanzieller oder struktureller Art sind. Oft bleibt keine Zeit für die Frage nach der Wirkung, die Nachrichten haben. Wichtig sind die Verkaufszahlen, die Erwartungen der LeserInnen müssen erfüllt werden. Kriminalitätsdarstellungen eignen sich dafür ideal, denn ihr Unterhaltungswert ist auf Grund der Faszination, die Verbrechen auslösen und der Phantasie anregenden Wirkung hoch. Entsprechende Kriminalitätsschilderungen leisten so einen Beitrag zur Auflagensteigerung - sex and crime sells. Wie andere Wirtschaftsunternehmen funktionieren auch die Medien nach dem Prinzip der Konkurrenz. Man kann deshalb nicht davon ausgehen, dass sie im Sinne eines Erkenntnisgewinns arbeiten (vgl. Huhnke 1993: 217). Mediale Bearbeitungsprinzipien wie Einfachheit, Konkretisierung und Personifizierung komplexer Zusammenhänge tragen dazu bei, dass sie beim Thema Kriminalität wenige Hintergründe erläutern und komplexe Themen auf reißerische Schlagzeilen reduzieren. Dadurch entstehen Zerrbilder (vgl. Obermöller/Gosch 1995: 52f).

aus den Medien bezogenes Wissen über Kriminalität im politischen Diskurs ein. Darüber berichten dann wiederum die Medien, z.B. über politische Debatten oder neue Gesetzesentwürfe, die der Kriminalitätsbekämpfung dienen sollen. Die ständige Thematisierung führt zu steigender Kriminalitätsfurcht in der Bevölkerung, diese wiederum muss von PolitikerInnen bekämpft werden, wodurch weiter Ängste geschürt und letztendlich politische Forderungen der Kriminalitätsbekämpfung gestützt werden. Michael Walter beschreibt die Konsequenzen:

> »Medien liefern ein auf eigenen Gesetzen beruhendes Bild von Kriminalität, das zugleich in einer Demokratie kriminalpolitisch wirksam wird, auf dieser Ebene jedoch rationale Einsichten und einen empirisch begründeten Fortschritt gefährdet. Die Ausmaße der thematischen Besetzung gehen über die bloße Schilderung kriminellen Geschehens weit hinaus, geboten werden ganze Weltverständnisse.« (Walter 1999: 348)

Trotz dieser und anderer kritischer Stimmen aus der Kriminologie muss gefragt werden, welche Rolle der Wissenschaft bei dieser Entwicklung noch zukommt. Sessar (1996: 281) beschreibt das Verhältnis von Kriminologie und Medien wie folgt: »Was in den Medien über Täter, Kriminalität, Kriminalitätsfurcht, Strafbedürfnisse, Strafwirkungen, Strafvollzug usw. steht, widerspricht überwiegend dem Erkenntnisstand der damit befassten Disziplinen.« Obwohl es einige Vertreter aus der Kriminologie (z.B. Pfeiffer) schaffen, in den Medien Gehör zu finden, sind kriminologische Ergebnisse meist unterrepräsentiert. Die dominierende Rolle der Medien bei der Darstellung des Themas Kriminalität muss sich die Wissenschaft selbst zuschreiben: Die Selbstdarstellung der Kriminologie und die Darstellung ihrer Ansätze und Ergebnisse liegen im Argen. Die Konsequenzen: Politik, Polizei und Medien nehmen sich des Sujets an und überziehen es mit ihren Interpretationen. Eigentlich müssten KriminologInnen die Gesetzgebung, die Polizei, Strafjustiz und die Innenpolitik sowohl kritischer beobachten als auch ihre Erkenntnisse an sie weiter geben; an differenzierten wissenschaftlichen Ausführungen mangelt es aber im öffentlichen Diskurs, Verkürzungen und Verfälschungen nach dem Motto »only bad news are good news« überwiegen. Die Folge: Die RezipientInnen werden auch von der Wissenschaft mit all ihrem Grauen allein gelassen. Ihnen fehlt Hintergrundwissen und das erzeugt Angst, was sie wiederum dazu bringt, sich noch stärker an das Medium zu binden.

Einige ForscherInnen sehen in der spezifischen Aufbereitung von Themen wie beispielsweise »Gewalt von Jugendbanden« ein vorrangig mediales Ereignis, in dem Kriminalitätsfurcht bzw. freie Ängste an ein Objekt gebunden werden können. Jugend wird insgesamt zur gefährlichen Lebensphase und

Jugendliche zu gefährlichen Gesellschaftsmitgliedern stilisiert. Die politische Dimension des Aufblähens von Jugendgewalt besteht darin, von Versäumnissen in der Jugendpolitik abzulenken (vgl. Berentzen 1992: 64ff). Weiterhin blendet die einseitige Darstellung von gefährlichen Jugendlichen die Tatsache aus, dass Kinder und Jugendliche hauptsächlich Opfer der Gewalt Erwachsener sind - und erst in zweiter Linie Täter.

Gerade bei diesem Thema zeigt sich die herausragende Rolle der Medien: Indem sie in der jüngeren Vergangenheit Jugendkriminalität zu einem ihrer Lieblingsthemen auserkoren haben, gibt es in medialen Darstellungen meist keinen Zweifel daran, dass Kriminalität und Gewalt unter Jugendlichen ein größer werdendes Problem darstellt. Die jährliche Veröffentlichung der PKS bietet Anlass, das Thema »aktuell« und in reißerischer Form aufzugreifen. Schubarth (2001: 25ff) stellt fest, dass das Thema »Jugendgewalt« schon seit den 50er Jahren eine zyklenhafte Konjunktur erlebt - von den Halbstarken über die Studenten- zur Jugendprotestbewegung und dann ab den 90ern über das Thema Rechtsextremismus zu einer insgesamt zunehmenden Jugendgewalt.[12] Albrecht (1998: 383) plädiert dennoch dafür, Jugendgewalt nicht unter »Modethemen« abzutun, denn damit werde es verharmlost.

Natürlich greifen nicht nur die Medien das Thema Jugendgewalt auf, sondern auch die Politik, die sich zum Handeln aufgefordert sieht: Sie gibt Studien in Auftrag, produziert Wissen und suggeriert der Gesellschaft damit Engagement - vor allem aber verankert sie das Thema in Debatten zum Strafrecht:

> »Dabei geht es primär um symbolische Wirkungen, d.h. es soll der Anschein von Entschlossenheit und Aktivität erweckt werden bei gleichzeitigem Verzicht auf eine effektive Problembekämpfung. Deswegen diskutiert man in Bezug auf ›Jugendgewalt‹ auch lieber über eine Verschärfung der Gesetze, über die Herabsetzung der Strafmündigkeit und um ›geschlossene Heimunterbringung‹ als über die Unterstützung der Jugendarbeit und die Verbesserung der Lebenschancen von Kindern und Jugendlichen.« (Schubarth 2001: 28)

12 Schubarth kommt in seiner Analyse zu dem Ergebnis, dass dieser Zyklus seit Mitte der 90er Jahre als abgeschlossen gelten kann. M.E. gehört in diese Debatte als ein weiterer, noch unabgeschlossener Zyklus die »Ausländerjugendkriminalität«. Sie wurde früher mal unter dem Themenkomplex »Ausländerkriminalität« und mal unter dem der »Jugendkriminalität« behandelt und ist mittlerweile zum eigenständigen Sujet avanciert.

3.4 Jung, männlich, »Ausländer«: Den Täter dingfest machen

Geht es um Kriminalität, so taucht immer wieder das Schlagwort der »Ausländerkriminalität«[13] auf. Medien greifen sowohl das Thema als auch diese Bezeichnung unhinterfragt auf - wider die ständigen Hinweise von WissenschaftlerInnen.[14] In der Verknüpfung von Kriminalität mit »Ausländern« stützen sie damit den Einwanderungsdiskurs, der Einwanderung v.a. mit Bedrohung assoziiert. Der Begriff der »Ausländerkriminalität« legt nahe, dass Einwanderung und Kriminalität direkt zusammenhängen und daher notwendige Gegenmaßnahmen zu ergreifen seien; dies erzeugt und verfestigt rassistische Alltagsdiskurse (vgl. Jäger 2001: 56). Ihrer politischen Verantwortung entziehen sich Medien, indem sie Objektivität beschwören: Man gibt sich scheinbar neutral, berichtet über Taten und Täter, und Täter sind nun mal per Definition schuldig. Ein Teil der Meinungsmache gruppiert sich um junge männliche Migranten, sie sind zum Symbol für die »verdorbene« Jugend geworden. Welche Gruppe der Migrantenjugendlichen in Öffentlichkeit und Wissenschaft im Mittelpunkt stehen, unterliegt Wandlungen: Mal sind es die »Türkenkids«, mal die »Russenbanden«.[15] Es bleibt auffällig, dass es sich in den letzten Jahren vorrangig um »nicht-deutsche« Jugendliche handelt, die »uns« Probleme bereiten. Ich möchte deshalb an dieser Stelle die mediale Darstellung von MigrantInnen und Migration allgemein sowie von jugendlichen Migranten im Speziellen kritisch beleuchten.

Deutsche Medien berichten nur wenig über ethnische Minderheiten, und das Wenige ist äußerst einseitig-selektiv. MigrantInnen sind meist weder die Quelle von Informationen noch können sie die Berichterstattung beeinflussen, da sie kaum Zugang zu Medien als MitarbeiterInnen haben (vgl. van Dijk 1993: 83f). Medien thematisieren MigrantInnen meist als Problemgruppe mit überwiegend negativen Eigenschaften und dramatisieren deren Handlungen - besonders schreiben sie Minderheiten zu, kriminell zu sein (vgl. Geißler 2002: 28ff). Dazu tragen auch die ab den 90er Jahren verwendeten Kollektivsymbole der »Asylantenflut«, der »Uferlosigkeit« von Einwanderung sowie das Bild des »vollen Bootes« bei. Durch entsprechende Bebilderung, Graphiken und Stati-

13 Dies gilt oft auch für das Thema der Jugendkriminalität. Häufig stellen die Medien dabei einen Bezug zu jugendlichen Migranten her.

14 Vgl. z.B. Butterwegge/Hentges/Sarigöz 1999, Jäger et al. 1999, Terkessidis 2003, Yildiz 2003.

15 Vgl. für eine kritische Auseinandersetzung mit »dem kriminellen Aussiedler« Kawamura-Reindl 2002.

stiken entstehen bei den RezipientInnen Bedrohungsszenarien und das Gefühl, »Dämme« und »Grenzen« entgegensetzen zu müssen, um die »bedrohte Insel« zu schützen. Dieser medialen Aufbereitung gelingt es, EinwanderInnen und besonders Flüchtlinge als undefinierbare und gefährliche »Masse« zu stigmatisieren (vgl. Hentges 1999: 30). Sie stellt eine Relation von »uns« zu »den MigrantInnen« her, der eine Abwehrstimmung folgt.

Geißler hat durch Zeitungsauswertungen (*Frankfurter Allgemeine Zeitung, Bild, Welt am Sonntag, Der Spiegel*) vor allem zwei Aspekte im Umgang der Massenmedien mit ethnischen Minderheiten herausgearbeitet: Es gibt ein hegemoniales Kollektivsymbol in Form einer »Deutsche-Ausländer-Schablone«, durch die Beziehungen erfasst werden. Sie strukturiert sozio-politische Wirklichkeit und ermöglicht so die Zuordnung der Ereignisse. Die germanozentrische Schablone homogenisiert MigrantInnen durch das Etikett »Ausländer« (vgl. Geißler 1999: 26ff); sehr deutlich zeigt sich ihre Wirkung in der Berichterstattung, wenn sie sich mit kriminellen Delikten von Migranten befasst. Wie die mediale Aufbereitung aussehen kann, zeigt sich im folgenden Beispiel:

> »Die Parallelwelten der Ausländer zeigen eher als andere das ganze Elend deutscher Zuwanderungspolitik seit Jahrzehnten: Die Unfähigkeit, jene Ausländer nach Deutschland zu locken, die das Land dringend braucht; das Versagen, jene Ausländer einzugliedern, die schon im Land leben; und die Hilflosigkeit, wenn es darum geht, jene Ausländer aus dem Land zu bekommen, die ihr Gastrecht missbrauchen - als Asylschwindler, als Kriminelle, Terroristen oder als Dealer, die in Deutschlands Großstädten Kinder und Jugendliche vergiften, für ein Goldkettchen und ein paar Nike-Turnschuhe.« (*Der Spiegel*, 04.03.2002)

Junge, »ausländische«, männliche Täter, die in Parallelgesellschaften lebten und dort eigenen, kriminellen Regeln folgten, tauchen als mediales Motiv in den letzten Jahren durchgängig auf.[16] Ein Beispiel für die Zusammenarbeit von Medien und Wissenschaften ist ein Artikel wie dieser: »Die ignorierte Zeitbombe. Experten warnen vor einer Eskalation der Gewalt unter jugendlichen Aussiedlern aus GUS-Staaten«. In dem Artikel macht sich der Soziologie Wilhelm Heitmeyer »große Sorgen für die Zukunft« und prophezeit, es seien noch »einige Eskalationen zu erwarten.« (*Süddeutsche Zeitung* vom 8./9.02.2003).

16 Vgl. z.B. *der Spiegel* 10/2002; in der *Süddeutschen Zeitung* vom 4.12.2001 steht: »Islam-Serie: Wie in Deutschland eine Parallelgesellschaft entsteht.« Es muss hinzugefügt werden, dass mediale Darstellungen auch genutzt werden, um vor Schnellinterpretationen, gerade vor Wahlkämpfen, zu warnen und andere Interpretationen zu liefern, vgl. z.B. *Frankfurter Rundschau*, 10.06.1998: »Schluss mit der Polemik. Die Wahrheit über Ausländerkriminalität ist kompliziert. Vor Missbrauch im Wahlkampf wird gewarnt.«

Diese und ähnliche reißerische Darstellungen haben nur wenig damit zu tun, potenzielles Opfer-Werden zu vermeiden oder gar Opfern Gerechtigkeit widerfahren zu lassen. Mit den Jugendlichen mit Migrationshintergrund (er)finden die Medien eine Gruppe, in der sie besonders gut Bilder von Verwahrlosung und Gewalt aufleben lassen können. In ihnen vereinen sich die beschriebenen kollektiven Symbole über MigrantInnen mit denen der Kriminalität - die Jugendlichen werden zur idealen Projektionsfläche. Die »besondere Eignung« für die Berichterstattung über Kriminalität veranlasst die Medien, diese Gruppe auch besonders hervorzuheben - womit sie zu einer (weiteren) Kriminalisierung beitragen. Das Spannungsfeld von Täter, Tathintergrund und gesellschaftlicher und individueller Situation des Täters bleibt ausgeblendet, die Darstellung simplifiziert.

Dieser Journalismus macht Politik: Kriminalpolitische und ausländerrechtliche Debatten werden so aufgearbeitet, wie dem zuerst zitierten Spiegel-Artikel zu entnehmen ist - am Ende gilt Abschiebung als ein adäquates Mittel der Problemlösung, das nur einen Haken hat, nämlich dass es noch immer viel zu schwierig durchzuführen ist (»...die Hilflosigkeit, wenn es darum geht, jene Ausländer aus dem Land zu bekommen, die ihr Gastrecht missbrauchen«). Die Medien stricken am negativen öffentlichen Image junger Migranten; dadurch erlangen sie direkt und indirekt Einfluss auf die Lebenssituation eben dieser Jugendlichen.

Obwohl es sich bei dieser Form von Kriminalität oft um Straßendelikte handelt, die meist relativ schadensgering sind und zudem noch im eigenen Milieu stattfinden, rückt die Debatte sie in den Vordergrund. Durch die ständige Thematisierung der Kriminalität dieser Jugendlichen bleiben sie in der öffentlichen Wahrnehmung so präsent, dass es manchmal scheint, als sei ihre Kriminalität die einzige, die wichtigste und bedrohlichste Form. Das entspricht allerdings nicht der Realität:

> »Die Kriminalität in den oberen Etagen, in die junge Manager durch ältere hineinsozialisiert werden, ist sicherlich die schadenintensivste, aber in der medialen und politischen Kriminalitätsdebatte geht es, vor allem in Zeiten sozialen Wandels, um die Gewalt auf der Straße. Konfrontationen finden häufig öffentlich statt, diese Sichtbarkeit führt zu einem unverhältnismäßig hohen Kriminalisierungs- und Opferrisiko.« (Kersten 1997b: 109)

Die Medien sind ein Teil des Diskurses über junge männliche Migranten und Kriminalität - ein weiterer sind wissenschaftliche Untersuchungen: Ihr Beitrag zum Diskurs sowie ihre Erkenntnisse, die zum Verständnis der jugendlichen Biographien beitragen können, werden im nächsten Kapitel thematisiert.

3.5 Desintegration, Machismo, Ehre oder subordinierte Männlichkeiten? Einige wissenschaftliche Erklärungen zu Jugendkriminalität und Geschlecht

Zunächst stelle ich kurz den Desintegrationsansatz von Wilhelm Heitmeyer dar, der damit zwar einen allgemeinen Ansatz zur Erklärung von Kriminalität entwickeln wollte, ihn aber vor allem auf Jugendliche und speziell auf solche mit Migrationshintergrund anwendet. Zum Thema jugendliche Migranten, Geschlecht, Kriminalität und Gewalt gehe ich dann auf die schon erwähnte empirische Studie von Pfeiffer und Wetzels ein und beleuchte kritisch ihre Aussagekraft. Die Auswahl dieser beiden Arbeiten aus der Menge der Publikationen wurde von folgenden Überlegungen geleitet: Zum einen sind beide Werke in der heutigen Debatte um das Thema Jugendkriminalität sehr bekannt und werden viel zitiert. Dadurch prägen sie pädagogische Konzepte und das Denken vieler, die sich professionell mit der Thematik befassen. Weiterhin sind die Texte einer großen Öffentlichkeit zugänglich, denn sowohl Heitmeyer als auch Pfeiffer verstehen es, sich gut in den Medien zu platzieren. In Bezug auf ihren Anspruch, mit Migration zusammenhängende Phänomene zu erklären, ist jedoch aus unterschiedlichen Gründen Skepsis angebracht. Hier sind die Arbeiten vor allem deshalb interessant, weil an ihnen aufgezeigt werden kann, auf welche Probleme die Forschung trifft bzw. welche Probleme sie erzeugen kann, wenn Migration im Mittelpunkt des Interesses steht.

Die dritte Studie ist von Hermann Tertilt und eine der ersten bekannt gewordenen qualitativen Studien über eine Jugendclique, die »Turkish Power Boys«. Er stellt Migrantenjugendliche in den Mittelpunkt und befasst sich auch mit dem Thema Geschlecht; dabei ist nicht nur sein Zugang zum Thema ein völlig anderer als der von Pfeiffer, sondern auch seine Ergebnisse sind grundlegend verschieden.

Im letzten Teil möchte ich auf Arbeiten von Joachim Kersten Bezug nehmen, der in der Bundesrepublik besonders die Themen Jugendgewalt und Geschlecht bearbeitet. Seine Ergebnisse stehen auch deshalb am Schluss dieses Kapitels, weil sie für die weitere Arbeit richtungweisend und für die Analyse der empirischen Erhebung hilfreich sind.

Jugend und Gewalt: Der Desintegrationsansatz

Geht es um die Frage nach den Ursachen von Jugendgewalt und -kriminalität, so ist Heitmeyers »Desintegrationsansatz« oft zitiert. Für Heitmeyer bedeutet

Desintegration, dass zur gleichen Zeit mehrere Prozesse der Auflösung stattfinden, die als Verlust wahrgenommen würden. Die Subjekte verarbeiteten diese Bedingungen unterschiedlich und das könne zu Handlungen führen, die Gewalt beinhalten (vgl. Heitmeyer 1992: 77). Die Gesellschaft bietet die Rahmenbedingungen für die Desintegration: Die Individualisierung forciere es, dass sich Beziehungen zu Personen oder Institutionen auflösen - es seien die Schattenseiten der Individualisierung, die neue, nicht-verlässliche Familienformen entstehen ließen. Kinder machten immer mehr die Erfahrungen von Familien auf Zeit, die emotional und als Gebilde instabil seien, was zu Bindungsängsten führe. Die vor allem von Frauen eingeforderten familiären Aushandlungsprozesse erforderten Zeit, die genau jene Familien nicht haben. Dies treibe »eine ›Ent-Gesellschaftung‹ voran, die soziales Zusammenleben einschließlich Stabilität und Verlässlichkeit untergräbt« (Heitmeyer 1992: 79).

Auch die Auflösung eines gemeinsamen Verständnisses von Werten und Normen, womit Heitmeyer besonders Traditionen meint, trage zur Desintegration bei: Als deren Folge verringere sich die Teilnahme an institutionellen Prozessen und die Abnahme sozialer Verantwortung führe zunehmend zu Gleichgültigkeit gegenüber den Folgen des Handelns. Erfolg, Durchsetzung und Stärke würden aufgewertet und andere Werte durch Ökonomisierung abgewertet. Gleichzeitig sei es aber strukturell immer weniger möglich, die gesellschaftlich vorgegebenen Werte tatsächlich zu erreichen - dadurch entstehe ein anomischer Zustand. Der wirke sich besonders auf diejenigen Jugendlichen aus, die durch die ökonomische Polarisierung der Gesellschaft ohnehin am Rand stehen. Als Beispiel nennt Heitmeyer aufgestauten Frust arbeitsloser Jugendlicher in den 80er Jahren, der in den 90er Jahren als Gewalt seinen Niederschlag gefunden habe. In der anomischen Situation sei zumindest eine Billigung von Gewalt anzunehmen, die zur Gewalttätigkeit wird, wenn es eine gesellschaftliche - beispielsweise durch Medien vermittelte - selbstkonstruierte Legitimation für die Gewalt gibt (vgl. Heitmeyer 1992: 76ff).

Gruppen kommt in diesem Prozess eine Katalysatorfunktion zu: Heitmeyer unterstreicht, dass Jugendliche, die unter diesen anomischen Bedingungen aufwachsen, in den entsprechenden Gruppen Rechtsextremer oder Hooligans, aber auch in den Cliquen von Migrantenjugendlichen und von anderen Peergroups, ihre Erfahrungen in Gewalt ausdrückten.

Dass er Gruppen und ihrer Dynamik Bedeutung beimisst, ist bestimmt angebracht, allerdings muss kritisch angemerkt werden, dass er die Merkmale dieser angesprochenen Gruppen nicht weiter ausdifferenziert, sondern sie unter dem einheitlichen Label »Gruppen« mit gleichen Attributen bewertet. Die von ihm entworfene Großkategorie ist schon durch die Vordefinition gesellschaftlicher Bewertung gegangen, ohne dass spezielle und gleichzeitige Zugehörigkeiten zu verschiedenen Gruppen Beachtung finden könnten - Heitmeyers Ansatz kann dazu auch keinen weiteren Zugang eröffnen.

Eine weitere Schwierigkeit liegt in der Frage der Legitimation für die Gewaltanwendung: Wenn die Legitimation sowohl gesellschaftlich als auch vom Individuum selbst erteilt werden kann, dann schwächt dies die Erklärungskraft von Heitmeyers Theorie, macht seine Aussage zum Allgemeinplatz. Denn sowohl ein Individuum als auch Gruppen legitimieren fast immer ihre Gewalt - zumindest vor sich selbst. Sie wissen, dass die Gewalt keine an sich legitime Interaktion darstellt, denn sonst müssten sie sie nicht legit*imieren*. Durch den Akt der Legitimierung halten sie zugleich gesellschaftliche Normen und Werte ein; das hieße dann aber auch, dass solche Normen und Werte als überwölbende Prinzipien existieren. An dieser Stelle widerspricht Heitmeyer seinem Postulat, dass das Fehlen dieser Normen und Werte zur Gewalt beitrage. Weiterhin würde der Desintegrationsansatz dadurch bestätigt, dass mit fortschreitender Individualisierung auch die Gewaltanwendung steigt - das ist aber nicht der Fall.

Für die Frage, welche Bedeutung dem Geschlecht zukommt, fordert Heitmeyer zwar, das Geschlecht in die Überlegungen zur Jugendgewalt einzubeziehen - er selbst allerdings lässt es dabei bewenden, dass er ab und zu das Wort »männlich« erwähnt. Aus diesen Gründen ist der Desintegrationsansatz, auch wenn er oft zur Erklärung der Gewalt junger Migranten hinzugezogen wird, für den von mir gewählten Zugang zum Thema unbrauchbar.

Die »Macho-These« von Pfeiffer und Wetzels und ihre Rezeption

Pfeiffer und Wetzels (2000) haben in einer Dunkelfeldstudie mit 16.000 Jugendlichen festgestellt, dass auf türkische Jugendliche etwa dreimal so viele Gewalttaten entfallen wie auf deutsche (2000: 14). Dies betrifft allerdings nicht allgemein türkische Jugendliche, sondern vor allem *männliche* türkische Jugendliche. Wie ist dieser Befund zu interpretieren? Denn auch nach der Kontrolle und dem Abgleich sozialer und ökonomischer Faktoren stellen Pfeiffer und Wetzels fest:

> »Es bleibt aber dabei, dass männliche türkische Jugendliche mehr als doppelt so oft Mehrfachtäter von Gewalt sind wie Deutsche. Wir deuten das so: Ein beachtlicher Teil von ihnen ist stark durch ein traditionelles Männlichkeitskonzept geprägt, das sie in ihrer familiären und kulturellen Sozialisation erlernen und das ihre Gewaltbereitschaft deutlich erhöht. Die Forschungsergebnisse sehen wir damit als Ausdruck eines Kulturkonflikts, der sich insbesondere für solche türki-

schen Familien ergibt, die sich nach der Einwanderung in Deutschland stark an diesen traditionellen Rollenmustern für Männer und Frauen orientieren. Dort wird die Vorherrschaft des Vaters, der den Gehorsam der Familienmitglieder notfalls mit Gewalt einfordern darf, zum Ausgangspunkt dafür, dass die Söhne in ihrer neuen Heimat in massive Gewaltkonflikte geraten.« (Pfeiffer/Wetzels 2000: 20f)

Pfeiffer und Wetzels sehen eines der Probleme darin, dass türkische Jugendliche mehr innerfamiliäre Gewalt erfahren würden als deutsche (2000: 18). Die traditionellen und patriarchalen Kulturen der Väter seien Direktimporte, die vormoderne, problematische Männlichkeitsvorstellungen beinhalten, und die sie in direkter Linie an ihre männlichen Kinder weiter geben würden; sie versuchten in rigider, traditioneller und patriarchaler Weise die Familien zusammenzuhalten. Die Söhne würden diese Muster, die hauptsächlich gewalttätige Attribute an Männlichkeit koppeln, übernehmen - sie blieben dadurch einem rückständigen patriarchalen System verhaftet. An die fortschrittliche und egalitäre bundesrepublikanische Gesellschaft sei das hieraus resultierende Verhalten nicht angepasst und dadurch gerieten die Jugendlichen in Probleme. Zusätzlich erlebten sie die Gewalt der Väter gegenüber Frauen und Kindern als Normalität, wodurch sie noch gewaltbereiter würden. All dies schmälere die Chancen dieser Jugendlichen, sich in der Gesellschaft einen Platz zu erobern und trage zu erhöhter Gewalttätigkeit bei (vgl. Pfeiffer/Wetzels 2000: 21ff). Durch die Tradierung der von den Vätern gelebten Gewalt verbauten sie ihren Kindern die Chance auf eine wirkliche Integration in diese Gesellschaft.[17] Deshalb sind die Eltern auch die Zielgruppe, die nach Pfeiffer und Wetzels der Aufklärung und Unterstützung bedarf:

»Die nötige Debatte kann dann konstruktiv werden, wenn zunächst die türkische Seite das Gefühl hat, dass sie von den deutschen Gesprächspartnern in ihrer kulturellen Andersartigkeit akzeptiert wird. Wir Deutschen wiederum sollten nicht ›die Türken‹ pauschal angreifen, sondern lediglich eine gemeinsame De-

17 Besonders paradox erscheint diese Aussage aus der Feder Pfeiffers, hat dieser doch in den 80er Jahren die *geringe* Kriminalitätsbelastung von jugendlichen Migranten damit erklärt, dass die Väter streng seien und die Hand über ihren Söhnen hätten (vgl. Albrecht/Pfeiffer 1979).

Die familienbezogene Argumentation, die die Bedeutung der Väter für die Kriminalität der Söhne hervorhebt, passt sich in ein Muster ein, das Clatterbaugh (vgl. 1997: 165) für den Diskurs der USA gefunden hat: Werteverfall und Desintegration in der Familie werden darin als Wurzel des Übels für hohe Kriminalitätsbelastung afroamerikanischer Jugendlicher ausgemacht. Nicht etwa Rassismus oder Armut seien Gründe für Gewalt, sondern im Gegenteil Anti-Armutsprogramme, die die »Schlüsselrolle des Vaters und dessen Autorität« zerstört hätten.

batte über bestimmte traditionelle Verhaltensmuster anstreben, die aus unserer Sicht die sozialen Chancen der jungen Türken in Deutschland gravierend mindern. Wenn dann noch ein engagiertes Bemühen hinzukommt, die eingangs beschriebenen sozialen Benachteiligungen der jungen Migranten abzubauen, bestehen gute Chancen dafür, dass sich die geschilderten Gewaltprobleme deutlich reduzieren.« (Pfeiffer/Wetzels 2000: 25, Hervor. i. Orig.)

Aus einem kritischen Blickwinkel lässt sich die Frage stellen, ob diese Beurteilung den Geschlechtskonstruktionen der Jugendlichen überhaupt angemessen ist, wirkt sie doch allzu pauschalisierend. Der Familie und explizit den Vätern wird eine sehr hohe Relevanz für die Devianz der Kinder eingeräumt; sie werden als *die* Ursache ausgemacht.[18] Fritz Sack (2000: 85) wendet ein, dass die Forscher »den ›kulturellen‹ türkischen Traditionen innerfamiliärer Beziehungsdynamik und Konfliktlösung eine gleichsam ›kriminogene‹ Potenz zuschreiben.«

Die statisch-klischeehafte Darstellung der Migrantenfamilie reiht sich sehr gut ein in den Diskurs über Migranten und ihre Familien, trägt aber wenig zur Problemklärung bei: Sie verortet die Problematik nicht im gesamtgesellschaftlichen Kontext, erlaubt dadurch auch nicht den Blick auf die untergeordnete Stellung von Migrantenfamilien in der deutschen Gesellschaft.[19]

Pfeiffer und Wetzels setzen in ihrer Studie schlichtweg voraus, dass Familien mit Migrationshintergrund traditionell, rückständig und antimodern seien, ohne dass sie dieser Annahme Erklärungen und Belege vorausschicken oder folgen lassen. Von dieser Behauptung leiten sie ab, dass Gewalt zum türkischen Lebensstil dazu gehöre; denkt man dies logisch weiter, muss man daraus folgern: türkisch = gewaltbereit. Die von Pfeiffer und Wetzels erhobenen Daten leiden vor allem an der durch und durch kulturalistischen Interpretation, der sie unterzogen werden. Die Wissenschaftler kennzeichnen diese

18 Eine interessante Parallele dazu findet sich für Jugendkriminalität im Allgemeinen in Erklärungen der 70er/80er Jahre. Dort wurden als Hauptverursacherinnen diejenigen Mütter ausgemacht, die von normativen Anforderungen abweichen (vgl. Andriessen/Japenga 1985: 313). Solche Erklärungen unterstützen eine Geschlechterpolitik, welche die Verhältnisse aufrecht erhält - sei es durch die Diskreditierung allein erziehender Mütter oder von Minderheitenmännern.

19 Um dem Vater-Sohn-Verhältnis nachzugehen, werde ich es in meiner Interviewanalyse genauer untersuchen (vgl. Kap. 6). Wie sich zeigen wird, sind meine Ergebnisse konträr zu denen von Pfeiffer und Wetzels sowohl was die Bewertung der Rolle der Familie als auch das Vater-Sohn-Verhältnis betrifft.

nicht als solche, sondern stellen stattdessen ihre Interpretationen als Ergebnisse »objektiver« Daten dar.

Pfeiffer und Wetzels haben weitere Untersuchungsergebnisse vorliegen, in denen sie auf soziale Faktoren und Ausgrenzung verweisen. Rezipiert wurde aber allein die »Macho-These«: Sie ist eingängig, reduziert Komplexität und ist mittlerweile schon Common Sense geworden.[20] In der einen oder anderen Form reproduziert der öffentliche Diskurs sie ständig, differenziert sie aus. Dazu trägt auch bei, dass diese Erklärungsmodell gut zur Desintegrationsthese von Wilhelm Heitmeyer passt, der sich ähnlicher Beliebtheit bei den Medien erfreut wie Pfeiffer. Für das Aufgreifen dieses Diskurses unter meist spektakulären Vorzeichen sollen hier exemplarisch einige Auszüge dienen: »›Niemand kann mit mangelnder Anerkennung leben‹. Konfliktforscher Wilhelm Heitmeyer über türkische Jugendliche, die mit Machtdemonstrationen soziale Unterlegenheit ausgleichen wollen« (*Die Zeit* 10/2003).

Vor allem *die tageszeitung* achtet immer darauf, dass sie Personen zu dieser Thematik befragt oder als Quelle heranzieht, die selbst Migrationshintergrund haben, in der Annahme, dass dann ein »richtiger« Blick auf Migranten und Migrationsphänomene angelegt würde. Aus einem Interview mit Haci Halil Uslucan mit dem Titel: »Das Fleisch ist deins« dazu folgender Auszug:

> »Untersuchungen zeigen: In 20% aller türkischen Haushalte in Deutschland wird mit Gewalt erzogen. Dieser autoritäre Erziehungsstil ist in einer individualisierten Gesellschaft unfunktional und bringt Probleme nicht nur in Schulen mit sich.« (*die tageszeitung* vom 13.01.2003)

Nun könnten sowohl die Rezeption, als auch die Forschung selbst mit ihrem Ansatz die feministische Forderung einlösen, der Dimension des Geschlechts Rechnung zu tragen. Dagegen sprechen aber zwei Gründe: Den ersten formulieren Tim Newburn und Elisabeth Stanko, die die Macho-These als nichtssagend bewerten:

---

20 Anlässlich der Veröffentlichung erster Ergebnisse der Studie von Pfeiffer und Wetzels gab es eine breite Rezeption quer durch alle Medien, und es entstanden merkwürdig anmutende Koalitionen, so z.B. durch eine Veröffentlichung der Ergebnisse in der Zeitschrift *Emma* (vgl. Pfeiffer/Wetzels 2000a), nach der Christian Pfeiffer zu einer Art Held des Feminismus stilisiert wurde, weil er Gewalt von Männern anprangert - vielleicht aber auch, weil er die der »anderen« Männer thematisiert. Allerdings gab es auch kritische Stimmen. So organisierte die Freudenbergstiftung in Kooperation mit dem Zentrum für Türkeistudien eine Tagung zum Thema »Junge Türken als Täter und Opfer von Gewalt«, in der sich ExpertInnen aus Wissenschaft und Praxis kritisch mit Pfeiffer und Wetzels auseinander setzten. Die Ergebnisse sind dokumentiert in Apitzsch et al. 2000.

> »It is not, that sociologists and criminologists have ignored the role of men in crime - indeed, they have not - it is that the dominant theoretical models have rarely gone beyond the simple association of masculinity with, say, ›machismo‹.« (Newburn/Stanko 1994: 1)

Der zweite Grund liegt in der problematischen Verallgemeinerung von Migranten als Machos und der damit einhergehenden Stigmatisierung: Die Aussage suggeriert, den Feind der Gleichberechtigung der Geschlechter dingfest gemacht zu haben und reduziert eine große Gruppe Jugendlicher auf das Schlagwort »türkische Machos«.[21]

In dieses Lied stimmt auch Klaus Boers (2000: 7ff) ein, wenn er sich auf Pfeiffer bezieht. Spricht er in seiner Abhandlung über Jugendgewalt zunächst noch von der zunehmenden Gewalt der rechtsextremen Jugend zu Beginn der 90er Jahre, schreckt er zwei Seiten später nicht davor zurück, für den Entstehungszusammenhang von Gewalt das Element der »kulturellen Verschiedenheiten« hervorzuheben, die sowohl »der gewaltsame Hooligan« als auch »der Sohn von Einwanderern« (Boers 2000: 9) aufweisen kann. Mehr noch als Armut oder andere soziale Faktoren seien es die »offenkundig patriarchal geprägten familiären Gewaltmilieus« (Boers 2000: 10), die zu erhöhter Gewalt führten. Sogleich geht Boers dazu über, diese Erklärung anhand der Migrantenfamilie auszuführen, der junge Neonazi wird ausgeblendet, bis der Leser beim Thema Jugendgewalt nur noch an den türkischen Macho denkt: Implizit vermittelt Boers damit, dass die »Ausländerkriminalität« diejenige sei, die es gelte, in den Griff zu bekommen.

Auch wenn das Erklärungsmuster vom »türkischen Macho« in der öffentlichen Wahrnehmung und der medialen und politischen Debatte auf fruchtbaren Boden fällt, so reduziert es unzulässig die Komplexität von Migrationsphänomenen. Schon lange kritisiert ein großer Zweig der Migrationsforschung die Ausgangsthese der Kulturdifferenz, die auch der Interpretation von Pfeiffer und Wetzels zu Grunde liegt. Diese Migrationsforschung übt auch Kritik an Forschungen, die auf solche Art und Weise, wie es die »Macho-These« vormacht, den ohnehin schon fatalen diskursiven Umgang mit dem Thema Migration wissenschaftlich noch »untermauert«. In der Kriminologie scheint diese Kritik allerdings immer noch an vielen Stellen ignoriert zu werden.

---

21 Unter diesem Schlagwort verbreitet Christian Pfeiffer (2001) dann später die Untersuchungsergebnisse. *Die Zeit* fasst sie folgendermaßen zusammen: »Und ferner hat sie (die Studie, Anm. d. Verf.) bewiesen, dass dieses Aufwachsen in einer Macho-Kultur sehr dazu beiträgt, dass im Vergleich männliche türkische und jugoslawische Jugendliche wesentlich häufiger gewalttätig werden als deutsche.«

Die »Turkish Power Boys«

Mitte der 90er Jahre veröffentlichte Hermann Tertilt die Ergebnisse seiner ethnographischen Studien. Er begleitete zwei Jahre lang eine Frankfurter Jugendclique, die »Turkish Power Boys«, ein Zusammenschluss von jugendlichen Migranten der zweiten Generation, deren Eltern als Arbeitsmigranten in die Bundesrepublik gekommen waren. Die Jugendlichen selber haben einen sehr unterschiedlichen Bildungshintergrund, kommen aber aus einem ähnlichen sozialen Milieu. Dies führt Tertilt auf die gesellschaftliche Trennung von »Deutschen« und »Ausländern« zurück, die als hegemoniales Prinzip etwaige Statusungleichheiten der Migranten in ihrem Herkunftsland überlagert (vgl. Tertilt 1996: 26ff).

In ihren delinquenten Aktivitäten überfallen die Power Boys meist deutsche Jugendliche der Mittelschicht, denen sie ihre Kleider abzocken, was Tertilt als eine Reaktion auf Rassismus analysiert:

> »So wie die türkischen Jugendlichen selbst Missachtungen und Demütigungen auf Grund ihrer nationalen Zugehörigkeit erfuhren, nahmen sie offensichtlich in der Umkehrung das Kriterium der nationalen Zugehörigkeit zum Anlass, deutsche Jugendliche in einer erniedrigenden Weise zu behandeln. Die damit verbundene Brutalität und Grausamkeit lässt sich meines Erachtens nicht individualisieren oder gar pathologisieren, da sie aus der Gruppenstruktur hervorging und dort durchaus ihren ›Sinn‹ hatte.« (Tertilt 1996: 43)

In seiner Analyse dreier Personen der Gruppe betont Tertilt eine stark väterlich und kulturell geprägte Männlichkeit, die er für die Entwicklung der Söhne mitverantwortlich macht; wie auch andere Forscher hält Tertilt die migrantischen Väter für schlechte Vorbilder: Sie wollten ins Heimatland zurückkehren, hätten in der BRD einen Statusaufstieg nicht geschafft, verlangten dennoch die Achtung der Söhne und verträten ein strenges Konzept der Ehre. Tertilt sieht die Jugendlichen in hohem Maß kulturellen Spezifika ausgesetzt:

> »Männlichkeit als Wertorientierung der ›Turkish Power Boys‹ steht in engem Zusammenhang mit dem türkischen Konzept von Ehre. (...) In der dörflichen Herkunftswelt der Jugendlichen und in der sich ethnisch definierenden Subkultur der ›Power Boys‹ spielte und spielt das Ehrkonzept hingegen eine nicht unerheblich Rolle, und zwar sowohl für die Gruppenstruktur wie auch für die Herausbildung der erstrebten männlichen Eigenschaften wie Unerschrockenheit, Aggressions- und Gewaltbereitschaft und verbales und körperliches Durchsetzungsvermögen.« (Tertilt 1996: 215f)

Tertilt schreibt diesen Faktoren dennoch *keine* explizit kriminalitätsgenerierende Wirkung zu (vgl. 1996: 216). Erstaunlich ist bei den Ausführungen, dass er von der »dörflichen Herkunftswelt der Jugendlichen« spricht, die nicht mit deren Biographien korrespondiert, denn der größte Teil der Clique ist in Frankfurt geboren und aufgewachsen.[22]

Joachim Kerstens Betrachtung von Jugendgewalt als Ausdruck der Positionierung im System hegemonialer Männlichkeit

Ansätze, die Erkenntnisse aus der Männlichkeitsforschung einbeziehen, scheinen für das Feld von Migration, Jugend und Gewalt zwar bisher noch rar, aber dennoch erkenntnisträchtig zu sein. Vor allem Joachim Kersten hat sich auf die Bedeutung des männlichen Geschlechts in Zusammenhang mit Jugendkriminalität konzentriert. Kersten (1997a und b, bzw. Findeisen/Kersten 1999: 90) überträgt die connellsche Analyse der protestierenden Männlichkeit auf Jugendliche der »underclass«[23]. Diesen jungen Männern nützt es nichts, dass sie als Angehörige des männlichen Geschlechts eigentlich bessere Möglichkeiten zum gesellschaftlichen Aufstieg hätten als Frauen. Um ihrer Umwelt Respekt abzuverlangen, legen sie sich eine Haltung zu, die Gefahr impliziert, dazu bedienen sie sich auch riskanter Ausdrucksformen. Es kommt zu Cliquenzusammenschlüssen, da sich in einer Gruppe Gleichgesinnter eine solche Orientierung besser ausleben lässt. Die Bestätigung ihrer Maskulinität, die sie aus dem so »erkämpften« Respekt generieren, benötigen sie, um an Männlichkeit überhaupt teilhaben zu können:

> »Männlichkeitsideale haben ein enormes Beharrungsvermögen. Je mehr die ehemals ›selbstverständlich‹ männlich besetzten Funktionen im sozialen Nahraum und in der Gesamtökonomie einer Gesellschaft an Bedeutung verlieren, umso sichtbarer werden in marginalisierten Populationen die Ansprüche auf Teilhabe an hegemonialer Männlichkeit auf überkommene Leitbilder von ›richtiger‹ Männlichkeit gerichtet.« (Kersten 1997b: 107f)

---

22 Zumindest trifft dies auf die drei Jugendlichen zu, deren Biographien in der Studie in ausführlichen Portraits beschrieben werden. Auch bei den anderen Cliquenmitgliedern taucht als Herkunftsort - wenn Tertilt ihn überhaupt nennt - ein Frankfurter Stadtteil auf.

23 Mit »underclass« ist hier nicht die Unterschicht gemeint, die nach Findeisen/Kersten (1999: 29f) als Begriff zu unpräzise ist. Underclass soll vielmehr neben den Jugendlichen aus prekären wirtschaftlichen Verhältnissen auch den Jugendlichen erfassen, »...der seine an sich geordneten Lebensumstände als prekär erfährt, den die ›Angst vor dem Absturz‹ (Barbara Ehrenreich) treibt oder der mit dem Bewusstsein durch die Welt geht, immer ›der Dumme‹ zu sein.«

Auch die Jugendlichen der underclass versuchen an hegemonialer Männlichkeit teilzuhaben, die Gesellschaft will ihnen dieses Recht aber nicht zugestehen. Während sie sich in ihrer sozialen und ökonomischen Stellung gefangen sehen, wirken auf sie Leitbilder von Männlichkeit - deren Allgemeingültigkeit und Verbindlichkeit sehen sie als Aufforderung, sie anzustreben und versuchen deshalb, mit ihren Mitteln Männlichkeit herzustellen (vgl. Kersten 1997b: 106):

> »Die Beschaffung statushoher Güter und das Zurschaustellen der Risikobereitschaft (kämpfen und beschützen) wird zum öffentlich sichtbaren Beweis für die Ersatzfertigkeiten des Versorgers. (...) Die Hauptkultur nimmt sie aber als *abweichende und gefährliche Männlichkeiten* wahr. Jugendgewalt und ihre Kontrolle sind so ein ›state of play‹ zwischen Männlichkeiten, mit schlechten Karten auf der untergeordneten Seite.« (Kersten 1997b: 107, Hervorh. i. Orig.)

Kersten ist ein Kritiker der gegenwärtigen Jugendgewaltdebatte. Er stellt fest, dass die alles erklären wollenden Großtheorien ausgedient haben. Stattdessen wird es notwendig, das Thema Jugendgewalt in seiner Komplexität und der Einbindung in die jeweiligen Kontexte zu betrachten:

> »Tatsächlich bilden geschlechtsspezifische Ursachen zusammen mit den desintegrierenden Folgen von sozialen und kulturellen Entwicklungen sowie zusätzlich mit situativen Anlässen ein Bündel von Faktoren, das latente Gewaltbereitschaft und -faszination in tatsächliches Gewalthandeln gegen Mitmenschen umschlagen lässt. Das Zusammenwirken dieser und anderer Faktoren gerät jedoch nur ansatzweise in den Blick der Jugendexperten.« (Kersten 2002: 3)

Und auch sein eigenes Anliegen, nämlich wie und ob die Frage der Männlichkeit in die Debatte einzuwerfen sei, unterzieht er einer Kritik:

> »In gewisser Weise ist die männerkritische ›Maskulinität-These‹, ähnlich wie die eher gesellschaftskritische These der ›sozialen Desintegration‹, ebenso wenig zur *differenzierten* Erklärung von Jugendgewalt geeignet, wie es die gängigen Annahmen über die gewaltfördernde Wirkung von Videos und Computerspielen sind.« (Kersten 2002: 6, Hervorh. i. Orig.)

Berechtigterweise kritisiert Kersten das lineare Zurückführen von Gewalt auf eine einzige Ursache und hält daher in seinen Untersuchungen den Blick für die vielen Faktoren offen, die in den Lebenswelten von Jugendlichen eine Rolle spielen. Seine Analysen orientieren sich wesentlich schärfer als die der anderen Forscher an den alltäglichen Bezügen der Jugendlichen, an ihren Auseinandersetzungen mit der Gesellschaft und an den gesellschaftlichen Auseinandersetzungen mit den Jugendlichen. Seine Ergebnisse werden im empirischen Teil dieser Arbeit hilfreich sein.

3.6 Verortung: Die Relevanz von Kriminalisierung, Geschlecht und Herkunft zum Verständnis von Kriminalität

Es zeigt sich, dass die Dimension des männlichen Geschlechts in der Jugendgewaltdebatte oftmals unterschätzt oder fehleingeschätzt wird. Schon 1994 macht Kersten (vgl. S.187ff) in seinen »Anmerkungen zur Jugendgewaltdebatte« darauf aufmerksam: Die meist rezipierten Ansätze zu Jugendkriminalität und -gewalt seien geprägt durch Begriffe wie Desintegration, Orientierungslosigkeit, Werteverfall. Interessanterweise wertet Kersten vor allem die damals sich auf ihrem Höhepunkt befindliche Rechtsextremismusdebatte aus. Aus heutiger Sicht ist zu konstatieren, dass die Erklärungen, die Kersten für die Rechtsextremismusdebatte Anfang der 90er Jahre ausmacht, jetzt immer noch kursieren, allerdings unter Bezugnahme auf eine andere Gruppe: Heute dienen sie nicht mehr zur Erklärung rechtsextremer Gewalt, sondern zur Erklärung von Jugendkriminalität allgemein und der Beschreibung der Kriminalität jugendlicher Migranten. Albrecht resümiert für den Stand der Jugendgewaltdebatte:

> »Der derzeitige Stand der Forschungen zu Zusammenhängen zwischen Jugend und Gewalt lässt im Wesentlichen die Schlussfolgerung zu, dass zwar Erklärungen, warum Jugendgewalt zunehmen und sich in ihrer Qualität verändern sollte, durchaus vorhanden sind. Allein, es fehlen konsistente und valide Befunde, die die Erklärungen stützen könnten. Die empirischen Befunde, die aus den Polizeilichen Kriminalstatistiken, den Strafverfolgungsstatistiken sowie aus der empirischen Jugendkriminologie, insbesondere aber aus der Befragungsforschung entnommen werden können, lassen insgesamt gesehen wenig spektakuläre Entwicklungen und Veränderungen nachweisen.« (Albrecht 1998: 398)

Die hier angesprochene Steigerung der Gewalt ist nicht eindeutig zu belegen. Je nachdem, wie und welche Statistiken bemüht werden, kommt man diesbezüglich zu unterschiedlichen Ergebnissen.

Fritz Sack weist mit dem Labeling Approach schon seit langem in eine andere Richtung für die Frage, in welchen Sozialbeziehungen, Interaktionen und Verhältnissen die Jugendlichen gewalttätig agieren. Sowohl Gewalt von Jugendlichen als auch auf der Straße stattfindende Gewalt generell, wie sie in vielen Studien im Mittelpunkt steht (und die auch Heitmeyer im Blick hat), beurteilt Fritz Sack schon in den frühen 70er Jahren folgendermaßen:

> »Was an den genannten Beispielen insbesondere ins Auge fällt, ist die Tatsache, dass es sich in allen Fällen um Rechtsbrüche und Straftaten handelt. In der Tat besteht eine Tendenz, das Thema Gewalt auf diese Fälle und Situationen zuzuschneiden und von den Phänomenen abzusehen, in denen es sich nicht um il-

> legale und illegitime Gewalt handelt, sondern in denen es sich um erlaubte, sozial sanktionierte und institutionalisierte Formen der Gewaltanwendung in einer Gesellschaft handelt. Nun kann man aber diese beiden Formen der Gewaltanwendung in einer Gesellschaft nicht voneinander isolieren, da sie eng miteinander zusammenhängen und wahrscheinlich auch in einem kausalen Verhältnis zueinander stehen.« (Sack 1973: 41)

Als Beispiele für diese »erlaubte« Gewalt sind Krieg, Polizeigewalt oder erzieherische Maßnahmen zu nennen (vgl. Sack 1973: 42): Die Ausblendung dieser Gewaltformen wirkt sich darauf aus, wie die Gesellschaft auf das Phänomen sowohl der illegitimen als auch der legitimen Gewalt reagiert. Fritz Sack fordert die Wissenschaft dazu auf, ihren Fokus auf die Aufdeckung der Funktion von gesellschaftlichen Vorurteilen und Sündenböcken zu richten (ebd. S. 54), denn solange sie unerkannt bleiben, bleibt ein Teil der Gewalt verdeckt. Ebenso sind die Sanktionen und Sanktionsinstanzen kritisch zu hinterfragen, denn auch der Sanktionierung des Handelns sind gesellschaftliche Funktionen inhärent.

Wacquant geht nicht davon aus, dass die Menschen gewalttätiger und krimineller werden, sondern vielmehr »die Globalisierung der Null-Toleranz« (1999: 21) für ein Phänomen verantwortlich zu machen ist, das er folgendermaßen beschreibt:

> »Seit einigen Jahren greift in Europa eine jener ›moral panics‹ um sich, die durch ihr Ausmaß und ihre Stärke das Erscheinungsbild der von ihr befallenen Gesellschaften verändern und dem staatlichen Handeln eine andere Richtung geben. Es geht dabei in erster Linie um die ›Jugendkriminalität‹, die ›städtische Gewalt‹, die von den ›sozialen Problemvierteln‹ ausgehenden, vielfältigen Unruhen und das ›unzivilisierte‹ Verhalten der dort lebenden Bevölkerung, die gleichzeitig Opfer und Verursacher ist. Man muss diese Worte in Anführungszeichen setzen, denn ihre Bedeutung ist ebenso verschwommen wie die Phänomene, die sie zu bezeichnen vorgeben. Obwohl durch nichts belegt ist, dass die beklagten Zustände ursächlich mit ›Jugendlichen‹, bestimmten ›Stadtvierteln‹, oder gar mit der ›Stadt‹ als solcher zusammenhängen, werden sie allenthalben mit ihnen in Zusammenhang gebracht und wie selbstverständlich als Tatsachen betrachtet.« (Wacquant 2000: 7)

Wacquant beschreibt im Weiteren die Entwicklung, die zu einer stärker werdenden Sanktionierung ausgesonderter Bevölkerungsgruppen führt. Dazu schlüsselt er die Expansion des »strafenden Staates« auf, die mit dem Abbau des Sozialstaats auf verschiedenen Ebenen einhergeht (vgl. Wacquant 2000: 79ff).

Konsequenzen für die Arbeit

In Verbindung mit den bisherigen Ausführungen weisen die Konzepte von Fritz Sack und Loic Wacquant die Richtung für die vorliegende Arbeit im Hinblick auf den Umgang mit den Phänomenen »Gewalt« und »Kriminalität« in ihrer Interdependenz mit den anderen Themen, vor allem Geschlecht und »Ethnizität«.

Erstens verweist die Labeling-Theorie darauf, neben den Jugendlichen selbst auch die involvierten Instanzen in den Blick zu nehmen. Dies ist nahe liegend, da sich die vorliegende Untersuchungsgruppe aus Jugendlichen mit Migrationshintergrund zusammensetzt; diese bewegen sich in strukturellen Zusammenhängen, die von staatlicher Gewalt geprägt sind, vor allem wenn es sich um Flüchtlinge handelt – es geht also um illegitime Gewalt und Straftaten von Jugendlichen, die sich in einem stark restringierenden Kontext legitimierter Gewalt bewegen.

Zweitens lege ich ein Augenmerk auf die gesellschaftliche Funktion, die der erhöhten Aufmerksamkeit inne wohnt, die diesen Tätern zukommt. Dass die von ihnen begangene Gewalt tatsächlich in besonderer Weise hervorgehoben wird, habe ich in den entsprechenden Kapiteln des medialen Diskurses um Migration belegt. Dabei zeigt sich, dass die Debatte um Jugendkriminalität eine Verschärfung erfährt, wenn es um jugendliche Gewalttäter mit Migrationshintergrund geht: Die Überschneidung der Merkmale »kriminell« und »Ausländer« lassen negative Zuschreibungen zu, die einander verstärken – die Jugendlichen eignen sich so besonders gut als Projektionsflächen und Sündenböcke. Deshalb werde ich mich in den Interviews auch auf Punkte konzentrieren, an denen Zuschreibungen auf Grund von »Ethnizität« zu Tage treten, die zeigen wie die Jugendlichen diese thematisieren und welche Konsequenzen sie für die Biographien haben.

An dieser Stelle könnte die Frage auftauchen, wodurch sich diese Arbeit von anderen wissenschaftlichen Untersuchungen sowie vom kriminologischen Diskurs unterscheidet, wenn sie einerseits kritisiert, dass Jugendliche mit Migrationshintergrund dort besonders hervorgehoben werden, und andererseits genau diese Gruppe eben doch wieder im Mittelpunkt steht. Ich möchte die Jugendlichen hier nicht »verbesonderlichen«, sondern systematisch Ergebnisse der Migrationsforschung in die Analyse einbeziehen, die in der Konzentration auf das Phänomen Gewalt oder das Phänomen Geschlecht oft ignoriert bleiben. Wenn es um Migranten allgemein und um kriminelle jugendliche Migranten im Besonderen geht, leiden sowohl die wissenschaftliche als auch die öffentliche Debatte nach wie vor deutlich unter der Fokussierung auf Kultur und Familie. Dadurch werden andere wichtige Lebensbereiche, die alle Jugendlichen neben der Familie haben, in den Erklärungsmustern völlig ausgeblendet. Indem ich die lebengeschichtlichen Besonderheiten, die individuellen biographischen Bearbeitungen und die Probleme der Lebenslagen der Jugendlichen aufzeige, möchte ich eindimensionale Bilder relativieren und mich einem Verständnis vom Individuum annähern.

Dennoch gibt es neben der Heterogenität der individuellen Lagen spezifische Probleme von MigrantInnen, die das Resultat des gesellschaftlichen Umgangs mit Migration sind: Den Schwierigkeiten der Einwanderer und ihrer Kinder, die sich in der rechtlichen Stellung, der Wohnsituation und der Lebenssituation allgemein niederschlagen, wird oft keine Rechnung getragen. Selbst wenn soziale Probleme und Probleme der Benachteiligung zur Sprache kommen - sie gehen unter in spektakulären Negativ-Schlagzeilen. Geschlecht und Geschlechterverhältnisse nimmt der Diskurs nur hinzu, um diese noch mehr zu unterstreichen. Dabei ist es wichtig, Geschlecht als Analysekategorie zu berücksichtigen, aber wenn damit einzig die Komplexität reduziert wird, dann ist auch dies wieder nur Teil der Stigmatisierung. Ob und wie die Ausprägung von Männlichkeitsmustern mit der jeweiligen sozialen und situativen Lage verschränkt ist, kann nur abgeglichen werden, wenn ein Dialog zu den immer noch mehr oder weniger offensichtlich bestehenden Männlichkeitskonventionen stattfindet.

Die Überschneidung der verschiedenen Dimensionen systematisch in den biographischen Themen zu erfassen, um damit der Lebenssituation der Jugendlichen gerecht zu werden, macht das Thema komplex und zugleich interessant. Gerade von der biographischen Herangehensweise erwarte ich die Erweiterung des Blickwinkels, denn in den Biographien kommen Facetten von Lebenswegen zum Vorschein, die in Statistiken keinen Platz haben.

4 Methodisches und Methodologisches

Männlichkeitskonstruktionen von Jugendlichen, ihre Deutungsweisen und subjektiven Verarbeitungen ihrer Lebenslage in Bezug zu gesellschaftlichen Vorgaben und Möglichkeiten stehen im Mittelpunkt dieser Forschung. Als Herangehensweise an das Forschungsfeld bietet sich daher methodisch und methodologisch die qualitative Forschung an: Sie rückt das Subjekt in den Mittelpunkt der Betrachtung und erfasst mit Hilfe der Rekonstruktion subjektiver Verarbeitungen und Lebensentwürfe Vergesellschaftungsprozesse. Konkret arbeite ich mit der biographischen Methode: Die Biographie, eingebettet in den Alltag, der als kulturelle Praxis verstanden wird, kann in einer zeitlich und räumlich begrenzten Konstellation rekonstruiert und analysiert werden. Migrationsbedingte gesellschaftliche Veränderungen, Probleme politischer, ökonomischer und sozialstruktureller Art und der Umgang der Gesellschaft mit Migration stellen Rahmenbedingungen für die Biographien der Jugendlichen dar. In der Rekonstruktion der Zusammenhänge der Biographie mit diesen Gegebenheiten lässt sich das Handeln der Beteiligten als sinnhaft-soziales Handeln aufzeigen. Gerade für die Untersuchungsgruppe der kriminalisierten Jugendlichen erscheint das Verfahren ertragreich: Ihre Handlungen werden nur selten kontextualisiert, um damit Erkenntnisse über ihre Motivationen und ihre Lebensbedingungen zu gewinnen. Die Jugendlichen gehören einer Bevölkerungsgruppe an, die mit sehr engen Zuschreibungen und gesellschaftlichen Vorgaben konfrontiert ist - sie selbst bekommen aber nur selten die Chance, ihre Biographien zu erzählen.

Die Wahl der Methode der biographischen Rekonstruktion erscheint mir angemessen, um der Komplexität der Situationen, in denen die Jugendlichen leben, gerecht werden zu können. Im Gegensatz zur quantitativen Forschung treten die Vorannahmen der ForscherInnen in den Hintergrund und die Forschung lässt dadurch Raum für die »Abwege« der Beteiligten. Das Thema befindet sich durch die Fragen nach Konstruktion von Geschlecht und Ethnizität in dem Spannungsfeld, das Phänomen zu analysieren und es durch die Bildung und Benutzung der Kategorien gleichzeitig zu konstituieren - ein Dilemma, das ich im Kapitel Geschlechterforschung ausgeführt habe. Die Methodenwahl hilft bei der Annäherung an dieses Problem insofern, dass qualitative Methoden und ihre Methodologie die ForscherInnen immer wieder dazu herausfordern, die eigenen Interessen und scheinbar geklärten Kategorien zu reflektieren.

Nach diesen Vorbemerkungen möchte ich zunächst ausführen, was die Erhebung der Biographie für die Forschungsfrage und die Analyse der »Texte«, die aus den Interviews entstehen, bedeuten kann. Was kann unter Biographie verstanden werden? Welchen Beitrag leistet die Biographieforschung für die Erforschung der Lage der Jugendlichen?

4.1 Biographie als Dokument der Verknüpfung von Subjekt und Kollektiv

Entgegen der landläufigen Meinung, Biographieforschung beschäftige sich »nur« mit einzelnen Personen und deren Leben und habe insofern wenig allgemeine Aussagekraft, versteht sich die Biographieforschung in der Konzentration auf individuelle Lebensgeschichten als spezifische Methode, den Zusammenhang individueller und kollektiver Prozesse zu erfassen (vgl. Rosenthal 2005: 46). Anders als die Lebensverlaufsforschung, die dem quantitativen Paradigma verpflichtet ist und der es um die »objektiven« Ereignisabläufe, um Statuspassagen und Übergänge sowie Lebenslaufmuster und deren Steuerung durch Institutionen geht, beschäftigt sich die Biographieforschung mit den subjektiven Sichtweisen der Personen, mit der Frage danach, wie sich die Individuen im Alltag verankern können, wo sie Barrieren sehen, warum sie bestimmte Wege eingeschlagen und andere verlassen haben. Sie fragt nach Motiven der Betroffenen und stellt Interaktionen in den Mittelpunkt; in der Rekonstruktion der Lebensgeschichte erhalten diese Gestalt.

Biographieforschung bedeutet mehr, als nur ein methodisches Konzept, ein spezifisches Herangehen an ein Forschungsfeld zu benutzen. Der Beschäftigung mit Biographien liegen theoretische Annahmen über Biographie und deren heutiger gesellschaftlicher Relevanz zu Grunde; die methodische Verwendung von Biographieforschung zeigt eine Herangehensweise an Vergesellschaftung, bei der die individuelle Vergesellschaftung in den Mittelpunkt rückt. Vor dem Hintergrund einer individualisierten Form der Vergesellschaftung ist die Erforschung von Biographien eine angemessene Methode, Phänomene soziologisch zu erfassen: Der Einzelne gerät immer mehr in den Mittelpunkt seiner biographischen Orientierung, beengende, aber auch Orientierung gebende Rahmenbedingungen treten zurück. Folgerichtig müsste nun auch das Individuum im Mittelpunkt der Forschung stehen, so dass die Biographieforschung zur idealen Herangehensweise wird. Das beinhaltet aber auch Probleme: Individualisierung kann nicht gleichgesetzt werden damit, dass das Individuum nun nur noch eigenverantwortlich sei und die Macht über seine Biographie habe[1] - vielmehr ist Individualisierung nur als Trend zu betrachten. Sie erlegt dem Individuum auch auf, für seine Biographie verantwortlich *gemacht* zu werden und strukturelle, soziale und ökonomische Barrieren und Ungleichheiten individuell ausgleichen zu müssen. Denn einerseits haben wir es zwar mit neuen Freiheiten zu tun, denen andererseits - oft aber nur schwerlich als solche zu durchschauende - Zwänge und Abhängigkeiten z.B. des Arbeitsmarktes gegenüber stehen (vgl. Lemmermöhle 2002: 16). Und wie in Kapitel 1 aufgezeigt, haben alte Großkategorien wie Geschlecht, »Ethnizität« und Klasse noch lange nicht ausgedient, um die Gesellschaft zu sortieren. Bettina Dausien berücksichtigt diese Momente in ihrer Beschreibung der Bedeutung von Biographie:

> »Dass Individuen im Prozess der Modernisierung mit dem Zwang und der Chance zu Selbstreflexion und Selbstentwurf, Zurechenbarkeit und Verantwortung eigenen Handelns über den Augenblick hinaus konfrontiert sind, ist im Individualisierungsdiskurs hinlänglich thematisiert; eine biographietheoretische Perspektive fragt nach dem *Wie* dieses Prozesses. Damit wird unterstellt, dass Biographien von den gesellschaftlichen Akteuren individuell und kollektiv ›gemacht‹ werden. Sie werden von konkreten Subjekten in konkreten Kontexten konstruiert und rekonstruiert, sie bedürfen bestimmter Anlässe, haben bestimmte individuelle und kollektive Funktionen und unterliegen vielfältigen Restriktionen.« (Dausien 2000: 100f, Hervorh. i. Orig.)

Das methodische Vorgehen zielt damit sowohl darauf, subjektive Sichtweisen zu verstehen, indem der Befragte seine »Innenperspektive« darlegt, als auch darauf, gesellschaftliche Bedingungen, Möglichkeiten und Barrieren für die Herausbildung spezifischer subjektiver Konstruktionen zu rekonstruieren. Es geht somit auch um folgende Fragestellung:

> »Gefragt wird, wie Subjekte, hineingeboren in eine historisch und sozial vorgedeutete Welt, diese Welt permanent deuten und somit auch verändern. Pointiert: es geht um die (Re-)Konstruktion der Prozesse, wie handelnde Subjekte sich in einer historisch vorgegebenen, sozialen Welt immer wieder neu ›finden‹, d.h. auch: zurechtfinden und wie sie dadurch zugleich auch diese Welt stets aufs Neue erschaffen und verändern.« (Reichertz 1996: 81)

Auch wenn Reichertz (vgl. 1996: 89f) weiterhin meint, dass solch weit reichende Perspektiven hermeneutisch-wissenssoziologischer Provenienz nicht mit qualitativen Interviews beantwortet werden können, da sie keine »wahren« Gründe - die er auch genauer als Motive bezeichnet, die den Handlungen vorgelagert sind - menschlichen Verhaltens festhalten, so ist dem doch entgegenzuhalten, dass auch im Nachhinein vorgenommene Deutungen des Subjekts, wie sie in

1 Wie es etwa der Begriff der »Wahlbiographie« suggeriert.

der biographischen Erzählung vorliegen, Rückschlüsse auf das gesellschaftliche Umfeld zulassen. Es geht darum, wie sich die BiographInnen mit den von ihnen »wahrgenommenen« - und damit ohnehin schon »gedeuteten« - Situationen beschäftigen und wie sie diese Situationen aus einer bestimmten Perspektive rekonstruieren und in der Erzählung der Lebensgeschichte präsentieren. Biographie beinhaltet neben einer vielschichtigen Auseinandersetzung des Biographen/der Biographin mit der individuellen Lebenssituation verschiedene Formen der Verarbeitung struktureller Gegebenheiten.

> »Was in einem biographischen Text als Topos autobiographischen Erzählens vorkommt, verweist nicht nur auf einen bestimmten Ort in der individuellen Lebensgeschichte, sondern zugleich auch auf einen gesellschaftlich bestimmten Ort, auf einen Ort, an dem Individuen auf die Gesellschaft, auf ihre Strukturen, Anforderungen und Bedingungen stoßen und an dem sich die Gesellschaft auf Individuen hin konkretisiert.« (Behnken/Schulze 1997: 11)

Die biographische Präsentation zeigt Interpretationsmöglichkeiten der Strukturen auf. Geht man davon aus, dass jegliche Wirklichkeit immer schon interpretiert ist, so sind die Deutungen Wissen im Rahmen einer spezifischen Lage - sei es über die aktuelle Lage der Interviewsituation in der Haft oder die Rekonstruktion einer Lage, in der sich der/die BiographIn zum Zeitpunkt der jeweiligen erzählten Begebenheit befand. Der Einsatz biographischer Interviews und Rekonstruktionen implizieren mehr als die Produktion von Subjektivität, die der Biographieforschung gerne unterstellt wird[2]:

> »Biographien sind also immer beides zugleich: die besondere Lebensgeschichte einer Person und konkretes ›Dokument‹ einer *›allgemeinen‹* - im Sinn von kollektiv geteilten - gesellschaftlich-historischen Geschichte.« (Alheit 2002: 223, Hervorh. i. Orig.)

Der Beurteilung von Biographie als einem Produkt reiner Subjektivität wird die »Gleichzeitigkeit von Subjektivem und Gesellschaftlichem« (Ecarius 1998: 133) entgegengestellt. Durch biographische Methoden werden die Bedingungen, unter denen die Jugendlichen leben, sichtbar gemacht und zur Sprache gebracht. Die Subjekte mit ihren Deutungen stehen zwar im Mittelpunkt, ohne dass jedoch deren Interpretationen fraglos übernommen würden, denn es werden immer die Kontexte der biographischen Entwicklung einbezogen.

2 In diesem Sinn an Biographie und Biographieforschung formulierte Kritik hat eine lange Tradition, angefangen von Heinz Bude bis zu Pierre Bourdieu; sie kritisieren vor allem, dass die Strukturen, in denen sich Individuen bewegen, diesen nicht unbedingt bewusst seien und dass die biographische Erzählung weniger vom Erzählen einer »wahren« denn vielmehr einer »guten« Geschichte motiviert sei (vgl. Apitzsch 2003: 98).

Eine rein subjektzentrierte, das Individuum erforschende Sichtweise kann so vermieden und der Blick auf Vergesellschaftungsformen und gesellschaftliche Rahmenbedingungen gelenkt werden.

Die biographische Analyse rekonstruiert die Handlungsgeschichten eines Subjekts und die Konsequenzen für das gegenwärtige Leben: Die Geschichte(n) des Subjekts, seine Erfahrungen, die es gemacht hat, spielen sich in kollektiven und sozialen Zusammenhängen ab, in denen es mehr oder weniger große Handlungsspielräume und somit Entscheidungsfreiheiten gibt (vgl. Rosenthal 1999: 32). Das Individuum verfolgt dabei nicht nur eine Geschichte, sondern ist in viele Geschichten zugleich verstrickt, so dass es ohnehin nicht *die* Wahrheit einer Geschichte geben kann (vgl. Tschernokoshewa 2005: 13). Innerhalb eines Kontextes oder zwischen verschiedenen Kontexten zeigen sich Kontinuitäten oder Brüche, Handlungsspielräume oder Machtverhältnisse. Für das vorliegende Thema bedeutet das: Wie und woran die Jugendlichen ihr geschlechtliches Selbstverständnis ausbilden, wie sie zu einer Minderheit werden, wie sie diese Lage ausgestalten, sich selbstethnisieren oder selbst als »Kriminelle« stigmatisieren, zeigt auch an, *wie sie sich subjektiv* mit der *gesellschaftlichen Lage* auseinander setzen, verweist somit zugleich auf soziale, gesellschaftliche und historische Konstruktionen. Alheit und Dausien (vgl. 2000: 273) fordern daher auch explizit von einer soziologischen Biographietheorie die Rekonstruktionen des Einflusses sozialer Konstruktionen auf die »Subjektivität«.

Individualisierungsprozesse gelten nicht für alle Bevölkerungsteile gleichermaßen, Probleme sind biographisch-ungleich verteilt: Bei der Gruppe der Jugendlichen, mit der wir es zu tun haben, geht es nicht nur einfach darum, dass jugendliche Statuskonfigurationen im klassischen Sinn und die für eine »normale« Erwachsenenexistenz benötigten Statusressourcen auseinander klaffen (vgl. Alheit et al. 1994: 126), sondern dass sie als »Migranten« in dieser Gesellschaft in eine problematische Lage versetzt werden. Sie befinden sich also zusätzlich in dem Paradox, dass diese Zuschreibungen, die sie fest einbinden, manchmal gar ihre gesamte Lebensführung betreffen:

> »Hier greift Alltagspolitik, mit der die Alteingesessenen darüber die Kontrolle ausüben, wer inwieweit seine Biographizität entfalten kann und darf. (...) Die biographischen Konstruktionen werden also deshalb brisant und risikovoll, weil ihnen die strukturelle Koppelung und die kulturelle Einbindung verweigert werden.« (Bukow 1996: 112)

Wie die Jugendlichen mit diesen gesellschaftlichen Vorgaben umgehen, sich durch das Spannungsfeld einer hochgradigen Individualisierung und gleichzeitig durch festgezurrte Zuschreibungen hindurchmanövrieren, zeigt sich dann detailliert in den einzelnen Lebensgeschichten.

4.2 Biographieforschung in Überschneidung mit anderen Forschungsfeldern

Biographieforschung in der Jugendforschung

Die Jugendforschung betrachtet Jugend schon lange nicht mehr nur als »Übergangsstadium« ins Erwachsenenalter, sondern spricht den Jugendlichen vielmehr zu, eigene Biographien zu »produzieren«: Jugendliche sind »Produzenten von Ausdrucksformen, die entsprechend nur in ihrem Selbstdeutungshorizont angemessen gewürdigt werden können« (Baacke/Sander 1999: 248f). Durch die veränderte Wahrnehmung von Jugendlichen als Subjekten und der Jugendphase als einem eigenständigen Lebensabschnitt greift auch die Jugendforschung mittlerweile (wieder) auf qualitative Methoden zurück. Mit dem Einsatz qualitativer Mittel wurde außerdem Kritik forciert, dass quantitative Verfahren eine unzulässige Einheitlichkeit von Generationen festschreiben, die der Verschiedenartigkeit von Jugend nicht mehr gerecht werde. Trotz dieser Einwände an der quantitativen Forschung arbeiten auch heute noch die meisten Studien quantitativ (vgl. Mey 1999: 115ff). Wenn sie dabei qualitative Forschung einbeziehen, dann oft nur zur Veranschaulichung.[3]

Biographieforschung in der Migrationsforschung

Die Verknüpfung qualitativer Methoden mit der Migrationsforschung ist nicht immer unproblematisch; ich möchte einige mögliche Probleme aufzeigen und den Standort dieser Arbeit mit ihrer Methodik innerhalb der Migrationsforschung bestimmen.

In der Migrationsforschung etablierte maßgeblich die *Chicago School* eine Forschung mit qualitativen Methoden - darunter mit Biographieforschung -, und zwar schon in den 20er Jahren des 20. Jahrhunderts (vgl. Fischer-Rosenthal

---

3 Die wohl bekannteste und größte deutsche Jugendstudie, die Shell-Jugendstudie (vgl. Fischer et al. 2000), die im zweijährlichen Rhythmus erscheint, besteht zwar sowohl aus quantitativer als auch qualitativer Forschung, deren Ergebnisse in zwei getrennten Bänden publiziert werden, aber auch hier dient der qualitative Band eher der Illustration. Öffentlichkeitswirksam aufbereitet sind ausschließlich die quantitativen Ergebnisse, im qualitativen Teil überwiegt die Beschreibung. Im Hinblick auf die folgenden Ausführungen zur Migrationsforschung sei hier angemerkt, dass Jugendliche mit Migrationshintergrund in der Studie erst seit dem Jahr 2000 auftauchen - bis dahin hat »die deutsche Jugend« für die Shell-Jugendstudie tatsächlich nur aus Jugendlichen *ohne* Migrationshintergrund bestanden.

1990: 15). Sie kritisierte Einwanderungs- und Aufnahmepraxis und machte neue Lösungsansätze für soziale Probleme in der Aufnahmegesellschaft wahrnehmbar (vgl. Apitzsch 1999: 472f). Später erfreute sich die qualitative Forschung auch in der Migrationsforschung anderer Länder zunehmender Beliebtheit. Die Gründe dafür lagen vor allem in der Annahme der ForscherInnen, dass sie Probleme beim Zugang zum Forschungsfeld haben würden, weil es ihnen unvertraut sei, weil sie auf sprachliche und kulturelle Unterschiede treffen würden; dies erschwere die Datenerhebung und führe zu einem erhöhten Explorationsbedarf im Vorfeld der Forschung, um zur Repräsentativität von Ergebnissen zu gelangen. Die deutsche Migrationssoziologie - oder auch die so genannte »Gastarbeiterforschung« - machte dies zur entscheidenden Annahme und zog daraus methodische und methodologische Konsequenzen. Kulturelle Differenz, Verständigungsprobleme und als Folge Schwierigkeiten beim Zugang zum Forschungsfeld wurden und werden heute immer noch wie ein Naturgesetz vorausgesetzt. Sie zwingen den ForscherInnen qualitative Methoden geradezu ab, da sie einen besseren Zugang zu dem »schwierigen« Feld als quantitative Methoden eröffnen könnten.

Viele qualitative ForscherInnen in der Migrationsforschung distanzieren sich von einem solchen Herangehen, wie etwa Frank-Olaf Radtke (1995: 391ff), der ausführt, dass Probleme bei der das Forschungsfeld strukturierenden qualitativen Methode selbst entstehen: Durch die Erhebung von Deutungsmustern scheint der vermutete Kulturkonflikt rekonstruierbar; Schwierigkeiten von MigrantInnen werden dadurch nicht mehr strukturell, sondern als Kulturkonflikt und damit als Sache der MigrantInnen verortet. Die Rolle der Institutionen der Aufnahmegesellschaft bleibt unberücksichtigt oder ist nur noch als Randfunktion vorhanden, weil man sich auf die Interpretation der Wirklichkeit durch die MigrantInnen bzw. auf die Sozialisation ihrer Kinder konzentriert. Kulturdifferenz, die auch einen Kulturdeterminismus sowie Defizitannahmen beinhaltet, wird so zum begrenzenden Rahmen der Forschungen.

Schon 1984 kritisierten die Autoren um Griese die Verfestigung gesellschaftlicher Ethnisierungsprozesse als Auswirkung der weit verbreiteten Forschungsmethoden und sich daraus konstituierender Theorieansätze. Hamburger (vgl. 1984: 60f) bezieht sich speziell auf die Disziplin der Ausländerpädagogik, deren Definition des Adressaten eine entpolitisierende Problemdefinition zur Folge hatte. Bei den Betroffenen führte die Übernahme der Zuschreibung einer »Andersartigkeit« zum Rückzug und zur Selbstethnisierung der Gruppe als »Andere« (vgl. Bukow/Llaryora 1988: 54f). Auch in der Kriminologie wurde das Konzept eines Kulturkonfliktes für die Erklärung abweichenden Verhaltens von EinwanderInnen für erfolgsträchtig gehalten, jedoch von mehreren Seiten als zu unbestimmt und zu einseitig durch die Gewichtung kultureller Zusammenhänge kritisiert.

Apitzsch sieht ein weiteres Problem der Methoden darin, dass ForscherInnen es oft vernachlässigen, die Erzeugungsbedingungen der Daten systematisch einzubeziehen: Bei der Interpretation der Daten knüpfen sie an die Selbstbeschreibung der Probanden an, nutzen diese dann zur wissenschaftlichen Bezeichnung kultureller Zusammenhänge. Sie zitiert Bommes, der ausführt, dass die ProbandInnen sich auch auf die Sichtweise der ForscherInnen einlassen und dadurch Dichotomien rekonstruieren (vgl. Apitzsch 1999: 479). Mecheril et al. konzentrieren ihre Kritik darauf, dass es für die Interviewer unvermeidbar ist, Differenzzuschreibungen zu wiederholen, wenn eben jene im Mittelpunkt des Forschungsinteresses stehen; daher plädieren sie für einen »differenzsensiblen Umgang« qualitativer ForscherInnen in der Migrationsforschung (vgl. Mecheril et al. 2003: 109).

Durch qualitative Forschung, besonders durch die Biographieforschung, hat die Migrationsforschung aber auch einen Perspektivwechsel vorgenommen: Darin verschiebt sich die Außenperspektive hin zu einer Innenperspektive - durch die Sicht der sozialen Akteure kann so unzulässigen Verkürzungen vorgebeugt werden (vgl. Ricker 2003: 54f). Diese Perspektive verunmöglicht es zugleich, die Subjekte der Forschung in ein »Außen« zu verlagern - insofern kann ich eine Intention meiner Forschung, die Biographien als Teil der hiesigen gesellschaftlichen Heterogenität zu beschreiben, mit der Methode gut vereinbaren.

Kriminologische Forschung, abweichendes Verhalten und qualitative Methoden

Zeitgleich mit der Kritik von VertreterInnen des Labeling Approachs an der kriminologischen Forschung, unhinterfragt die vorgegebenen Definitionen des Strafrechts von Kriminalität zu übernehmen und diese in den Mittelpunkt der Analyse zu stellen, erfuhren auch im kriminologischen Bereich qualitative Methoden für die Erforschung des Phänomens »Kriminalität« eine neue Wichtigkeit. Meuser und Löschper beschreiben das Zusammentreffen des Labeling Approachs mit dem interpretativen Paradigma als aus einer gemeinsamen grundlagentheoretischen Orientierung resultierend. Nicht zufällig widmeten sich verschiedene Forscher wie Cicourel in ethnographischen Studien den Praxen der Instanzen sozialer Kontrolle - sie kritisierten damit auch die Aussagekraft von bisher wenig hinterfragten Kriminalstatistiken. Der

Labeling Approach rückt genau diese Interaktionen in den Mittelpunkt der wissenschaftlichen Betrachtung und zwar auf der Ebene der gesellschaftlichen Konstruktion von Devianz oder Kriminalität sowie der individuellen Karriere, in der die Etikettierung einer Person als deviant eine solche kriminelle Karriere überhaupt erst in Gang setzt (vgl. Meuser/Löschper 2002: 2ff).

Um die Konstruktionen und Herstellungsprozesse von Kriminalität bzw. bestimmten Ausdrücken, so z.B. gewalttätige Handlungen der Jugendlichen zu analysieren, liegt es nahe, qualitative Methoden zu verwenden. Allerdings folge ich in dieser Arbeit nicht vorrangig methodisch dem Labeling Approach, der die VertreterInnen der Kontrollinstanzen, deren Erwartungen oder Alltagstheorien und daraus resultierenden Etikettierungen in den Blick nimmt; dazu hätte ich mich in der Erhebung im Wesentlichen auf die VertreterInnen der Kontrollinstanzen konzentrieren müssen. Ich kann deren Sichtweise nur insofern direkt einbeziehen, dass ich Informationen aus Gesprächen einfließen lasse. Hierzu greife ich gelegentlich auf das Material der im Projekt durchgeführten Leitfadeninterviews mit den diversen VertreterInnen zurück, sowie auf Wissen aus informellen Gesprächen.

Vielmehr stehen die Jugendlichen selbst und ihre subjektiven Verarbeitungen der Etikettierungen im Mittelpunkt, und auch durch sie wird ein Blick auf die Instanzen möglich: In den biographischen Interviews schildern sie Interaktionen mit Instanzen sozialer Kontrolle und zugleich berichten sie aus ihrer Perspektive, welche Sanktionierungen sie wofür in Kauf nehmen mussten. Oft erzählen sie fast nebenbei von ihren Straftaten, flechten sie in eine Geschichte ein, ohne sie besonders hervorzuheben, vor allem wenn sie von Delikten erzählen, die nicht sanktioniert wurden. Mir erscheinen besonders die Schilderungen interessant, in denen die Jugendlichen erzählen, wie es zu bestimmten Interaktionen kam, wie sie sich in bestimmte Situationen hineinmanövrierten oder wie sie hineinmanövriert wurden; die Rekonstruktion der Biographie ermöglicht die Herstellung solcher Zusammenhänge, auch wenn der Biograph selbst sie nicht miteinander verknüpft.

Biographie und Geschlechterforschung

Die Geschlechterforschung schätzt die qualitative Forschung als dem Erkenntnisgegenstand angemessen und für den Erkenntnisgewinn ertragreich ein; sie erörtert Subjektivität theoretisch und bietet einen methodischen Zugang (vgl. Behnke/Meuser 1999: 49). Biographieforschung ermöglicht, gängigerweise ausgeblendete weibliche Lebensläufe in den Mittelpunkt zu stellen, und damit die bisherige Ausrichtung der Forschung an der männlichen »Normalbiographie« zu relativieren. Abgesehen von der Perspektive des Geschlechts eignet sich damit das methodische Herangehen für diese Arbeit auch eingedenk der Tatsache, dass die Biographien der Jugendlichen keine »männlichen Normalbiographien« sind.

Das qualitative Herangehen setzt aktive Herstellungsprozesse von Individuen voraus, indem es Interaktionen in den Mittelpunkt stellt, die dann mit Hilfe qualitativer Methoden systematisch erfasst werden können. Der Erfassung von Lebensgeschichten mit vielfach sich überkreuzenden Strängen steht die Methodik aufgeschlossen gegenüber: Dausien (2000: 100ff) beschreibt die erzählte Lebensgeschichte als komplexen Konstruktionsprozess. In der Biographieforschung wird die Wechselbeziehung biographischer Fremd- und Selbstdeutung zu anderen gesellschaftlichen Regelsystemen wie Klasse, Geschlecht oder Ethnizität beachtet - dadurch ermöglicht sie, Prozesse von Einschreibungen der Ordnungen dieser Regelsysteme in das Individuum aufzuzeigen; sie finden im Alltag oft unbemerkt statt und bedürfen keiner besonderen Erwähnung. Dausien führt dies am Beispiel Geschlecht und »Ethnizität« aus, denn gerade diesbezüglich entstehen viele Konstruktionen und Verhaltensweisen durch eine vergeschlechtlichende und ethnisierende Strukturierung der Umwelt unbemerkt. Biographieforschung kann das »Werden« verdeutlichen, der Einbezug der zeitlichen Dimension beinhaltet auch z.B. den Prozess von Mann- und Frau-Werden (vgl. Behnke/Meuser 1999: 9ff). Für die Intersektionsanalyse, die von Überkreuzungen verschiedener Machtfaktoren ausgeht, bietet sich Biographieforschung damit an, als Methode lehnt sie sich eng an das Erkenntnisfeld an und sollte damit auch ihrer Aufgabe gerecht werden, die Vielfalt von Identitäten ans Licht zu bringen (vgl. Lutz/Davis 2005: 245).

Die Entscheidung für eine Methode heißt zugleich die Vorteile anderer Methoden nicht nutzen zu können. Männer und Frauen stellen in alltäglichen Interaktionen ständig Geschlecht her, verbalisieren dies aber nicht explizit im Interview, so dass ein narrativer Zugang nur einen kleinen Ausschnitt erfassen kann. Die Verbindung von ethnographischen Methoden - v.a der Beobachtung - mit der Biographieforschung wäre zwar ideal (vgl. Dausien/Kelle 2005), war allerdings im Rahmen dieser Forschung nicht zu leisten. Die Interviewten in ihrem alltäglichen Umfeld, also im Gefängnis, zu begleiten und zu beobachten war nicht möglich und für den späteren Zugang zum Umfeld der Jugendlichen nach ihrer Entlassung hätte es eines anderen Forschungsdesigns bedurft.

4.3 Biographische Interviews mit Jugendlichen in der Haft: Methodische Zugänge zu den Lebensgeschichten[4]

Die Interviews wurden im Rahmen des Forschungsprojektes von meinen beiden Kollegen und mir im Januar 2000 in den Haftanstalten Heinsberg, Siegburg und Köln-Ossendorf geführt. In Köln-Ossendorf befinden sich die Untersuchungshäftlinge, Heinsberg und Siegburg sind Jugendstrafanstalten. Vor den Gesprächen wurde die Bereitschaft der Jugendlichen erfragt, ein Interview mit uns zu führen, was jedes Gefängnis unterschiedlich organisierte: In Heinsberg fragte der stellvertretende Anstaltsleiter die Jugendlichen mit Migrationshintergrund, in Siegburg konnten wir allen Jugendlichen an einem Termin unser Projekt vorstellen und um Erlaubnis fragen und in Ossendorf haben wir alle Jugendlichen einzeln auf ihre Gesprächsbereitschaft hin angesprochen. Als großer Vorteil stellte sich heraus, dass viele der Jugendlichen uns schon durch eine Gesprächsgruppe, die die Projektkollegen in der JVA Ossendorf durchführten, kannten und daher ihre Hemmschwelle, mit uns zu sprechen, sehr gering war.

Im Unterschied zu anderen Interviewsituationen war weder für uns als InterviewerInnen noch für die Interviewten ein Gespräch in einem vertrauten Rahmen möglich: Uns wurden leer stehende Büros von der Gefängnisleitung zugewiesen (Ossendorf) bzw. der Besucherraum außerhalb der Besuchszeiten (Siegburg) oder leer stehende Klassenzimmer (Heinsberg). Gerade für diejenigen Jugendlichen, die sich zum ersten Mal in der Untersuchungshaft in Ossendorf befanden, war ein großer Teil des Gefängnisses noch unbekanntes Terrain; manche hatten noch nicht einmal mit einem Sozialarbeiter gesprochen und waren noch damit beschäftigt, explizite und implizite Regeln des Gefängnisalltags zu durchschauen.

Wir haben mit 23 Jugendlichen Interviews durchgeführt. Kriterien waren folgende: Die Jugendlichen hatten vor der Inhaftierung ihren Lebensmittelpunkt in Köln, Migrationshintergrund, und waren nach dem Jugendgerichtsgesetz (JGG) verurteilt oder würden danach verurteilt werden. Diese 23 Jugendlichen entsprachen fast der Gesamtzahl der inhaftierten Jugendlichen und Heranwachsenden mit Migrationshintergrund mit Lebensmittelpunkt im Kölner Raum, die zu diesem Zeitpunkt inhaftiert waren; eine für uns erstaunlich geringe Zahl angesichts der ständigen Medienpräsenz. Von den Interviewpartnern waren acht in Untersuchungs- und 15 in Strafhaft, die meisten waren zwischen 18 und 23 Jahren alt. Alle waren männlich, es gab zu der Zeit keine

4 Zum methodischen Vorgehen vgl. Spindler/Tekin 2003e: 96ff.

weibliche jugendliche oder heranwachsende Inhaftierte mit Migrationshintergrund. Unter den Interviewten waren acht Flüchtlinge, 13 Migrantenkinder ohne und zwei mit deutscher Staatsangehörigkeit.

In der Auswahl der methodischen Herangehensweise sind wir einem der Leitmotive qualitativer Forschung, nämlich dem der »theoretischen Offenheit« (Lamnek 1995: 25) gefolgt, und hatten in Hinblick darauf im Vorfeld keine Thesen formuliert. Die Offenheit gilt weiterhin für die gewählten Methoden, die dem jeweiligen Forschungsgegenstand sowie der Situation und den Untersuchungspersonen angepasst sein müssen - die Strukturierung des Forschungsgegenstandes soll solange zurückgestellt werden, bis sie sich durch die Subjekte ergibt. Sicherlich gehen die Forschenden nie als Tabula Rasa an das Forschungsfeld heran. Schon allein die Fragestellungen, die zum Gegenstand hinführen, beinhalten Annahmen, beruhen auf Vorwissen und theoretischem Hintergrund. Im Sinne des hermeneutischen Verständnisses ist ein solches Vorverständnis auch notwendig und wird während des gesamten Forschungsprozesses immer wieder neu strukturiert, relativiert, erweitert oder verworfen - im Forschungsprozess erweitert sich so das Verständnis des Forschungsgegenstandes.

Datenerhebung: Das narrative Interview

Im Forschungsdesign waren narrative Interviews mit den Jugendlichen vorgesehen. Fritz Schütze entwickelte das narrative Interview in den 70er Jahren, und von da an etablierte es sich schnell als Methode in den Sozialwissenschaften, einhergehend mit einer zunehmendem Beliebtheit der Biographieforschung.[5] Das narrative Interview soll den Einfluss der ForscherInnen minimieren: Mit Hilfe einer offenen Eingangsfrage wird die Lebensgeschichte erfragt, dadurch treffen die ForscherInnen weder strukturierende Voraannahmen über das Relevanzsystem des Interviewten noch über den Gesprächsverlauf. Durch die Vorgehensweise können die InterviewerInnen Begebenheiten erfahren, die außerhalb ihres vorherigen Betrachtungshorizontes stehen, indem sie dem Interviewten in der Präsentation seiner Lebensgeschichte einen möglichst großen Spielraum überlassen - es sollen die Jugendlichen selbst sein, die die Schwerpunkte im Interview und somit in der (Re)Konstruktion ihrer Biographie setzen.

5 Vgl. Fritz Schütze 1977 und 1983. Ein Überblick über die verschiedenen Interviewformen und auch das narrative Interview findet sich in Flick 2002.

Um einen Einblick in die Methode zu geben, skizziere ich grob den Aufbau des Interviews.[6] Die Eingangsfrage ist allgemein gehalten und zielt auf die gesamte Lebensgeschichte, konkret lautete sie: »Mich interessiert die Lebensgeschichte von ausländischen[7] Jugendlichen. Ich möchte Sie bitten, mir Ihr Leben zu erzählen, von dem ersten Ereignis, das Ihnen einfällt, bis heute. Sie haben dazu so viel Zeit wie Sie möchten, ich werde Ihnen dann später einige Fragen stellen.« Mit dieser (nach Schütze formulierten) erzählgenerierenden Eingangsfrage ist intendiert, einen möglichst großen Freiraum für die biographische Erzählung zu lassen und gleichzeitig zu vermeiden, dass der Jugendliche sich aufgefordert fühlt, nur über seine kriminelle Karriere zu berichten, da dies durch die Interviewsituation in der Haft nahe liegt. Zugleich wollten wir jedoch einen Hinweis darauf geben, warum wir ausgerechnet *ihn* befragen und erwähnten deshalb den Migrationshintergrund. Die Reaktionen auf die Eingangsfrage waren unterschiedlich, die Jugendlichen ließen ihre Biographien zu unterschiedlichen Zeitpunkten beginnen, erzählten ausführlich oder endeten nach ein paar kurzen Nennungen biographischer Eckdaten. In den Interviewauswertungen spielt das alles eine Rolle, der Stellenwert dieses oder jenes »Stils« wird später im Einzelfall analysiert. In dieser Phase, der *Haupterzählung,* wird der Interviewte nicht durch Nachfragen unterbrochen. Der/die InterviewerIn hört aktiv zu, indem er/sie nonverbale Aufmerksamkeit und Interesse (z.B. Kopfnicken, Augenkontakt) bekundet, was durch verbale Äußerungen (»hm«) unterstrichen werden kann.

Es wird davon ausgegangen, dass mit einer narrativen Gesprächsführung eher Erzählungen evoziert werden, die z.B. anders als Argumentationen dem Erleben und Handeln in Alltagssituationen näher stehen. Man lässt erzählen, um dem Relevanzsystem des Betroffenen nahe zu kommen. Ich gehe allerdings nicht wie Fritz Schütze davon aus, dass das Erzählte das Erlebte homolog abbildet.[8] An dieser Stelle schließe ich mich eher Ecarius an, die sich mit Schützes Homologiethese auseinandersetzt, wenn sie sagt:

> »Durch das Zurückhalten des Interviewers treten in der Erzählung zentrale Interaktions- und Beziehungsinstanzen der eigenen Vergangenheit und des eigenen

6 Der Aufbau bezieht sich auf die von Schütze entwickelte Methode, die von G. Rosenthal detailliert ausgebaut wurde. Die Fragestellungen und die Techniken des narrativen Nachfragens sind nachzulesen in Rosenthal 1995: 186-207.

7 Mit dem Begriff »ausländische« Jugendliche haben wir die Selbstbezeichnung der Jugendlichen übernommen, um die Jugendlichen nicht mit Begriffen zu irritieren, die sie selbst nicht verwenden.

8 Die Fragwürdigkeit der Homologie von Narration und »tatsächlichem« Ereignis ist hinreichend formuliert, einer der ersten Kritiker war Heinz Bude 1985.

Selbst hervor. Die Segmentierung des Erzählstroms und wie die Erfahrungsqualitäten hinsichtlich ihrer allgemeinen Merkmale prädiziert werden, hängt von der Struktur der eigenen lebensgeschichtlichen Erfahrungsaufschichtung ab.« (Ecarius 1998: 136)

Die Vorteile, die das narrative Interview beinhaltet, stehen m.E. weniger mit der Art der Textsorte in Verbindung als vielmehr mit der Tatsache, dass die Strukturierung des Interviews sowie die Themenauswahl dem Interviewten in weiten Teilen übergeben wird. Das biographische Erzählen selbst kann als eine Konstruktionsleistung des Individuums betrachtet werden, die stets von der aktuellen Situation des Individuums abhängig ist, also seine momentane Lebenssituation ebenso mit einschließt wie die konkrete Interviewsituation. Bei der Analyse der Texte habe ich nur manchmal eine Unterscheidung in verschiedene Textsorten vorgenommen: Hie und da war sie für mich wichtig, z.B. kann eine Argumentation in einer Textpassage die Frage evozieren, warum der Interviewte zu dem Zeitpunkt dieses Thema »verhandeln« will.

Dem narrativen Interview wird häufig zur Last gelegt, dass es durch die weitgehend passive Rolle der InterviewerInnen dem Interviewten erlaube, beliebige Versionen von Geschichten zu erzählen (vgl. Böttger 1996: 144). Allerdings ist auch ein »aushandelndes Interview«, wie es Böttger im Anschluss an seine Kritik am narrativen Interview entwickelt, vor solchen Problemen nicht gefeit. Die Interpretationen des Interviewers können den Interviewten in eine bestimmte Richtung drängen, die weit von *seiner* Motivation für die Erzählung entfernt ist; außerdem wird es dadurch fast unmöglich, die Funktion einer bestimmten Präsentation zu rekonstruieren.

Alltagskommunikation ist im narrativen Interview weniger anzutreffen, was allerdings nicht nur ein Spezifikum dieser Interviewform ist. Hält sich der/die InterviewerIn in der Haupterzählung mit Fragen noch zurück, so erfährt die Kommunikation im Nachfrageteil aber wieder einen Ausgleich. Während der Haupterzählung werden Notizen gemacht, die in der Nachfragephase (»interner Nachfrageteil«) zum Leitfaden werden – da dieser Leitfaden sich nur aus den Vorgaben des Interviewten zusammensetzt, wird also verhindert, dass der/die InterviewerIn durch vorgefertigte Fragen auch mit vorgefertigten Annahmen an den Interviewten herantritt. So bleibt möglichst viel Spielraum für unerwartete Themen. Nachgefragt wird mit narrativen Erzählaufforderungen, also mit Fragen wie »Können Sie die Situation noch einmal genauer erzählen?«

Am Ende des Interviews werden je nach Bedarf noch externe Fragen (externer Nachfrageteil) gestellt, also solche, die nicht-angesprochene Themenbereiche berühren und für die Fragestellung wichtig sein könnten: Spricht ein

Interviewter beispielsweise nicht über seine Mutter oder auch seinen Aufenthaltsstatus, so kann eine Frage nach dieser offensichtlichen »Lücke« in der biographischen Erzählung gestellt werden.

Bei der Analyse der Biographien habe ich den Aspekt sozialer Konstruktion nicht nur in Hinblick auf die Biographie reflektiert, sondern auch auf die Erhebungssituation selbst, denn diese nimmt Einfluss auf die Schilderung der Lebensgeschichte; dazu gehört sowohl der Ort der Entstehung, nämlich das Gefängnis, als auch die interaktive Dynamik zwischen Biograph und InterviewerIn; beide haben Einfluss auf die Erzählform, den Inhalt oder spezielle Argumentationslinien (vgl. Dausien 2000: 106).

Bei einigen der Interviews ist aufgefallen, dass die Jugendlichen ihre Lebensgeschichten wohl schon mehrmals für verschiedene Instanzen erzählt haben. Sie haben eine Version ihrer Lebensgeschichte zurechtgelegt, vorgefertigt für beispielsweise SozialarbeiterInnen, AnwältInnen, besonders wenn es um die Darstellung der Delikte und deren Begründung geht. In den Interviews zeigt sich eine deutliche Differenz zwischen denjenigen Jugendlichen, die ihre Hauptverhandlung noch vor sich haben, sich also in der Untersuchungshaft befinden, und denen, die schon in Strafhaft sind. Dies bedeutet, dass in der Auswertung genau untersucht werden muss, von welchen Erzählungen die Passagen gerahmt werden, in welcher Form der Interviewte erzählt, warum er bestimmte Dinge erwähnt, wie und ob er argumentiert und welchen möglichen Einfluss die derzeitige Lage auf die Darstellung hat.

Die Erfahrungen, die ich beim Interviewen der Jugendlichen gemacht habe, waren durchweg positiv. Die Annahme, dass sie vielleicht gezielte Fragen erwarten würden und daher mit dem offenen Fragecharakter nicht zurechtkämen, wurde nicht bestätigt. Im Gegenteil erzählten die Jugendlichen - angeregt von dem offenen Vorgehen - viel und Teile ihres Lebens, von denen noch keine offiziellen »Fassungen« vorhanden waren. Auch die Tatsache, dass die Kommunikationssituation nicht nach Alltagsregeln funktioniert, es also kein reziprokes Gespräch der beiden Beteiligten gibt, brachte die Jugendlichen eher dazu, sich im positiven Sinn in den Mittelpunkt gestellt zu fühlen - eine Rolle, die im Gefängnisalltag ungewohnt ist und die sie vielleicht genau deshalb bereitwillig einnahmen.[9] Einige gaben die Rückmeldung, dass sie die Interviewsituation als sehr angenehm empfunden hatten. Ein Jugendlicher konkretisierte das in der Aussage, es habe ihm gefallen, dass »mir endlich mal jemand zugehört hat«. Ein Interview dauerte durchschnittlich zwischen 1 1/2 bis 2 1/2 Stunden.

9 Dies stimmt auch mit den Erfahrungen anderer Interviewer von Inhaftierten überein, vgl. z.B. Eberhard 1998: 93.

Die Auswertung: Biographische Rekonstruktion

- Memo

Nach dem Interview habe ich ein Memo zur Interviewsituation und Interviewführung erstellt: Hier finden die äußeren Rahmenbedingungen und besondere Auffälligkeiten während des Interviews ihren Platz, wie z.B. nonverbale Kommunikation, Störungen im Interview, Gespräche, die vor und nach dem Interview stattfanden. Ebenso beinhaltet das Memo eine Kurzzusammenfassung der angesprochenen Themen anhand dessen eine erste »Globalanalyse« vorgenommen wird. Die Memos dienen auch dazu, sich eine Übersicht über alle Interviews zu verschaffen, um so diejenigen auswählen zu können, die genauer analysiert werden sollen.

- Transkription

Die Interviews wurden wortwörtlich (also auch dem jeweiligen Dialekt folgend), als Fließtext (ohne Satzzeichen), mit Kommentaren über hörbare, nicht-sprachliche Phänomene und Pausenzeiten transkribiert. Eine solche Transkription versucht, dem Gesprochenen möglichst nahe zu kommen, um damit Interpretationen vorzubeugen, die dann entstehen, wenn die Sprache durch Übertragung ins Schriftdeutsch im geschriebenen Text verändert wird (vgl. Alheit/Dausien 1985: 80). Für die Analyse der Texte ist diese Art der Transkription hilfreich, da sich daran beispielsweise Unsicherheiten ablesen lassen, weil der Interviewte ständig mit einem Stift auf den Tisch pocht oder die Frage aufgeworfen wird, warum er ausgerechnet an dieser Stelle in einen kölschen Dialekt umschwenkt. Für diese Arbeit habe ich auf einige der Transkriptionszeichen[10] verzichtet, sowie Satzzeichen eingefügt, um das Lesen der Textpassagen zu erleichtern.

- Die Auswertung

Bei der Auswertung der Interviews bin ich größtenteils den von Rosenthal (1995) dargelegten Auswertungsprinzipien der rekonstruktiven Fallanalyse[11] gefolgt. Diese Analyseform beruht zum Ersten in Anschluss an Fritz Schütze darauf, die Prozess-Struktur des Biographen zu ergründen, indem die Erzählung durch die Konzentration auf thematische Felder in Segmente zerlegt und analysiert wird. Zum Zweiten bezieht sie die Oevermannsche Methode

10 Die Transkriptionszeichen sind am Ende der Arbeit aufgeführt und entnommen aus Rosenthal 1995: 239.

11 Eine ausführliche beispielhafte Beschreibung des narrationsanalytischen Vorgehens findet sich in Rosenthal 1987: 143-244, eine Zusammenfassung in Rosenthal 1995: 208-226.

der objektiven Hermeneutik ein; Oevermann möchte durch eine Sequenzanalyse das Ziel erreichen, die »latente Sinnstruktur« zu erfassen (vgl. Rosenthal 1985: 17ff, 216ff); subjektive Intentionen der Textproduzenten seien ohne Belang (vgl. Reichertz 2000: 514). Rosenthal erkennt darin zwei Auswertungsschritte und kann dadurch die beiden aus unterschiedlichen Traditionen stammenden Konzepte miteinander vereinen - und damit Schwächen der einen oder anderen Methode ausgleichen. So gewinnt beispielsweise die Präsentation der Biographie, die bei Oevermann keine Rolle spielt, durch die Segmentanalyse an Bedeutung.

Rosenthal lässt ihre Auswertung in eine »Fallstruktur« münden: Diese besteht nach Oevermann aus generativen Regeln, die mit Naturtatsachen vergleichbar seien. Dieser Konsequenz der Methode schließe ich mich aus mehreren Gründen nicht an: Ich gehe viel eher davon aus, dass dem Handeln und den Erfahrungsverarbeitungen des Individuums *nicht nur eine* Regel zu Grunde liegt, die sich als »Fallstruktur« äußert; diese Fallstruktur ist eine Reduktion des Individuums und sozialwissenschaftlich nicht angemessen, die Lage eines Biographen adäquat erfassen zu können.[12] Dabei fällt nämlich auch die Relevanz der Situationen, die je unterschiedliche Bedingungen und Möglichkeiten bergen, hintenüber. Mir ist es wichtiger, die verschiedenen Lebensthemen und die Zusammenhänge aufzuzeigen, in denen sich die Jugendlichen bewegen. Auch die Sinnhaftigkeit, die der Biograph während des Interviews seiner Biographie zukommen lässt und die somit eine Struktur darstellt, könnte sich zu einem anderen Interviewzeitpunkt und in einer anderen Interviewsituation anders darstellen. Für eine Bearbeitung der Biographien im Sinne ihrer Themen ist vielmehr wichtig, die Bedingungen biographischer Situationen und deren individuelle Bearbeitungen für Handlungen oder Geworden-Sein des Individuums in der Analyse zu betrachten.

Auch wenn das der Auswertung zugesprochene Ziel nicht angestrebt wird, hat sich die Methode dennoch für die Auswertung bewährt: Die hypothetische Bearbeitung der verschiedenen Daten und Kontexte öffnet den Blick für mögliche Interpretationen. Die objektiven Daten werden von der Präsentationsform der Lebensgeschichte getrennt analysiert und lebensgeschichtliche Ereignisse in Hinblick auf ihre damalige Bedeutung für das Individuum untersucht. Die verschiedenen Auswertungsebenen geben die Gelegenheit, sich dem

---

12 Für die psychologische Arbeit möchte ich die Sinnhaftigkeit einer solchen Fallstruktur nicht ausschließen. Mein Interesse ist aber, das Individuum in einem soziologischen Sinn zu verorten und daher gilt es vielmehr Wert auf die Kontexte des Individuums zu legen, als darauf, das Leben individuell auf ein Leitmotiv zu reduzieren.

Individuum und seiner Präsentation und Deutung der biographischen Ereignisse auf mehreren Ebenen anzunähern. Hauptziel ist es, nah am Individuum die Lebensgeschichte und die individuellen Verarbeitungen im Rahmen der gesellschaftlichen Bedingungen zu rekonstruieren, die Komplexität und Verwobenheit dieser Komponenten nachvollziehbar zu machen.

Dazu eignet sich ein abduktives Vorgehen, das dem Anspruch der theoretischen Offenheit der qualitativen Forschung entgegenkommt. Rosenthal (vgl. 1995: 211f) beschreibt das Verfahren mit dem Bild eines Detektivs, der von den beobachtbaren Fakten ausgeht und dann alle möglichen Lesarten über deren Bedeutung aufstellt; von hier aus schließt er auf Folgephänomene und zieht weitere Indizien für deren Plausibilität hinzu.

> »Sich von einem empirischen Faktum zum nächsten bewegend, würden sich immer mehr Lesarten als unwahrscheinlich und andere als zunehmend plausibel erweisen. Um nicht zirkulär immer wieder nur eine Hypothese zu belegen, müssen wir uns allerdings darum bemühen, die unterschiedlichen eingeschlagenen hypothetischen Beweisführungspfade nicht zugunsten eines Pfades aus den Augen zu verlieren. Vielmehr müssen wir sie so lange weiter verfolgen, bis sie sich schließlich als unwahrscheinlich erweisen. (...) Damit ist die Abduktion im Unterschied zur Induktion und ebenso zur Deduktion, bei der bereits die Hypothesen von einer allgemeinen Annahme bzw. Theorie abgeleitet werden, die einzige Methode, bei der die Hypothesengewinnung und nicht nur der Hypothesentest reflektiert wird. Dabei wird das Aufstellen von Hypothesen eben nicht der individuellen Intuition des Forschers, sondern seiner Interaktion in der sozialen Welt, seinen sozial konstituierten Erfahrungen zugesprochen.« (Rosenthal 1995: 212)

Durch den Entwurf verschiedener Hypothesen werden auch immer Möglichkeiten einbezogen, die zunächst als nicht unbedingt auf der Hand liegend erscheinen - und damit wird der Blick für alle möglichen Lesarten offen gehalten. Ursula Apitzsch (vgl. 1999: 481) schätzt die abduktive Methode gerade für Migrationsbiographien als fruchtbare Vorgehensweise ein, da sie nicht einer deduktiven Logik, also z.B. einer generellen Kulturhypothese folgt und auch nicht einer induktiven, indem sie die Situation zu einem Gesamtbild fasst und verteilungstheoretisch erläutert. Eine Studie zur Bildungs- und Berufsorientierung von Jugendlichen mit italienischem Migrationshintergrund erläuternd, beschreibt sie den Ertrag folgendermaßen:

> »Vielmehr wurde in der abduktiven Rekonstruktion die generierende Logik erschlossen, auf Grund derer überraschende Praxen der Jugendlichen als Antworten auf vorliegende Problemstellungen interpretiert werden konnten. Für die interkulturelle Pädagogik generell bedeutet dieses Vorgehen, der Tatsache Rech-

> nung zu tragen, dass MigrantInnen Innovationen leisten und neue Lösungen hervorbringen, wenn sie Krisen überwinden, in denen die Routinen des Alltagshandelns versagen.« (Apitzsch 1999: 481)

Ein weiteres Auswertungsprinzip der rekonstruktiven Fallanalyse ist das Prinzip der Sequenzialität: Der/die Forschende rekonstruiert biographische Erfahrungen in ihrer chronologischen Aufschichtung und entwickelt dabei Lesarten zu den einzelnen Daten. Weiterhin wird der Text selber in seiner zeitlichen Abfolge in Segmente unterteilt und die Kriterien dafür sind Sprecher-, Themen- oder Textsortenwechsel. Dabei nimmt der/die ForscherIn eine sequenzielle Analyse der erlebten Lebensgeschichte und der temporalen und thematischen Struktur des Textes vor (vgl. Kümmel 1999: 14). Diese Erfahrungen werden in Bezug gesetzt zu ihrer Bedeutung für die Gegenwart und analysiert (vgl. Rosenthal 1995: 215). Nach der Darstellung der Hauptprinzipien der Analyse führe ich nun die einzelnen Analyseschritte detailliert aus:

Für die *Analyse der biographischen Daten* habe ich zunächst die Tonbandaufnahme des Interviews angehört und das Transkript dazu gelesen. Dies dient dazu, sich den Interviewten und die Situation zu vergegenwärtigen. Das Tonband mit der Stimme des Interviewten enthält viele Details, die im geschriebenen Text nicht mehr auftauchen. Während der gesamten Auswertungsschritte wird immer wieder auf das Originalmaterial zurückgegriffen, um Stimmungen und Feinheiten, die für die Interpretation von Bedeutung sein können, an Hand des Tonbandes besser deuten zu können. In diesem ersten Auswertungsschritt filtert man die »objektiven« Daten heraus (vgl. Oevermann et al. 1980: 22). Das sind diejenigen, auf deren Deutung der Befragte am wenigsten Einfluss ausüben kann, z.B. Geburtsdatum und -ort, Umzüge, Migration, Besuche von Institutionen, Bildungsgeschichte sowie miterlebte historische Ereignisse. Diese Daten werden dann in den gesellschaftlichen und historischen Kontext gestellt und analysiert. Zu jedem einzelnen Datum werden - unabhängig vom weiteren Lebenslauf - der abduktiven Logik folgend gedankenexperimentelle Hypothesen über die Besonderheit des Datums aufgestellt. Hilfreich dazu sind Kenntnisse über die gesellschaftliche Lage, denen die Daten zuzuordnen sind (vgl. Kümmel 1999: 6). Dabei sind für mich, bei Jugendlichen mit eigener Migrationsbiographie, die Bedingungen in deren Herkunftsland und, alle Jugendlichen betreffend, der Aufnahmegesellschaft in ihrem historischen Kontext interessant. So muss beispielsweise bei einem Jugendlichen, der Anfang der 90er Jahre flieht und in ein Flüchtlingsheim kommt, berücksichtigt werden, dass dies zu einer Zeit war, als Flüchtlingsheime verstärkt zum Ziel rechtsextremistischer Angriffe wurden und dadurch viele Flüchtlinge in Deutschland erneut in Todesangst lebten. Weiterhin ist die familiäre Konstellation interessant sowie die rechtliche

Lage der Jugendlichen und ihrer Familien in der Bundesrepublik, die, wie sich zeigen wird, einen erheblichen Einfluss auf die Lebenssituation hat; darüber hinaus finden Themen wie der Zugang der Familie zu Ressourcen, etwa durch Arbeit, oder die Kontakte der Jugendlichen zu Kontrollorganen hier Beachtung.

Im zweiten Auswertungsschritt, der *Text- und thematischen Feldanalyse* geht es um die Gestalt der erzählten Lebensgeschichte. Dazu wird der Text in Segmente zerlegt, die durch die Kategorien Themen-, SprecherInnen- und Textsortenwechsel gebildet werden. Wie auch bei der Analyse der objektiven Daten werden zu den einzelnen Segmenten mögliche Bedeutungen hypothetisch aufgestellt (vgl. Rosenthal 1995: 218f).

> »Wir wollen nicht nur analysieren, wie die Biographen die soziale Welt erleben, sondern ebenso, wie die soziale Welt ihr Erleben konstituiert. (...) Generelles Ziel der Analyse ist es, herauszufinden, welche Mechanismen die Auswahl sowie die temporale und thematische Verknüpfung der Geschichte steuern.« (Rosenthal 1995: 218)

Die Erlebnisse der Biographen werden weniger von ihrer inhaltlichen Bedeutung für die Biographie betrachtet als vielmehr im Kontext der Textstruktur und somit unter der Fragestellung, was vermittelt werden soll. Dieser Schritt eignet sich, um zu analysieren, welche Funktion eine bestimmte Erzählung an einer bestimmten Stelle im Interview einnimmt, also was der Interviewte mit der Form der Präsentation vermitteln möchte.

Für die *Rekonstruktion der Fallgeschichte* bringt der/die InterpretIn weitere biographische Erlebnisse ein und stellt sie in die Chronologie der erlebten Lebensgeschichte. Im Mittelpunkt steht, welche Bedeutung das Erlebnis zu dem damaligen Zeitpunkt für den Biographen hatte; die einzelnen Erlebnisse werden immer im Kontext der Gesamtbiographie betrachtet (vgl. Rosenthal 1995: 220).

In der *Kontrastierung der erzählten und erlebten Lebensgeschichte* sind nun beide Analyseebenen miteinander zu konfrontieren, wobei es darum geht, die Präsentationsform mit der Erfahrung des Biographen abzugleichen, die ihn zu seiner Darstellung der Lebensgeschichte führt.

Um das Bild der Lebensführung der Jugendlichen zu vervollständigen, habe ich, wie weiter oben schon erwähnt, *zusätzliche Informationen* einbezogen, aus Interviews und informellen Gesprächen mit Mitarbeitern der Strafrechtspflege und der Jugendhilfe. Außerdem hatte ich Einsicht in die Haftakten einiger Jugendlicher.

4.4 Zusammenfassende Beurteilung des methodischen Vorgehens

Ich halte das methodische Vorgehen in vielerlei Hinsicht für angemessen und ertragreich: Die Gesprächsbereitschaft der Jugendlichen und der Inhalt der Interviews bestätigten die narrative Interviewführung als geeignete Methode der Fragetechnik für den Forschungsprozess. Bedenken, dass die Jugendlichen vielleicht schnell nichts mehr zu erzählen hätten und ich darauf nicht mit einem vorgefertigten Fragebogen reagieren könnte, bestätigten sich nicht. Durch die narrativen Nachfragen entlang seiner eigenen Geschichte bekam jeder Interviewpartner individuelle Aufmerksamkeit, die er als angenehm bewertete und die genügend Anreize zur Erzählung der Lebensgeschichte bot.

Die verschiedenen Analyseebenen ermöglichen eine dichte Situations- und Lebensbeschreibung. Die Analysemethode erweist sich als hilfreich, Hintergründe zu Tage zu fördern, die auf den ersten Blick oder mit einem oberflächlicheren Verfahren nicht sichtbar geworden wären - im Prozess der dezidierten Analyse der einzelnen Biographien konnten erstaunlich viele Erkenntnisse gewonnen werden. Der historische und gesellschaftliche Kontext wird nicht allgemein abgeschöpft, sondern in die individuelle Biographie so eingepasst, dass biographische Unterschiede sichtbar bleiben, auch wenn die Jugendlichen alle einen Migrationshintergrund haben, im gleichen Alter sind, gleichen Geschlechts und aus der selben Stadt kommen. Die Analyse ermöglicht Aufschluss darüber, wie sich das Subjekt angesichts verschiedener biographischer Ereignisse situiert. Zu unterschiedlichen Zeitpunkten in der Biographie gibt es diverse Interpretationsmöglichkeiten, die durch die Narrationsanalyse einbezogen werden können. Ich gehe allerdings nicht - wie es die Vorgehensweise Rosenthals impliziert - davon aus, dass es tatsächlich möglich wäre, eine »erlebte« Lebensgeschichte zu rekonstruieren, die in Kontrast zur »erzählten« Geschichte steht, so als gäbe es eine »reale« Version, wie es der Begriff der »objektiven Daten« andeutet (vgl. Apitzsch 2003: 102). Ich benutze diese ausschließlich dazu, um die Lebensgeschichte in einen historischen und gesellschaftlichen Kontext zu stellen.

Der Analyseaufwand, den die Länge des Interviews und das gewählte Auswertungsverfahren mit sich bringt, ist sehr hoch, auch wenn sich von diesem ersten und größten Analyseschritt in der Gliederung der Arbeit nur wenig wieder finden lässt; die Präsentation, die nicht dem biographischen, sondern einem thematischen Verlauf folgt, habe ich gewählt, weil ich sie für theoretische Einsichten ertragreich halte. Ein weiterer Grund ist der, dass ich, wie oben ausgeführt, eben keine Typenbildung vollzogen habe, auf die meistens Rekonstruktionen entlang einer Biographie abzielen. Neben schon dargelegten Gründen würde sie vor allem meinem Forschungsansatz entgegenstehen: Gerade diese Jugendlichen werden ohnehin immer verkürzt auf Typen, auf Stereotypen. Sie sind aber nicht Träger einer einheitlichen Identität, sondern zeigen eine Vielfalt von Kontexten, von biographischen Voraussetzungen und Lebenswegen sowie individuellen Verarbeitungen auf.

Sicherlich wäre die Kombination von Beobachtung und Interview ideal gewesen, war aber aus forschungstechnischen Gründen nicht umzusetzen. Und auch die Beobachtungen von ForscherInnen beinhalten nicht »wahre« Motive des Handelns, sondern immer nur wahrgenommene.

Verknüpft mit der Frage, wie sich Geschlechtskonstruktionen rekonstruieren lassen, ist auch das Problem, dass ich als Forscherin die Maßstäbe setze und durch meine Interpretationen bestimme, was »männliches« Verhalten ist bzw. was sich als geschlechtliches Verhalten interpretieren lässt. Dieses Problem hat mich von Beginn der Forschungsarbeit bis zum Ende immer wieder vor offene Fragen vor allem in der Analyse gestellt. Damit hängt auch die Frage der Konstitution des Gegenstandes bei gleichzeitigem Anspruch der Dekonstruktion zusammen, die ich ja im theoretischen Teil deshalb ausführlich besprochen habe, weil sie für mich ein Grundproblem beim Sprechen über Geschlecht und »Ethnizität« darstellt. Ich konnte das Problem nie ganz auflösen, allerdings überwogen die Argumente, das Thema zu erforschen: Da im gesellschaftlichen Diskurs gerade die Männlichkeit von Migranten ständig angeprangert wird, wäre die Alternative, sich nicht dazu zu äußern, um nicht weiterhin Geschlechterklischees zu bedienen, nicht zufrieden stellend. Es hieße zugleich, das Feld denen zu überlassen, die keine Skrupel vor pauschalisierenden Beurteilungen haben. Mit dieser Arbeit möchte ich deshalb zu einem differenzierten Bild beitragen, um darzustellen, wie heterogen die Ausgestaltungen von Geschlecht auch in einer scheinbar homogenen Gruppe sein können. So können die Bilder, die wir schon über das Leben migrantischer Jugendlicher im Kopf haben, ergänzt und vielleicht auch zurechtgerückt werden - Facetten der Jugendlichen jenseits von Gewalt und Kriminalität werden sichtbar. Auf der anderen Seite zeigt die biographische Rekonstruktion, wie groß und überwölbend die Zwänge sind, in denen die Jugendlichen leben, sich in bestimmter Weise als Männer zu verhalten. Um diese Mechanismen und damit auch gesellschaftliche Herrschaftsmechanismen herauszuarbeiten, halte ich es für notwendig, die Lebensbedingungen dezidiert zu analysieren. Meine eigenen Normalitätsannahmen habe ich insofern versucht in den Hintergrund treten zu lassen, indem ich methodisch unvoreingenommen sowohl das Interview geführt als auch so offen wie möglich ausgewertet habe.

Es gibt keine im Vorfeld angelegten Fragen, die für alle Interviewten gegolten hätten. Allerdings wäre es unrealistisch anzunehmen, dass der/die ForscherIn sich als Person aus der Forschung heraushalten könne - schon allein sein/ihr Interesse an der Forschung und die Auswahl des Themas konstituieren sich um die Person herum. Das muss aber nicht als Problem, sondern kann auch als Ressource betrachtet werden: Der geschärfte Blick für die Phänomene rund um das Untersuchungsfeld, die eigenen Sozialisationserfahrungen in der Gesellschaft sowie die Reflexion der eigenen Konstruktion von Geschlecht im Alltag müssen das Ergebnis nicht zwangsläufig »verfälschen«, sondern können auch zu einer gesteigerten Sensibilität und zu einem besseren Verständnis der Phänomene beitragen.

Die biographische Analyse als Mittel der Vergegenständlichung der »Wahrheit« über ein Subjekt zu betrachten wäre unsinnig, denn dem Vorgehen ist die Einsicht inhärent, dass jeglicher Zugriff auf die Wirklichkeit schon interpretiert ist - auch sprachliches Handeln ist ein interpretativer Akt. InterviewerInnen und InterpretInnen der Biographien bewegen sich in diesem Kontext, das Interview entsteht als Interaktion, an die beide Beteiligten mit bestimmten Erwartungen herangehen; der/die Interviewte reflektiert außerdem seine/ihre Biographie durch die momentane Situation hindurch, in der er/sie sich befindet. Alheit (vgl. 1990: 66) hat diese zunächst als für die Analyse biographischer Erzählungen problematisch erscheinenden Faktoren mit dem Begriff »Biographizität« erfasst: Er meint damit, dass biographischen Verläufen einerseits Sinn und andererseits auch die Möglichkeit zu Lernprozessen gegeben werden kann, indem neues Wissen an biographische Sinnressourcen angeschlossen wird und damit neue Deutungen, Entwicklungen und Handlungsoptionen entstehen. So können Lern- und Bildungsprozesse auch im biographischen Horizont und als biographisches Lernen verstanden werden.

5 Kurzbiographien der Interviewten[1]

Die Kurzbiographien erlauben Einblicke in die Lebenswelten der Jugendlichen. Familiensituation, Schulwege, kriminelle Karriere und biographische Besonderheiten finden hier Erwähnung. Systematisch und ausführlich werden diese Punkte allerdings in den thematischen Kapiteln behandelt.

Abdul

Abdul wird 1980 als Kind kurdischer Eltern in Köln geboren. Sein jüngerer Bruder Muhammet kommt in Syrien zur Welt, denn 1984 zieht die Familie nach Syrien um, geht allerdings 1991 nach Köln zurück. 1993 verlässt der Vater die Mutter, kehrt nach Syrien zurück und nimmt Abdul mit. Der Vater heiratet dort erneut. Abdul hat mit dieser Situation Schwierigkeiten und kehrt mit Hilfe eines Verwandten 1994 alleine in die Bundesrepublik zurück. Seine Mutter hat mittlerweile einen Asylantrag gestellt, sie lebt mit dem jüngeren Sohn im Flüchtlingsheim. Abdul stößt in dieser Situation zu der Familie hinzu. Als er 15 Jahre alt ist, beginnt er Drogen zu konsumieren, er fängt mit Haschisch und Pillen an; in dieser Zeit begeht er auch erste Diebstähle.

Es gelingt der Mutter Ende der 90er Jahre in eine eigene Wohnung nach Köln zu ziehen. Dann heiratet sie einen deutschen Mann, die Heirat bietet ihr und den Kindern die Sicherheit, das Land nicht verlassen zu müssen. Als ihr Ehemann den jüngeren Sohn sexuell missbraucht, trennt sich die Mutter von ihm. Abdul lebt in dieser Zeit meist bei Freunden oder auf der Straße. Kurz darauf wird er zu einer Bewährungsstrafe von einem Jahr auf zwei Jahre verurteilt. In dieser Zeit entscheidet er dann, zum (Noch-)Mann der Mutter zu ziehen. Mit Unterbrechungen lebt er dort ein Jahr lang, bis er 1999 wegen schwerer Körperverletzung in Haft kommt.

Zum Interviewzeitpunkt im Januar 2000 befindet sich Abdul in der Untersuchungshaft der JVA Ossendorf; er ist hier seit drei Monaten inhaftiert. Später erfahren wir, dass Abdul zu zwei Jahren Haftstrafe verurteilt wird und eine Abschiebeandrohung erhält, die sofort nachdem er die Strafe abgesessen hat, umgesetzt wird.

---

1 Die Namen der Interviewten wurden geändert. Die Interviews mit Adnan, Hüseyin, Ömür und Levent habe ich selbst geführt, die anderen meine männlichen Projektkollegen.

Adnan

1979 wird Adnan in Köln geboren. Seine Eltern sind als Gastarbeiter nach Deutschland migriert, sie sind türkischer Herkunft. Der Vater arbeitet als Fließbandarbeiter in einem großen Kölner Betrieb, die Mutter ist Hausfrau. Adnan hat zwei ältere Geschwister und eine jüngere Schwester. Seine schulische Karriere ist von Misserfolgen geprägt, nach der Grundschule, in der er kaum lesen und schreiben gelernt hat, besucht er die Hauptschule. Seine Schulbesuche werden unregelmäßiger, je älter er wird und er verlässt die Schule dann ohne Abschluss in der neunten Klasse. Gefallen findet er am Fußballspielen, er trainiert in einem Verein.

Als Adnan 11 Jahre alt ist, stößt er auf eine Clique in seinem Stadtteil, die seinen weiteren Lebensweg stark prägen wird. Die Clique existiert schon einige Jahre, die Mitglieder sind alle älter als er und größtenteils schon stark kriminalisiert. Hier macht Adnan seine ersten Drogenerfahrungen - er beginnt mit dem Konsum von Haschisch und probiert mit 13 Jahren zum ersten Mal Heroin, wovon er dann abhängig wird. Zum ersten Mal wird er mit 14 Jahren inhaftiert, nach einem Monat Untersuchungshaft wird er wieder auf freien Fuß gesetzt. Als er kurze Zeit später einen bewaffneten Raubüberfall verübt, wird er verurteilt und inhaftiert. Die nächsten viereinhalb Jahre verbringt er mehr oder minder in Haft, unterbrochen nur von zwei Therapien - die er abbricht bevor sie richtig anfangen - und kurzen Zeiten in Freiheit.

Mitte 1998 wird er wegen Besitzes einer geringen Menge Heroins zu 18 Monaten Haft verurteilt. Nach neun Monaten schafft er es erneut, in einer stationären Therapieeinrichtung aufgenommen zu werden. Dort wird er wegen Drogenkonsum rausgeworfen. Statt von hier aus ins Gefängnis zurückzugehen, taucht er bei seiner Freundin, die etwas entfernt von Köln lebt, unter. Er richtet nun hier seinen Alltag ein, spielt Fußball in der Bezirksliga. Nach einigen Monaten greift ihn die Polizei auf und er wird wieder inhaftiert, zunächst für einen Monat in die Jugendstrafanstalt in Siegburg, dann wechselt er nach Köln in den Erwachsenenstrafvollzug.

Adnan wurde im Januar 2000 in der Strafhaft der JVA Köln-Ossendorf interviewt. Er ist nach dem Jugendgerichtsgesetz verurteilt, befindet sich zum Interviewzeitpunkt auf Grund eines von ihm gestellten Antrags im Erwachsenenstrafvollzug. Im August 2000 wird er direkt aus der Haft in die Türkei abgeschoben.

Engin

Engin wird als letztes von sechs Kindern und als einziger Sohn in einem marginalisierten Kölner Stadtteil geboren. Zum Interviewzeitpunkt ist er 19 Jahre alt. Seine Eltern sind als Arbeitsmigranten aus der Türkei eingewandert. Der Vater arbeitet bis 1996 als Betonarbeiter. Wegen eines Bandscheibenvorfalls wird er mit einer Abfindung entlassen und ist seither arbeitslos. Seine Mutter arbeitet als Putzfrau. Zwei der Schwestern leben bei den Eltern und absolvieren eine Ausbildung als Bürokauffrau und Friseurin. Drei Schwestern sind oder waren verheiratet. Zwei der Ehen verlaufen schwierig: Ein Schwager ist Zuhälter und drogenabhängig. Er verlangt von seiner Frau Geld und misshandelt sie. Engin versucht seine Schwester zu schützen und gerät in eine Schlägerei mit dem Schwager. Mittlerweile ist die Ehe geschieden und der Schwager inhaftiert. Die Schwester lebt nun mit ihrer 16jährigen Tochter bei Engins Eltern. Eine andere Schwester ist ebenfalls geschieden und jetzt wieder verheiratet. Sie hat insgesamt vier Kinder, wovon eins behindert ist und in einem Heim lebt.

Engin besucht die Hauptschule bis zur 8. Klasse. Wegen Waffenbesitz und Körperverletzung muss er die Schule verlassen. Er geht zu einer berufsbildenden Schule im Kölner Umland und beginnt eine Ausbildung zum Maler und Lackierer. Nachdem die Polizei ihn ein Mal von der Schule abholt, wird er entlassen. Er arbeitet zwei Monate bei einer Leihfirma in Siegen in der Produktion.

Nach einigen Straftaten bekommt Engin die gerichtliche Auflage, eine Anti-Aggressionstherapie mitzumachen. Seine Gewalttätigkeiten und der Kleinkrieg seiner Clique mit anderen Cliquen bereiten ihm weitergehende Probleme, beispielsweise erhält er in seiner Stammdiskothek nach einer großen Schlägerei Hausverbot. Engins Clique ist ein Zusammenschluss türkischer Migrantenjugendlicher. Einige der Freunde sind drogenabhängig, er selbst nimmt weder Drogen noch raucht er. Wegen Bedrohung, Autoeinbrüchen und Raub wird er in Köln inhaftiert. Seine Familie besucht ihn regelmäßig.

Franco

Franco ist 1980 in Köln geboren und hat zwei ältere Schwestern. Seine Familie kommt aus Eritrea. Wegen der politischen Tätigkeit des Vaters sind sie als politische Flüchtlinge anerkannt.

Franco wächst in Köln-Mülheim auf und geht dort auch zur Schule. Nach der Grundschule kommt er auf das Gymnasium. In seiner Klasse ist er der einzige Jugendliche mit Migrationshintergrund. Schon in der Grundschule erlebt er, dass er auf Grund seiner Hautfarbe diskriminiert wird.

1990 endet der Bürgerkrieg in Eritrea und sein Vater kehrt 1994 zurück. Die Eltern haben die Absprache getroffen, dass die Mutter mit den Kindern solange in der Bundesrepublik bleibt, bis diese ihre Ausbildungen beendet haben. Dann sollen alle nach Eritrea nachkommen. Franco ist damit allerdings nicht einverstanden. Bei einem Besuch des Vaters fühlt er sich in dem Land, in dem er nie gelebt hat, unwohl. Man behandelt ihn als »Ausländer« und weil er einen Ohrring trägt wird er als »Mädchen« verspottet.

Die erste Anzeige wegen Körperverletzung bekommt Franco mit 14 Jahren. Ursache ist eine Schlägerei im Karneval. In dieser Zeit beginnt er Alkohol zu trinken und Haschisch zu rauchen. Mit 16 Jahren wird er vom Gymnasium verwiesen, weil ihn Schulkameraden des Drogenhandels beschuldigen. Mit 17 kommt er zum ersten Mal in Untersuchungshaft, dort bleibt er nur einen Monat. Weil er die Handelsschule besucht erachtet die Haftrichterin es als sinnvoll, dass er auf der Schule bleiben kann, anstatt inhaftiert zu werden. Später beginnt er, Heroin zu konsumieren und begeht mit seiner Clique Diebstähle und Einbrüche, um Geld dafür zu beschaffen. Mit 19 Jahren wird er zum zweiten Mal in Haft genommen und wegen Raub zu 16 Monaten ohne Bewährung verurteilt. Nach der Untersuchungshaft in Köln sitzt er seine Strafe in der JVA Siegburg ab.

Hüseyin

Hüseyin kommt im Januar 1982 als zweiter Sohn einer kurdischen Familie in einem kleinen Dorf in der Osttürkei zur Welt. Von dort aus zieht die Familie nach Ankara und dann zurück aufs Land. 1987 flüchtet der Vater zunächst in die Schweiz, 1989/1990 kommt er in die BRD und beantragt Asyl.

1990 misshandelt das türkische Militär Hüseyins älteren Bruder, der davon eine schwere geistige Behinderung beibehält. Zwei Jahre später migriert die Mutter in die BRD. Ein Onkel, der schon länger hier lebt und dessen Situation besser als die des Vaters ist, lädt sie ein und beschafft ihr damit ein Visum, durch das sie einreisen kann. In der Zeit leben die Kinder in der Türkei bei den Großeltern auf dem Land. Im Juni 1993 holen die Eltern ihre beiden Söhne in die BRD. Seit Hüseyin in Deutschland ist, lebt er in einem Kölner Flüchtlingsheim. 1995 kommt dort sein 13 Jahre jüngerer Bruder zur Welt.

Der Vater, der einige Jahre als Bäcker arbeiten konnte, ist zum Zeitpunkt des Interviews arbeitslos. Hüseyins Mutter ist Hausfrau. Sie leidet an einer Herzerkrankung und an Asthma. Beide Eltern sind Analphabeten. Hüseyins älterer Bruder besucht eine Behindertenschule mit angeschlossener Werkstatt. Große Teile der elterlichen Familie sind auf Grund der Verfolgung in der Türkei schon länger in Deutschland, in Dänemark oder den Niederlanden. Die Eltern, die in der Türkei zwar nicht staatlich, aber dennoch verheiratet waren, heiraten 1998 offiziell in der Bundesrepublik.

Fünf Monate nach seiner Ankunft beginnt Hüseyin einen Schulvorbereitungskurs und besucht im Anschluss die Hauptschule. In der achten Klasse schwänzt er die Schule öfter und verlässt sie nach der neunten Klasse. Danach arbeitet er für ein Jahr in der Jugendwerkstatt Mülheim, besucht die Berufsschule und wechselt dann in die Erwachsenenwerkstatt (mit Berufsschule) in Ehrenfeld.

Mit 15 Jahren bekommt Hüseyin eine Vorstrafe wegen Fahrraddiebstahls. Ein Jahr später hat er eine tätliche Auseinandersetzung mit einem anderen jungen Mann, das Gericht verurteilt ihn wegen Körperverletzung zu 20 Sozialstunden. Kurz darauf landet er aus mir unbekannten Gründen für einen Monat in der Untersuchungshaft der JVA Köln, die er nach der Haftprüfung wieder entlassen kann. Gemeinsam mit drei anderen Jugendlichen raubt er Ende 1998 einen Bankautomaten aus, wird erwischt und zu 18 Monaten Haftstrafe verurteilt. Er bleibt sieben Monate in U-Haft in Köln-Ossendorf, seitdem ist er in Siegburg in Strafhaft. Seine prekäre Lage auf Grund des Aufenthaltsstatus ist wieder etwas entspannt: Das Ausländeramt hat seiner Familie die Duldung verlängert und Hüseyin hofft, nach der Entlassung davon zu profitieren, indem auch seine Duldung verlängert wird.[2] Das Interview findet Anfang Februar 2000 in der JVA Siegburg statt. Hüseyin ist zu diesem Zeitpunkt seit einem Jahr inhaftiert und erwartet seine baldige vorzeitige Entlassung. Kurz vor dem Interview hat er Besuch von seinen Eltern gehabt.

2 Migrantenjugendlichen mit befristeter Aufenthaltserlaubnis oder Duldung wird diese in der Haft nicht mehr verlängert. Nur in begründeten Ausnahmefällen kann sie verlängert werden, z.B. um die Genehmigung zum Besuch einer Therapie zu erhalten, die eine sechsmonatige Aufenthaltserlaubnis voraussetzt.

Iwan

Iwan wird 1980 in Kasachstan geboren. Er hat einen zwei Jahre jüngeren Bruder und eine 14 Jahre jüngere Schwester. Der Vater ist Frühinvalide, muss die Arbeit aufgeben, und von da an ernährt die Mutter die Familie. In der Folgezeit wird der Vater zum Alkoholiker.

Bis zur 9. Klasse besucht Iwan eine Schule, die er leicht bewältigt, allerdings berichtet er auch von ständigen Schlägereien mit anderen Jugendlichen. Einige Male haut er von zu Hause ab und kommt in ein Heim für Jugendliche. Mit ca. 14 Jahren lernt er eine sechs Jahre ältere Frau kennen, mit der er eine Beziehung eingeht. Als sie zwei Jahre später in eine andere Stadt zieht, geht die Beziehung zu Ende. Mit 15 macht Iwan erste Begegnungen mit Alkohol und beginnt regelmäßig zu trinken.

1994 beschließt die Familie nach Deutschland auszuwandern und stellt den dafür notwendigen Antrag. Von 1995 bis 1998 besucht Iwan - noch in Kasachstan - eine Berufsschule, die er kurz vor dem Ende des dritten Jahres verlässt, weil die Familie nach Deutschland übersiedelt.

Im Mai 1998 kommt die Familie nach Deutschland. Sie lebt in Köln im selben Heim wie die zuvor übergesiedelte Großmutter. Im Sommer reist auch seine Freundin, mit der er seit zwei Jahren zusammen ist, mit ihrer Familie nach Deutschland ein und lebt zunächst in einem Aufnahmelager. Sie ist im fünften Monat von Iwan schwanger. Noch bevor sich die beiden wieder sehen, stirbt sie bei einem Autounfall. Drei Monate später stirbt auch Iwans Mutter, sie hat eine Blutvergiftung. Iwan trinkt daraufhin wochenlang Alkohol und steht unter starker psychischer Belastung.

Kurze Zeit später kommt er in Untersuchungshaft, weil er mit einer Gaspistole im Übergangswohnheim betrunken herum schießt. In einem Jugendstrafverfahren wird er nach sieben Monaten U-Haft frei gesprochen. Nach der Entlassung aus der Haft trennt er sich vom Vater und bezieht ein Zimmer in einem anderen Kölner Aussiedlerheim. Sein Bruder geht mit ihm. In den folgenden Monaten beginnt Iwan eine Ausbildung, bekommt dort aber Schwierigkeiten, weil er wegen seines Alkoholkonsums nicht regelmäßig erscheint und oft auch während der Arbeit betrunken ist. Daher wird er entlassen. Iwan droht mehrere Male mit Selbstmord und lässt sich in eine psychiatrische Klinik einliefern.

In betrunkenem Zustand (3,5 Promille) zündet er sein Zimmer im Übergangswohnheim an und wird wegen Menschen gefährdender Brandstiftung zu zwei Jahren Haft ohne Bewährung verurteilt. Dies ist außerdem mit einer Auflage zu einer stationären Therapie auf Grund seiner Alkoholabhängigkeit verbunden. Zwei Monate nach dem Urteil versucht er, sich in der Haft zu erhängen, was der Zellenkollege verhindert.

Ömür

1980 wird Ömür als zwölfter von dreizehn Brüdern in Köln geboren. Der Vater ist türkischer, die Mutter deutscher Herkunft. Die Eltern haben sich in der Bundesrepublik kennen gelernt, als die Mutter 14 und der Vater 27 Jahre alt waren. Die Eltern der Mutter akzeptieren die Beziehung nicht, woraufhin das Paar in die Türkei migriert. Dort bekommen sie sechs Söhne. Als sie sich entscheiden, wieder nach Deutschland zurück zu kehren, bleiben die in der Türkei geborenen Söhne beim Großvater. In der Bundesrepublik bekommt das Paar weitere sieben Söhne. Wenn Ömür über seine Brüder spricht, meint er diese, die anderen kennt er nicht. Seinen Vater beschreibt er im Interview als in seiner Kindheit sehr gewalttätig. Heute betreibt der Vater ein Café, die Mutter ist Hausfrau.

Ömür hat im Kindergarten Probleme auf Grund aggressiven Verhaltens. Nach der Grundschule wechselt er auf eine Schule für Schwererziehbare, von dort auf eine Sonderschule. Danach besucht er eine Jugendwerkstatt. Mit acht Jahren beginnt Ömür in verschiedenen Kampfsportdisziplinen zu trainieren und hat dies bis heute beibehalten. Auch in der JVA trainiert er ständig.

Als Ömür 13 Jahre alt ist, zieht die Familie in einen anderen Stadtteil um. Im neuen Haus leben Kinder, mit denen Ömür gemeinsam Diebstähle und Raubdelikte begeht. Wegen eines Handtaschenraubs an einer älteren Dame kommt er erstmalig in U-Haft. Er bleibt drei Monate und wird dann mit 10 Monaten auf Bewährung entlassen. Fünf Tage später folgt ein Einbruch in eine McDonalds-Filiale, darauf weitere Delikte. Später verübt er alleine Raubüberfälle.

Zum Interviewzeitpunkt ist er zum fünften Mal inhaftiert und verbüßt eine Jugendeinheitsstrafe von 30 Monaten. Seine Delikte sind Diebstahl, Einbrüche, Raub, oft mit Gewalttätigkeiten verbunden. Seine Gewalttätigkeit richtet er auch gegen sich selbst, sein Körper ist übersäht von Schnittwunden. In der JVA Köln hat er an einem Antiaggressionstraining teilgenommen und wird für die weitere Teilnahme an einem solchen Training für zwei Monate von Siegburg nach Heinsberg verlegt. In der JVA Siegburg arbeitet er im Reinigungsbereich.

Levent

Levent wird 1978 als Sohn einer wohlhabenden kurdischen Familie auf dem Land in der Türkei geboren. An seine frühe Kindheit hat er sehr viele gute Erinnerungen, die aber jäh in den 80er Jahren enden. Die politische Situation für Kurden verschlechtert sich noch mehr und zudem stehen einige seiner Familienmitglieder der PKK nahe. Levent erzählt, wie sein Vater und sein älterer Bruder vom Militär misshandelt werden und das Leben immer bedrükkender und angstbestimmter wird. Um Levent zu schützen, bringt sein Vater ihn zu einem Onkel in eine Stadt, wo er zwei Jahre lang lebt und im heimischen Betrieb arbeitet.

Dann flüchtet Levents Bruder und der Vater schickt 1994 auch Levent nach Deutschland, weil er Angst um seine Sicherheit in der Türkei hat. Der Abschied fällt Levent sehr schwer. In Köln stellt er einen Asylantrag, wird in einem Heim untergebracht. Er besucht eine Jugendwerkstatt und eine Vorbereitungsklasse der Berufsschule, wäre aber lieber zur Regelschule gegangen. Zuletzt hatte er versucht, an der Volkshochschule die 10. Klasse zu absolvieren, den Abschluss aber nicht geschafft.

Die Hilfe von anderen in Deutschland lebenden Familienmitgliedern will er nicht annehmen, da er nicht nur aus Pflichtgefühl unterstützt werden möchte. In seiner Umgebung lernt er Freunde kennen, die sich im Drogenmilieu bewegen. Nach einiger Zeit beginnt er zu dealen, wird aber schnell erwischt und bekommt eine eineinhalbjährige Haftstrafe zur Bewährung ausgesetzt. 1999 wird die Bewährung wegen Nichterfüllung der Auflagen widerrufen. Levent selbst konsumiert keine harten Drogen. Im Sommer 2000 wird er wegen guter Führung früher aus der JVA Siegburg entlassen, bekommt allerdings vorher eine Abschiebeandrohung. Heute ist er abgeschoben.

Muhammet

Muhammet wird 1984 in Syrien als zweiter Sohn der Familie geboren. Anfang der 90er Jahre migriert die Familie erneut in die Bundesrepublik, wo sie vorher schon einige Jahre lebte. Kurze Zeit später verlässt der Vater die Familie mit Muhammets Bruder Abdul und remigriert nach Syrien, so dass Muhammet und seine Mutter seit Beginn der 90er Jahre als Asylbewerber in Kölner Flüchtlingsheimen untergebracht sind.

Muhammet kann die Grundschule nicht kontinuierlich besuchen, weil er mit seiner Mutter von einem Flüchtlingsheim ins andere zieht. Er besucht eine Haupt- und dann eine Sonderschule.

Um in Deutschland bleiben zu können, heiratet die Mutter Ende der 90er Jahre einen Deutschen. Der Stiefvater deckt die beginnenden Straftaten Muhammets vor der Mutter und hilft bei Problemen mit der Polizei. Als die Mutter erfährt, dass er Muhammet sexuell missbraucht, trennt sie sich von ihm. Für Muhammet beginnt nun eine »Heimkarriere«. Er lebt in verschiedenen Kinderheimen, die er verlassen muss, nachdem er unter anderem Erzieher geschlagen und Raubüberfälle begangen hat. Mit 13 Jahren ist er für sechs Monate in einem geschlossenen Heim untergebracht, aus dem er mehrmals zu fliehen versucht. Er wird aber immer wieder festgenommen, kommt zwischenzeitlich für sechs Wochen in eine Kinder- und Jugendpsychiatrie, dann wieder ins Heim.

Bevor Muhammet strafmündig wird, begeht er Diebstähle und Raubüberfälle. Er wird wiederholt von der Polizei in Gewahrsam genommen. Er ist Anführer einer Clique, der ca. 50 Kinder und Jugendliche angehören. Fast alle Mitglieder der Clique sind älter als er.

Nach seinem 14. Geburtstag wird er verhaftet und wird zu einer Haftstrafe von einem Jahr und zehn Monaten auf Grund mehrerer Delikte verurteilt. In der U-Haft in Ossendorf sticht er einen Jugendlichen mit dem Messer nieder und bekommt zusätzlich zwei Monate Haft. Zur Zeit des Interviews ist er in Siegburg inhaftiert.

Murat

1980 wird Murat als ältester Sohn von sechs Kindern in der Türkei geboren. Die kurdische Familie lebt in einem kleinen Dorf und betreibt dort Landwirtschaft und einen Laden. In der Umgebung gibt es außer zwischen 1988 und1990 keine Schule für die Kinder, so dass Murat in seiner Kindheit und beginnenden Jugend nur zwei Jahre lang in der Schule war.

Als Murat 13 Jahre alt ist, nimmt die Polizei ihn und seinen Vater mehrmals für einige Tage in Gewahrsam. Sie hegt den Verdacht, dass Murat und sein Vater PKK-Unterstützer seien. Weil seine Eltern um sein Leben fürchten, entschließen sie sich, Murat außer Landes zu bringen. 1994 flüchtet er in die Bundesrepublik; die Stadt Köln bringt ihn in einem Jugendheim für unbegleitete Flüchtlinge unter. Derweil läuft sein Asylverfahren, bis ihm 1997 nahe gelegt wird, die BRD zu verlassen, da es keine Aussicht auf Erfolg habe.

Daraufhin reist er illegal in die Türkei ein, besucht seine Eltern. Da das Risiko entdeckt zu werden im Dorf der Eltern zu groß ist, zieht er nach Antalya. Dort lernt er eine deutsche Urlauberin kennen und die beiden beginnen eine Beziehung. In einem späteren Telefonat teilt sie ihm mit, dass sie schwanger von ihm ist. Daraufhin kehrt er in die BRD zurück, versucht den Antrag auf Asyl in der Nähe seiner Freundin zu stellen, wird aber nach Köln geschickt, weil er dort zuletzt gelebt hatte. Auf Grund der Residenzpflicht kann er seine Freundin kaum sehen. 1999 verübt er einen Raubüberfall und kommt daraufhin in Untersuchungshaft nach Köln.

Reza

Reza kommt 1981 in Teheran zur Welt. Er ist das vierte Kind der Familie, hat einen älteren Bruder und zwei Schwestern. Vor seiner Geburt migriert seine Mutter mit ihrer Familie in die Türkei und lebt dort eine längere Zeit, kehrt dann aber in den Iran zurück, wo sie den Vater heiratet. Der Vater ist politisch aktiv und wird deshalb für fünf Jahre inhaftiert. Die erste Begegnung mit dem Vater, an die sich Reza erinnert ist, dass er ihn mit vier Jahren in der Haft besucht und daraufhin einen Schock bekommt. Einige nahe Verwandte werden im Iran ermordet. 1985 gelingt es der ganzen Familie nach Berlin zu flüchten.

1987 kommt die Familie nach Düren ins Flüchtlingsheim. Reza besucht ab 1988 die Grundschule. In dieser Zeit lebt ein Verwandter bei der Familie, der Reza über vier Jahre lang sexuell missbraucht. Als seine Mutter davon erfährt, bekommt sie einen Nervenzusammenbruch.

Bis zur 6. Klasse geht er in eine Hauptschule, wird von dort auf eine Sonderschule überwiesen. Dann beginnt er, Drogen zu konsumieren, vor allem Haschisch und Kokain. Um seinen Drogenkonsum zu finanzieren, begeht er Einbrüche und Raubüberfälle. Er kommt einige Male in Kontakt mit der Polizei. Zwei Mal muss er für einige Woche in ein Heim für Schwererziehbare. 1995 wird die erste Anzeige wegen schwerem Raub und schwerer Körperverletzung gegen ihn erstattet, wofür er eine Bewährungsstrafe erhält.

1996 lassen sich die Eltern scheiden. Reza bleibt zunächst bei der Mutter und hält sich dann später öfter bei dem Vater auf, der mittlerweile in Köln einen Kiosk eröffnet hat. Seine Mutter hat Krebs und ist schwer krank. Im Gegensatz zu Reza haben alle seine Geschwister einen Beruf: Der Bruder ist Zahnarzt, beide Schwestern haben eine Ausbildung als Bürokauffrau, eine studiert nun Jura.

Wegen mehrerer Straftaten wird er zu zwei Jahren und zwei Monaten Jugendstrafe verurteilt. Im Gefängnis in Heinsberg holt er seinen Schulabschluss nach und beginnt eine Lehre. Reza ist psychisch sehr instabil und leidet an einer Borderline-Störung. Zwei Mal versucht er in der Haft Selbstmord zu begehen.

Im folgenden Teil der Arbeit stehen die Biographien der Jugendlichen im Mittelpunkt. Die Analyse habe ich zunächst unter zwei Gesichtspunkten angeordnet: Zum Ersten werde ich Kontexte darstellen, in denen sich die Jugendlichen bewegen, also Familie, Schule, Peergroups und andere Milieus sowie das Flüchtlingsheim und später das Gefängnis. Darin eingeflochten sind Themen, die die Persönlichkeit der Jugendlichen prägen, wie ihre Fluchtgeschichte. Zum Zweiten konzentriere ich die Analyse auf biographisch relevante Ereignisse und Themen, die Auswirkungen auf die Vergeschlechtlichungsprozesse haben. Dazu gehören sexualisierte Gewalterfahrungen, das Thema Homosexualität sowie Beziehungen zu Mädchen. Kontexte und relevante Themen lassen sich aber analytisch nicht ganz trennen, denn sie gehören biographisch zusammen.

6 Familie

Migrantenfamilien wird im öffentlichen Diskurs ein besonders problematisches Geschlechterverhältnis unterstellt, was vor allem daher rührt, dass man gemeinhin von kulturellen Spezifika ausgeht, die ihr Familienleben bestimmen würden. Unterschiedlichste Menschen und Lebensformen werden in der Vorstellung von *der* Migrantenfamilie zusammengefasst, an die sich die Zuschreibungen überschlagen.[1]

> »Der private Raum, in dem sich die Familie aufhält, gilt als Zelle der Kultur ›Anderer‹, in der ›Geschlechtertrennung‹, ›Frauenverachtung und -unterdrückung‹ oder die Auflösung derselben produziert wird.« (Lutz/Huth-Hildebrandt 1998: 162)

Was die Rolle der Männer in der Familie betrifft, dominiert folgendes Bild: Männliche Migranten und deren männliche Nachkommen seien, anders als deutsche Männer, traditionell und rückschrittlich, in Patriarchat, Autoritäten und Sippen verhaftet - im Familienleben zeige sich das deutlich, sie beherrschten Frau und Kinder. Die Migrantin sei das Opfer dieser Verhältnisse, im Gegensatz zur deutschen Frau fehle ihr die Eigenständigkeit, sie habe den langen Weg der Emanzipation noch vor sich (vgl. Westphal 2000: 185). Medien orientieren sich vor allem in ihrer Beschäftigung mit islamischen Frauen ständig an der Dichotomie »Tradition vs. Moderne«, flankiert von einer paternalistischen Haltung, die ebenso Frauen in der Türkei wie auch Migrantinnen in der Bundesrepublik einschließt (vgl. Farrokhzad 2002: 88ff).

Auf die problematische Konstruktion, dass die Migrantenfamilie das Althergebrachte konserviere und tradiere, haben Bukow und Llaryora schon 1988 hingewiesen und kritisiert, dass sie nichts über den Einwanderer, aber viel über den gesellschaftlichen Umgang mit Einwanderung aussagt. Was diesen Umgang für die Frage der Geschlechter angeht, hat Helma Lutz (vgl. 1992: 86) ihn als den Autochthonen nützlich analysiert: Westliche Frauen kreieren mit solchen Bildern in orientalischen Frauen ihr Gegenbild - diese Zuschreibung wird sogar zu einem konstitutiven Element der Emanzipation. In der Verstetigung dieser Diskurse gewinnt der islamische Patriarch[2] als Gegenbild zum zivilisierten westlichen Mann momentan mehr denn je an

---

1 Vgl. ausführlich in Kapitel 2.2

2 Vgl. Einleitung, Fußnote 1; eine Tendenz zur Vermischung von Begriffen wie »islamisch«, »orientalisch«, »türkisch«, mit Konnotationen von patriarchaler Gesellschaft, in denen eine ungezügelte und gefährliche Männlichkeit ausgelebt wird, die »den Westen« bedroht, hat seit der Terrordebatte nach dem 11.9. noch

Bedeutung. Im gleichen Atemzug wie *die* westliche Frau mit dem Gegenbild *der* orientalischen Frau sich selbst als emanzipiert begreift, profitieren westliche Männer, indem sie sich vom »unterdrückenden orientalischen Patriarchen« abgrenzen (vgl. Jäger 2000: 1). Sie werden damit zu Trägern von Fortschritt und Emanzipation - und zwar ohne etwas dafür tun zu müssen. Und zusätzlich erlaubt ihnen diese Abgrenzung, hegemoniale und subordinierte Männlichkeiten festzuklopfen. Die unablässig erzeugten oder reproduzierten Dichotomien konstruieren ein hierarchisches Verhältnis von »uns« zu »den MigrantInnen« - vergeschlechtlichte und ethnisierte Konstruktionen gehen miteinander einher und machen die Dichotomie wasserdicht.[3]

Ein Bestandteil dieses Diskurses ist der große Einfluss, der eben jenen Migrantenvätern in neuen Studien für Gewalttätigkeit und Kriminalität ihrer Söhne beigemessen wird. Deshalb möchte ich mit kritischem Blick auf die beschriebenen Tendenzen im Folgenden vor allem die Beziehung der hier untersuchten jungen Männer zu ihren Vätern beleuchten; dadurch entsteht eine Grundlage, den Diskurs bestätigen oder verwerfen zu müssen. In den Erzählungen der Jugendlichen spiegeln sich vielfältige familiäre Konstellationen, Geschlechterbeziehungen und Verhältnisse der Kinder zu ihren Eltern wider. Die unterschiedlichen Beziehungen und die Reflexionen ihrer Familiensituation (die die Jugendlichen manchmal auch mit Hilfe des Rückgriffs auf beschriebene herrschende Diskurse vollziehen), werden nun dargestellt und analysiert.

---

zugenommen. Dabei ist »der südländische Macho« (Italiener, Spanier...) aus dem Blick geraten; diese Diskursverlagerung deutet auch auf eine andere gesellschaftliche Stellung europäischer Migranten in der Bundesrepublik hin.

3 Vgl. Kapitel 2.3; mein Anliegen ist es nicht, die Kategorie Geschlecht zu relativieren. Gümen (2000: 177f) formuliert im Zusammenhang von Familie, Geschlecht und Ethnisierung zutreffend: »Damit ist weder eine Gleichsetzung von Vergeschlechtlichung und Ethnisierung noch eine Relativierung des Geschlechtlichen gemeint (wie in einigen Kreisen der Frauenforschung vermutet wird). Vielmehr ist darauf hinzuweisen, dass die binär strukturierte Geschlechterhierarchie weder in sich abgeschlossen noch von anderen Hierarchisierungsprozessen abgetrennt ist. Denn die verschiedenen Formen der sozialen Ungleichheit lassen sich in ihrer wechselseitigen Beeinflussung weder kausal noch im Sinne eines isolierten ›Hauptwiderspruchs‹ erklären.«

6.1 Der Vater als Aggressor

In den biographischen Erzählungen der Jugendlichen sind autoritäre oder schlagende Väter durchaus ein Topos, was auf den ersten Blick Pfeiffer und Wetzels (2000) These[4] bestätigen könnte, an deren Kernaussagen vorab noch einmal kurz erinnert sei: Gerade in Familien mit türkischem Migrationshintergrund würden die Kinder Gewalt durch die Väter erleben und erlernen. Die Väter hätten aus ihrem Herkunftsland gewohnte patriarchale Männlichkeitsmuster mitgebracht, die sie in der Bundesrepublik einfach weiterleben wollten. Die in der Untersuchung festgestellte höhere Gewaltbereitschaft von jugendlichen Migranten sehen die Forscher so als Ergebnis eines Zusammenspiels von innerfamiliärer Gewalt, hierarchischen Familienstrukturen, einer höheren Gewaltbereitschaft und -akzeptanz mit traditionellen Männlichkeitskonzepten. Durch diese Faktoren, so Pfeiffer und Wetzels, geriete die jüngere Generation in eine Legitimationskrise, da die Jugendlichen in einer modernen Gesellschaft aufwüchsen und so in einen Zwiespalt zu den elterlichen und vor allem den väterlichen Werten kämen. Durch diesen Umstand fänden sich die Kinder in einer Zwangslage wieder, in der sie auf der einen Seite die Muster der Väter reproduzierten, sich aber auf der anderen Seite der Prägung durch »die deutsche Kultur« ausgesetzt sähen: Diese Unvereinbarkeit oder Konkurrenz verschiedener Werte vertiefe ihren Konflikt in beide Richtungen, sowohl mit den Vätern als auch mit der Gesellschaft.

> »Die Familie wird so zum Austragungsort von wachsenden Konflikten, in denen ein Teil der Väter unter Einsatz körperlicher Gewalt versucht, eine traditionelle Ordnung aufrecht zu erhalten. Die besonders hohe Gewaltrate männlicher türkischer Jugendlicher erscheint damit auch als Ausdruck eines Männlichkeitskonzeptes, das unter den sozialen Rahmenbedingungen unseres Landes mit wachsender Aufenthaltsdauer in eine tiefe Legitimationskrise gerät.« (Pfeiffer/Wetzels 2000: 22)

Mit den Ergebnissen von Pfeiffer und Wetzels sind auch solche Jugendlichen gemeint, wie sie hier im Mittelpunkt der Untersuchung stehen. Nachdem ich sie in Kapitel 5 eingeführt habe, konzentriere ich die Analyse ihrer Erzählungen über familiäre Kontexte auf folgende Fragen: Was erzählen die Jugendlichen über ihre Eltern, vor allem über die Väter, welches Verhältnis von Eltern und Kindern zeigt sich darin? Lassen ihre Erzählungen auf das Vorhandensein solcher Geschlechterklischees schließen und auch darauf, dass auch sie sich in

4 Vgl. dazu ausführlich Kapitel 3.5

ebenjenem Konflikt wieder finden, der maßgeblich für ihre Vergeschlechtlichung und auch ihre problematischen Lebenswege sei?

Ich beginne mit Ömürs Biographie, denn bei ihm, der im Interview oft von seinem gewalttätigen Vater erzählt, scheint die These von Pfeiffer und Wetzels zunächst weitgehend zuzutreffen. In der Haupterzählung erklärt Ömür seine Delikte, die meist mit Gewalttätigkeiten verbunden sind, als eine Reaktion auf die Gewaltausübung des Vaters; dessen Schläge hätten ihn dazu gebracht, selbst aggressiv und gewalttätig zu werden. Erzählt er von seinem Vater, benutzt er eine harte Sprache:

> Ömür: Die eh, ej die Schläge, die ich von zu Hause von meinem Vater bekomme, die waren nicht mehr normal. Erst fing er mit m Gürtel an, mit der Schnalle und dann wird wurd's immer härter, mit m Stock, mit Knüppel, mit Baseballschläger hat er mir die Beine zertrümmern wollen, mit m Hammer hat er mich geschlagen. Und dadurch is is das geworden, dass ich so kriminell geworden bin, aber ich hab meinen Ausflucht gesucht (4).

Die Gewalttätigkeit des Vaters richtet sich nicht nur gegen Ömür, sondern auch gegen dessen Mutter:

> Ömür: Ja mein Vater, der war damals war der n Alki, also was heißt Alki, der hat viel getrunken und der hat auch damals auch gekifft also Haschisch. Und damals der war aggressiv, der hat meine Mutter sehr oft wehgetan, sehr oft und umso älter er geworden, umso weniger hat er getrunken, umso weniger hat er meine Mutter geschlagen. Und mein eh ältester Bruder und wir-, der traut sich meine Mutter gar nich anzufassen, und wenn ich damals die Möglichkeit hätte, wenn ich die Kraft dazu hätte, hätte ich ihn umgebracht, weil der hat meiner Mutter mal n Messer reingerammt und hat sie hier so ne Narbe am Bauchnabel gezogen damals. Und das hat sich alles geregelt, der hat mit den Drogen aufgehört, der hat mit dem Alkohol aufgehört und meine Mutter hat ihn immer geliebt, also sie hat nie nie einmal sagen können ›nee ich will nich mehr‹, sie is immer mit ihm zusammen geblieben, ja.
> Interviewerin: Warst du dabei, als das passiert ist?
> Ö: Ja, ich war einmal dabei, wo er sie eh geschlagen hat. Bin ich sogar zwischen gegangen, hab selber Schläge bekommen, sie hat ihre, also sie hat n Schlag bekommen, bin ich hingegangen, hab sie verteidigt und hab die Schläge bekommen, sie hat keine mehr bekommen, das war mir auch scheißegal gewesen.

Ömür sieht Alkohol als Verstärker für die Gewalttätigkeit des Vaters: Später, als der Vater weniger getrunken habe, sei er auch weniger gewalttätig gewesen. Mit zunehmendem Alter können Ömür und seine Brüder dem Vater Einhalt gebieten; dieser habe sich kaum mehr gewagt, die Mutter zu schlagen, da er

Sanktionen der Söhne befürchtet habe. Ömür erzählt auch, dass er selbst kaum Alkohol trinke und sich auch sonst nicht für Drogen interessiere.

Im Familienleben dominieren gewalttätige Auseinandersetzungen den Alltag, und auch wenn es keine direkte Gewaltanwendung gibt, so setzt sich diese doch implizit in den Handlungen der Familienmitglieder fort. Ömür ist auch gegen sich selbst hart, durch körperliches Training diszipliniert er ständig seinen Körper - auch diese gegen sich selbst gerichtete Härte begründet er mit den Auseinandersetzungen, die er mit seinem Vater hatte. Für die Gewalt des Vaters nennt Ömür allerdings auch ein konkretes Motiv: Er will mit Schlägen gegen die Kriminalität des Sohnes vorgehen.

> Interviewerin: Kannst du mal so eine Situation erzählen, warum dein Vater das gemacht hat?
> Ömür: Ich hab geklaut, ich hab geraubt und ich hab ihn beklaut. Und das wollte er mit Gewalt verhindern und man sagt man schlägt mehr rein als raus, das is auch n Sprichwort. Und der hat das bei mir so gemacht, umso mehr der mich geschlagen hat, umso mehr wollte ich ihm beweisen dass er damit keine Chance hat. (...) Und mein Leben zu Hause war auch nicht ganz leicht, denn wenn ich geklaut habe oder geraubt hab, hab ich von meinem Vater immer das gekriegt, was ich kriegen sollte, und die Gewalt die ich von meinem Vater bekommen hab, die hab ich an meiner Mutter also- /((schmunzelnd))/ nich an meiner Mutter, sondern an anderen Leuten ausgelassen und ich hab immer mir ein Ausflucht gesucht dadurch. Ich weiß, dass sich das jetzt irgendswie komisch anhört, aber dat is so.

Die Gewalttätigkeit des Vaters gegen Ömür ist auch ein Zeichen dafür, dass ihm die Erziehung seines Sohnes völlig entglitten ist; die Schläge werden zu fehlgeschlagenen Versuchen, Ömür zur Räson zu bringen. Er übt damit auf seinen Sohn Druck aus, der diesen weiter in die Gewalttätigkeit treibt; positive Auswirkungen dieser »Erziehungsmaßnahmen« lassen sich nicht ausmachen. Ömür entfernt sich immer weiter von seinem Vater und wenn dieser eine Besserung des Sohnes erreichen wollte, dann ist er gescheitert.

Für Ömürs Kindheit und Jugend war die Gewalttätigkeit des Vaters prägend, sie beschäftigt ihn als familiäres Problem, bietet ihm zugleich eine Erklärung für seine eigene Entwicklung und seine Gewalttätigkeit. Ömürs Interpretation der Problematik deckt sich teilweise mit der von Pfeiffer und Wetzels. Dennoch trifft deren Schlussfolgerung nicht zu: Es gibt im Interview keinerlei Hinweis darauf, dass die Gewalttätigkeit des Vaters und Ömürs Problem mit dem Vater einen spezifisch »ethnischen« Hintergrund haben. Männer schlagen ihre Kinder und Frauen unbesehen der Herkunft, dazu müssen sie keine Türken sein. Die Mutter Ömürs macht mit der gegen sie gerichteten Aggression und

Gewalttätigkeit geschlechtstypische Erfahrungen, die Kinder typische Erfahrungen von Hilflosigkeit und Ohnmacht des Kindes gegenüber Erwachsenen. Ömür nennt seinen Vater einen »traditionellen Türken«, weil er die herrschenden Deutungsmuster der Situation kennt und sie als Erklärung für dessen Verhalten übernimmt. In der Familie werden gewalttätige Ausprägungen patriarchaler Strukturen deutlich, die aber kein spezielles Charakteristikum »traditioneller, südländischer Kulturen«, sondern ebenso integraler Bestandteil westlicher Kulturen und ihrer Institutionen sind; so lässt sich daraus auch keine »türkenspezifische« Differenz ableiten. Angesichts der Tatsache, dass in der BRD ca. jede dritte Frau zu Hause Gewalterfahrungen macht (vgl. *Kölner Stadtanzeiger* 1999) kann wohl kaum davon gesprochen werden, dass geschlechtsspezifische Gewalt ein Phänomen der »kulturell Andersartigen« sei. Die Erfahrungen Ömürs können also *nicht* als türkische Kulturspezifika bezeichnet werden.

Ausformungen eines gewalttätigen Geschlechter- und Machtverhältnisses von Vätern gegen Kinder überlagern hier andere Kategorien der Unterdrükkung. Inwiefern das Verhältnis in dieser Familie auch noch von anderen sozialen Faktoren beeinflusst ist, lässt sich nur vermuten, jedenfalls ist sowohl die ökonomische als auch die soziale Situation der Familie als randständig zu bezeichnen.

Das Thema »väterliche Gewalt in der Familie« kennzeichnet Ömürs Biographie, ist aber keineswegs typisch für die Mehrzahl der Vater-Sohn-Beziehungen der untersuchten Jugendlichen. Die Erzählungen der anderen Jugendlichen weisen vollkommen andere Kernthemen bezüglich der Beziehung zu den Vätern und der Familiendynamik auf, die Väter werden in den Erzählungen mit anderen Merkmalen charakterisiert: Sie können fürsorgliche Väter, gebrochene Männer oder Helden sein. Ein Blick auf solche Konstellationen kann die Unterschiede der familiären Sozialisationsbedingungen verdeutlichen.

6.2 Der Vater als gebrochener Mann

Hüseyins kurdischer Vater migriert aus politischen Gründen erst in die Schweiz und dann weiter nach Deutschland als Hüseyin fünf Jahre alt ist; er bleibt mit der Mutter, dem Bruder und seinen Großeltern in der Türkei. Als erste migriert die Mutter nach einem Jahr in die BRD, Hüseyin und sein Bruder bleiben zunächst bei den Großeltern. Hüseyin erlebt die Zeit in der Türkei als politisch repressiv, die Erinnerung belastet ihn so sehr, dass er kaum darüber sprechen will. So beginnt er auch seine Haupterzählung mit seiner Ankunft in der Bundesrepublik:

kümmern, dass er seine Eltern in alltagspraktischen Dingen überhaupt unterstützen müsse:

> Hüseyin: Hm ja, die warten auf mich, wenn ich rauskomm muss ich mit dem Familie kümmern.
> Interviewerin: Was heißt das für Sie?
> H: Kümmern, also Familie, so mein Vater so, sehen Sie, kann nich schreiben un lesen, meine Mutter is ja auch die gleiche. (I: Hm). Und nirgendwo hingehn so Arbeitsamt oder Sozialamt oder weiß ich nich oder irgendwo, die können nich Deutsch sprechen außer ich.

Die Haft als erzwungene Zeit der Abwesenheit von der Familie trifft Hüseyin besonders hart, weil er sich um deren Belange nun nicht mehr kümmern kann - er hat das Gefühl, sie im Stich gelassen zu haben. In der Anfangszeit im Gefängnis können ihn seine Eltern auf Grund bürokratischer Barrieren der JVA nicht besuchen. Hüseyin leidet sehr darunter, er hat psychische Probleme in diesen Monaten, wie ein Sozialarbeiter berichtet, der ihn in dieser Zeit betreut. Das Verantwortungsbewusstsein vor allem gegenüber seinem Vater umfasst viele Lebensbereiche:

> Hüseyin: ((leise)) /Weil der (der Vater, Anm. die Verf.), der krieg schon Arbeit, ich mach den sofort klar wenn ich-/
> Interviewerin: Bitte?
> H: Ich-, der kriegt schon Arbeit, wenn ich rauskomme, dann mach ich für den klar, dann arbeit ich mit Bäckerei. Ich arbeite auch soundso acht Stunden jeden Tag hier, un wenn ich rauskomm draußen auch.

Hüseyin möchte sich außerdem um eine eigene Wohnung für die Familie bemühen, sobald er aus dem Gefängnis entlassen wird: Seit mittlerweile acht Jahren lebt die Familie in immer dem gleichen Flüchtlingsheim auf zwei Zimmern. Selbst in der Haft befürchtet er, seine Familie könne ihre Angelegenheiten ohne ihn nicht regeln. Dass er dem Anspruch, für die Familie zu sorgen aber nicht gerecht werden kann, macht ihm ein besonders schlechtes Gewissen.[5] Er schildert die Lage seiner Eltern als sehr mühsam: Sie haben keine Deutschkenntnisse und keine Arbeit, der älteste Sohn ist geistig behindert und der jüngste noch so klein, dass er viel Zeit und Aufmerksamkeit in Anspruch nimmt.

5 Ob dieser Anspruch »nur« ein selbst gesetzter ist, oder ob die Familie das auch von ihm verlangt, wird nicht ersichtlich.

Interviewerin: Ja, also mich interessiert Ihre Lebensgeschichte, die *ganze* bensgeschichte, von dem ersten Ereignis was Ihnen einfällt bis heute. Und ich hab ja schon gesagt, ich mach mir n paar Notizen und es wär halt sch wenn Sie erst mal einfach nur erzählen und ich werd dann auch nicht unterb chen und werd dann hinterher ein paar Fragen stellen.
Hüseyin: Und spielte eh Lebensgeschichte von eh dass ich bis jetzt in Deuts land oder-?
I: Nee, wo Sie anfangen wollen, wodran Sie sich erinnern als erstes, wo-, a wie weit Sie zurückdenken können.
H: Ja, ich bin so wo ich zwölf war bin ich in die Bundesrepublik Deutschla (2) eh geflogen, und dreiundneunzig im (2) Juni bin ich in Deutschland geko men, Köln. Meine Eltern, also die waren vorher hier.

Nach der Migration beider Elternteile muss Hüseyin nicht nur für sich sel Verantwortung tragen, sondern auch für seinen älteren Bruder, der geis behindert ist. 1993, ein Jahr nach der Migration der Mutter, gelingt es d Eltern, ihre Kinder aus der Türkei nachzuholen. Hüseyin sieht sich mit ein Vater konfrontiert, der dem Bild, das er während dessen langer Abwesenh konstruierte, überhaupt nicht entspricht. Er beschreibt, wie er auf dem Flugl fen von den Eltern und dem Onkel abgeholt wird; die lange Trennung vo Vater wird dadurch deutlich, dass Hüseyin diesen nicht mehr erkennt.

Interviewerin: Und Sie haben erzählt, Sie hätten Ihren Vater gar nicht erkan Können Sie mal erzählen, wie das so war, dann steht da so jemand, den-
Hüseyin: Ja da, wo ich gekommen war, da steht mein Vater, eh Onkel, Mu na Cousin und sowas, mein M-, eh mein Vater und meine Onkel die se Gesichten so äh gleich aus, hab ich nich erkannt. So sag so: ›Wo is mein V ter?‹ Sagt er: ›*Der*.‹ Dann guck ich so, ja alt geworden.
I: Und was hat Ihr Vater gesagt?
H: Was soll er *sagen*: ›Ja Kind, ((klopft leise))/ Sohn.‹/

In dem Moment seiner Ankunft muss Hüseyin erkennen, dass sein Vat nicht der ist, den er sich vorgestellt hat. Dass er ihn nicht mehr wieder erken hängt nicht nur damit zusammen, dass die beiden sich lange nicht gesehe haben, sondern auch damit, dass Bild und Realität auseinander klaffen: D Vater wurde während der Abwesenheit für Hüseyin zur Projektionsfläc einer besseren Zukunft, was mit der Vorstellung eines starken Mannes f Hüseyin verknüpft ist – in der Realität ist der Vater jedoch »alt geworden Dieser spricht auch nicht für sich selber, sondern der Onkel sagt Hüseyin, w sein Vater ist. Von nun an taucht der Vater in den weiteren Erzählungen a ein schwacher Mann auf. Hüseyin macht deutlich, dass er sich um ih

Hüseyin sieht sich für einen typisch männlichen und väterlichen Funktionsbereich innerhalb der Familie verantwortlich, auch wenn die Rolle des Familienernährers eigentlich dem Vater zukäme. Der hat aber einige seiner Funktionen schon vorher an Hüseyin abgetreten, weil er sie auf Grund seiner Fluchtgeschichte und der rechtlichen Situation als Asylbewerber ohnehin nicht erfüllen kann.

6.3 Ein Vater im Verschwinden

Das Vorhaben, ins Herkunftsland zurückzukehren, wird von manchen Eltern mehr oder weniger offen verfolgt und stellt das Eltern-Kind-Verhältnis vor eine besondere Herausforderung. Adnan, Sohn einer Gastarbeiterfamilie aus der Türkei, erzählt von den Plänen seines Vaters: Der Vater spare all sein Geld, um in der Türkei Land zu erwerben und habe mittlerweile dort schon einen recht großen Besitz angehäuft. Nicht ohne Stolz erzählt Adnan davon, dass sein Vater in der Türkei ein sehr angesehener Mann sei. Die gute gesellschaftliche Stellung des Vaters trifft allerdings nur auf die Türkei zu; über das Leben des Vaters in Köln erzählt er wenig. Adnan selbst hingegen verortet sich eindeutig in der Bundesrepublik, auch wenn er immer wieder seinen Vater mit Rückkehrplänen in die Türkei und Landkäufen für den Alterssitz vor Augen hat. Der Rückkehrwunsch und die Bescheidenheit, mit der Adnans Eltern in Köln leben, bedeutet für ihn auch, dass der Vater in der Bundesrepublik keine starke gesellschaftliche Position erreichen konnte.

Obwohl der Rückkehrgedanke für die Eltern durchaus eine legitime Option und ein lange gehegter Wunsch sein kann, interpretieren ihre Kinder ihn oftmals als Versagen. Die Eltern signalisieren ihnen damit auch, dass sie den Kampf aufgeben, einen Platz in dieser Gesellschaft zu erobern. In ihrem Rückkehrwillen werden sie ungewollterweise zu den Erfüllungsgehilfen des Diskurses der 80er Jahre, der es den Migranten nahe legte, schnellstmöglich wieder die Bundesrepublik zu verlassen und in ihre Heimat zurückzukehren. Auch heute noch wird von vielen Autochthonen die Legitimation von MigrantInnen angezweifelt, in der Bundesrepublik zu bleiben. MigrantInnen müssen sich sogar dafür rechtfertigen, wenn sie *nicht* vorhaben, die Bundesrepublik zu verlassen. Das macht auch deutlich, dass Konzepte der Ausweitung transnationaler Beziehungen, ein Leben mit möglicherweise diversen Standorten, Vernetzungen und Beheimatungen nicht auf die Generation der ArbeitsmigrantInnen angewandt werden – mit ihnen verbindet man keine Modernität, wie sie etwa der Begriff der Transnationalität enthält. Das, was heute als Normalität gilt, sogar »in« ist – zumindest wenn es um die Mobilität junger erfolgreicher Angestellter transnationaler Konzerne geht –, wird ihren PionierInnen nicht zugeschrieben. Stattdessen verbinden Kulturkonflikt- und Defizitthesen vorgebliche Mängel der migrantischen Bevölkerung mit deren Migration (vgl. Apitzsch 2001: 50f). Auch für die zweite und dritte Generation gibt es Diskurse, die dies immer noch implizieren: Begriffen wie »Integrationsprobleme« und Bildern wie »Leben zwischen zwei Stühlen« wohnt die Annahme inne, dass es eine für MigrantInnen »richtige« Kultur gäbe, nämlich die des Heimatlandes der Eltern. Hier sei auch ihre *eigentliche* Heimat und die Frage nach Zugehörigkeit und gesellschaftlicher Anerkennung stelle sich dort nicht. Zurück zu Adnan, muss vor diesem Hintergrund der Rückkehrgedanke seines Vaters auf ihn wie ein Tritt ins Wespennest wirken.

6.4 Der Vater als Held, der nicht beschützt

Francos Vater ist vor einigen Jahren zurückgekehrt in sein Heimatland Eritrea, die Mutter bleibt noch so lange in Deutschland, bis das jüngste Kind auf eigenen Füßen steht und die Schule beendet hat, dann wird auch sie zurückkehren. Für die Rückkehr haben die Eltern mehrere Beweggründe: Sie haben ihre Heimat wegen des Bürgerkrieges verlassen; ihre Rückkehr ist nicht nur persönlich motiviert, sondern auch davon, in dem vom Bürgerkrieg zerrütteten Land zum Wiederaufbau beizutragen. Der Vater vertritt die Auffassung, dass diejenigen Landsleute, die Chancen zu einer guten Ausbildung hatten, so wie er und seine Kinder, in die Heimat zurückkehren und dort ihre Kenntnisse einsetzen sollen.

> Franco: Ja, ich kann mich daran erinnern, ich hab das ja verstanden, weil mein Vater, der hat mich so eingeweiht, er hat mir die politische Situation erklärt, dass es wichtig ist, sein eigenes Land zu haben und dass er dafür etwas tun muss, das war bei uns in der Familie selbstverständlich, irgend jemand musste etwas tun. (...) Mit meinem Vater kam ich eigentlich immer gut klar, der weiß viele Sachen von der Welt und der hat mir auch viel erklärt davon, seit 6 Jahren lebt der jetzt in Afrika, ist der für immer zurückgegangen, meine Mutter geht auch jetzt. (...) Ich fand das immer toll, wie mein Vater sein Leben so handhabt, er weiß immer was er will und wie er dahin kommt, der spricht viele Sprache fließend, der hat ja auch eine gute Ausbildung gehabt in unserer Heimat, ich konnte viel von dem lernen.

Franco spricht von seinem Vater stets mit einem Ausdruck von Achtung: Der Vater verkörpert einen starken Willen und übergeordnete Ziele, auch wenn er deshalb auf persönliche Annehmlichkeiten verzichten muss. Für seine Kinder will er Lehrer sein, familiäre Auseinandersetzungen sind oft Aushandlungsprozesse. Franco bringt zwar Verständnis und Respekt für die übergeordneten sozialen und politischen Ziele seines Vaters auf, hat aber als Sohn auch Grund, sich von ihm verlassen zu fühlen: Dem Willen und der Entscheidung des Vaters, seine Ziele nicht unbedingt nur auf das Wohl seiner Kinder auszurichten und die Unterstützung seines Heimatlandes dem Familienleben vorzuziehen, hat Franco als Kind nur sehr schwer etwas entgegenzusetzen.

Dass er sich mit seinen Problemen oft alleine gelassen sieht, zeigt sich auch in seiner Erzählung darüber, dass seine Eltern in Bezug auf Deutschland verblendet seien und seine Probleme daher nicht wahrnehmen konnten. Sie würden weder darauf achten noch es ihm glauben, dass er in seinem Alltag ständig mit Rassismus zu kämpfen hat. Vor allem der Vater wird in seinen Erzählungen zu einem Mann, der zwar durch menschliche Größe bestechen, seinen Sohn aber nicht beschützen kann. Das hängt nicht nur mit seiner Migration zusammen, denn auch vor seiner Rückkehr ins Heimatland füllte er diese Funktion nicht aus.

6.5 Selbstethnisierung und Geschlechterklischees: »Mein Vater ist ein typischer Türke«

Die Jugendlichen nehmen ihre Eltern auch als TrägerInnen »ethnischer« Spezifika wahr. Adnan beispielsweise erzählt zunächst mit einem ironischen Unterton von seinem Vater und seiner jüngeren Schwester.

> Adnan: Dat is schön ne, ich sag ja, meine Türken. Mädchen so hinterm Herd oder was weiß ich, das habe ich meinem Vater so und so auch gesagt. Ich sag äh, ich werd dat nicht zulassen dass ihr die einfach mit äh zum Beispiel wenn es um Heirat oder so geht (I: hm). Ich hab der dat gesagt so, ich sag ›ich lass das nicht zu dat ihr gegen ihren Willen irgendwas-‹ ich sag ›sie soll sich- sie muss verliebt sein oder sie muss den Jungen lieben mit dem sie lebt.‹

Adnan führt die Haltung des Vaters zur Tochter auf dessen türkische Herkunft zurück, was er durch den Ausspruch »ich sag ja, meine Türken« betont. Das Klischee vom türkischen Vater, der die Tochter zu Hause einsperrt, ihr Freunde verbietet und sie verheiraten will, scheint sich darin zu bestätigen. Im weiteren Verlauf des Interviews relativiert er dies – seine Argumentation beherrscht nun vielmehr das *Alter* des Vaters. Der Vater vertrete überkommene Vorstellungen, distanziere sich aber auch davon, denn er habe mittlerweile gelernt, dass sich die Welt wandelt. Was die jüngere Schwester Adnans betreffe, sei der Vater großzügiger als früher und habe auch seine Erziehungsmaßnahmen geändert - Schläge würde er schon lange nicht mehr einsetzen:

> Adnan: Ja und zum Schluss nichts mehr, absolut nichts mehr mit Schlägen oder irgendwas, ich glaub mein Vater hat gesehen, dass das so nicht geht. (I: hm) Also wir haben jetzt das Jahr 2000, nicht 1940 45 1950 (I: hm), da war alles anders, klar, da war Krieg und alles, die Menschen waren-, heute sind wir moderner, heute wird nichts mehr mit Schlägen gemacht (I: hm). Ne so mein Vater hat das eingesehen jetzt, das Gute ist er hat das früh genug eingesehen, ich hab noch eine jüngere Schwester, für die ist das sehr wichtig.

In dieser Aussage deutet Adnan das vorher noch »ethnisch« interpretierte Verhalten seines Vaters um, aus dem »ethnischen Konflikt« wird dadurch eine Generationsproblematik. Darüber hinaus sagt er, dass sein Vater auch lernfähig und einsichtig sei, denn früher seien dessen Vorstellungen von Erziehung rigider gewesen als sie es heute sind.

Im ersten Ausschnitt deutet Adnan an, dass er durchaus weiß, wie türkische Männer mit ihren Töchtern und damit auch mit dem weiblichen Geschlecht generell umgehen. Weiter unter macht er dann klar, dass seine eigene Haltung sich nicht mit dem Klischee deckt: Er selbst sieht sich zwar in der Rolle des großen Bruders, der aber nicht über die Jungfräulichkeit seiner Schwester wacht, sondern dem ihr Glück am Herzen liegt; darum kämpft er für sie - wenn es sein muss auch gegen die Eltern. Für Adnan steht nicht zur Disposition, dass seine Schwester ebenso wie er ein Recht darauf hat, ihren Partner selbst zu wählen, mit ihm eine gleichberechtigte Beziehung zu führen. Diese Meinung vertritt er auch gegenüber dem Vater, er versucht, damit bei ihm seinen Einfluss geltend zu machen. Die Familienkonstellation begründet er mit der türkischen Herkunft und bestätigt damit ein Klischee über türkische Männer und Geschlechterstrukturen in türkischen Familien. Aber auch dieses relativiert er - in Form seiner eigenen Person und durch die Darstellung familiärer Konflikte als Generationskonflikte. Zum Schluss kann er das Klischee »des rigiden türkischen Vaters« nicht aufrechterhalten, widerlegt es selber in seiner Beschreibung der familiären Diskurse.

Auch im Interview mit Hüseyin zeigen sich der Gedanke eines »spezifisch-ethnischen« Geschlechterverhältnisses auf Grund der Herkunft: Zunächst führt er seine Freundin als Deutsche ein, später sagt er, ihre Familie sei deutsch-türkisch. Welches der beiden Elternteile deutscher oder türkischer Herkunft ist, weiß er nicht genau:

> Hüseyin: Ja, sie ist eigentlich halbe Deutscher halbe Türke (I: hm), ich glaub seine Vater Türke eh Mutti Deutsche (I: hm) oder Mutti Türke.

Die Lebensweise seiner Freundin und ihrer Schwester verbindet er eher mit dem, was für ihn »deutsche« Lebensweise bedeutet, sie ist mit Unabhängigkeit und Privilegien verbunden; die Schwester seiner Freundin hat mit 18 Jahren schon eine eigene Wohnung, in der sich auch Hüseyin und seine Freundin oft aufhalten. Allerdings gibt es ein Problem mit ihrem Vater:

> Hüseyin: Seine Vater will nich, dass sie mit einem Junge zusammen is. (I: aha) Ja, Türken, sie wissen doch, Türkin.

Hüseyin benutzt hier ein Klischee über türkische Väter und ihr Verhältnis zu den Töchtern. Bei der Konstruktion des Bildes vom Geschlechterverhältnis spielt Herkunft eine besondere Rolle: Hüseyin geht davon aus, dass die Interviewerin weiß, dass es unter Türken üblich sei, der Tochter den Freund zu verbieten. Er rekurriert somit auf den Common Sense, die türkische Herkunft als Begründung für den Konflikt reicht ihm aus. Wo es also um strenge und altmodische Erziehung geht, wird der Vater, dessen Herkunft Hüseyin zuvor noch nicht benennen konnte, zum Türken, und seine Freundin, die er anfangs noch als Deutsche bezeichnet, zur Türkin. Für ihn passt das zum Bild »der Türken«. Ebenso passend ist, dass seine Eltern tolerieren, dass er eine Freundin hat: Für ihn ist klar, dass er als männlicher Jugendlicher mit ihnen kein Problem bekommen wird. Es schwingt auch mit, dass seine Eltern durch ihren kurdischen Hintergrund liberaler seien als türkische Eltern. Allerdings bringt er seine Freundin nicht mit nach Hause, denn er schämt sich vor ihr, im Flüchtlingsheim zu leben und erfindet deshalb die Geschichte, er lebe bei seinem Onkel.[6]

Strenge Erziehung von Eltern mit Migrationshintergrund allgemein macht auch Franco zum Thema:

> Franco: Also mein Vater, bei uns Ausländer is das so, dass du schon mal Backpfeife von dein Vater bekommst, ich sag‹ nich, dass das gute Erziehung is, aber hat mir auch nich geschadet.

Auch hier ist es wieder der Vater, der in der Familie die Sanktionen austeilt. So könnte man es Franco auf den ersten Blick abnehmen, dass er zum Opfer der strengen Hand des Vaters wurde, ebenso, wie er sagt, dass dies andere migrantische Jugendliche auch werden (»bei uns Ausländer is das so«). Franco möchte damit das Verhalten des Vaters ebenso entschuldigen wie er sein Wissen demonstrieren will, dass Schlagen als Erziehungsmittel in der Bundesrepublik nicht erlaubt ist. Wie andere Jugendliche auch, begründet er das Verhalten des Vaters mit dessen Herkunft. Andererseits beschreibt Franco

6 Vgl. dazu ausführlich Kapitel 9.4

seinen Vater auch mit anderen, konstruktiven Erziehungsmaßnahmen, die er aber nicht als ein Spezifikum »der Ausländer« vermittelt. Einmal sei er von zu Hause weggelaufen, weil er sich wegen eines Fehlverhaltens schämte. Sein Vater reagiert mit der Erklärung, dass er vor seinen Problemen nicht davonlaufen kann:

> Franco: Der hat mir dann mit Argumenten erklärt, dass es meine Mutter nicht gut tut, wenn ich von zu Hause weg bin und so. (...) Ich hab das auch eingesehen, dass man Probleme diskutieren muss, besonders, wenn das Familie is.

Statt der wohl erwarteten Prügel als Strafe verdeutlicht ihm sein Vater, dass Probleme besser durch Besprechen gelöst werden. Franco misst dieser Diskussion eine besondere Bedeutung bei, wenn es um familiäre Probleme geht.

In Ömürs Interview wird an mehreren Stellen deutlich, dass er sich mit Fragen »ethnischer Identifikation« beschäftigt. Dies hat in seinem Familienkontext eine besondere Bedeutung, denn seine Mutter ist deutscher und sein Vater türkischer Herkunft. Ömür selbst hat die deutsche Staatsangehörigkeit, in seiner lebensweltlichen Einordnung bezeichnet er sich jedoch als Türken. Die Türkei spielt für ihn nur eine untergeordnete Rolle, er bezeichnet sie nicht als »Heimat«. Er kennt weder seine Brüder in der Türkei, noch hat er Kontakt zu seinem dort lebenden Großvater. Ömürs Verständnis von »Türkisch-Sein« personifiziert sich vor allem in der Person seines Vaters und - trotz aller Widersprüche - in seiner eigenen Person, denn seine Umwelt nimmt auch ihn als »Türken« wahr. Sein Vater ist für ihn der Inbegriff »des Türken«, wobei sich ein typischer Türke dadurch auszeichne, dass er gewalttätig und altmodisch sei:

> Ömür: Mein Vater ist noch der altmodische Türke so, der denkt, wenn wenn wenn er mich uns abkacken lässt hier drinne, dass man vernünftig wird und so fh-.

Die Haltung des Vaters, dass es eine richtige Maßnahme sei, Jugendliche im Gefängnis einzusperren und zu disziplinieren, um sie zu erziehen, ist aber vielmehr eine politische Haltung unabhängig von der Herkunft. Die Sichtweise des Vaters hat keinen ethnischen Hintergrund, sondern er zeigt sich d'accord mit der Meinung, dass die Zeit in Haft, in der es den Jugendlichen richtig schlecht geht, sie auf einen besseren Weg bringt oder zumindest so abschreckend wirkt, dass sie das Risiko einer erneuten Inhaftierung nicht in Kauf nehmen wollen.

> Ömür: Wie soll ich denn sagen, er ist ein Türke der denkt mit Schlägen mit seiner eh mit Gewalt kann man alles lösen.

Ömür führt ja, wie schon beschrieben, seine eigene Gewalt auf die Gewalttätigkeit des Vaters zurück, die er bei diesem wiederum der türkischen Herkunft zuordnet. Für ihn selbst, der er sich zwar auch als »Türke« bezeichnet, sollen solche Klischees aber nicht gelten; er grenzt sich vielmehr vom Vater und dessen »Türkisch-Sein« ab. Seine eigene »ethnische Identität« füllt er im Gegenteil mit Begriffen wie Offenheit und Toleranz.

6.6 Mütter: Emotionale Anker der Jugendlichen

Anders als zu ihren Vätern thematisieren die Jugendlichen das Verhältnis zu ihren Müttern als weniger problematisch; sie kommen in den Erzählungen weniger häufig vor und scheinen zunächst oft den Stereotypen von Mütterlichkeit zu entsprechen. Adnan z.B. bezeichnet seine Mutter als »Engel« und berichtet liebevoll von ihr:

> Adnan: So, das seh ich jetzt so, wie sehr die an uns hängen, so an uns beiden. Egal was wir machen, egal was wir tun, die sind die sind bereit jedes Opfer da hinzulegen. Meine Mutter ist sehr sentimental, weint bei allem. Ne, die Frau ist geprägt mit Schmerzen, so durch mich jetzt.

Durchgängig schildert Adnan das Verhältnis zu seiner Mutter als ein sehr emotionales, er benutzt gefühlvolle Worte; in der Verbindung mit ihr bekommt auch der Vater solche Züge. In dem Interviewausschnitt deutet sich schon an, dass er sich ihr gegenüber schuldig fühlt, da er ihr Kummer und Schmerzen bereitet. Als »schwarzes Schaf« der Familie hat er allerdings auch eine ganz besondere Beziehung zu ihr - er ist das einzige der Kinder, um das sich seine Mutter solche Sorgen machen muss und bekommt deshalb besonders viel Aufmerksamkeit von ihr. Seine Beschreibungen erscheinen manchmal schon überzogen, aber verdeutlichen auch, dass er seine Mutter als emotionalen Ankerpunkt braucht.

In Ömürs Erzählungen wird die Mutter zum Gegenbild des Vaters: Sie ist diejenige, die immer da ist, sich fürsorglich und aufopfernd um ihre Söhne kümmert. Sie beschützt vor dem Vater und hilft den Kindern bei Schwierigkeiten. Diese »revanchieren« sich mit zunehmendem Alter bei ihrer Mutter, indem sie ihr bei Problemen mit dem Vater beistehen. In dieser Dynamik entsteht eine Koalition der Kinder mit der Mutter gegen den Vater. Und so hat Ömür nun, da er im Gefängnis sitzt, ein schlechtes Gewissen, dass er die Mutter nicht mehr gegen den Vater verteidigen kann und dass er ihr durch seine Inhaftierung noch mehr Leid zufügt, als sie ohnehin schon hat.

Das Motiv einer kranken Mutter taucht in mehreren Interviews auf. Väterliche Krankheiten erwähnen die Jugendlichen manchmal zwar kurz, sie kommen aber nicht ausführlich zur Sprache. Die Krankheiten der Mütter hingegen assoziieren manche mit ihrer eigenen Lage. Reza schildert wie seine Mutter krank wurde, als sie von seinem Missbrauch erfuhr:

> Reza: Ja, hab ich geweint, hab ich das meiner Mutter erzählt, dass der mich die ganzen Jahre missbraucht hat. Meine Mutter hat die nen Nervenzusammenbruch bekommen, ist die auf der Stelle so am Bahnhof in Düren ist sie zusammengebrochen, ist sie hat ein Mann n Krankenwagen gerufen. ( ) Bin ich mit meiner Mutter ins Krankenhaus gefahren, Nervenzusammenbruch, ja und die kam da drauf nicht klar so, wurd die ein Jahr in so ne Nervenanstalt in Düren eingeliefert, die ist jetzt mittlerweile voll gesund, die ganzen- die ganz die alte Mama so.

Indem Reza beschreibt, wie sehr sein Leid seine Mutter belastet, drückt er auch aus, wie viel er als Betroffener wohl unter der sexualisierten Gewalt gelitten haben muss. Dennoch: Die Mutter verlässt ihn in dieser Situation, in der er sich nach Jahren des Schweigens offenbart, lässt ihn mit dem Problem allein - sie ist diejenige, die in Behandlung geschickt wird. Sie wird gewissermaßen stellvertretend für ihn krank, kann ihm damit aber den Schutz nicht mehr geben, den er bräuchte.

Auch Iwans Erzählungen über seine Mutter haben im Kern das Thema, dass er von ihr verlassen wurde und diesen Verlust bis jetzt nicht überwunden hat. Zunächst erzählt er aber über Auseinandersetzungen mit der Mutter:

> Iwan: Mutter sagt zum Beispiel ›mach das‹ oder ich sagte ›ich will ins Kino gehen‹ sie sagt ›nein‹, dann gehe ich, dann haue ich ab von Zuhause. Ich bin einmal abgehauen nach einer Woche war ich nicht Zuhause und die Mutter hat mich gesucht.

Die Mutter ist zwar streng zu ihm, Iwan weiß aber dennoch, dass sie für ihn da ist, weil sie ihn sucht. Im Familienleben nimmt die Mutter eine aktive Rolle ein: Sie sucht sich eine Arbeit, nachdem der Vater Frühinvalide wird und ernährt die Familie; sie ist auch diejenige, die die Migration forciert und den bürokratischen Teil bewältigt. Diese pragmatische Stärke im Alltag kann er bei seinem Vater nicht finden. Und so zieht der Tod der Mutter Iwan kurz nach der Migration in die Bundesrepublik auch den Boden unter den Füßen weg:

> Iwan: Am 7. November '98 wo die Mutter gestorben war, ich hab jeden Tag Alkohol getrunken das war eine Schock für mich ich hab zu viel Scheiße gemacht. (...) Ja ja als Mutter gestorben war, bin ich fast verrückt geworden und

> wenn die Leute sagen was dagegen schlage ich, du stehst nicht als Mann so, der kriegt was auf die Fresse ( ) war jeden Tag Alkohol trinken (15).

Seine kleine Schwester kommt nach dem Tod in ein Heim, der Vater ist nicht fähig, den Kindern Rückhalt zu bieten. Die Mutter hat die Familie zusammen gehalten, sie war die verlässliche Konstante. Mit ihrem Tod bricht die Familie auseinander.

Levent kommt, ebenso wie Hüseyin, aus einer kurdischen Familie, seine Familiengeschichte ist stark geprägt von der politischen Situation der Kurden in der Türkei. Für ihn ist die geschlechterspezifische Wahrnehmung von Krankheit oder Leid genau anders herum belegt als bei Reza: Seine Mutter stand ihm ebenso zur Seite wie Iwans Mutter diesem; und ebenso wie dessen Mutter ist sie nun nicht mehr da, auch wenn sie nicht tot ist. Er beschreibt seine Mutter als starke Frau, von seinem Vater erzählt er, dass die türkische Armee diesen psychisch zerstört habe, er wurde mehrmals festgenommen und gefoltert. Die Mutter hingegen war immer für ihn da, sie verteidigte ihn, wo nötig, auch mit Gewalt:

> Levent: Die war eine sehr liebevoll, echt, die hat immer wo ich in Schwierigkeiten war hat die mir immer geholfen und so alles Mögliche, die die könnte auch für mich sterben so (4). Sehr mutiger Mensch, mutiger als mein Vater.
> Interviewerin: Ja?
> Levent: Einmal ist eine Schlange so bei uns in Haus reingekommen, meine Vater hat vor Angst vor Schlangen, der hat die Schlange gesehen, direkt abgehauen /((lacht))/. Meine Mutter hat direkt Stock genommen auf den Schlange drauf paar Mal drauf gehauen und so wat /((lacht))/, der ist abgehauen (4), sehr mutige. Paar Mal in der Schule wo ich äh paar ältere Jungen so in der Schule Grundschule, ich war in zweite Klasse vom vierte Klasse so, haben die mich geschlagen so, dann hab ich meine Mutter gesagt ›ja der der Mann hat mich geschlagen so‹. Meine Mutter direkt zu dem, hat die /((lacht))/ alle so geschlagen so: ›Warum haut ihr meine Sohn?‹ Sind alle abgehauen so, immer, die hat so gegen große Männer gekämpft.

Hier übernimmt die Mutter die Verteidigung des Sohnes auch gegen andere Männer, was Levent bemerkens- und bewundernswert findet. Manchmal greift sie allerdings auch ihm gegenüber hart durch und schlägt ihn.

Insgesamt zeigt sich in den Mutter-Sohn-Beziehungen, dass die Jugendlichen ihre Mütter einerseits mit »klassischen« Attributen von Weiblichkeit versehen: Sie leiden mit dem Sohn mit, sie leiden vor allem wegen des Sohnes, sie spenden Wärme, sind Versorgerinnen und die Gefühlspole im Leben der jungen Männer. Aber andererseits nehmen sie auch ganz andere Rollen ein: Sie können, wie sich vor allem bei Levent zeigt, Beschützerinnen sein, oder wie Iwans Mutter, für den gesamten Familienalltag zuständig sein - von der emotionalen Rolle bis hin zu Familienernährerin. Auch das Geschlechterverhältnis der Eltern ist sehr unterschiedlich: Mal ist die Mutter Opfer, wie Ömürs Mutter, mal eine starke Frau, die sich von keinem Mann etwas sagen lässt, so etwa Levents Mutter. Mütter grundsätzlich als schwache und unterdrückte Opfer der Väter zu sehen wäre also ebenso verkürzt wie die Gewalttätigkeit und Kriminalität der Jugendlichen als Folge familiärer Gewaltverhältnisse erklären zu wollen.

Ein hervorstechendes Ereignis in der Beschäftigung mit Müttern ist der Verlust der Mutter, das als einschneidend oder gar als lebensbedrohlich (bei Iwan) wahrgenommen wird; die Verankerung und Sicherheit, die Mütter für die Jugendlichen darstellen, wird ihnen damit entrissen und sie müssen nun lernen, alleine zurecht zu kommen.

Trotz unterschiedlicher Zuschreibungen und Funktionen von Müttern zeigt sich, dass die Jugendlichen weniger Kämpfe mit ihnen auszufechten haben als mit den Vätern, vielleicht auch weil sie sich ihrer Liebe sicher sind. Der nächste Kontext, der für Kinder neben der Familie schon früh relevant wird, ist die Schule. Neben einer Erweiterung des kindlichen Horizonts stellt sie auch die Institution dar, die Kinder und Jugendliche in bestimmte Bahnen leitet. Wie diese für die interviewten Jugendlichen ausgestaltet sind und wie die Jugendlichen innerhalb des Systems Schule agieren und reagieren ist Mittelpunkt des folgenden Kapitels.

7 Schulischer Kontext

In allen Interviews taucht das Thema Schule auf, oft dreht sich schon ein großer Teil der Haupterzählung um die Schulzeit; auch wenn sie inhaftiert sind, so ist sie den Jugendlichen biographisch noch sehr nahe. Bis vor kurzer Zeit hat sie ihre Alltagsgestaltung noch wesentlich bestimmt, und selbst wenn die Jugendlichen die Schule abbrechen wollten, mussten sie das legitimieren, vor den Eltern oder Geschwistern, vor Lehrern, vor dem Jugendamt. Die befragten Jugendlichen haben zum größten Teil keine abgeschlossene oder nur eine sporadische Schulausbildung und falls sie einen Abschluss haben, beginnen dennoch nur die wenigsten eine Ausbildung. Ihre Beschäftigung mit der Schule in den Erzählungen hat noch eine weitere Konnotation: Es ist auch die Beschäftigung mit Niederlagen, Misserfolgen und Versagen, die Spuren hinterlassen haben; und die Jugendlichen wissen, dass ihr zukünftiger Lebensweg ohne oder mit nur schlechtem Schulabschluss in seinen Optionen sehr beschränkt sein wird. Aber nicht nur die kriminalisierten Jugendlichen blicken auf eine problematische Schullaufbahn zurück. Spätestens die PISA-Studien[1] in den Jahren 2000 und 2003 haben eindringlich darauf hingewiesen, dass Kinder mit Migrationshintergrund vielfachen schulischen Benachteiligungen ausgesetzt sind.[2]

7.1 Strukturelle Diskriminierungen von MigrantInnen in der Schule

Schaut man sich Zahlen über die Zusammensetzung von Kölner SchülerInnen an den verschiedenen Schulformen sowie deren Abschlüsse an, zeichnen sich folgende Tendenzen ab: In Hauptschulen sind die nicht-deutschen Kinder stark überrepräsentiert vertreten, in Gymnasien dagegen nur zur Hälfte ihres Gesamtanteils. Für die Schulabschlüsse gilt ähnliches: Die Hälfte aller SchulabgängerInnen ohne Hauptschulabschluss waren Nicht-Deutsche; besonders Jungen verlassen die Schulen eher, sind diejenigen im Unterricht, die

1 Ausführliches zu den PISA-Studien unter http://www.mpib-berlin.mpg.de/pisa/ und http://pisa.ipn.uni-kiel.de/pisa2003/index.html (zuletzt abgerufen am 10.01.2006).

2 Zu Analyse und Diskussion der Situation von Kindern mit Migrationshintergrund an deutschen Schulen vgl. Auernheimer 2003.

als auffällig und problematisch wahrgenommen werden (vgl. Sozialbericht der Stadt Köln 1999).

Die Schulschwierigkeiten von Kindern mit Migrationshintergrund müssen im Kontext mit dem Umgang mit der Einwanderung betrachtet werden: Erst seit kurzem akzeptiert die BRD (zähneknirschend), eine Einwanderungsgesellschaft zu sein - dennoch zeigen sich bisher nur wenige Reaktionen auf diese veränderte Haltung in den Institutionen, so auch in der Schule. Sie nimmt die Gruppe der Kinder mit Migrationshintergrund oftmals nicht als Kraft oder gar als Bereicherung wahr. Im Gegenteil gelten sie häufig immer noch als »Störfaktor«, der ein eingespieltes System ins Wanken bringt. Diese Sichtweise trägt dazu bei, MigrantInnen mit struktureller Starrheit zu begegnen. Es kommt zu Überforderungen des Lehrpersonals, denen es oft lieber ist, das »Problem Ausländer« nicht in der Klasse zu haben. Als Folge entstehen starke Selektionen und Schulen, die als »Ausländerschulen« gelten, was sowohl die LehrerInnen als auch die Jugendlichen als negativ und stigmatisierend empfinden (vgl. Radtke 2004: 163ff).

Die Ausrichtung an einer »Normalbiographie« der SchülerInnen lässt wenig Raum für Jugendliche, deren Bildungsbiographie schon in sehr jungen Jahren gebrochen ist, sei es, weil sie im Herkunftsland die Schule nur unregelmäßig besuchen konnten, wie beispielsweise Murat, oder weil sie als Flüchtlinge in der Bundesrepublik auf zunächst unbestimmte Zeit nicht schulisch integriert wurden. Das Bildungssystem weiß mit ihren Kompetenzen kaum umzugehen, ihre speziellen Wissensbestände können diese Jugendlichen nicht in den Schulunterricht einbringen. Der Staat folgt zwar dem Anspruch, sie neu zu sozialisieren, integriert die Jugendlichen aber weder schnell noch effektiv in das Bildungssystem. Von staatlicher Seite wird dies nicht als dringende Aufgabe betrachtet.[3]

Die schulische Situation der Flüchtlinge

Gerade Flüchtlinge, die noch nicht asylrechtlich anerkannt sind, sehen sich bezüglich des Schulbesuchs in einer schwierigen Situation: Ihr Alltag ist beherrscht von existenziellen Kämpfen und der Frage, ob und für wie lange der Aufenthalt gesichert ist - in dieser unsicheren Situation tritt das Thema Schulbildung in den Hintergrund. Auch die involvierten Institutionen interessieren sich für die Schulbildung von Flüchtlingen nur ganz nebenbei:

3 Zu den Themen Aufnahme und Förderung von Migrantenkindern, Umgang mit Sprachenvielfalt sowie die schulische Situation in Nordrhein-Westfalen vgl. Gomolla 2005: 98ff.

Flüchtlingskinder und -jugendliche haben in den meisten Bundesländern zwar ein Schulrecht, aber keine Schulpflicht, was nicht selten dazu führt, dass sie die Schule wenn überhaupt, dann nur unregelmäßig besuchen.[4] Da in Nordrhein-Westfalen die Schulpflicht erst 2005 eingeführt wurde, konnten zur Schulzeit der interviewten Jugendlichen die Schulen noch entscheiden, ob sie ein Flüchtlingskind aufnehmen oder nicht. Vielfältige Faktoren können dann Einfluss auf die Möglichkeit zum Schuleintritt haben:

> »Von den örtlichen Gegebenheiten, den personellen und materiellen Voraussetzungen an den einzelnen Schulen, der Bereitschaft des jeweiligen Kollegiums, den Chancen der Erziehungsberechtigten, sich über das Schulsystem zu informieren, dem Engagement der (oftmals ehrenamtlichen) in der Flüchtlingssozialarbeit Tätigen hängt es ab, ob und in welcher Weise Flüchtlingskinder Zutritt zu den Schulen erhalten.« (G. Apitzsch 1997: 34)

Auch wenn eine Schule sie aufnimmt, ist der Einstieg für die Kinder schwierig, sie werden als »Seiteneinsteiger« eingeordnet. Wie Probleme schon beim Zugang zur Schule aussehen können, beschreibt Murat, der mit 14 Jahren als unbegleiteter Flüchtling aus der Türkei in die Bundesrepublik kommt und auf Grund seiner Zugehörigkeit zur kurdischen Minderheit und seiner Wohnlage in der Türkei vorher nur zwei Jahre lang eine Schule besuchen konnte.

> Murat: Habe ich Asylantrag gestellt. Ich wollte Schule besuchen am Anfang, ich wollte Schule besuchen. Habe ich auch am Anfang hat der mir gesagt ›ja musst du warten weil du kannst gar kein Deutsch‹, konnte ich auch nicht war das doch für mich schwer. Habe ich gesagt ›ja ich werd Schule besuchen‹. (...) Deswegen, ich weiß nicht, aber deswegen bin ich hierhin gekommen, weil ich auch hier in die Schule in Deutschland habe ich mich auch gefreut, aber als ich in der Schule war, war die Sprache für mich schwer, weil ich kannte auch auf Türkisch konnte ich auch nichts so schreiben oder lesen, war es für mich das schwer auf Deutsch sprechen. Ich war auch hier 1 ½ Jahre in Schule, aber hat es mir auch nicht geholfen, so viele Ausländer waren in der Schule und ich war in der Vorbereitungsklasse, die können auch gar kein Deutsch.

Murat erzählt, dass schon der Eintritt in die Institution schwierig für ihn war; er schafft ihn nur deshalb relativ schnell, weil er sehr bildungsambitioniert ist. In der Passage thematisiert er, dass die »Seiteneinsteiger« an der Schule unter sich bleiben, dass sie abgeschottet von den anderen einen Sonderunterricht

4 Solange der Asylantrag nicht positiv beschieden wird, besteht in Hessen, Bayern, Berlin, Brandenburg, Bremen, Niedersachsen und Schleswig-Holstein die Schulpflicht (vgl. G. Apitzsch 1997: 33f), in Nordrhein-Westfalen besteht diese erst seit 2005 und in den anderen Bundesländern haben die Kinder lediglich Schulrecht.

bekommen, der sie vom Alltag der anderen SchülerInnen fernhält. Im Schulalltag überlagern organisatorische Gesichtspunkte die pädagogischen: Die Kinder werden in Sonderklassen oder -einrichtungen durch Vorlaufgruppen, Vorbereitungs- und Förderklassen oder zusätzliche Förderstunden eingeteilt; Murat erzählt, dass er für eineinhalb Jahre die Vorbereitungsklasse besuchte. Diese Sondermaßnahmen werden nur an Grund- und Hauptschulen angeboten, so dass die Jugendlichen schon im Vorfeld selektiert werden, ohne dass man etwas über ihre Leistungen wüsste – Gymnasien und Realschulen umschiffen es dadurch, sich damit zu beschäftigen, wie sie diese Kinder in ihren Schulalltag einbinden können. Die Vorbereitungsklassen sind meist inhaltlich nicht an die Regelklassen angeschlossen, das Lehrpersonal tauscht sich kaum untereinander aus. In der Folge kommen die Jugendlichen oft in niedrigere Klassen als es ihrer Altersstufe angemessen wäre, was dann zu einer unbefriedigenden Situation für sie führt (vgl. Diehm/Radtke 1999: 117ff). Sowohl für migrantische als auch für autochthone SchülerInnen entstehen Sondersituationen und diese separierten Förderungen haben den »Charakter einer Zusatzaufgabe« (Gomolla 2003: 106).[5] Muhammet beschreibt, wie er bei der Schulanmeldung immer auf dem untersten Level eingestuft wird, weil er vorher einmal auf der Sonderschule war und als Flüchtling eine ständig unterbrochene Schullaufbahn hatte:

> Muhammet: Erst Hauptschule, wollten die mich nich annehmen, meinten ›nee du musst in Sonderschule gehn‹ und warn welche hier weil ich Ausländer bin un so noch dazu Ausländer und und Asyl rausgekommen frisch und dann dann rucken die meistens ab oder so.

Muhammets Bruder Abdul ist heute Analphabet. Nachdem er ins Flüchtlingsheim kommt, besucht er in den ersten beiden Jahren die Schule nicht, was mit der fehlenden Schulpflicht für Flüchtlinge in NRW in Verbindung mit mehrmaligen Verlegungen der Familie zusammenhängt. Für die Kinder und Jugendlichen heißt das, dass sie sich ständig an neue Bedingungen gewöhnen müssen, durch die Wechsel keine kontinuierlichen Beziehungen zu einer Schule, zu LehrerInnen oder MitschülerInnen aufbauen können.

> Abdul: In E. war ich nicht in der Schule.
> Interviewer: Ach so.
> Ab: In J. auch nicht, bin ich auch nicht, man durfte nicht Schule gehen, ich durfte so zwei, zweieinhalb Jahre nicht zur Schule gehen. Ja und danach wird

5 Diese Sondermaßnahmen gelten nicht nur für Flüchtlingskinder, sondern auch für MigrantInnen, die aus anderen Gründen nach ihrer Einschulung in die BRD eingereist sind.

> sind hier in Köln umgezogen, ich durfte nicht in die Schule gehen, auch ich war nur in T. in T., K. ich hab- ich durfte da in die Schule gehen, wir haben da gewohnt auch, ja.

Nachdem Abdul erst am dritten Ort des Aufenthalts die Schule besuchen kann, fliegt er aus dieser bald wieder raus. Darauf folgt jedoch keine Maßnahme zur schulischen Reintegration. Für eine schulische Situation wie die Abduls gibt es kein Angebot. Wer mehrere Schuljahre verpasst hat und im Herkunftsland vielleicht nur sporadisch in der Schule war bzw. nach einem komplett anderen Curriculum unterrichtet wurde, der kann den Anschluss hier kaum noch finden. Die Schulpflicht würde den Staat zwingen, für kontinuierliche Bildung zu sorgen.

Weitere Benachteiligungsfaktoren

Die Dreigliedrigkeit des Schulsystems sorgt dafür, dass Kinder so oft abgestuft werden können, bis sie auf einem »Abstellgleis« landen. Gerade Migrantenkinder kommen nach der Grundschule häufiger als autochthone Kinder auf die Hauptschule und von da aus auf die Sonderschule für Lernbehinderte bzw. direkt dorthin. An diesen Schulen sind sie im Vergleich zu deutschen SchülerInnen um das Doppelte überrepräsentiert (vgl. Kornmann 2003: 83). Dieser Selektionsmechanismus folgt weniger Fragen von Intelligenz als vielmehr von Klassenzugehörigkeit, Lebensstil und Herkunft. Die PISA-Studie hat den Zusammenhang dargelegt, der zwischen Migrationshintergrund, niedriger Klassenzugehörigkeit und schlechten Bildungschancen besteht, der zu einer deutlichen Benachteiligung von Migrantenkindern führt. Eine qualitative Studie zur strukturellen Diskriminierung von Migrantenkindern in der Schule haben Gomolla und Radtke (2002) durchgeführt. Sie gehen davon aus, dass strukturelle Diskriminierungsmechanismen nicht nur auf der strukturell-organisatorischen Ebene stattfinden, sondern »in die ›normale‹ Alltagskultur einer Organisation und in die Berufskultur der in ihr tätigen Professionellen eingebettet sind« (Gomolla 2003: 99f). Die Alltagskultur und alltägliche Verhaltensweisen der in der Schule Interagierenden werde ich nun ausführen.

7.2 Rassismuserlebnisse der Jugendlichen

Ein großes Thema in den Interviews sind Erzählungen über Ungleichbehandlungen durch MitschülerInnen und LehrerInnen. In seiner Haupterzählung beschäftigt sich Franco fast ausschließlich mit seiner Zeit in der Schule. Er erzählt, wie er die LehrerInnen und MitschülerInnen erlebt hat, wie er von ihnen behandelt wurde - diese oft rassistischen Erfahrungen schildert er eindrücklich:

> Franco: In der 6. Klasse fing das wieder an mit den Lehrern, das waren so Kleinigkeiten, wo ich mich schon so ein bisschen diskriminiert fühlte, ich glaub nicht, dass ich mir das eingebildet habe, weil das war keine Einbildung, ich kann so Mimik und Gestik und so ich mein, ich kann das interpretieren und so. Okay, ich interpretiere das so, wie ich das sehe, aber ich hab das schon gemerkt, so Kleinigkeiten, die wie man, wie die mich angesprochen haben oder nach dem wievielten Mal ich bestraft wurde oder nach dem wievielten Mal die anderen bestraft wurden, weil da auf diese Schule, in meine Klasse, ich war der einzigste Ausländer, da war ein italienische Deutscher bei, der hat sich angepasst und ich konnte mich da nicht anpassen. (...)
> Interviewer: Als Sie in die Grundschule gekommen sind, haben Sie von einem Lehrer erzählt, der Sie als aufsässig empfunden hat und der auch prophezeit hat, dass Sie auf die schiefe Bahn gelangen. Können Sie mir ein bisschen mehr darüber erzählen?
> F: Ja, das war mein Klassenlehrer, ich hab dem nicht einfach alles abgekauft, ich hab auch viel in Frage gestellt, ich und mein Freund, wir waren richtig distanziert von den anderen, immer wo ich hinkomme, spalten sich die Klassen und die Freundschaften, weil ich nicht mit allen klarkomme, ich will das aber auch gar nicht.
> I: Können Sie sich an ein Beispiel erinnern, wo Sie etwas in Frage gestellt haben, was der Lehrer gesagt hat?
> F: Immer wenn es in den Büchern um »Neger« ging, meinte ich, warum umschreiben sie das Wort nicht mit Dunkelhäutige oder so, aber dann kam der immer mit Wörterbuch, mit Erklärungen, so und so, und ich als kleines Kind hatte dem keine Gegenargumente entgegen zu bringen und dann hab ich gesagt, ›steck‹ dir das doch sonst wo hin‹. Das war aber nicht nur in Grundschule, in Gymnasium war das auch, nur in Gesamtschule nicht. (...) Wenn die den Satz flüssig vorgelesen hätten, wäre es gar nicht so schlimm gewesen, aber direkt so Blicke und Gekicher, es gibt immer Reaktionen, deshalb ist mir das aufgefallen, es gibt so viele Leute, bei denen interessiert mich dieses Wort überhaupt nicht, ich weiß, das kommt ohne Hintergrund, ohne Reaktionen, aber es gibt Leute, da kommt es mit einer Bedeutung rüber, dann ist bei mir Grenze vorbei, ich hab mich dann nicht mehr unter Kontrolle.

Franco rebelliert gegen Zuschreibungen und setzt dem Lehrer Widerstand entgegen, auch wenn er sich damit letztendlich ins Aus bringt. Anders als der »italienische deutsche« Junge ist er nicht »einfach nur Ausländer«, sondern seine schwarze Hautfarbe wird diskursiviert. In dem Wort »Neger« zeigt sich seine Auseinandersetzung mit dem Rassismus. Lehrer und Mitschüler beharren darauf, das Wort weiter zu verwenden, trotz oder gerade ob des ihm inhärenten Rassismus. Franco kann sich weder mit seiner Meinung durchsetzen, noch erfährt er zumindest eine Rücksichtnahme der anderen - er führt das auf sein Alter zurück. Er verteidigt sich noch dafür, dass er sich überhaupt verletzt fühlt. Er denkt, dass er heute, als junger Mann, solche Situationen zwischen Anpassung und Widerstand vielleicht besser regulieren könnte. Die Mitschüler und Lehrer zwingen ihm durch ihr Verhalten eine Reaktion ab und vor allem der Lehrer lässt ihn dann damit abprallen und ins Leere laufen. Stattdessen »belegt« er seine rassistischen Begrifflichkeiten dann auch noch mit Wörterbuch und Erklärungen und schreibt damit sein Recht fest, sich weiter rassistisch äußern zu dürfen. Er legitimiert als Lehrer vor der ganzen Klasse seine Rücksichtslosigkeit und die unterlegene Stellung Francos, indem er die Richtigkeit von Rassismus »beweist«. Mit dieser Haltung bestätigt er auch die SchülerInnen, die Franco anschauen und lächerlich machen, wenn das Wort »Neger« fällt. Es gibt keine Bewegung auf Franco zu, keinen vorsichtigen Umgang mit dessen Betroffenheit, im Gegenteil: Der Lehrer spricht ihm die Legitimation ab, seinen Unmut laut zu äußern und will ihn damit mundtot machen.

In der von Franco beschriebenen Szenerie zeigt sich, wie schon längst überwunden geglaubte biologische Rassismen alltäglich reproduziert werden und ungebrochen und kraftvoll auf die Betroffenen durchschlagen. Die anderen Schüler sind ebenso in diesen Prozess involviert, denn als Angehörige einer Mehrheit wird ihnen Überlegenheit zugesprochen. Und selbst Franco sucht zumindest Teilschuld an der Situation bei sich, wenn er sagt, dass *er* sich von den anderen distanziert und dass *er* dafür sorge, dass es Zwiespalt gebe (»immer wo ich hinkomme, spalten sich die Klassen und die Freundschaften«). Bis auf den Freund, den er nennt, steht Franco mit diesem Problem in der Klasse allein da. Von seiner Familie erfährt er in dieser Hinsicht keine Unterstützung:

> Interviewer: Können Sie sich noch an ein Gespräch mit einem Lehrer nach so einem Konflikt erinnern?
> Franco: Nee, das war so einer ›ich rede nicht mit Schülern, ich rede direkt mit Eltern‹, aber meine Eltern haben das Rassismusproblem in Deutschland gar nicht so wahrgenommen, Deutschland wurde bei uns in den höchsten Tönen gelobt. Vielleicht hat der das so gesehen, dass das von zu Hause kam.

Während seine Eltern Rassismus nicht wahrnehmen können oder wollen, vermutet Franco, dass der Lehrer ihnen dennoch unterstellt, ihren Sohn zu sensibilisieren und auf Gegenkurs einzusteuern. Im Gegensatz zur Annahme des Lehrers führt er aber den Kampf gegen diese Konstruktion der Andersartigkeit alleine.

Variationen zu Auseinandersetzungen mit rassistischen Zuschreibungen in der Schule finden sich in allen Interviews. Die Jugendlichen betten sie oft in den Themenkomplex Deutsche-Ausländer ein. Rezas Erzählungen seiner Schulgeschichte beginnen immer mit dem Verhältnis »Ausländer« und »Deutsche« und der Rolle, die er darin als »Ausländer« einnimmt.

> Interviewer: Du hast ja in Düren die Schule besucht, Grundschule. Wie hast du dich als Schüler gefühlt da?
> Reza: *Als Schüler, ja wir hatten also ganz mies habe ich mich gefühlt*, weil wir hatten so 'nen Direktor, der war schon ein bisschen rechts- ah, rechtsradikal veranlagt, der uns Ausländer zum Beispiel wenn irgendwas passiert ist, ob jetzt mit Mädchen Streit mit zanken oder Dominosteine von Leuten hinwerfen und so, wir als Ausländer, ich zum Beispiel, als Ausländer haben wir, wurden oft von ihm geschlagen, an den Haaren gezogen und so. (...) Also doch schon habe ich mich als Außenseiter mein Leben lang- bis jetzt auch fühl ich mich so als Außenseiter, als Ausländer.

Die Frage des Interviewers zielt allgemein darauf ab, wie Reza sich als Schüler fühlte. Er beantwortet sie, indem er davon erzählt, wie er sich als »Ausländer« in der Schule gefühlt hat - der Status »Ausländer« überlagert den Schülerstatus bzw. ist eng damit verknüpft. Reza beschreibt, dass für den Direktor ohne Betrachtung der jeweiligen Situation per se »wir Ausländer« als Sündenböcke herhalten müssen. Er beschreibt Strafen und Sanktionen, die gegen ihn verhängt werden, als Strafe für das »Ausländer-Sein«. Reza präzisiert das »wir« in ein »wir als Ausländer«, und weist so darauf hin, dass es anderen Kindern genauso wie ihm erging. Dieser Gruppe soll er zugehören und hier fühlt er sich zugehörig; diese Zugehörigkeit ist allerdings nicht so stark, dass er damit die Marginalisierung überwinden könnte. Er beschreibt Rassismus nicht am Beispiel eines speziellen, herausragenden Erlebnisses, sondern als Alltäglichkeit.

Das Zitat enthält ein weiteres Thema, nämlich dass er als *Junge* mit Migrationshintergrund besonders verdächtig ist, Schuld an Streit und Unfrieden zu sein, vor allem wenn es einen Streit mit Mädchen gibt. Das männliche Geschlecht steht in diesem Zusammenhang auch für das Risiko, von den LehrerInnen als Täter vorverurteilt zu werden, ohne die Umstände für Streitigkeiten einzubeziehen.

Wie einer der Jugendlichen, Ömür, Männlichkeit und Weiblichkeit im Verhältnis zu Lehrerinnen und Lehrern konstruiert, bearbeitet das nächste Kapitel.

7.3 Geschlechterkonstruktionen von Schülern und LehrerInnen

Eine ideale Schule würde Ömür als patriarchales System beschreiben, mit einem »harten und gerechten« Direktor - in der Realität wird er aber immer von Frauen unterrichtet. Die Lehrerinnen sind Ömür nicht streng genug, deshalb tanzt er ihnen auf der Nase herum.

> Ömür: ...und so fing das irgendwie an lästig zu werden, immer die Frauen Frauen Frauen als Lehrerin zu haben, ich wollte einmal den C. (den Direktor, d. Verf.) haben, der hieß so, der war streng und bei dem is is niemand sitzen geblieben, weil der immer streng war. (I: hm) Und bei den Frauen da hab ich immer lachen müssen.

Den Lehrerinnen kann er keinen Respekt erweisen, und diese Argumentation bietet ihm auch eine Begründung für sein Schulversagen; Lernen muss für ihn mit Zwang und Autorität verbunden sein. Wenn Ömür von Vorbildern spricht oder von Autoritätspersonen, lässt er klare geschlechtliche Differenzierungen durchblicken: Männer können autoritär und gerecht sein, von ihnen möchte er Grenzen aufgezeigt bekommen. So kann die oben schon erwähnte Situation auch als eine Auseinandersetzung mit Geschlecht verstanden werden: Er erzählt von dem Direktor als Mann, den er immer gerne als Lehrer gehabt hätte. Stattdessen habe man ihm immer Frauen vorgesetzt, die zu schwach waren, sich gegen ihn durchzusetzen. Auch sein Kampfsporttrainer ist für ihn eine positive männliche Identifikationsfigur, ebenso wie sein ältester Bruder - Männer respektiert er viel eher als Frauen. Noch einmal das obige Zitat etwas erweitert unter diesem Aspekt betrachtet:

> Ömür: Da war einer der hieß C., ich hatte nur Frauen als Lehrer in meinen ganzen Schuljahr und ich wollte immer einen Lehrer haben, der streng war und keine Lehrer*in*. Egal in welche Klasse ich kam, in die erste, in die zweite, in die dritte oder in die vierte, ich hatte immer nur 'ne Frau und so fing das irgendwie an lästig zu werden immer die Frauen Frauen Frauen als Lehrerin zu haben, ich wollte einmal den C. haben, der hieß so, der war streng und bei dem is is niemand sitzen geblieben weil der immer streng war. (I: Hm) Und bei den Frauen da hab ich immer lachen müssen.
> Interviewerin: Was war dann da so lustig oder warum hast du gelacht?

Ö: Ja fhh, wir haben immer die Streiche gespielt, Chinaböller unter dem Stuhl geklebt sie im Stuhl festgeklebt oder was ich die Kreide oder die Wasser oder Spinnennetze an die Türe geklebt, dass sie, damit sie da durch laufen muss, immer nur Streiche, und beim Lehrer durften wir das ja *nicht*, da haben wir immer n Anschiss bekommen.

Einerseits scheint Ömür ein sehr oberflächliches Frauenbild zu haben, denn er schreibt den Lehrerinnen ausschließlich »weibliche«, stereotype Attribute zu. Allerdings hat dies für ihn eine weiter reichende Funktion, als es zunächst scheint: Durch das Bild, das er von den Lehrerinnen zeichnet, kann er sein eigenes Schulversagen ihrer Nachgiebigkeit zurechnen. Er argumentiert damit, dass bei dem Lehrer niemand - also auch er nicht - sitzen geblieben wäre. Im Rahmen der Institution Schule verfügen Frauen laut Ömür nicht über Macht - obwohl sie älter und statusüberlegen sind, lässt er sich nichts von ihnen sagen. Institutionen sind für Ömür männlich belegt. Der Direktor der Schule scheint - wie dies in vielen Grundschulen üblich ist - einer von wenigen, vielleicht der einzige männliche Lehrkörper zu sein.[6] Und ausgerechnet er ist Direktor und hat laut Ömür den Ruf, dass es die Schüler in seinem strengen Unterricht schaffen können, weiter zu kommen. Durch seine Position und sein Geschlecht repräsentiert er Erfolg und Durchsetzungsvermögen an der Schule, während die Lehrerinnen Schwäche und eine untergeordnete Stellung symbolisieren. Unter diesem Blickwinkel einer geschlechtsspezifisch-hierarchisch organisierten Schule reproduziert Ömür also folgerichtige Vorstellungen von Männlichkeit und Weiblichkeit, die ihm der schulische Kontext nahe legt.

Dass Frauen aus dem schulischen Zusammenhang für ihn auch andere Positionen einnehmen können, zeigt das folgende Zitat:

Ömür: Ihre ganze Wohnung war voller Bücher, sie waren damals, sie war damals 'ne Lehrerin, sie hat auch Schüler trainiert, also die Schule beigebracht.

6 Der Mann als Schulleiter hat eine lange Tradition in Deutschland: Zumindest privat geführte Mädchenschulen des 19. Jahrhunderts hatten noch meist weibliche Leiterinnen - wurden sie aber verstaatlicht, tauschte man diese gegen eine männliche Leitung aus (vgl. Käthner/Kleinau 1996: 399). An den Grundschulen lehren heute deshalb so wenige Männer, weil dieser Beruf mit einem geringen gesellschaftlichen Status für Männer verbunden ist und Grundschullehrer höchstens als Direktoren die Ideale hegemonialer Männlichkeit erreichen können. Auch in der Bezahlung von GrundschullehrerInnen spiegelt sich der niedrigere Rang diese Schulform wider. In Ländern wie Finnland hingegen genießt der Beruf des Grundschullehrers ein sehr hohes Ansehen und entsprechend hoch ist auch die Zahl der studierenden Männer für die Primarstufe, wie Anne Ratzki in ihrem Vortrag zu skandinavischen Bildungssystemen 2002 an der Forschungsstelle für interkulturelle Studien in Köln feststellte.

Die Frau, die er hier beschreibt, ist eine ältere Dame aus der Nachbarschaft, die er sehr mag. Sie kennzeichnet er als Trägerin sonst eher männlich belegter Charakterzüge: Sie ist zwar Lehrerin, aber »trainiert« die Schüler. Allerdings ist ihm diese Dame nicht aus dem Schulkontext bekannt, er hat sie im Quartier kennen gelernt.

Der Blick, mit dem die LehrerInnen ihre männlichen bzw. weiblichen Schüler und Schülerinnen betrachten, lässt sich in den Interviews nur selten und eher vage rekonstruieren. Martina Weber (2003: 143ff) hat diesen Aspekt in ihrer Studie untersucht und herausgearbeitet, dass die von ihr untersuchten LehrerInnen die männlichen Jugendlichen immer wieder als »türkische Machos« beschreiben und ihnen auch nur exakt diese eine Form der Männlichkeit zugestehen. Die Kinder tradierten laut LehrerInnen kulturell und familiär bedingte Männlichkeit.

> »Eine solche einseitige Blickrichtung erschließt sich aus dem *common sense*, nach dem selbstverständlich davon ausgegangen wird, dass bei ›türkischen‹ Migranten eine Männlichkeitsform vorherrsche, die sich durch extreme Dominanzansprüche gegenüber Frauen und alltägliche Demonstrationen eines solchen Machtgefalles auszeichne.« (Weber 2003: 145, Hervorh. i. Orig.)

Auch die Jugendlichen greifen auf diesen Common Sense zurück – beziehen ihn aber allerdings nicht auf sich selbst, sondern vielmehr auf ihre Väter, wie sich in der Analyse der Familie (vgl. Kap. 6) zeigte. Solche Interpretationen durchziehen alltägliche Verhaltensweisen, die, mit anderem Blick betrachtet, jenseits »ethnischer« Interpretationen liegen könnten. Die LehrerInnen weisen auf eine starre Konstruktion von männlichen Jugendlichen mit Migrationshintergrund hin, der sie ein Bild »der deutschen Gesellschaft« entgegensetzen, diese nehmen sie bezüglich des Geschlechterverhältnisses als gleichberechtigt wahr. »Türkische« Jungen seien außerdem in ihrer Denkweise sehr einfach strukturiert, hätten hohe Erwartungen an Bildung aber seien nur wenig leistungsfähig, würden sich aggressiv und Frauen verachtend betragen, so die Meinung des Lehrpersonals. Im Zuge dieser Annahmen sehen sich vor allem die Lehrerinnen zur Verteidigung emanzipatorischer Errungenschaften quasi dazu gezwungen, das Verhalten der Jungen ständig zum Gegenstand zu machen und ihnen schon mal antizipativ Einhalt zu gebieten (vgl. Weber 2003: 149).

Vielleicht haben auch Ömürs Lehrerinnen ihn mit solchen Zuschreibungen konfrontiert, was ihn besonders zur Gegenwehr reizte. Damit würde seine Abneigung gegen die Lehrerinnen an Sinn gewinnen. Dies könnte auch seine gänzlich andere Haltung zu der Lehrerin, die er privat kennt, erklären. Sie akzeptiert ihn als Individuum und im Gegenzug spricht er mit großem Respekt von ihr als Individuum und nicht von ihr als »Frau«, der er keinen Respekt zollen könnte.

7.4 Brutalität als Merkmal der »Ausländerschulen«

In der Verbindung der Vorstellungen über *männliche* Jugendliche einerseits und über *migrantische* Jugendliche andererseits kumulieren die Probleme, die diesen beiden Konstruktionen anhaften. Dazu gehört, dass von MigrantInnen besuchte Schulen als »schlecht« verurteilt werden. Die Medien arbeiten die Thematik beispielsweise in folgenden Schlagzeilen auf: »Rückzug in die Kulturkolonie. Türkische Jugendliche bleiben immer mehr unter sich, sprechen weniger Deutsch und stellen die Schulen vor kaum lösbare Aufgaben« (*Süddeutsche Zeitung* 02.03.2002). *Die Zeit* (10/2003) lässt unter der Rubrik »Tatort Schule« verlauten: »Dresche von Herzen. Wer an der Schlossparkschule in Stadthagen Geburtstag hatte, dem wurde ins Gesicht geschlagen oder in den Rücken getreten. 36 Schüler stehen nun vor Gericht, die meisten sind Türken. Die Geschichte einer misslungenen Integration.«

Tenor der Artikel ist, dass die Schulen und die Gesellschaft durch Migrantenjugendliche überfordert sind und dass die Schulen scheitern müssen, schon allein an »Sprachproblemen«. Die Kinder von EinwanderInnen mutieren sogar zum Teil eines »Albtraums«, wie es die *Süddeutsche* formuliert. Dies hat zur Folge, dass Klassen oder ganze Schulen aufgegeben werden. Gerade hier ist man nicht bemüht, die Jugendlichen besonders zu fördern.

Von den »Horrorszenarien«, die über die schulischen Zustände zu vernehmen sind, erzählen dann auch einige Jugendliche, z.B. Engin, der als Sohn türkischer Gastarbeiter in einer marginalisierten Wohngegend Kölns ausgewachsen ist:

> Interviewer: Kannst du ein bisschen weiter von der Schule erzählen, von den Lehrern?
> Engin: Lehrer war ich auch gegenüber aggressiv (3), ich hab nie Hausaufgaben gemacht (3), überall am Anfang hab ich super gut.
> I: Aber da warst du gut.
> E: Mit den Leuten war ich ääh mit den ich aufgewachsen, mit den Türken, die warn auf meiner Schule, deswegen hab ich viel Scheiße- wir sind in Unterrichten nie reingegangen, wir warn nur im Schulhof, die ganze Zeit nichts gemacht, deswegen hab ich auch die Schule ein bisschen fallen gelassen. (...) Gaspistole und dann Schlagringe habn die gefunden, da hab ich Lehrer geschlagen.
> I: Ja.
> E: Ja, was heißt geschlagen, Ohrfeige gegeben, ich durfte auch in der Pause nicht raus ich musste im Aufenthaltsraum bleiben, also wenn alle Schüler draußen waren muss ich drin bleiben, wenn die weg waren wurde ich also in die Klasse begleitet (6).
> I: In der Hauptschule war das.

E: In der Hauptschule war das (4).
I: Was sagte der Lehrer dann?
E: Sagt er ›darfst nicht raus‹, sagt er ›du bist, wie soll ich sagen ein- du machst jedes- draußen Leute schlagen, bedrohen‹ oder so was (4). Paar Leute sind ja schon da rausgeflogen, die haben da irgendwie die ganze Schule fast angezündet, Scheiben habn die kaputt gemacht, Abschlussfete (3), meine Freunde.

Engin entwirft das Szenario eines dauernden Kampfes in der Schule; allerdings macht er auch deutlich, dass er die extreme Spitze bildete und ständig sanktionierenden Sondermaßnahmen unterlag. Seine Gewalttätigkeit richtet sich gegen die Schule, gegen LehrerInnen und MitschülerInnen - letztendlich führt sie dann auch zu seinem Schulausschluss. Dass er einiges falsch gemacht, »viel Scheiße gebaut« habe, führt er darauf zurück, dass er sich in der Gesellschaft anderer »türkischer« Jugendlicher befand, mit denen er aufgewachsen war (»mit den Türken, die warn auf meiner Schule, *deswegen* hab ich viel Scheiße«). Diese Erklärung erscheint ihm ausreichend, um sein Verhalten in der Schule darzulegen. Er setzt voraus, dass auch der Interviewer sich mit der Erklärung zufrieden gibt, dass andere »türkische Jugendliche« schlechter Umgang sind. Zugleich wird an seiner Formulierung deutlich, dass es ihm schwer fällt, zu erzählen, als was ihn der Lehrer bezeichnet hat (»Sagt er ›du darfst nicht raus‹, sagt er ›du bist wie soll ich sagen ein- du machst jedes-«). Obwohl er sich selbst in ein schlechtes Licht rückt, will er die negative Meinung der anderen nicht eins zu eins wiedergeben. Engins Erzählungen verdeutlichen, dass seine Schule das Verhalten der Schüler nur mit Bestrafungen sanktioniert und keine anderen Maßnahmen zur Verfügung stehen; ihr Repertoire für Engin beschränkt sich wohl hauptsächlich auf »Einsperren«. Schon hier zeichnet sich ab, dass für Engin von schulischer Seite keine Integrationsmöglichkeiten gefunden wurden.
Hüseyin hingegen hat auch gute Erinnerungen an seine Schulzeit, schildert, dass er Klassenbester war, gute Freunde hat, doch auch er erzählt vom Stigma der »Ausländerschule«:

Hüseyin: Ja so so *Pause was weiß ich Schlägerei Kiffen* alles dies (3) *auf diese Schule war nie 'n Deutsche* so, doch zumindestens zehn Deutsche oder fünfzehn Deutsche und der Rest warn ganze Ausländer.

Dass die Schule fast ausschließlich von Jugendlichen mit Migrationshintergrund besucht wird, hat für ihn eine negative Konnotation, er sieht es als einen Mangel. Er ist auf der »Ausländerschule« gelandet, da, wo andere nicht hin wollen. »Die Türken«, so Hüseyins Worte, seien vorrangig auf Schlägereien aus gewesen. Er bezeichnet die Schule als »die schlimmste Schule von Köln«. Deutlich distanziert er sich von den Gewalttätigkeiten anderer und auch davon, mit »den Türken« in einen Topf geworfen zu werden. Das hängt mit seinem kurdischen Hintergrund zusammen und auch damit, dass er nicht mit dem Bild »des türkischen Schülers« mit all seinen negativen Konnotationen in Verbindung gebracht werden will - was ihm bestimmt nicht selten passiert. Die Schule stellt Hüseyin durch die überwiegende Belegung mit Migranten als ein Sammelbecken für Probleme dar. Der Tenor seiner Erzählungen ist, dass da, wo viele Ausländer sind, auch keine gute Schule sein kann. Einerseits reproduziert er damit negative Vorstellungen über »Ausländerschulen«, andererseits macht er aber auch täglich die Erfahrung, dass seine Schule gesellschaftlich benachteiligt ist. Die Einschätzung Hüseyins korrespondiert mit der gesellschaftlichen Einschätzung der »Ausländerschulen«, die überall als problematisch und kaum zu handhaben beschrieben werden. Aber auch er wird damit auf einen Platz verwiesen, ob es ihm gefällt oder nicht: An diese Schule soll er hingehören.

In den Erzählungen der Jugendlichen über Schulen allgemein lässt sich die Segregation der jugendlichen Lebenswelt entnehmen und auch das Gefühl, bei MitschülerInnen und LehrerInnen nicht akzeptiert zu werden. Ihnen bleibt in Erinnerung, dass die Bewertung ihrer Person stark mit dem Migrationshintergrund zusammenhängt. Und oft gelten schon seit der Grundschule Zuschreibungen, die sie als »gefährlich« stigmatisieren. Adnan sieht darin den Beginn und eine Erklärung für seine kriminelle Karriere und auch die anderer Migranten:

> Adnan: Warum sind Ausländer kriminell, hat man sich das mal gefragt? (I: hm) Warum? (3) Die meisten werden nicht angenommen, allein schon äh in der Schule in der Schule geht es los, ah pass auf und was weiß ich so, die Kinder die Kinder begegnen dir mit Scheu. (I: hm). In der Schule geht et schon los (3), ja ich weiß nicht wo die Gleichberechtigung sein soll.

Mit solchen Schulverläufen als Voraussetzung liegt es auf der Hand, dass die Integration der Jugendlichen in den Arbeitsmarkt nicht glatt verlaufen kann: Erstens fehlen ihnen Schulabschlüsse oder entsprechende Noten, zweitens möchten sie sich oft wegen ihrer schlechten Erfahrungen nicht weiter in das System durch Ausbildungen hineinbegeben und drittens bleiben ihnen die Zugänge oft auch verwehrt, weil sie »Ausländer« sind. Ihre Möglichkeiten sind so begrenzt, dass sich Auswege meist nur fernab legaler Konzepte bieten. Die Wege zur (Nicht)Integration und die vielfältigen weiteren Barrieren, die sich in den Biographien der Jugendlichen zeigen, möchte ich daher nun fokussieren.

8 Relevanz von und Möglichkeiten zur Erwerbsarbeit

Der Weg in das Erwerbsleben sieht nach der schulischen Bildung eine Ausbildung oder ein Studium vor. Die schulische Laufbahn der Jugendlichen war Thema des letzten Kapitels: Ihr Migrationshintergrund, ihre Klassenzugehörigkeit und individuelle Hintergründe tragen zum Scheitern bei. Die Jugendlichen, überwiegend in ökonomisch und sozial benachteiligten Familien und Stadtteilen aufgewachsen, stehen nun meist ohne Schulabschluss und ohne Ausbildung den Anforderungen des Arbeitsmarktes gegenüber.

8.1 Relevanz der Erwerbsarbeit – Väter: Zwar besser, aber auch nicht richtig

Nur die wenigsten Interviewten sind vor ihrer Inhaftierung einer geregelten, offiziellen Erwerbsarbeit nachgegangen, gleichwohl ist ihnen deren Relevanz bewusst, gerade auch für ihre gesellschaftliche Position und ihr Selbstbild als Mann. Arbeit taucht als Thema zunächst in Erzählungen über die Väter auf, oft führen die Jugendlichen diese sogar über das Thema Arbeit ein. Gehen die Väter keiner geregelten Erwerbsarbeit nach, so rechtfertigen die Jugendlichen das auch ohne dass sie danach gefragt würden, während sie im Gegensatz dazu die Mütter meist gar nicht erst mit Erwerbsarbeit verbinden, auch wenn diese erwerbstätig sind; sowohl der Drang zur Verteidigung der Väter als auch die beiläufige Thematisierung bei Müttern deuten auf die enge Verknüpfung des Themas mit Geschlechtskonstruktionen hin. Die Aufrechterhaltung der Verteilung von Produktions- und Reproduktionsarbeiten zur Strukturierung des sozialen Geschlechts sind in der Auseinandersetzung mit den folgenden drei Interviewten zentrales Thema:

> Interviewer: Kannst du von deinem Vater ein bisschen erzählen?
> Engin: Mein Vater, was soll ich erzählen, äääHm mein Vater is wie soll ich sagen, der ist fleißiger Mann, aber wegen diesen Bandscheibenvorfall kann er nicht mehr arbeiten.

Arbeitsethos und Arbeitstugenden - fleißig sein und arbeiten können - stehen für Engin in der Beschreibung seines Vaters vorneweg; sein Bild des Vaters ist eng mit der Produktionsarbeit verknüpft, obwohl dieser nicht mehr arbeiten kann. Männlichkeit und Erwerbsarbeit bedingen sich, denn das kapitalistische

System funktioniert auf Grund der geschlechtlichen Arbeitsteilung und durch das Geschlecht strukturiert es die soziale Praxis. In der nächsten Passage Engins spiegelt sich ein spezifischer Umgang mit dieser Form der Geschlechtskonstruktion; er hat die Ungleichheit verinnerlicht, sie ist selbstverständlicher Bestandteil in der Bewertung väterlicher und mütterlicher Arbeit und damit auch in der Konstruktion männlicher und weiblicher Identität über die Arbeit.

> Engin: Und meine Mutter ist Hausfrau, also die geht jetzt putzen. (...)
> Interviewer: Dein Vater war arbeitslos, dann war es langweilig für ihn zu Hause?
> E: Nee, der ist auch ab und zu nebenbei arbeiten gegangen (4) im Blumengeschäft so kreuz und quer hat der gearbeitet, also der hat meiner Mutter immer geholfen auch beim Putzen.

Die Arbeit der Mutter als Reinigungskraft sortiert er eher unter Hausarbeit - Putzen ist mit Reproduktionsarbeit assoziiert, auch wenn es nicht im eigenen Heim stattfindet. Erst in Verbindung mit dem Vater sieht Engin es dann als »Arbeit«. Durch das individuelle Schicksal des Vaters ist es für Engin auch in Ordnung, dass dieser »reproduktive« Tätigkeiten übernimmt, indem er der Mutter hilft. Übt der Vater auch keine wirklich »männliche« Tätigkeit aus, so ist das in seiner Lage besser als nichts zu tun und hier zählt für Engin zumindest die Arbeitstugend. Mental erhält er so die Arbeitskraft des Vaters und damit auch ein männliches Bild des Vaters aufrecht.

Auch in Adnans Erzählung von seinem Vater spielt dessen Arbeitsamkeit eine große Rolle. Der Vater hat zudem damit auch einen gesellschaftlichen Status erlangt.

> Adnan: Mein Vater hat es ja schließlich zu was gebracht. (I: hm). Der hatte jahrelang gearbeitet, hat sich in der Türkei da Land gekauft, da Land gekauft, ich wer- ich will nicht protzen für meinen Vater, fast das halbe Dorf, über die Hälfte des Dorfes gehört meinem Vater (I: Hm) so der hat nen (   ) der hat alles auf die Beine gekriegt was dieser Mann wollte. Ich brauche ich glaub, dieser Mann könnte sich locker zurücklegen und wohlhabend leben. (I: hm). Aber er macht es nicht, ja der war früher sehr streng mit uns, hat immer gedacht wie sein Vater ihn erzogen hat so wollte er uns auch erziehen. Das war aber das Falsche.

Interessant ist die Verknüpfung der beiden Themen: Der Erfolg des Vaters wird überschattet vom Misserfolg Adnans. Adnan weiß, dass er bei dem Erfolg nicht mithalten kann. Er erkennt an, dass der Vater viel erreicht hat, aber kritisiert, dass dieser ihm den Weg verstellt habe, indem er die Parameter, die ihn zu dem Erfolg geführt haben auf Adnan anlegt: Mit Druck und Zwang fordert er Gehorsam des Sohnes - so hart und diszipliniert der Vater zu sich selbst ist, so hart war er auch zu den Kindern. Die dem Vater zugeordnete Autorität stellt Adnan durch seine Kritik in Frage.

Adnan macht noch eine weitere Einschränkung für den Erfolg des Vaters, indem er betont, dass dieser seinen Besitz in der Türkei und nicht am Wohnort in der Bundesrepublik hat. Im Anschluss erzählt er, dass er sich auf keinen Fall vorstellen könne, in einer solch ländlichen Gegend wie der Herkunftsregion des Vaters in der Türkei zu leben. Somit bekommt der Landkauf einen niedrigeren Wert und wird auch zum Zeichen dafür, dass dem Vater als Türken nur bleibt, in die Türkei zurückzukehren, denn dort genießt er Ansehen.[1]

Franco erklärt, dass sein Vater auf Grund struktureller Zwänge - er bekam keine Arbeitserlaubnis - nicht arbeiten gehen konnte. Aber untätig war er dennoch nicht:

> Franco: Mein Vater war immer ehrenamtlich unterwegs, Spenden sammeln und so, Veranstaltungen, Feste organisieren, zwangsläufig war er auch immer viel unterwegs, Italien und Deutschland, das war seine Sache und er hat auch keine Arbeitserlaubnis gekriegt, er konnte also nicht arbeiten, meine Mutter war so oder so Hausfrau.

In allen drei Geschichten spiegelt sich ein Moment wider, in dem die Jugendlichen in den Vätern zwar Vorbilder sehen, aber auch den strukturellen Zwängen resigniert gegenüber stehen. Nicht nur die geschlechtsspezifische Arbeitsteilung erzeugt Konstruktionen des sozialen Geschlechts: Die Ausarbeitungen von Männlichkeits- und Weiblichkeitskonstruktionen hängen mit weiteren Faktoren wie Ethnizität und Klasse zusammen (vgl. Connell 2000: 95). Vor allem Engin und Franco versuchen, die Männlichkeit der Väter zu retten, indem sie Ausweichmöglichkeiten der Erwerbsarbeit (der Mutter helfen, ehrenamtliche Arbeit) zur »Ehrenrettung« der Väter anführen und hoch bewerten, denn die defizitäre Lage der Väter muss ausgeglichen werden, um deren Männlichkeit zu bewahren.

Gleichzeitig beschäftigen sie sich mit einem Thema, das Bourdieu (vgl. 2000: 84f) als zentrales Element des »väterlichen Erbes« bezeichnet: Die Söhne werden mit der Aufgabe betraut, den Vater in den eigenen Tätigkeiten fortleben zu lassen, um so auch dessen gesellschaftliche Position überdauern zu lassen; der Vater sollte möglichst sogar noch übertroffen werden (vgl. Bourdieu 2000: 84). Die Väter haben Erwartungen, die ihre Söhne nicht erfüllen, aber die Söhne erkennen auch, dass die gesellschaftliche Position des Vaters nicht so angesehen ist, als dass es eine Herausforderung wäre, sie anzustreben - keiner der Väter, auch nicht Adnans, partizipiert an hegemonialer Männlichkeit. Ihre eigene Lage

1 Zum Rückkehrgedanken von Adnans Vater vgl. Kap. 6.3

und die Vater-Sohn-Beziehung verhindern aber, dass sie ihre Väter leichtfertig vom Thron stoßen. Aber auch die folgende Interpretation von Bourdieu (2000: 87) kann als Lesart für die Beschäftigung der Jugendlichen mit den Vätern angelegt werden: Können die Kinder weder die Erwartungen der Eltern noch die der Schule erfüllen, so sehen sie das als ihr persönliches Versagen - um damit umzugehen, beziehen sie eine Gegenposition.

8.2 Möglichkeiten zur Erwerbsarbeit: Der Wille allein reicht nicht

Mittlerweile stehen die Jugendlichen selbst unter dem Druck, einer Erwerbsarbeit nachzugehen. Ihre Bildungsgeschichte sowie die Inhaftierung erschweren ihre Verortung als junge Männer im gesellschaftlichen Erwerbsleben besonders. Als Inhaftierte sind sie momentan zwar ohnehin vom Arbeitsmarkt ausgeschlossen, sie beschäftigen sich aber mit ihren Zukunftsperspektiven. Das signalisiert, dass sie sich der Relevanz der Erwerbsarbeit bewusst sind und ihre Wahrnehmung sich nicht von der gesellschaftlichen Bedeutungszumessung unterscheidet. Sie haben die gesellschaftliche Norm übernommen und verinnerlicht: Das Erwerbsleben bestimmt einen Teil ihres gesellschaftlichen Wertes, mit dem für sie als junge Männer ein beträchtlicher Teil männlicher Identität verbunden ist.

Gedankenexperimentell entwerfen sie Perspektiven, die mehr oder weniger realistisch sind oder vielleicht nur Lippenbekenntnisse; der Wille zur Partizipation am Arbeitsmarkt ist aber durchgängig vorhanden. Adnan thematisiert, dass er unter der Perspektivlosigkeit bei der Arbeitssuche leidet. Dem jungen Mann ohne Schulabschluss und berufliche Ausbildung sind, wenn er aus dem Gefängnis kommt, die Türen zum Arbeitsmarkt verschlossen:

> Adnan: Ja egal wo man ist, die gucken einem in die Vorstrafenregister, ‘ach das ist ein ganz schlimm- äh ganz schlimmer Bubi und ab dafür‹, dabei wissen sie gar nicht hat der Junge sich verändert, hat der irgendwas gemacht überhaupt was, immer nur Haft Haft Haft. Ach ich weiß nicht (2), ich weiß et nit, ich glaub wenn ich jetzt rauskomme geht’s glaub ich weiter. (I: hm) (3). Ich weiß et nicht, wenn ich keinen Halt finde (2) fällt mir nix ein, was ich machen könnte, arbeiten kann ich nirgendswo oder gibt mir keiner Arbeitsstelle schätz ich mal. (I: hm) Jetzt draußen hat mir also haben die mich alle abgelehnt: ›Hör zu, nit so gerne Junge.‹

Die elementare Relevanz, die Arbeit für ihn hat, unterstreicht Adnan mit der Aussage, dass sie ihm einen »Halt« für sein Leben geben könnte, umgekehrt die Arbeitslosigkeit ihm den Halt entzieht. In dieser Passage beschäftigt er sich zugleich auch mit dem Thema, als Mann - oder weil er ein Mann ist? - keine Arbeit zu finden: Er wird als »Junge« abgelehnt, denn er ist ein »schlimmer Bubi«.

Eine andere Strategie des Umgangs mit dem Thema Arbeit zeigt sich in den Interviews, wenn die Jugendlichen den Schein vor dem Interviewer und somit vielleicht auch die Hoffnung für sich selbst zu wahren suchen, nach der Inhaftierung Arbeit zu finden:

> Ömür: Und jetzt wenn ich rauskomme kann ich wieder als Tiefbauer arbeiten als Bauarbeiter, ich versuche wieder nach Türkei zu fahren, mein Box- Boxen zu Ende zu führen und dann wieder auf meinen Beinen zu stehen, ich hab jetzt bald meine eigene Wohnung, ich hab n festen Wohnsitz noch bei meinen Eltern, meine Bewährungshelfer gibt mir jetzt macht mir jetzt ne Wohnung sucht der mir, der hat mir auch die Arbeitsstelle hier besorgt und so.

Auch in der Haft strukturiert sich ein großer Teil des Alltags um die Arbeit herum. Allerdings machen die Jugendlichen Erfahrungen, die nicht darauf schließen lassen, dass sie durch diese Form der Arbeit ihr Selbstwertgefühl aufwerten können - im Gegenteil, die Erzählungen sind Belege von Unterordnung, Erniedrigung und Demütigung. Dazu Hüseyin:

> Hüseyin: Ich arbeite auch soundso acht Stunden jeden Tag hier un wenn ich rauskomm draußen auch. (...) Und die Leute hier Chef oder der Haft und die sind nich nett für die Gefangenen hier. (I: hm) Wir sind immer nett zu denen, aber die sind die denken wir sind jetzt Tiere oder was aber wir wollen das nich. (I: hm). Manche Leute gi- gibts, manche Leute die arbeiten nich vernünftig, aber manche Leute gibts, die arbeiten vernünftig und die machen seine Arbeit ganz richtig.

Hinzu kommt, dass die Arbeit in Haft nur sehr gering bezahlt wird. Erfahrungen mit legaler Arbeit und entsprechender Bezahlung haben die wenigsten der Jugendlichen gemacht. Lemmermöhle (2002: 17) geht davon aus, dass sowohl der Prozess der Berufsfindung als auch die Statuspassagen zur Erwerbsarbeit von einem Vergeschlechtlichungsprozess begleitet werden, in dem Differenzen und Hierarchien von Geschlecht hergestellt werden. Diese stellen im Ergebnis eine Mischung aus individuellen Leistungen und strukturellen, institutionellen und normativen Vorgaben dar. Die interviewten Jugendlichen haben kaum die Möglichkeit, sich mit einer Berufs*wahl* zu beschäftigen. Es ist ihnen erschwert, sich durch eine Positionierung im spezifischen Kontext des Bildungs- und Ausbildungssystems an normativen Vorgaben von Geschlechtskonstruktionen auszurichten. Studien zum Thema Beruf und Geschlecht belegen, dass gerade junge Männer in ihrer Berufswahl auf Möglichkeiten zur Erlangung von Statusfaktoren wie gutes Gehalt, Aufstiegsmöglichkeiten und berufliche Anerkennung bedacht sind. Sie wollen sich damit nicht nur von Frauen abheben - die eher an sozialen Kompetenzen interessiert sind, z.B. persönliche Weiterentwicklung durch den Beruf und gute Sozialkontakte (vgl. Lemmermöhle 2002: 24) -, sondern auch von den anderen Männern, z.B. solchen, die die Möglichkeiten zur Berufswahl gar nicht haben. Mit solchen jungen Männern zu konkurrieren, ist für die interviewten Jugendlichen kaum möglich.

Flüchtlingsjugendliche: Besonders betroffen

Besonders für jugendliche Flüchtlinge und Nicht-EU-Bürger ist der Arbeitsmarkt ein verschlossenes Feld. Die gesetzlich festgeschriebene Formel »erst Arbeit für Deutsche, dann für EU-Ausländer und dann erst für die anderen« betrifft viele der interviewten Jugendlichen, die sich am Ende der Leiter wieder finden.[2] In den Interviews thematisieren sie gesetzliche Barrieren, die einer legalen Arbeit im Weg steht:

> Abdul: ...mehr Geld also ja hat auch nicht geklappt, wollt da schwarzarbeiten, dann ich hatte Angst gehabt mich erwischen und so (2).
> Interviewer: Wegen Aufenthalt?
> Ab: Ja so (20).

Diese Situation führt zu einer weiteren Perspektivlosigkeit in Bezug auf die berufliche Zukunft. Für die Jugendlichen existieren aber gleichzeitig Vorstellungen darüber, dass sie meist in der Bundesrepublik bleiben wollen und wie ihr Beruf aussehen soll.

> Murat: Wer will das nicht haben, einen Abschluss, Abschluss will doch jeder haben oder einen Job oder eine Ausbildung hinter sich haben. Ein Traum ist das für mich, weil ich habe in der Türkei zwei Jahre nur Schule besucht. Wenn ich hier einen Abschluss habe, dann habe ich auch mein Leben vor mir, aber so ohne Ausbildung wer soll mich- jetzt wenn ich auch rauskomme ist schon klar, man kann Arbeit finden, aber es ist schwer, schwerer als wenn du Ausbildung hättest. Wenn du Ausbildung hättest könntest du auch was Gutes, dich bewerben oder was weiß ich schreiben. Dann hättest du leichter Job bekommen.

Je länger die Jugendlichen in der Bundesrepublik sind, desto mehr stellen sie fest, dass sie wahrscheinlich keine Perspektive auf dem Arbeitsmarkt haben und wenn, dann auf jeden Fall nicht die gewünschte (vgl. Weiss et al. 2001:

2 Spätestens nach der ersten Inhaftierung, wenn sich der Aufenthaltsstatus weiter verschlechtert, betrifft dies nicht mehr nur die Flüchtlinge, sondern auch viele Jugendliche der zweiten Generation.

76f). Durch immer größer werdende Bildungslücken fällt ihnen der Anschluss an die Altersklasse mit steigendem Alter immer schwerer und sie erleben den Schulbesuch und andere Maßnahmen, so sie denn stattfinden, als zunehmend frustrierend. Die Förderung der beruflichen Ausbildung von Seiten der Arbeitsämter können nur Flüchtlinge mit einem relativ sicheren Aufenthaltsstatus (Kontingent- und Konventionsflüchtlinge und Asylberechtigte) beantragen, nicht aber solche mit Duldung (vgl. Kap. 9.1). Diese Erfahrung, die viele Flüchtlingskinder in der Bundesrepublik machen, vertieft den biographischen Knick. Maßnahmen der Jugendhilfe sind pädagogische Auffangbecken, denn ihr sind in Zusammenhang mit der Ausbildung oft die Hände gebunden (vgl. Kleyer-Zey 2003:186).

Asylbewerber, De-facto- und Bürgerkriegsflüchtlinge sind besonders schwer zu vermitteln, da die Arbeitserlaubnis an die Aufenthaltserlaubnis gekoppelt ist. In der Regel sind sie von der Partizipation am Arbeitsmarkt ausgeschlossen. Seit 1998 erfolgt die Regelung der Arbeitsvergabe nach den §§ 284-286 des Sozialgesetzbuches Drittes Buch Arbeitsförderung (SGB III) samt zugehöriger Arbeitsgenehmigungsverordnung (ArGV), nach denen zunächst Deutsche bei der Vergabe den Vorrang haben, gefolgt von EU-Ausländern und ganz hinten auf der Liste rangieren die Flüchtlinge (vgl. Kühne/Rüßler 2000: 95ff).[3] In NRW ist es nach einem Jahr Aufenthalt zwar möglich, eine Arbeitserlaubnis zu bekommen – diese ist aber keine generelle Erlaubnis, sondern an eine spezielle Arbeitsstelle gekoppelt, die vom Arbeitsamt vermittelt wurde. Sie gilt nur für bestimmte Branchen, in denen Arbeitskräftemangel herrscht, und Arbeiten, für die keine Deutschen oder EU-Ausländer zur Verfügung stehen. Der Flüchtling muss den Nachweis erbringen, dass er den Beruf auch erlernt hat. Levent, der als unbegleiteter minderjähriger Flüchtling in die Bundesrepublik kommt, erwähnt seine Schwierigkeiten mit dem Arbeitsamt:

> Levent: Danach, ab da war ich arbeitslos, ja ich wollte Arbeitsamt, war ich Arbeitsamt, hab ich 'ne Arbeit gefunden, einer sagt ›nee, geht nicht, darfst du nicht arbeiten.‹

Andererseits müssen arbeitsfähige, nicht-erwerbstätige Flüchtlinge jede Arbeit annehmen, die ihnen die Behörden anbieten; die Aufwandsentschädigung dafür beträgt ca. 1 Euro/Stunde (vgl. Angenendt 2000: 44). Murat erzählt von einer weiteren Komplikation, der er als Flüchtling ausgesetzt ist:

3 Für detaillierte Beschreibungen zu rechtlichen Beschränkungen vgl. Kühne/Rüßler 2000: 95ff, zum Arbeitsmarkt für MigrantInnen insgesamt und zu Möglichkeiten der Qualifizierung vgl. ebd.: 306ff.

> Murat: Ich war zweimal da beim Ausländeramt. Sage ich ›ja ich will arbeiten, eine Arbeitserlaubnis‹ es so nicht ( ), ich wohne im Heim dann bezahle ich mir selber alles wenn ich arbeiten gehe. Und ich habe Angebot bekommen von irgendeiner Pizzeria, italienische Pizza. Der hat mir gesagt: ›Ja, kannst du bei mir arbeiten dann kannst du dir auch was verdienen.‹ Ich habe dem auch erzählt dass ich Frau habe Kind hab, hat der mir gesagt: ›Ja, eine Chance kann ich dir geben wenn du Arbeitserlaubnis hast.‹ Ohne Arbeitserlaubnis kriegt man gar keine Arbeit. Diese Arbeit habe ich gehabt, sagen die mir ›in Köln sollst du dir eine suchen, in Köln‹. Wo soll ich denn in Köln suchen? Die geben mir doch gar keine Arbeit. Habe ich paar Geschäfte gefragt, die geben mir ja gar keine Arbeit. Diese Chance habe ich gehabt, aber haben die mir gar keine Arbeitserlaubnis gegeben, deswegen es kommen jetzt in Gedanken, deswegen das kann sein dass ich es gemacht hab. Was ich vom Sozialamt krieg ist 300 Mark, wie soll ich mit klar kommen?

Sowohl die Jugendlichen als auch ihre Eltern bleiben dadurch auf staatliche Mittel angewiesen. Neben den ökonomischen Problemen sind die Folgen für das Individuum noch weit reichender: Der Flüchtling bekommt so oft jahrelang keine äußere Struktur durch einen Alltagsablauf mit Arbeit. Die staatlichen Regelungen enthalten dem Betroffenen die mit Arbeit und Berufsleben verbundene gesellschaftliche Anerkennung vor und somit auch eine Quelle von Selbstwertgefühl (vgl. Kühne/Rüßler 2000: 306). Zusätzlich forciert diese Situation das Klischee, dass Flüchtlinge arbeitsunwillig seien und auf Kosten der Deutschen leben wollten, was eine gesellschaftliche Geringschätzung von Flüchtlingen verstärkt.

Murat verbindet im vorletzten Satz des Zitats seine prekäre Lage als Flüchtling ohne Arbeitserlaubnis direkt mit dem von ihm verübten Überfall, bei dem er Geld erbeuten wollte. Die rechtliche Position von Flüchtlingen, oft mit einer drohenden Abschiebung verknüpft, schränkt die Möglichkeiten der Lebensführung und der Positionierung in der Gesellschaft stark ein – Optionen für die Zukunft sind äußerst begrenzt. In ihren Zukunftsplänen zeichnen die Jugendlichen dann auch keine beruflich utopischen Bilder, die sie nie erreichen könnten, bekunden jedoch den Willen, zu arbeiten und eigenständig zu sein. Ihr rechtlicher Status hält sie aber in einer Situation gefangen, in der sie kaum tätig werden können: Die Gesellschaft stellt ihnen keinen Raum zur Verfügung, in dem sie sich mit ihrem Potenzial und ihren Ressourcen einrichten können. Weil sie legal nicht tätig werden können, weichen sie auf andere Felder aus (vgl. Kleyer-Zey 2003: 183).

8.3 Institutionelle Notausgänge: Halbherzige Versuche der Integration in den Arbeitsmarkt

Das Jugendhilfesystem sichert durch die Jugendsozialarbeit, die sich speziell mit der Lebensplanung im Bereich Arbeit und (Berufs-)Ausbildung beschäftigt, die Unterstützung von Jugendlichen, die Probleme sowohl in der Schule als auch in beruflicher Hinsicht haben. Die Hilfe umfasst Beratung, Ausbildungs- und Beschäftigungsangebote, Wohnmöglichkeiten und Angebote für die soziale Integration wie Sprachkurse. Beratungsstellen erreichen Jugendliche vorrangig über die Schule, aber richten sich auch an diejenigen, die weder die Schule besuchen noch einer Ausbildung oder einer Arbeit nachgehen. Zu den Maßnahmen gehören auch Werkstätten, die durch verschiedene Angebote zur Berufsfindung beitragen sollen, sowie außerbetriebliche Ausbildungsplätze, Arbeits- und Qualifikationsmaßnahmen. Voraussetzung für die Teilnahme sind Kriterien wie die Dauer der Arbeitslosigkeit oder ein bestimmter Schulabschluss. Getragen werden die Angebote von öffentlichen und freien Trägern der Jugendhilfe, bezahlt werden sie vom örtlichen Arbeits- und Jugendamt (vgl. Bundesministerium für Familie, Senioren, Frauen und Jugend 2000: 16).

Viele der Interviewten berichteten über ihre Einbindung in das Programm der Jugendwerkstätten. Das Projekt- und Kursangebot hat den Anspruch, die Jugendlichen sowohl in ihrer persönlich-sozialen Entwicklung zu fördern als auch die berufliche und schulische Ausbildung voranzutreiben. Dazu wird sozialpädagogische Arbeit mit der Vermittlung von Kenntnissen im werkpraktischen Bereich verbunden; die Maßnahmen zielen überwiegend darauf, handwerkliche Fähigkeiten z.B. im Umgang mit Metall oder Holz zu vermitteln.

In den biographischen Verläufen zeigt sich, dass diese Maßnahmen die Jugendlichen kaum erreichen oder keinen nachhaltigen Effekt haben. Kaum einer findet nach einer solchen Maßnahme den Einstieg in einen beruflichen Alltag. Hier soll nur ein kurzes Beispiel auf die Problematik hinweisen. Als die Familie nach Köln zieht, soll Abdul in eine Jugendwerkstatt, was er aber nicht will.

> Abdul: Ich hab da nichts mal zu tun so, ich hatt keine Arbeit und so die wollen mich in die Jugendwerkstatt reinschicken so in E., ich bin da hingegangen so irgendwie hat mir nicht gefallen so, bin ich da rausgegangen. (...)
> Interviewer: Zur Jugendwerkstatt hast du gesagt, dass dir das nicht gut gefallen hat.
> Ab: Ich wollte so in Kfz reingehen, war voll und so. Ich war in Metall und so, da Metall irgendwie war komisch der Chef von da, immer so dann schreit er äh ›mach das mach das‹ (3). Ich mach das, ich mach Arbeiten und so weil ich

> fertig bin wollte so Zigarettenpause machen und da hat er ›keine Zigarettenpause das hier ist Arbeit‹ und so (5) wollt ich einmal spät kommen oder so angefangen schreien ›du fliegst raus‹ und so (3), also ich normalerweise ich war so 18 wo ich voriges Jahr war das, ich habe nachgedacht entweder ich will da arbeiten ein Jahr da nützt mir so oder so nichts, da wollt ich lieber anständig arbeiten, anständig Geld verdienen, mehr Geld also ja hat auch nicht geklappt, wollt da schwarz arbeiten, dann ich hatte Angst gehabt mich erwischen und so (2).

Abdul ist der Meinung, dass die Maßnahme ihn in seinem Wissen nicht weiter bringt. Er begründet dies rational: Er kann weder einen Tätigkeitsbereich nach seinem Interesse wählen noch die Maßnahme unter Ausbildungsgesichtspunkten für sich verbuchen. Er kommt zu dem Resultat, dass sie dann noch nicht mal dem Zweck diene, dem Arbeiten eigentlich dienen sollte, nämlich Geld zu verdienen. Wie viele andere Jugendliche erlebt Abdul die Jugendwerkstatt als Sammelbecken für die, die sonst nichts haben. Die Arbeitstugenden, die hier gelehrt werden, dienen somit einem Selbstzweck und nicht der Erweiterung der Perspektive der Jugendlichen. Und schon gar nicht kann sie im neoliberalen Bildungsdruck mithalten, der ständige Weiterbildung fordert, und das wissen die Jugendlichen sehr genau.[4]

Auffällig ist in vielen Interviews, dass die Chefs oft als sehr autoritär beschrieben werden und sie eine weitere demotivierende Größe im Arbeitsgefüge für die Jugendlichen spielen; nach Auskunft der Jugendlichen verlangen sie strikte Unterordnung, verwehren Diskussionen. Den Jungs erst einmal Disziplin beizubringen, sehen sie als vorrangige Aufgabe - der Abweichung sowieso schon verdächtig, wird jede falsche Regung überwacht und sanktioniert.

Derart unmotiviert bricht Abdul die Maßnahme schnell ab, auch wenn es ihm an Alternativen mangelt, wie er schon andeutet. Die Bindung der Arbeitserlaubnis an die Aufenthaltserlaubnis verunmöglicht die Arbeitssuche, denn er müsste einen Arbeitgeber finden, der begründet, warum er nur ihn einstellen kann. Wahrscheinlich nimmt Abdul ohnehin nur an der Maßnahme teil, um nicht mit dem Ausländeramt in Konfrontation zu geraten.

---

4 Für niemanden, der sich diesen Anforderungen unterwirft, bedeutet das im Gegenzug die Sicherheit, dass die erbrachte Leistung nun wirklich dem beruflichen Ein- oder Aufstieg oder einer Konsolidierung der Arbeit dient. Zugleich wird in der Forderung nach ständiger Weiterbildung eben erst erworbenes kulturelles Kapital sogleich wieder entwertet (vgl. Vester/Gardemin 2001: 252). Es zeigt sich aber bei den Jugendlichen, dass sie schon an dieser Stelle ausgeschlossen sind und noch nicht mal mehr die Chance haben, »mitzuspielen«.

Schlussfolgerung

Der Zugang zu legaler Arbeit ist für alle der interviewten Jugendlichen schwierig und kann ihnen kaum mehr gelingen. Und nicht nur das - drastisch formuliert scheinen sie in moderne Anforderungen gar nicht mehr einbezogen zu werden. Formen des Arbeitens und Lebens, wie sie das Unternehmens-Regime vorsieht, betreffen sie gar nicht erst: Konkurrenz, Leistungsideologie, die ständige Selbst-Motivation, permanente Weiterbildung, absurde Auslese- und Titelkampfverfahren, deren Regeln man kennen muss um ihnen zu folgen. Dazu gehören auch die Gegensätze, in die alle zueinander gebracht werden und die sich in jedem Einzelnen spiegeln, das Individuum selbst als Prinzip durchdringen, als Motor des ständigen sich Fit-Haltens für den (möglichen) Erfolg (vgl. Deleuze 1993: 256f). Weit entfernt vom »Unternehmer ihrer selbst«, konfrontiert sie das Regime mit Ausschluss - aber auch umgekehrt konfrontieren die Jugendlichen neoliberale Strategien mit Nicht-Marktförmigkeit und Nicht-Verwertbarkeit. Außerdem verfügen sie kaum über Ressourcen, die zwar nicht dem neoliberalen Anforderungsprofil der Leistung entsprechen, dafür aber auf althergebrachte Weise immer noch Erfolg sichern: mindestens mittelständische Herkunft, eine absichernde Erbschaft, wohlsituierte Netze und Mitgliedschaften in anerkannten Bünden (z.B. Vereinen, Parteien, Männerbünden). Die folgenden Erzählungen Cihans können zumindest teilweise als Versuch des Aufbegehrens und der Aneignung von Teilhabe gelesen werden.[5]

8.4 Eigene Notausgänge: Schattenarbeiten

Die bisher beschriebenen Situationen und die Milieus, in denen sich die Jugendlichen bewegen, tragen dazu bei, dass sie sich oft in illegale Märkte begeben. Diese werden eine Alternative zur Schule. Zwei große »Versorgungsbereiche« fallen ins Auge, wirft man einen Blick auf die Milieus, in denen sich die Jugendlichen aufhalten: Zum einen spielt sexuelle Ausbeutung eine Rolle, zum anderen sind viele der Jugendlichen drogenabhängig und so sind

5 Um diesen Aspekt auszuführen greife ich auf ein Interview mit Cihan zurück, einem Jugendlichen, den Ugur Tekin und ich in einem »Probeinterview« kurz nach seiner Entlassung im Winter 1999 interviewten. Dieses Interview eignet sich an dieser Stelle besonders gut, weil Cihan nicht mehr unter dem Druck der Institution Gefängnis steht und deshalb ausführlich über die Drogengeschäfte erzählte. Er hatte sich entschlossen, auch nach seiner Entlassung keinen Kontakt mehr zu dem Milieu aufzunehmen. I1= d. Verf. und I2 = U.T.

Drogenverkauf, Diebstähle und Einbrüche nahe liegende Betätigungen. Weil ich dem Thema der sexualisierten Ausbeutung ein eigenes Kapitel gewidmet habe (Kap. 10), möchte ich mich hier auf den Drogenmarkt konzentrieren.

Drogen

Wie auf jedem anderen Markt auch wird auf dem Drogenmarkt eingekauft und verkauft - er bietet die Möglichkeit zum Handel und damit auch zur Macht, die man über diejenigen hat, die abhängig vom Verkäufer sind.

> Interviewerin (I1): Hm, und wie bist du da reingekommen?
> Cihan: Ja paar Mal hat ich ich hatte kein Geld (I1: hm), haben gedacht so und so, ein Freund, ich will das auch machen, machen wir zusammen, ja so haben wir angefangen (I1: hm). Ja erst wird man benutzt, bis man die Sache peilt, worum es da geht. Ja die haben uns benützt aber ein Monat oder so, danach wussten wir worum es geht, danach hatten haben wir unsere eigene Kontakt dann selber gemacht (I1: hm), also nicht für jemanden arbeiten gearbeitet, sondern für sich selbst.

Cihan, der selbst drogenabhängig war, bezeichnet das Dealen mit Drogen als Arbeit, die auf zwei Ebenen ablaufen kann: Zu Beginn verkauft er noch für jemanden anderen, aber nach kurzer Zeit macht er sich »selbstständig«; er weiß dann »worum es da geht«, hat also Erfahrungen im Umgang mit den Kunden und weiß, wo er selbst größere Mengen Drogen kaufen kann. Er steigt dadurch in seinem eigenen Ansehen und in dem der Szene. Statt seine Arbeitskraft von einem anderen Dealer ausbeuten zu lassen, indem er für ihn Drogen verkauft, bringt er das Geschäft lieber selbst ins Laufen. Wüsste der Leser nicht, dass es sich um Drogengeschäfte handelt, so könnte er auch die Geschichte einer Geschäftseröffnung in der IT-Branche erzählen; seine Beschreibung, die Wortwahl und damit auch das Selbstverständnis zu dieser Art von Geschäft unterscheiden sich davon nicht. Durch den Handel mit Drogen kommt der damals 16jährige Cihan an Geld und Macht, und ohne sich der Frage der Berufswahl und dem Weg zum Berufsleben stellen zu müssen, erwirbt er eine berufliche Identifikation. Sein Stolz darauf, dass er es dabei als »erfolgreicher Unternehmer« zu einer exponierten Stellung[6] in dem Gewerbe schafft, ist kaum zu übersehen:

6 Als Interviewerin war ich zugegebenermaßen zunächst sehr skeptisch, was den Wahrheitsgehalt der Aussagen Cihans über seine Stellung im Drogengewerbe betrifft. MitarbeiterInnen der Sozialen Arbeit und der Strafrechtspflege, die ihn in Haft und auch danach betreuten, bestätigten jedoch seine Position im Drogenhandel.

Cihan: Also ich ich war, ich war in einer Bande drinnen, sagen wir wir waren 20 Leute, jeder hatte seine eigene Bande da noch danach dabei, so seine eigene Männer, die verkaufen verkauft haben. (I2: hm) Und ja die Kölnszene gehörte mir, wie soll ich sagen, gehörte mir oder (I2: hm) ich hatte das gemacht aber das hat der organisiert.
Interviewer (I2): War keine Schlägerei mit anderen Gruppen und so?
C: Ja, sehr sehr sehr viel, aber- weil also wir hatten Köln in der Hand, wenn jemand anders kommt, ja der will jetzt kaufen oder gesagt zu meine- ist öfter passiert der Junge verkauft nicht, kommt ne andere so und so ›verkauf ich hier‹, geschlagen, dann sind wir hingegangen, dann haben wir den auch kaputtgeschlagen, ja danach gucken die wer steht hinter mir, können die nichts machen, so war das, also wer hinter mir steht (8).

Cihan organisiert den Handel professionell: Er hat »Männer« die für ihn arbeiten, während er selbst, wie er in einem anderen Interviewteil betont, mit 16 Jahren der Jüngste im Kreis war. Das Territorium ist abgesteckt, niemand kann ihnen einfach ihren Marktanteil aus der Hand nehmen. Cihan erzählt davon, wie im Drogenmilieu Auseinandersetzungen zwischen verschiedenen Händlern, aber auch zwischen Händler und Kunde in oft aggressiver und körperlicher Form geführt werden. Aber nicht nur das bezeichnet er mit dem Begriff »kaputtschlagen«, sondern er benutzt ihn auch bildlich, wenn er damit meint, Überlegenheit mit Hilfe anderer Eigenschaften zu herzustellen: Damit meint er Wissen um die Abläufe, Kenntnisse über das Milieu sowie Schläue im Umgang mit den Anderen und die Fähigkeit, sich in machtvollen Kreisen bewegen zu können und Macht hinter sich zu versammeln. Dass den Jugendlichen dabei oft, wenn sie einmal in diesen Zirkeln involviert sind, nicht bewusst wird, wie verstrickt sie eigentlich schon sind, zeigt eine weitere Passage aus Cihans Interview:

Interviewerin: Oder hat sich niemand getraut?
Cihan: Hat sich niemand getraut, ich war so klein, aber (I1: hm) wenn da 20 Leute kamen ich ging da durch, die wären alle auseinander gegangen. Das war so, also die haben alle Angst gehabt die wussten wat da abläuft. (I1: hm) (3) Und ja deswegen haben die uns ja alle gekriegt.
I1: Hm, was war das denn für ein Gefühl?
C: Ja (2) ja da in dieser Zeit denkt man nicht daran, also das war mir egal, ich wusste nicht dass wir so groß waren (I1: hm), weil nach der Zeit ich wusste nicht dass ich so tief da drin bin (I1: hm), erst im Knast, so wenn man so nachdenkt wat da abgelaufen ist, wie groß das war (I1: hm) wat für Mengen was für Geld da rumgespielt hat oder was für Leute das alles passiert ist. (I1: hm) Erst denkt man nicht daran also nimmt man nicht wahr
I1: Was ist denn da alles so zum Beispiel passiert?
C: Ja, Schlägereien oder einer hat Schulden und bezahlt nicht (I1: hm), gibst

du dem Zeit, bringt der nicht, ja dann musst du ihn schlagen bis er bringt oder (I1: hm) machst ihm Angst, ich war ja mit anderen Leuten, Probleme mit andere Dealern oder aus unsere Bande (3).
I1: Hast du da auch manchmal Angst gehabt?
C: Nee.

Cihan setzt seinen Kopf und seine Kenntnisse über die Straße und das Milieu gezielt ein. Die Macht, die mit der Bandenstruktur hinter Cihan steht, sorgt dafür, dass er richtig gut im Geschäft ist. Er fühlt sich unangreifbar, ein Gefühl, das auch durch die Größe der Bande getragen wird. Allerdings agierte die Bande zu öffentlich, so dass im Milieu jeder genau wusste, wer welche Stellung hatte. Eine Zeit lang haben die Dealer das Geschehen unter Kontrolle, bis sich das Wissen verselbstständigt und es so möglich wird, alle gleichzeitig festzunehmen.

Geldverdienen wird für Cihan in dieser Zeit zur Nebensache, zur vorausgesetzten Selbstverständlichkeit - es geht ihm mehr um symbolische Macht und weniger um monetäre Aspekte. Schon gar nicht mehr geht es um ein ökonomisches Überleben, sondern längst darum, das Milieu mit seinen Gefahren zu überleben und zwar am besten in gehobener Position. Nicht nur die finanziellen Dimensionen, sondern auch die Verantwortung und die Bekanntheit werden immer größer. Das »höher, schneller, weiter« wird zum beherrschenden Motto dieses Lebensstils, zu dem ein unbedingter Machtgewinn und -erhalt gehört. Der so ausgelebte Drogenhandel und -konsum verstößt zwar gegen das Gesetz und gesellschaftliche Normen, aber im Kern vertritt der Drogenhändler nachvollziehbare Prinzipien der Konkurrenz, von Macht, ökonomischem Aufstieg und »gesellschaftlichem« Ansehen. Gleichzeitig kann damit Männlichkeit in der männlich dominierten Drogenszene hergestellt werden und vor allem mit dem Handel sind Attribute von Männlichkeit verbunden (vgl. Friedrichs 2002: 158f). Insgesamt zeigt sich, wie die Jugendlichen versuchen, in illegalisierten Milieus wie dem Drogenhandel Betätigungsräume für sich zu öffnen. Diese Milieus sind vorrangig männlich und erfordern daher vor allem Attribute von Männlichkeit, die sie als Fähigkeiten einbringen. Damit funktionieren sie analog zu hegemonialen Männlichkeitspolitiken und schaffen somit subkulturelle Abbilder »offizieller« hegemonialer Männlichkeit.

9 Leben als Flüchtling

Bis Flüchtlingskinder in der BRD ankommen, haben sie meist schon eine lange und qualvolle Geschichte hinter sich, und auch die Flucht selbst erweist sich oft als schwierig. Manche reisen alleine ein, haben im Herkunftsland jahrelang ohne ihre Eltern gelebt, weil diese schon vorher migrieren mussten und die Kinder erst später nachholen konnten, wie in Hüseyins Fall. Andere, wie Levent oder Murat, kommen als unbegleitete Flüchtlinge, deren Eltern noch im Herkunftsland sind.[1]

Wie sich schon in den Ausführungen zu Schule und Erwerbsarbeit zeigte, beherrscht in der Bundesrepublik die Auseinandersetzung mit Institutionen und rechtlichen Regelungen den Alltag der Flüchtlinge. Das erstreckt sich auf alle Lebensbereiche und beinhaltet - oft jahrelang - vor allem die Frage, ob sie als verfolgt anerkannt werden und damit ein Anrecht bekommen, hier leben zu dürfen. Je mehr Europa zur »Festung« wird, desto eher zeichnet sich die Tendenz ab, dass den Flüchtlingen unterstellt wird, sie seien »unberechtigterweise« migriert. Giorgio Agamben kommt deshalb in seiner Beurteilung über den Umgang westlicher Staaten und ihrer Organisationen mit Flüchtlingen zu dem Schluss:

> »Jedes Mal, wenn Flucht nicht länger auf individuelle Fälle beschränkt ist, wenn sie also, wie zwischen den beiden Weltkriegen und jetzt erneut, als Massenphänomen auftritt, erweisen sich diese Organisationen wie auch die einzelnen Staaten - ungeachtet all der feierlichen Beschwörungen unveräußerlicher Menschenrechte - als absolut unfähig, das Problem zu lösen oder es auch nur adäquat zu stellen. Stattdessen überließ man die Frage der Flüchtlinge humanitären Organisationen - und der Polizei.« (Agamben 2003: 12)

Auf Grund dieser besonderen Situation stelle ich in Grundzügen die Lage der Flüchtlinge dar; schon bei der Betrachtung einiger Fakten werden Ethnisierungsprozesse als struktureller Bestandteil des Umgangs mit Flüchtlingen deutlich. Um die Rahmenbedingungen abzustecken, werfe ich zunächst einen kurzen Blick auf die gesetzliche Lage.

9.1 Rechtliche Hintergründe

Die rechtlichen Regulierungen für Flüchtlinge erschweren deren Ankunft und ihren Alltag. Sie sind schwer durchschaubar, ändern sich häufig und widersprechen oft anderen Gesetzgebungen, wie beispielsweise dem Kinder- und Jugend-

1 Zur spezifischen Problemlage unbegleiteter minderjähriger Flüchtlinge vgl. von Balluseck 2003 und Weiss et al. 2001.

hilfegesetz. An dieser Stelle sollen nur einige Linien grob skizziert werden, um die Bedingungen, unter denen Flüchtlinge leben, besser verstehen zu können.[2]

Stellt ein Flüchtling einen Antrag auf Asyl, so bekommt er zunächst ein vorläufiges Bleiberecht in Form der Aufenthaltsgestattung. Wer als politisch verfolgt anerkannt wird erhält dann eine unbefristete Aufenthaltserlaubnis (großes Asyl Art.16a Grundgesetz). Weiterhin gibt es noch ein »kleines Asyl« nach AuslG § 51, Abs. 1 im Sinne der Genfer Flüchtlingskonvention. Der Flüchtling erhält eine Aufenthaltsbefugnis, die auf zwei Jahre befristet ist und sich nach acht Jahren in eine unbefristete verwandelt. Die Aufenthaltsbefugnis gilt auch für Kriegs- und Bürgerkriegsflüchtlinge. Kontingentflüchtlinge (bisher aus Bosnien-Herzegowina und dem Kosovo) erhalten im Sinne humanitärer Hilfe einen Schutz, zunächst über die Duldung und dann über eine schrittweise befristete Aufenthaltsbefugnis. Bei De-facto-Flüchtlingen muss die Abschiebung ausgesetzt werden, wenn z.B. im Heimatland die Todesstrafe droht (§§55, 56 AuslG) (vgl. DJI 2000: 16ff, Peter 2003: 35f).

Das 1993 in Kraft getretene Asylbewerberleistungsgesetz vermindert den Zugang zu Sozialhilfeleistungen. Flüchtlinge erhalten im Schnitt über 20% weniger Leistungen als Sozialhilfeempfänger.[3] Leistungen nach dem Asylbewerberleistungsgesetz müssen für drei Jahre bezogen werden, dann erst

2 Ausführlich dazu Klingelhöfer/Rieker 2003.

3 Das Gesetz unterlag im Juni 1997 noch einmal einer Verschärfung, weil AsylbewerberInnen bis zu diesem Zeitpunkt oft unter Ausnahmebestimmungen und damit unter das Sozialhilfegesetz fielen. Ein zweites Änderungsgesetz trat im November 1998 in Kraft, nach dem Leistungen weiter reduziert wurden (vgl. Angenendt 2000: 43ff). Mit In-Kraft-Treten von Hartz IV 2005 fallen Arbeitslosen- und Sozialhilfe im Arbeitslosengeld II zusammen. Dadurch werden sich die Bedingungen der Flüchtlinge noch weiter verschlechtern. Das Netzwerk *kein mensch ist illegal* fasst die Veränderungen zusammen: »Doch mit Einführung von Arbeitslosengeld II (Alg II) werden alle Personen, die unter das AsylbewerberInnenleistungsgesetz fallen, vom Bezug desselben ausgeschlossen (§§ 1 des Gesetzestextes). Für Flüchtlinge und Asylsuchende, die ein Anrecht auf Arbeitslosenhilfe hatten, gilt: Anspruch nur noch auf Geld nach dem AsylbewerberInnengesetz. Die damit gemeinten Leistungen liegen 30 % unter dem Niveau des künftigen Alg II. Bislang bezogen ca. 280 000 Menschen diese Leistungen. Flüchtlinge die bisher nach der Altfallregelung eine Aufenthaltsbefugnis besitzen und uneingeschränkten Zugang zum Arbeitsmarkt hatten, sind nun aber von diesem Gesetz ausgenommen und auch sie bekommen - statt Alg II - nun die 30 % Minderung zugesprochen. 53 000 Flüchtlinge (so die Pressestelle der Integrationsbeauftragten) sind bislang davon betroffen.« (vgl. www.de.indymedia.org/2004/08/91291.shtml)

können Flüchtlinge nach Prüfung ihrer Ausreisefähigkeit Leistungen nach dem Bundessozialhilfegesetz beziehen (vgl. Angenendt 2000: 44). Im Gesundheitsbereich werden Kosten gespart, indem die Flüchtlinge, die nicht als Asylberechtigte oder Konventionsflüchtlinge anerkannt wurden, nur in schwerwiegenden Fällen ärztliche Betreuung aufsuchen können. Weitere Einschränkungen bestehen darin, dass je nach kommunaler Regelung z.B. das Sozialamt die Genehmigung zum Arztbesuch erteilen muss oder die Arztwahl vorgeschrieben ist (vgl. Angenendt 2000: 74). Manchmal erzählen die Jugendlichen von den schikanösen Regelungen:

> Abdul: War noch schlimmer da (I: ja) ja, so kriegen kein Geld, so kriegen keine richtige Geld so in die Woche 18 Mark für Essen im Container so.

Streng und oft unsinnig geregelt erhalten Flüchtlinge nach dem Asylbewerberleistungsgesetz den alltäglichen Bedarf an Lebensmitteln, Kleidung und Körperpflegemitteln in Form von Sachleistungen anstatt von Geld. Essen wird auf Rädern geliefert, so dass die Flüchtlinge nicht selber kochen können. Oft gibt es Einkaufsgutscheine, die nur für bestimmte Supermärkte gelten, die auf Grund niedriger Preise, aber unabhängig von der Erreichbarkeit gewählt werden (vgl. Angenendt 2000: 43). Durch solche und andere Verfahren entmündigt man Flüchtlinge, nimmt ihnen ein Mindestmaß an Selbstbestimmung. Davon abgesehen muss auch die Ökonomie dieser Handhabung stark in Zweifel gezogen werden.

Die Drohung der Abschiebung

Abgelehnt werden kann ein Flüchtling, der Asyl beantragt hat, weil er entweder aus einem »sicheren Herkunftsland« stammt oder die Einreise über ein sicheres Drittland erfolgt ist (»Drittstaatenregelung«). Für nicht als politisch Verfolgte oder im Sinne der Genfer Flüchtlingskonvention anerkannte Flüchtlinge besteht grundsätzlich die Gefahr der Abschiebung. Das Anerkennungsverfahren kann sich über Jahre hinziehen, ohne dass eine Entscheidung getroffen wird. Dies erzeugt Zukunftsängste bei den Betroffenen und ein ständiges Unsicherheitsgefühl, was die Kinder besonders betrifft. Die Zeit in der Bundesrepublik kann (aus schon erwähnten Gründen) oft nicht zur Bildung genutzt werden, sie stellt eher eine Art Moratorium dar.

Die Unklarheiten über den Ausgang von Asylverfahren forcieren Kosten-Nutzen-Erwägungen der Institutionen, selbst der pädagogischen. »Lohnt« es sich überhaupt, Maßnahmen für Flüchtlinge zu ergreifen, wie z.B. die Schulausbildung, wenn diese ohnehin bald wieder abgeschoben werden? Die rechtliche Situation der Flüchtlinge erfährt durch solche Überlegungen eine zusätzliche

Verschärfung: Solange die Flüchtlinge im Heim sind, sehen sich andere Institutionen nicht zuständig. Erschwerend kommt hinzu, dass der Bezug von Sozialleistungen ein Abschiebegrund sein kann: Wer beispielsweise nur eine Duldung hat und Jugendhilfemaßnahmen in Anspruch nimmt, kann abgeschoben werden.[4] Der Jugendhilfe sind durch diese Situation die Hände gebunden, wenn es um Hilfeleistungen geht - sowohl Asylbewerberleistungsgesetz als auch Ausländergesetz und Aufenthaltsstatuten stehen oft im Widerspruch zum Kinder und Jugendhilfegesetz (vgl. Peter 2003: 66ff). Die Handlungsfähigkeit unbegleiteter minderjähriger Flüchtlinge im Asylverfahren wird als eine allgemeine betrachtet und sie werden schon ab 16 Jahren als volljährig behandelt; in der Folge hat die BRD die »UN-Konvention über die Rechte des Kindes« nur unter einem »Ausländervorbehalt« ratifiziert. Diese umstrittene Ausnahmeregelung führt dazu, dass der Schutz, den die Art. 20 und 22 der Konvention den Minderjährigen gewährt, die aus der Familie herausgelöst sind, für 16-18jährige Flüchtlinge hierzulande nicht gilt (vgl. Jordan 2003: 82ff).

9.2 Flüchtlinge als gesellschaftlich definiertes Problem

In der kommunalen Angebotstruktur ist eine Anbindung von Flüchtlingen an das öffentliche Leben nicht vorgesehen. Das Leben im Heim hält die Jugendlichen in einer künstlich abgeschotteten Lage - Flüchtlinge sollen unter sich sein. Diese Handhabung demonstriert die politische Haltung: Flüchtlinge werden nicht als Teil der Gesellschaft gesehen, können jederzeit wieder gesellschaftlich ausgegliedert werden, solange die rechtliche Lage noch nicht geklärt ist. Sie werden nicht als StadtteilbewohnerInnen wahrgenommen, ihnen wird unterstellt, ein Sicherheitsrisiko zu sein. Die Einschränkungen betreffen z.B. die Bewegungsfreiheit oder die Arbeitserlaubnis (vgl. Bukow et al. 2001: 400f).

Mit der Verschärfung der Asylgesetzgebung 1993 beäugt die Öffentlichkeit Flüchtlinge immer kritischer und die Medien inszenieren sie immer mehr als Bedrohung für »uns«. Man schließt sie damit aus Nation aus und konstruiert im Gegenzug eine nationale Gemeinschaft (vgl. Kap. 3.4). Das durch juristische, politische und mediale Diskurse entstandene Bild von Flüchtlingen ist auch für die Biographien der interviewten Jugendlichen ein entscheidendes Element, das ihren gesamten Alltag prägt und das ihre Lage stark von der anderer Jugendlicher unterscheidet. Viele von ihnen lebten vor der Inhaftierung im Flüchtlings-

4 Die Inanspruchnahme von Leistungen der »Hilfe zur Erziehung außerhalb der eigenen Familie« gilt als besonderer Ausweisungsgrund (vgl. Peter 2003: 68).

heim und mussten ständig die Tatsache legitimieren, dass sie sich in der Bundesrepublik aufhalten. Täglich werden sie damit konfrontiert, »anders« zu sein, nicht als Kinder wahrgenommen zu werden,

> »...sondern als Repräsentanten einer biologisch oder national definierten Gruppe. Die Kinder erfahren ein Feedback aus ihrem Umfeld, das ihnen ihre scheinbare Inferiorität vermittelt. Das geschieht durch die alltägliche Erfahrung persönlicher Diskriminierung durch Gleichaltrige und Erwachsene sowohl des Aufnahmelandes als auch der gewissermaßen konkurrierenden Flüchtlinge und Asylsuchenden.« (Holzapfel 1999: 134)

Hüseyin hat diese Entwicklungen in der Bundesrepublik hautnah erfahren. Als er 1993 nach Deutschland kommt, hat die Debatte um Asyl und Flüchtlinge Hochkonjunktur. Im Interview merkt man, dass er ein aufmerksamer und sensibler Beobachter dessen ist, was um ihn herum vor sich geht. Er lebt eine lange Zeit im selben Heim und kann die politische und rechtliche Situation anderer BewohnerInnen gut einschätzen. Durch die hohe Fluktuation im Heim wird er mit Abschiebungen und Verlegungen von BewohnerInnen konfrontiert.[5]

Anfang der 90er kommt es zu Brandanschlägen auf Flüchtlingsheime, die die BewohnerInnen in Angst und Schrecken versetzen - und zwar nicht nur die Flüchtlinge der betroffenen Heime. Schon bei seiner Ankunft stößt Hüseyin auf eine Atmosphäre der Unsicherheit im Heim. Die Flüchtlinge erleben einerseits eine Bedrohung, andererseits auch Hilfestellungen von außen. Paradoxerweise werden jetzt auch die Initiativen, die sich in den Heimen für den Schutz der Flüchtlinge einsetzen, zu sichtbaren Zeichen der Gefahr. In einer weiteren Nebenwirkung der Situation führt der Schutz der HeimbewohnerInnen zu noch mehr Einschränkung: Die Kontrolle (gegenüber Außenstehenden) muss strikter werden, um die BewohnerInnen zu schützen; Hüseyin beschreibt, wie alle BesucherInnen sich einer Ausweiskontrolle unterziehen müssen. Ab jetzt werden die Flüchtlinge noch unsichtbarer für den Rest der Gesellschaft, zu ihrem eigenen Schutz. Bis heute hält diese Situation an, in Diskussionen um neue Flüchtlingsheime argumentieren PolitikerInnen, dass diese außerhalb von Stadtzentren und Dörfern liegen sollen, da die Anwesenheit der Flüchtlinge Rechtsradikale provozieren könnte, gewalttätig zu werden. PolitikerInnen umgehen so die Konfronta-

5 Zu Hüseyins Leben im Flüchtlingsheim vgl. Spindler/Tekin 2003c.

6 Was sich beispielsweise in dem Urteil des Anschlags von 1992 auf das Flüchtlingsheim in Rostock-Lichtenhagen gezeigt hat. Drei der Täter wurden nach zehn (!) Jahren zwar verurteilt, bekamen allerdings milde Bewährungsstrafen zwischen 12 und 18 Monaten (vgl. *die tageszeitung* vom 18.06.2002).

tion mit Rechtsextremismus[6] und verlagern die Probleme weg vom Ort ihrer Entstehung hin zu den potenziellen Opfern rechtsextremistischer Taten. In der Verkehrung von Ursache und Wirkung werden Flüchtlinge damit einmal mehr zur Ursache von Problemen stilisiert.

Die Aussage, dass der Flüchtling selbst das Risiko sei, ist nicht nur Gegenstand medialer Diskurse und politischer Maßnahmen; auch in pädagogischen Angeboten spiegelt sich diese Haltung wider: Angebote erfolgen immer nur im Flüchtlingsheim selbst, falls überhaupt etwas angeboten wird. Das pädagogische Konzept, Kindern und Jugendlichen in schwierigen Lebenslagen zumindest für eine Zeit andere Erlebnisse zu ermöglichen, das sonst für Jugendliche in jeglichen Lebenslagen geboten wird, wird nicht angewandt. Die Kinder lernen kaum andere gesellschaftliche Bereiche außerhalb des Heims kennen. Bukow et al. bringen die mangelnden Angebote für Flüchtlinge insgesamt auf folgenden Nenner:

> »Die systemischen Bedingungen, die zur Mobilität, zur Entfaltung der Individualität des Einzelnen formal zur Verfügung stehen, gelten für diese Menschen, wie wir sehen, nur in beschränktem Maße oder überhaupt nicht.« (Bukow et al. 2001: 401)

Ein großer Teil der interviewten Flüchtlinge sind kurdischer Herkunft, und gerade junge Kurden legt die Öffentlichkeit auf ein negatives Bild fest. Seinen Hintergrund hat das in dem pauschalen Verdacht, die Jugendlichen seien eigens aus der Türkei zum Drogenhandel nach Deutschland geschickt worden. Konkret zeigt sich aber bei den hier interviewten Jugendlichen, dass sie in der Bundesrepublik kriminell wurden, ihre Karrieren also hier begannen. Auf Grund ihrer miserablen Lage geraten sie beispielsweise in Drogengeschäfte (vgl. Jünschke 2003: 153). Das Bild des »kurdischen Drogenhändlers« ist also nicht nur eine Fehleinschätzung der Situation vieler Jugendlicher, sondern vertuscht zudem, wie gerade die Lage dieser Jugendlichen in der Bundesrepublik ihren Weg in ein kriminalisiertes Milieu beeinflusst.

Ich werde nun die Erzählungen von Murat und Hüseyin über ihre Ankunft in der BRD analysieren, denn hierin erschließen sich biographische Hintergründe. Sie setzen zugleich einen Gegenpol zu den negativen Bildern über diese Jugendlichen. Die sich daran anschließenden Erzählungen dieser beiden und weiterer Jugendlicher über das Leben im Flüchtlingsheim präzisieren die Relevanz der Kontrollstrukturen und des Umgangs mit Flüchtlingen im Alltag der Jugendlichen. Es erschließen sich neue Sichtweisen auf deren Biographien: Sie handhaben die Situation mal einfallsreich, mal resigniert, und ihre Handlungen werden erst verständlich, wenn man die Hintergründe ihrer Situation einbezieht.

9.3 Psychische Belastungen durch Flucht

> Murat: Wir haben auch Laden gehabt im Dorf. Ich habe ein gutes Leben gehabt. Aber bin ich wegen dieser Politik jetzt in Deutschland gekommen. In meiner Kindheit war es schön, habe ich alles gehabt was ich hier nicht habe jetzt. Ich bin froh dass ich hier bin, vielleicht wenn ich in der Türkei wäre, hätte ich bis jetzt tot sein können oder im Knast gelandet, weil ich wollte nicht zu den Soldaten gegen Kurden gegen Kurden. Ich will doch nicht gegen meine Landsleute kämpfen. Deswegen bin ich hierhin gekommen. In meiner Kindheit sagen wir so ich habe alles gehabt was ich wollte, von Kleinigkeit bis Große, wie soll ich es sagen, so wie andere alle Kinder habe ich auch alles gehabt was ich wollte. Meine Eltern hatten mir gar nichts verbieten, ja was Schlimmes hätten die gesagt ja, weil das ist schlimm, das ist gut. Aber als ich 14 war bin ich nach Deutschland gekommen. Das muss man auch überlegen, so mit 14 von den Eltern, meinen die, war es für mich nicht schwer, meinen die wollte ich von meinen Eltern weg? Ich vermiss die immer noch. Ich freue mich, dass ich bei die bin aber mein Leben ist nicht sicher bei die-, weil ich habe das gesehen alles mitgekriegt was die mit meinen Eltern gemacht haben, mit meinem Vater und mit meinem Cousin. Wenn ich da wäre hätten die auch jetzt mit mir das Gleiche gemacht, die Soldaten. Deswegen bin ich abgehauen, da bin ich jetzt auch froh, dass ich in Deutschland bin, ja froh kann man nicht sagen im Knast hinter Gitter, aber trotzdem besser als in der Türkei ist das.

Murat deutet die Verfolgung seiner Familie in der Türkei an, er selbst schildert sich als Beobachter. Aber auch wenn Misshandlungen oder Folter ihn noch nicht eingeholt hatten, so ist es klar, dass das Militär seine Familie und auch ihn mit Argusaugen überwacht. Aus der Passage kann man doch deutlich die Angst Murats vor der Verfolgung spüren. Er erzählt nicht detailliert, was er gesehen hat, die Erinnerung ist zu belastend. In seiner Erzählung wird aber der Druck deutlich, unter dem er gelebt hat und der zum Migrationsgrund wurde. Die Gewalterfahrungen der Familie treffen ihn als Erfahrungen der Ohnmacht angesichts der staatlichen Gewalt. Und auch seine Trennung von den Eltern durch die Flucht ist eine schmerzhafte Erfahrung. Mit dem letzten Satz des Zitates deutet er an, dass er auch mit seinem Leben in der Bundesrepublik nicht wirklich gute Erfahrungen verbinden kann, die einzige ist die, dass er sich - noch - auf deutschem Boden befindet und somit nicht in einer momentan lebensbedrohlichen Lage.

Solche Erlebnisse können zu Traumatisierung, zu »posttraumatischen Belastungsstörungen« führen, die sich beispielsweise in Angstzuständen, Depression, Gedächtnis- und Konzentrationsstörungen, Aggressivität oder auch Suizidgedanken ausdrücken können (vgl. Weiss et al. 2001: 63); Balluseck und

Meißner (2003: 76) gehen sogar davon aus, dass von den unbegleiteten minderjährigen Flüchtlingen fast alle unter Traumatisierung leiden. Die Kinder kennen oft die Verfolgungs- und Fluchtgeschichten ihrer Eltern nur zu Teilen und müssen die Lücken dann mit ihrer Phantasie ausfüllen (vgl. Holzapfel 1999: 101). Die unter diesen Umständen gemachten Erfahrungen können auch viele Jahre später noch relevant sein, wie sich in einer Passage des Interviews mit Hüseyin zeigt; die Problematik spiegelt sich schon in der Eröffnung der Haupterzählung wider (vgl. auch Kap. 6):

> Hüseyin: ja ich bin so wo ich zwölf war bin ich in die Bundesrepublik Deutschland (2) eh geflogen und dreiundneunzig im (2) Juni bin ich in Deutschland gekommen Köln. Meine Eltern, also die waren vorher hier (I: hm), ich und mein Bruder wir sind nachher gekommen, dreiundneunzig, ja danach bin ich in die Schule gegangen (2).

Obwohl die Interviewerin in der Erzählaufforderung deutlich nach der gesamten Lebensgeschichte und der ersten Erinnerung fragt, blendet Hüseyin den ersten Teil seines Lebens in der Türkei aus. Er fragt zwar nach, ob nur seine Geschichte in der Bundesrepublik die Interviewerin interessiert, ignoriert dann allerdings ihre Antwort, dass seine gesamte Lebensgeschichte von Interesse sei. Er orientiert sich an der Vorgabe »wo Sie anfangen wollen« und umgeht damit, über seine Erlebnisse als kurdisches Kind in der Türkei sprechen zu müssen. Im weiteren Interviewverlauf wird dies dann aber doch Thema:

> Interviewerin: Wissen Sie das noch, wie ihr Vater weggegangen ist?
> Hüseyin: Ich kann mich nich erinnern.
> I: Nee?
> H: Das war siebenundachtzig is der weggegangen, da war, das war dreiundneunzig eh zwei Jahre oder drei Jahre in die Schweiz (I: hm) und dann is in Deutschland gekommen neunundachtzig oder neunzig oder-
> I: Und können Sie sich erinnern, dass da in der Familie erzählt worden ist über Ihren Vater?
> H: Erzählt?
> I: Ja.
> H: Eh (4), ich hab die Frage nich verstanden.
> I: Also können Sie sich erinnern, dass em, als Ihr Vater ja nicht da war, da haben Sie ja bestimmt trotzdem irgend nen Kontakt gehabt zu ihm, also vielleicht hat er geschrieben oder-
> H: Ja was heißt geschrieben, nee geschrieben nich aber telefonieren ab und zu.
> I: Haben Sie auch mit ihm denn mal telefoniert?
> H: ((pocht leise)) /Nee, da war ich zu klein zu/.
> I: Zu klein. Können Sie sich denn vielleicht erinnern dass Ihre Mutter dann Sachen über ihn erzählt hat oder so, was er macht, wie's ihm geht?

> H: Ja, wo ich immer m- meiner Mutter jefallen, is am Arbeiten un so (I: ja), die den geht's gut so (9). Ich kann nich mehr erinneren, ich bin seit sechs Jahren hier und will ich nich hören so, was in Türkei los un sons, ich denke nich da drän so überhaupt nich, ich will alles vorbei.

In der Passage reagiert Hüseyin auf meine insistierenden Fragen ausweichend, manchmal versteht er die Fragen nicht, er klopft nervös mit einem Stift auf den Tisch. Auf die Frage, ob seine Mutter ihm etwas über den Vater erzählt hat, antwortet er stockend und scheinbar zusammenhanglos (»Ja, wo ich immer m- meiner Mutter jefallen«), ein Ausdruck davon, wie wenig er die Erinnerung ordnen und zulassen möchte. Sein Wissen über den Zustand des Vaters scheint sich auf vertröstende Antworten der Mutter, dass es dem Vater gut gehe und er arbeite, zu beschränken (»is am Arbeiten un so, die den geht's gut so«). Wahrscheinlich versucht die Mutter, die Erlebnisse des Vaters, also den Anlass zur Flucht sowie die Probleme der Flucht von ihm fernzuhalten. Diese als Schutz des Sohnes gedachte Maßnahme führt aber auch dazu, dass Hüseyin sich ausmalen muss, was der Vater wohl erlitten habe und wie es ihm in der Migration ergehe. Solche Prozesse hat niemand mit Hüseyin aufgearbeitet; insgesamt wurde die Familie mit der Verarbeitung ihrer Geschichte allein gelassen. Um die Fragen der Interviewerin über diese Zeit zu beenden, sagt Hüseyin explizit, dass er weder über seine Kindheit in der Türkei noch die Flucht seiner Eltern sprechen oder nachdenken möchte, sondern es ihm am liebsten wäre, wenn er alles vergessen und das Thema für ihn beendet sein könnte. Der Satz enthält auch die Botschaft, dass er zwar für sich die Strategie der Nichtthematisierung als Weg gefunden hat, mit der Vergangenheit zu leben, dass dieser Teil seiner Geschichte aber trotzdem noch lange nicht abgeschlossen ist.

Im Anschluss an diese Passage schildert er seine erste Begegnung mit seinem Vater in der Bundesrepublik. Er habe ihn nicht erkannt, weil dieser so alt geworden sei. Wie ich im Kapitel 6 über die Beziehung Hüseyins zu seinem Vater schon ausgeführt habe, ist die Flucht seines Vaters für ihn ein beunruhigendes Thema, bei dem zum Schluss die Schwäche des Vaters als alt gewordener Mann übrig bleibt.

Bei der Einreise in die BRD kommt es nach der Flucht erneut zu einer unsicheren Lage, die zur starken psychischen Belastung werden kann, Angst und ein Gefühl der Bedrohung erzeugt. Schon die Ankunft im Sammellager konfrontiert die Kinder mit vielen neuen Eindrücken (vgl. Holzapfel 1999: 100f). Sie erleben die unsichere Situation des Aufnahmelandes als Lage, die sie im Provisorium hält und gleichzeitig mit vielen neuen unbekannten Variablen, wie den Ämtern, der ungewohnten Umgebung und der Angst vor

Ablehnung und vielleicht tatsächlich anstehender Abschiebung konfrontiert (vgl. Weiss et al. 2001: 63f). Sie leiden vorrangig unter Existenzängsten.

Weiss et al. (2001: 68ff) haben in ihrer standardisierten Erhebung unter jungen unbegleiteten Flüchtlingen nach deren subjektivem Befinden gefragt und folgende Ergebnisse erzielt: In seelischer Hinsicht fühlen sich nur 36% der Befragten »gut«, 56% antworteten mit »teils-teils« und 8% mit »schlecht«. 64% der Befragten gaben an, Angst vor der Abschiebung zu haben, gefolgt von Angst vor körperlichen Übergriffen mit 31%, die ebenso hoch war wie die Angst davor, allein zu sein. Mit 28,5% gaben die Jugendlichen an, Angst davor zu haben, auf die Straße zu gehen. 2/3 der Befragten hatten Schlafstörungen. Auch Einsamkeitsgefühle und Heimweh sind unter diesen Jugendlichen häufig verbreitet.

Der gesellschaftliche und rechtliche Umgang mit Flüchtlingen verdrängt ihre Probleme. Trotz dieses Zusammenspiels diverser extremer Belastungsfaktoren gewährt die Rechtslage Flüchtlingen keine (präventive) Behandlung von psychischen Erkrankungen oder lässt ihnen eine psycho-soziale Betreuung zukommen (vgl. Angenendt 2000: 75, Balluseck/Meißner 2003: 77).[7] Im Gegenteil wird ihnen sogar noch unterstellt, ihre wahren Fluchtgründe nicht angegeben zu haben und das Sozialsystem der Bundesrepublik auszubeuten.

9.4 Die Wohnsituation: Kontrolle im Flüchtlingsheim

Die Persönlichkeitsrechte von Flüchtlingen sind durch die Residenzpflicht, die den Bewegungsradius der Flüchtlinge festlegt, stark eingeschränkt. Aber nicht nur im außerhäuslichen Bereich wird deren Bewegung reglementiert, sondern auch der häusliche Bereich ist davon betroffen: Flüchtlinge müssen meist in den ihnen zur Verfügung gestellten Unterkünften leben, vor allem in Flüchtlingsheimen - und nicht in eigenen Wohnungen. Häufig wird ihnen verweigert, Mietkosten für eine Wohnung zu übernehmen, selbst wenn das wesentlich günstiger wäre als der Heimplatz. Hüseyin erzählt, wie er mit seinen Eltern am Telefon über deren Wohnungssuche spricht:

> Hüseyin: Ich hab gesagt ›habt ihr Wohnung klar gemacht?‹ Die ham gesagt ›ja, wir ham schon eine gefunden‹ und das kostet tausendzweihundert Mark Miete und Wohnungsamt sagt ›das ist zu viel‹ und der Besitzer von Wohnung is Tür-

7 In einigen Bundesländern betreuen Wohlfahrtsverbände und Flüchtlingsinitiativen, die sich zusammengeschlossen haben, die Flüchtlinge psycho-sozial, wobei sich diese Einrichtungen überwiegend im städtischen Raum und nicht in ländlichen Gebieten befinden (vgl. Angenendt 2000: 75)

ke und Familie erklärt mit dem, diesem Besitzer da, dass die n bisschen runter machen.

Seit 1995 bemüht sich die Familie, eine eigene Wohnung zu finden und ist scheinbar nahe daran, dies zu erreichen. Vom Wohnungsamt wurde ihr damals 1120,- DM (kalt mit Nebenkosten) zugestanden. Die Familie sieht sich auf dem überlaufenen Kölner Wohnungsmarkt vor eine schwierige Aufgabe gestellt: Als Flüchtlingsfamilie, mit behindertem Sohn, kleinem Kind und arbeitslosen Eltern ist es ohnehin fast unmöglich, eine Wohnung zu finden - erst recht nicht zu diesem Preis. In der von Hüseyin beschriebenen Situation haben sie einen Vermieter gefunden, der ihnen die Wohnung gegeben hätte, das Wohnungsamt macht aber der Familie einen Strich durch die Rechnung mit der Begründung, dass die Miete über dem zugestandenen Budget liegt. Dass ein solches Vorgehen kein Einzelfall ist, belegen die Untersuchungen von Kühne und Rüßler (2000: 168f). Das Flüchtlingsheim wird zum Ort, an dem die Familien manchmal jahrelang und gegen ihren Willen leben müssen. In den Erzählungen der Jugendlichen zeigen sich die Kontrollstrukturen und die Gemengelage von Problemen der BewohnerInnen.

Abduls Erfahrungen im Heim

In seiner Haupterzählung erwähnt Abdul, dass er in Flüchtlingsheimen lebte. Er bleibt drei Monate in einer Einrichtung, die er als »Kaserne« bezeichnet, kommt dann für ein Jahr in ein anderes Heim und dann wiederum in ein anderes - die Familie wird also ständig verschoben. Abdul kann sich dadurch kaum an einen Ort und die dort lebenden Menschen binden, tatsächlich erwähnt er nie weitere Personen, wie z.B. Nachbarn im Flüchtlingsheim oder andere Jugendliche. Die Familie wird durch diese Situation auf sich selbst reduziert und lebt zudem in ständiger Unsicherheit darüber, ob sie in der BRD bleiben kann. Diese Situation stellt für alle Familienmitglieder eine Belastung dar, sie fördert das Gefühl der Unerwünschtheit und des Außenseitertums, das verstärkt wird durch das abgeschottete Leben im Flüchtlingsheim und die Abschiebungen anderer Flüchtlinge. Abduls Erinnerungen an die Flüchtlingsheime in Deutschland sind ausschließlich negativer Art. Er beschreibt hier erste Kontakte mit Kriminalität, wobei er entweder Zuschauer oder Opfer war. Mehrmals erwähnt Abdul einen Zusammenhang von bedrohlichen Situationen und Alkohol: Alkohol ist in Abduls Interview oft ein Stellvertreter für Probleme, der in Situationen auftaucht, in denen er Gefahr beschreibt. Das Flüchtlingsheim bringt ihn in Kontakt mit wenig altersgemäßen Situationen:

Abdul: E. war schlimm so weil für die Jugendliche, so Erwachsene so, ja wir waren so noch klein so, wussten nichts, und so vor allen Dingen also immer Leute besoffen (I: ja), alle, ja alle klauen die (I: aha), Drogen alles Möglichkeit (I: ja). Ja ja ja und von da sind wir nach I. gegangen, wurde noch schlimmer (I: I.?), ja war noch schlimmer da. Ja (2) so, kriegen kein Geld so, kriegen keine richtige Geld, so in die Woche 18 Mark für Essen im Container so. (I: Hm) Ja und oder von da wir sind nach M. gezogen, und dann geht's so'n bisschen bessere so.

In seinen Schilderungen über das Flüchtlingsheim gibt Abdul keinem der Bewohner ein Gesicht. Er erinnert sich an Armut, Kriminalität und Drogen. Durch die Reihenfolge erzeugt er einen Sinnzusammenhang: Die Armut der BewohnerInnen begründet, dass im Flüchtlingsheim gestohlen wird. Er selbst erinnert sich, klein und noch unwissend gewesen zu sein. Insgesamt sind seine Schilderungen über die Flüchtlingsheime mit den Themen Erniedrigung, Verwahrlosung und Schutzlosigkeit bei gleichzeitigem Schutzbedürfnis verbunden.

Hüseyins detaillierter Flüchtlingsheimbericht

Hüseyin erzählt, dass er, seitdem er in der Bundesrepublik ist, immer im gleichen Flüchtlingsheim lebt und was dort seinen Alltag ausmacht. Die Kontrolle und die Regeln, die bei Nichteinhaltung sanktioniert werden, beschreibt er als demütigend, den Zwang des Zusammenlebens mit Unbekannten als beängstigend. Hüseyin verbringt diese Jahre seiner Kindheit und Jugend in der Bundesrepublik auf engstem Raum in zwei Zimmern mit den Eltern und zwei Brüdern.

Hüseyin: Ham Sie schon mal H.-straße Asylantenheim gesehen?
Interviewerin: Ich war noch nicht drin, nee.
H: Die sind fünf Leute, ich weiß nicht, bestimmt glauben Sie nich. Zwei Zimmer. Eine Zimmer is (2), eh was sag ich denn, eine Zimmer is von Mitte von diesem Abteil von diesem Keil so groß. Drei Leute, ich, drei Brüder und eine Zimmer so groß wie hier, also nich so groß wie hier, so n bisschen kleiner. Fünf Leute. Duschen, Toilette, vier, gibt's vier Duschen, ne ich glaube vier Toiletten so für die ganze Flur. Und die hier rechts Flur, und da sind eh wie viel Familie sei so dreißig eh fünfundzwanzig, nee auch nich, zwanzig ((schmunzelt)) /hab ich alles vergessen/ *zwanzig Familien sind.*
I: Familien?
H: Familien, ja Familien und zwei Duschen. Eine groß, eine kleine, benutzt jetzt zwanzig Familie vier Duschen und vier eh zwei Toiletten und vier Duschen. *Is das normal?*

Im Heim gibt es weder für Hüseyin noch für seine Familie ein Privatleben und der Heimablauf strukturiert den Alltag. Hüseyin beschreibt, dass die Heimleitung den BewohnerInnen die Schlüssel zur Küche wegnimmt, wenn sie diese schmutzig hinterlassen. Auch zum Duschen müssen sich die BewohnerInnen einen Schlüssel besorgen. Hüseyin hat Angst, dass das Heim ihn krank macht:

> Hüseyin: ((leise)) /Und dann ha ich hab kein Bock mehr da leben seit zehn Jahren. Klein Duschen, Toiletten benutzt jeder./ Wer weiß, vielleicht hat einer Aids oder hat man sich krank gemacht, er sitzt in Toilette, dann halt er geht raus, dann komm ich, ich. Nein das geht nich.

Die Entmündigungen im Heim kollidieren mit Hüseyins früherer Erfahrung, sein Leben schon von klein auf sehr selbstständig regeln zu müssen. Durch die permanente Auseinandersetzung mit der Kontrolle lernt er, mit ihr umgehen und dazu gehört auch, sich ihr zu entziehen. Mangels anderer Optionen führt ihn das dazu, große Teile des Alltags im öffentlichen Raum zu verbringen. Er erzählt, wie er seine Freunde auf der Straße kennen lernt.

> Hüseyin: Ich will auch nich nix zu tun haben mit diesen Leuten.
> Interviewerin: Hm, wo haben Sie die denn kennen gelernt?
> H: Bei uns in H.
> I: In H.
> H: Einer is bei uns in Asylantheim einer wohnt in L.-Straße.
> I: Hm, und dann hat man sich so kennen gelernt auf der Straße oder-
> H: Einer wohnt sowieso bei uns.
> I: Ah, das is n Nachbar dann von Ihnen.
> H: Und einer is von L.-Straße, wir kennen uns von auf der Straße (I: hm), ich sehe ihn jeden Tag, die stehen vor dem, Sie wissen vielleicht wo Spielhalle is (I: hm), ja zwei Spielhalle hintenan das is noch in Stadtsparkasse da sie neben.
> I: Hm (5) und Sie sagen Sie wollen nix mehr mit denen zu tun haben.
> H: Mhja.
> I: Wie kommt das?
> H: Ja wie kommt das, meine Mutter erzählt so die sind *immer noch auf den Straßen un Scheiße machen* wenn ich raus komm, wenn ich wieder bei denen gehe dann machen die wieder Scheiße, dann bin ich auch dabei so.

Die Möglichkeiten der Alltagsgestaltung Hüseyins und die Auswahl der FreundInnen sind begrenzt, auch dadurch, dass andere Jugendliche dieses Leben überhaupt nicht nachvollziehen können, weil es meilenweit von der eigenen Alltagspraxis entfernt ist. So finden sich die jugendlichen Flüchtlinge in der marginalisierten Situation mit anderen Marginalisierten zusammen. Der öffentliche Raum, in dem dies stattfindet, erleichtert und verstärkt den Zugriff der Kontrollorgane. Die reagieren unmittelbar auf das öffentliche Auftreten der Jugendlichen, um damit auch die Bevölkerung zu beruhigen.

Hüseyin erzählt das Leben im Flüchtlingsheim auch aus dem Blickwinkel eines jungen Mannes. Die Tragweite der Kontrollstruktur des Heims in ihren Auswirkungen auf das Jugendleben wird sehr plastisch wenn er z.B. erzählt, wie er sich für seine Freundin ein Doppelleben ausdenkt, weil er sich für die Heimsituation schämt. Auf die Frage der Interviewerin, ob er manchmal Freunde mit nach Hause bringe, antwortet er:

> Hüseyin: Nee ich bringe *nie Leute dahin* oder Mädchen oder so, sie sollen nich wissen, dass ich in Heim wohne. ((schmunzelnd)) /Wenn die Heim sehen, die flippen aus, soll ich da hinbringen sag ich ›das is mein Schloss‹ oder was?/ ((leise)) /Ach/ ja *es gibt's viele*, es gibt's noch Leute die die keine Haus hätten sowas, ja was sollen wir machen, wir müssen so sitzen, wir freuen uns, dass wir hier wohnen in Asylantenheim, das ham wir auch nich in Türkei gehabt, ja (10).
> Interviewerin: War nie nie mal einer von Ihren Freunden bei Ihnen zu Hause gewesen?
> H: Nein, nein.
> I: Nee?
> H: Nee, nee nie (7).
> I: Haben Sie denen dann auch was anderes erzählt wo Sie wohnen, oder...
> H: Ich hab gar nichts erzählt.
> I: Gar nichts erzählt (3). Haben die auch nicht gefragt?
> H: Doch, mein Freundin hat da angefangen so. ((schmunzelnd)) /Ich hab gesagt ich wohn bei meine Onkel, meine Eltern sind nich da./ *Ja was soll ich machen, wenn ich die bringen wo soll ich da rein tun, soll ich neben meine Vater und meine Mutter?*

Das hermetische Heimleben versperrt ihm den Zugang zu »normalen« Gleichaltrigenkontakten. Die Beengtheit des Heims verschärft sich dadurch, dass sein behinderter Bruder und auch die Mutter meist zu Hause sind. Als sein jüngster Bruder zur Welt kommt, muss er noch mehr Rücksicht nehmen. All dies hindert ihn daran, Freunde nach Hause einzuladen. Das Erstaunen, das Hüseyin bei meiner Nachfrage spürt, ob er tatsächlich nie Freunde mit nach Hause gebracht habe, und das (unnarrative) Pochen auf eine Antwort provoziert ihn. Er fühlt sich angegriffen und muss sich nun verteidigen (»ja was soll ich machen...«). In der Interviewpassage kommen Scham und Gefühle der Erniedrigung zum Ausdruck. Dies geht soweit, dass er für seine Freundin eine andere Biographie erfindet. Dadurch gerät er gar nicht erst in die Verlegenheit, ihr dieses »zu Hause« zeigen zu müssen. Die Situation im Flüchtlingsheim bringt ihn dazu, sowohl seinen Hintergrund als auch seine Familie zu verleugnen. Dafür verteidigt er sich auch vor der Interviewerin, was besonders dadurch deutlich wird, dass er im letzten Satz lauter wird.

Seine Lage ist unsicher und unakzeptiert; will er nicht genau dieses Bild von sich vor seiner Freundin offen legen, muss er auf andere Mittel zurückgreifen, auch wenn er Vater und Mutter verleugnet und seine Freundin anlügt. Da es wahrscheinlich nicht bei einer Frage der Freundin bleibt, geht die Lüge immer weiter und er muss ständig ein Doppelleben rekonstruieren. Das Leben im Heim korrespondiert mit keiner Vorstellung eines männlichen Jugendlebens: Er hat keine Freiheiten, lebt stark kontrolliert von der Heimleitung, hat keine Privatsphäre sondern teilt den Raum mit den Eltern und den Brüdern, was sehr große Rücksichtnahme erfordert und keinerlei Abgrenzung erlaubt. Während andere Jugendliche ihre Freundinnen mit nach Hause nehmen können, ist sein »Heim« der denkbar ungeeignetste Ort dafür (»sag ich ›das is mein Schloss‹ oder was?«).

Hüseyin macht aber ständig argumentative Rückzieher, um nicht den Eindruck zu erwecken, dass er Ansprüche habe, die ihm nicht »zustehen«. Er distanziert sich vom Bild des Schlosses sofort wieder. Es ist ihm bewusst, dass er als Kurde, der von einer Situation der Rechtlosigkeit (als Kurde in der Türkei) in eine andere kommt (als Flüchtling in der BRD), keinen Anspruch über den hinaus, dass er vor der Todesbedrohung sicher ist, wird stellen dürfen. Aber auch wenn er betont, dass es ihm hier besser geht als in der Türkei, erlebt er täglich, dass seine Situation mit der anderer Jugendlicher in der BRD kaum Gemeinsamkeiten aufweist.

Betrachtet man die Gesamtsituation der Flüchtlingsjugendlichen, so sind sie gesellschaftlich stark marginalisiert. Die familiäre Lage ist von Ausgrenzung und Kontrolle bestimmt. Die schulische Situation der Jugendlichen ist gekennzeichnet von struktureller Diskriminierung in Form von Zugangsbarrieren und durch Aussonderungsmaßnahmen im Schulalltag. Der Arbeitsmarkt bleibt den jungen Männern weitgehend verschlossen. Rassismus ist Alltag und weist die Lebenssituation der Flüchtlingsjugendlichen aus. Für die *individuelle Person*, mit ihrer Erfahrung, mit ihrer Geschichte und auch mit den Belastungen, die die Flucht mit sich bringt, gibt es weder Raum noch Anerkennung. Die jugendlichen Flüchtlinge und auch die Kinder von Arbeitsmigranten leben nicht nur mit strukturellem Rassismus. Auch Menschen in ihrer Umgebung nutzen ihre Situation aus, um rassistische Alltagspraxen auszuleben.

Neben Rassismus und mit ihm einhergehend findet sich in vielen Biographien noch eine weitere auffällige Form der Unterdrückung, die Thema das nächsten Kapitels ist: Die Jugendlichen werden häufig Opfer sexualisierter Gewalt, die zum einen in entsprechenden Milieus auftritt und zum anderen eine individuelle Erfahrung darstellt. Diese Erfahrungen hängen bei den Jugendlichen eng mit ihren kriminellen Karrieren und ihren Ausformulierungen von Geschlecht zusammen. In Köln gibt es eine auffällige Verstrikkung so genannter »jugendlicher Intensivtäter« als Opfer in ein (pädo)sexualisiertes Milieu. Das betrifft besonders jugendliche Migranten, woraus sich ein Zusammenspiel rassistischer und sexistischer Unterdrückung ableiten lässt. Die spezifische Dynamik dieses Milieus beeinflusst stark ihre Geschlechtskonstruktionen und prägt entscheidend die Positionierung als junge Männer. Um ihre Stellung als Mann ringen auch diejenigen Jugendlichen, die jenseits eines solchen Milieus sexualisierte Gewalt erlitten haben.

10 Sexualisierte Gewalt

Im Forschungsprozess hat sich ein hoher Anteil von Erfahrungen sexualisierter Gewalt in den Biographien der interviewten Jugendlichen abgezeichnet. Der auffällige Zusammenhang zwischen der Tatsache, dass viele der als »Intensivtäter« bezeichneten Jugendlichen Erfahrung mit sexualisierter Gewalt haben, wird weder öffentlich, noch hält er Einzug in die Arbeit mit diesen Jugendlichen. Bisher dominiert in der Fachliteratur und im gesellschaftlichen Bewusstsein das Thema sexualisierte Gewalt gegen Mädchen - Jungen bleiben als Risikogruppe weitgehend ausgeblendet (vgl. Boehme 2000: 172). Herrschende Geschlechterbilder sind der Hauptgrund: Männlichkeit und Opfersein sind zwei Dinge, die nicht zusammenpassen, denn Männlichkeit beinhaltet Dominanz und Überlegenheit (vgl. Zarkov 2003). Jungen als Opfer wahrzunehmen erfordert ein genaueres Hinsehen. Nach der Auswertung der Interviews wurde deutlich, dass etliche der Jugendlichen von sexualisierter Gewalt betroffen waren - und dass dies zu den Bedingungen zählt, die den Kriminalisierungsprozess beschleunigen.

Sexualisierte Gewalt geschieht an unterschiedlichen Orten, z.B. als innerfamiliäre oder von der Familie nahe stehenden Personen angewandte Gewalt oder außerfamiliär. Neben anderen Milieus, in denen sich die Jugendlichen bewegen, halten sich manche auch in einem Milieu auf, das gewalttätig-sexualisiert orientiert ist und entsprechend rassistisch-sexistische Verstrickungen impliziert, so dass man hier von einem pädosexuellen Milieu sprechen muss. Gerade männliche migrantische Jugendliche werden zu exotischen und zugleich leicht zu unterdrückenden Sexualobjekten.[1] In diesem Milieu geht es - im Gegensatz zu den mit Hilfe von Männlichkeit konstituierten Cliquen (vgl. Kapitel 13) - eben nicht darum, dass die Jugendlichen mit männlichen Verhaltensweisen eigene Orientierungen und Gemeinschaften aufbauen, sondern darum, dass andere Männer an ihnen Gewalt ausleben.

Ich möchte zunächst auf eine Gemeinsamkeit aller Formen sexualisierten Missbrauchs an jungen Männern eingehen, indem ich das Thema Männlichkeit und Missbrauch erörtere. Dann umreiße ich die Struktur und Relevanz des pädosexuellen Milieus. Als nächstes beziehe ich den Migrationshintergrund in die Überlegungen ein. Er stellt sich als erhöhter Risikofaktor für

1 In der allgemeinen Präventionsdiskussion zum Thema sexualisierte Gewalt gegen männliche Kinder und Jugendliche gibt es mittlerweile einen recht großen Bestand (vgl. z.B. Heinrich-Böll-Stiftung 2002), in dem jedoch die vorliegende Problematik des Zusammenhangs von Rassismus und Sexismus kaum Erwähnung findet.

sexualisierten Missbrauch dar, vor allem, was die sexualisierten Milieus betrifft. Anhand der biographischen Erzählungen von Muhammet gewinnt dies konkrete Gestalt. Die Gewalterfahrungen beeinflussen die Lebenssituation in mehrfacher Hinsicht; je nach Voraussetzung entwickeln die Jugendlichen auch unterschiedliche Umgangsformen. Besonders relevant sind die Erfahrungen vor allem für die Konstruktionen von Männlichkeit. Geschlecht als positionierende und das Leben dominierende Kategorie tritt nun stark in den Vordergrund. Die vielfältigen Dimensionen sexualisierten Missbrauchs zeige ich in den Biographien von Muhammet, Abdul, Ömür und Reza auf.

10.1 Männer als Täter und Jungen als Opfer

Man spricht von sexualisierter Gewalt, um zu verdeutlichen, dass

> »...diese Übergriffe stets als Gewalthandlungen zu verstehen sind, die vom Täter oder der Täterin sexualisiert werden. Es geht um das Ausüben von Macht in Abhängigkeits- oder Vertrauensbeziehungen, das (mit Gewalt oder unter Androhung von Gewalt) die Opfer erschrickt, ausbeutet, manipuliert, kontrolliert.« (Bentheim/Kruse 2000: 268)

Meist sind Männer die Täter (vgl. Bange/Enders 1995: 76) und diese Männer entsprechen nicht dem verbreiteten Bild triebhafter Kranker, sondern sind »ganz normal«. Erklärungen für die Taten werden in der männlichen Sozialisation gesehen: In ihr sind Bilder von Eroberung und Aggression als naturgegeben, Privilegien als rechtmäßig und die Sexualisierung von Macht, Intimität und Zuneigung eingeschrieben (vgl. Enders 2001: 46, 49). Frauen und Kindern (egal welchen Geschlechts) wird dagegen die Mündigkeit, eigene Bedürfnisse zu formulieren und sich zu wehren, abgesprochen. Sie werden trivialisiert, sexualisiert oder auch entsexualisiert, als schwach und unerfahren bezeichnet (vgl. Enders 1990: 245f). In patriarchalen Kulturen gilt die Penetration von Anderen, »weiblich« diskriminierten, als Beweis für potente Männlichkeit (vgl. Lenz 2000: 35). Gerade zwischen Kindern und Erwachsenen herrscht ein großes Machtgefälle, da Kinder sich physisch, psychisch und gesellschaftlich gegenüber Erwachsenen in einer Ohnmachtslage befinden (vgl. Enders 1990: 50).

Für den hohen Grad der Tabuisierung von sexualisierter Gewalt an Jungen werden in der Literatur verschiedene Gründe gefunden: Jungen oder Männer erkennen oft dann den Missbrauch nicht als solchen, wenn der Grad der körperlichen Gewalt eine bestimmte Grenze nicht überschreitet (vgl. Boehme 2000: 172, 177). Böhnisch (2000: 70f) beschreibt zudem einen Prozess, den er eine »historisch hartnäckige Zuschreibungsfalle« nennt: Die männliche Dominanzkultur der Wachstumsgesellschaft kennt nur Gewinner oder Verlierer, aber keine Opfer, und auch die feministische Seite muss so lange an dem Täterbild der Männer festhalten, bis sich die männliche Dominanzkultur auflöst. Beide Zuschreibungen, die Nihilierung, dass Männer Opfer sein können und das Bild vom Mann als Täter machen sich Männer und Jungen zu eigen - sie wirken auch dann, wenn diese sich gegen sie selbst richten.

Das gesamtgesellschaftlich verbreitete Bild vom »richtigen Jungen« verarbeiten Jungen milieu- und erfahrungsspezifisch unterschiedlich. Für missbrauchte Jungen kann es bedeuten, dass Junge-Sein und Opfer-Sein sich ausschließen und sie darum die Gewalterfahrung nicht als zerstörerischen Eingriff in Persönlichkeit und Körperlichkeit werten können, denn damit müssten sie anerkennen, als Junge »versagt« zu haben. Dies gilt aber nicht nur für die Jungen selbst, sondern auch die Öffentlichkeit bleibt hiervon nicht unberührt. Die männliche Opfererfahrung passt nicht in das Bild vieler professioneller Helfer, die Jungen können daher oft weder mit einem offenen Ohr noch mit Unterstützung rechnen. »Die Unfähigkeit der Jungen, Hilfe anzunehmen, findet ihre Entsprechung in dem Unvermögen der Erwachsenen, Jungen als hilfsbedürftig wahrzunehmen« (Bange 1993: 139). Gerade männliche Helfer sind vorbelastet, weil sie sich mit eigener, uneingestandener Schwäche konfrontiert sehen. Reaktionen wie Verunsicherung, Berührungsängste und Bagatellisierung von Ausmaß und Folgen versperren wiederum den Betroffenen die Auswege.

Die Jungen werden erst dann gesellschaftlich wahrgenommen, wenn sie selber wegen gewalttätiger Delikte auffallen. Als Jungen lernen sie zwar aktiv zu sein, sich zu wehren, aber erleben gerade deshalb den Missbrauch als eine übermächtige Erfahrung von Ohnmacht, die sie kompensieren müssen. Sie übernehmen nicht, wie viele weibliche Opfer, die ihnen im Akt der sexualisierten Gewalt zugeschriebene Rolle als Sexualobjekt, sondern identifizieren sich mit dem Aggressor und dessen Rolle; in anderen Bezügen treten sie dann besonders aggressiv auf und gewinnen dadurch an Macht. Die Ausübung von Kontrolle und sexualisierter Gewalt erlebt das Opfer zunehmend als »männliche Normalität«. So laufen gerade männliche Opfer Gefahr, selber Täter zu werden. Einen weiteren Zusammenhang von Opfer-Sein und Täter-Werden wies Elliot in ihrer Studie nach: Sie fand heraus, dass 18 % der von ihr interviewten Täter versuchen, über ihre Opfer an weitere Kinder zu kommen, indem sie ihnen Geld dafür geben oder mit Gewalt erzwingen, dass sie weitere Kinder anwerben (nach Bange/Enders 1995: 82).

In vielen Lebensbereichen kann der Missbrauch Auswirkungen auf das Verhalten von Jungen haben. Manchmal folgt ihm später der Weg in die Prostitution, forciert durch die frühen Gewalterfahrungen und das Erleben von Sexualität als demütigend. Lenz berichtet von einer US-Studie, die herausfand, dass 24 von 28 Strichjungen in ihrer Kindheit sexualisierter Gewalt ausgesetzt waren (vgl. Lenz 2000: 31). Auf eine weitere mögliche Folge sexualisierter Gewalt, die sich in delinquentem Verhalten ausdrückt, wird in der Literatur zwar manchmal hingewiesen, die Zusammenhänge werden jedoch nicht näher ausgeführt: So ergab beispielsweise eine Studie in den USA mit 63 verurteilten jugendlichen Straftätern, dass 70% von ihnen sexuell missbraucht worden waren (vgl. Bange/Enders 1995: 118). Befragungen in psychiatrischen Kliniken im Vergleich mit nicht-klinischen Untersuchungsgruppen stellten fest, dass die PatientInnen wesentlich häufiger Opfer sexualisierter Gewalt geworden waren als die nicht-klinischen Befragten (vgl. Boehme/Julius 1997: 30ff).

10.2 Das pädosexuelle Milieu als Beschleuniger der Kriminalisierung

Jungen sind vermehrt Opfer sexualisierten Missbrauchs im außerfamilialen Nahraum (Bange/Enders 1995: 71) und dennoch wird sexualisierte Gewalt meist als Familienproblem diskutiert, wissenschaftlich durch einen familiendynamischen Ansatz erklärt (als Symptom einer Desorganisation und Dysfunktion der Familie); dieser wiederum blendet Gewaltprobleme im Handlungs- und Kooperationssystem der Öffentlichkeit (z.B. in Heimen, Krankenhäusern, Schulen) aus (vgl. Enders 2001: 36ff). Schon während des Forschungsprojektes stießen wir in der Analyse einiger Interviews auf außerhäusliche sexualisierte Gewalt, vor allem im Zusammenhang mit einem pädosexualisierten Milieu. Auch eine andere ForscherInnengruppe kam in Köln zu dem Ergebnis, dass viele der jugendlichen »Intensivtäter« in pädosexualisierte Milieus involviert waren.

Diesem Milieu mit seinen Auswirkungen genauer auf den Grund zu gehen, erweist sich in Köln als äußerst schwieriges Unterfangen. Einen systematischen Austausch der mit den Jugendlichen professionell Arbeitenden, wie SozialarbeiterInnen, LehrerInnen und Polizei gab es nicht. Gezielt trafen wir uns mit Jugendlichen und Angehörigen der Kontrollinstanzen, um mehr darüber zu erfahren. In den Gesprächen mit Polizei oder der Jugendhilfe wurde deutlich, dass das Thema zwar allen mit diesen Jugendlichen befassten Menschen bekannt ist, sich aber nur ganz wenige dazu offen äußern. Wir hatten immer das Gefühl, uns in einer Grauzone dessen, was gefragt und gesagt werden darf zu bewegen, und auch, dass uns Informationen vorenthalten wurden. Ein Gesprächsnachmittag mit vielen professionell Involvierten (Polizei, Stadt Köln, Jugendamt, Jugendeinrichtungen) bestätigte uns die bis dahin gesammelten Informationen, aber auch danach blieb die Struktur dieses Milieus immer noch nebulös. So wurde nicht geklärt, wie groß sein Umfang ist und wie hoch der Grad der Organisierung. Dass es in Köln pädosexuelle Männer gibt, die gezielt Jugendliche aussuchen, die aus einem Unterschichtsmilieu kommen und vor allem jugendliche Migranten betroffen sind, wurde hingegen immer deutlicher.

Natürlich ist die Polizei einer der ersten Ansprechpartner für das Problem und ihr Nichthandeln erstaunte uns. Die involvierten Polizisten erklärten, dass sie um das Problem wissen und auch einige Männer namentlich kennen. Für sie stellt sich aber das Problem, dass oft Jugendliche betroffen sind, die über 14 Jahre alt sind, mit denen »freiwilliger« Geschlechtsverkehr also legal ist. Außerdem sind der Polizei Mittel wie beispielsweise eine Observierung untersagt, weil es als »unverhältnismäßig« gilt, da das Strafmaß für sexuellen Missbrauch gering ist. Ein großes Problem ist, dass keiner der Jungen bisher einen Fall zur Anzeige brachte - ein paar Jungen erstatteten zwar Anzeige, zogen sie aber alle nach einigen Tagen wieder zurück. Das legt die Vermutung nahe, dass vom Milieu ein starker Druck auf die Jugendlichen ausgeht, so dass bisher keiner der Jugendlichen es wagte, öffentlich gegen einen oder mehrere der Männer aufzutreten und eine Gerichtsverhandlung in Kauf zu nehmen.

Eine offensive Thematisierung dieses sexualisierten Missbrauchs im Milieu hat bis jetzt von Seiten der Jugendhilfe nicht stattgefunden. Eine Mitarbeiterin der Jugendhilfe schlägt vor, Informationen zwischen allen Instanzen weiter zu geben; dies könnte Transparenz schaffen und zur Entwicklung von Strategien führen, die Kinder und Jugendliche schützen - solange gerade die Jugendhilfe das Thema tabuisiert, erschwert sie damit auch den Betroffenen die Möglichkeit zu reden. Ebenso schürt das Schweigen Vermutungen, z.B. über die Größe des Milieus oder seine Mitglieder, was in der Folge zu Über- oder Unterschätzungen des Phänomens beiträgt.

Eigentlich sollte man erwarten, dass es ein öffentliches Anliegen sei, diesem Missstand auf den Grund zu gehen: Diejenigen Jugendlichen, die sich in den Milieus aufhalten, werden schneller in kriminalisierende Prozesse verwickelt, und so wird auch ihre kriminelle Karriere zumindest vorangetrieben, wenn nicht gar ausgelöst. Wider besseres Wissen behandeln die Instanzen sie weiterhin nicht als Opfer, sondern als »Intensivtäter« - und so werden sie auch öffentlich thematisiert. Die Kölner Medien blenden diese biographischen

Hintergründe der Jugendlichen aus, gerade wenn es um migrantische Jugendliche geht, und definieren sie damit selbst als Problem. Möglich ist, dass die Institutionen mit Stillschweigen einen Rechtfertigungsdruck für ihr Nichteingreifen vermeiden wollen. Denkbar, doch rein spekulativ, sind z.B. personelle Zusammenhänge des Milieus mit Institutionen. Vermutungen gehen auch dahin, dass dieses Milieu in Drogen- oder sonstige illegale Geschäfte involviert ist, die den Jugendlichen weitere Möglichkeiten oder Zwänge zu illegalen Tätigkeiten eröffnen; aber auch das lässt sich nicht belegen.

Das Schweigen der Jugendlichen über erfahrene sexualisierte Gewalt im Milieu wird verständlich, wenn man die Mechanismen eines solchen Milieus näher betrachtet: Die Jugendlichen wissen sehr wohl um ihre Abhängigkeiten von den Männern, um das Geschäft und darum, dass Freunde oder Bekannte wahrscheinlich wenig Verständnis für die Situation haben. Das Schweigen verstärken die Täter durch die Androhung des Entzugs von Privilegien bzw. durch die Androhung von Sanktionen. Das Milieu darf nicht ins Spiel gebracht werden, Informationen sollen nicht nach außen dringen. Dadurch sichern sie auch, dass die Jugendlichen ab einem bestimmten Alter durch Mittäterschaft weiter eingebunden werden, sie können dann dazu eingesetzt werden, weitere Kinder und Jugendliche »anzuwerben«. So entlässt das Milieu sie auch dann nicht, wenn sie älter werden, stattdessen spannt es sie weiter in seine Ordnung der Männlichkeiten ein. Ältere und statusüberlegene Männer erreichen das durch Druck, den sie über ihre Ressourcen und Kontakte auf die Jugendlichen ausüben.

10.3 Zusammenhänge von sexualisierter Gewalt und Rassismus

Die vielfältigen Bezüge der Themen sexualisierte Gewalt und Rassismus lassen sich in den biographischen Rekonstruktionen erschließen. In den Biographien der beiden Brüder Abdul und Muhammet werden sie besonders deutlich. Um die Zusammenhänge richtig einzuordnen, muss die Vorgeschichte kurz erläutert werden: Ihre Mutter heiratet, sicher auch, um mit den Kindern in der Bundesrepublik bleiben zu können. Abdul führt den Mann im Interview als *deutschen* Mann ein.

> Abdul: Und dann später ist meine Mutter dann hier in Köln umgezogen, da hat sie so ein deutscher Mann kennen gelernt, die kannte sich so von früher oder irgendwie, den haben sich geheiratet. Ja (3) haben so geheiratet, und danach so haben die Probleme gekriegt, mein Bruder immer wieder so ja, und

> sind wieder einer alleine. Ja und dann haben, ja und und dann haben die mein Bruder - wo meine Mutter mit die Deutsche geheiratet hat - haben mein Bruder angefangen so Scheiß zu bauen so, nicht zur Schule gegangen wir sind zur Schule gegangen also (3) danach /(ausatmen)/(7).

An welchen Stellen des Interviews Abdul diesen Mann als deutschen Mann oder als Stiefvater bezeichnet hängt davon ab, welche Beziehungslage er gerade darstellt, in der er sich zu dem Stiefvater befindet. Dass er diesen Mann als Deutschen einführt, ist eng mit Abduls rechtlichem Status verknüpft. Der Stiefvater stellt durch seine deutsche Nationalität insofern eine Sicherheit dar, dass die Heirat den rechtlichen Status der Familie extrem verbessert; die Ehe bringt allerdings nur eine scheinbare Ruhephase in das Leben der Familie.

Abduls Bruder Muhammet erzählt, dass der Stiefvater immer sehr nett zu ihm war, ihm Geld gibt und sich auch sehr hilfsbereit bezüglich seiner Probleme zeigt. Er holt Muhammet bei der Polizei ab als dieser aufgegriffen wird und erzählt der Mutter nichts davon. Auch dass er die Schule schwänzt, Drogen nimmt und mit seiner Clique rumzieht, kann Muhammet mit seiner Hilfe verbergen. Es scheint also, als hätte er einen Verbündeten gefunden.

Unter dieser Oberfläche spielt sich allerdings etwas ganz anderes ab: Muhammet erzählt, dass sein Stiefvater ihn sexuell missbraucht. Später erfährt die Mutter zudem, dass ihr Sohn nicht das erste Opfer des Stiefvaters ist und dass dieser Mann sich im pädosexuellen Milieu bewegt. Muhammet schildert verschiedene Taktiken des Stiefvaters:

> Muhammet: Wir ham da geraucht, so Drogen aber auch so Peace und Druck und Alkohol ham wir getrunken mit dem meinem Vater, Stiefvater.
> Interviewer: Ja?
> M: Ja wir ham mit dem Alkohol getrunken und so, der hat nix gesagt, der hat gesehen dass ich Knaller habe der hat gesagt ›mach kein Blödsinn damit un so‹ und dann später hat hat ich Geburtstag gehabt glaub ich, ja wie ich Geburtstag, da hat der mir gesagt ›was ist dein Wunsch?‹ Hab ich gesagt ›n Roller‹ und ich hab keinen Führerschein und der hat mir trotzdem n Roller gekauft, das war auch mein Fehler, Motorroller war das.

Der Roller ist mehr als ein Geschenk, es ist Symbol. Es bevorzugt ihn gegenüber dem Bruder. Muhammet ist bewusst, dass das Geschenk eigentlich nicht angemessen ist. Scheinbar will ihn der Stiefvater damit zum Schweigen verpflichten; Muhammet sagt dann auch »das war auch mein Fehler« und schreibt sich Mitschuld zu. Die Erlaubnis, Drogen zu nehmen, gehört ebenfalls zu der Dynamik dazu, sie ist Teil einer Täterstrategie:

»Oftmals bauen sie zunächst Schritt für Schritt eine Beziehung zu dem Kind auf, verstricken den Jungen/das Mädchen systematisch in ein Spinnennetz emotionaler (und wirtschaftlicher) Abhängigkeiten, um sie dann mit ›sanfter‹ Gewalt zu ›verführen‹. Einige von ihnen wenden dabei z.B. bei ›älteren Kindern‹ (Jungen und Mädchen ab dem Grundschulalter) die Masche des ›Hofierens‹ an. Das Kind wird wie ein/eine ErwachseneR behandelt und bekommt Alkohol und Drogen oder wird den Geschwisterkindern gegenüber bevorzugt.« (Bange/Enders 1995: 96)

Der Täter als Älterer verfügt über die Definitionsmacht in der »Beziehung« und vermittelt dabei eine destruktive Form von Männlichkeit, die der Jüngere aber - ebenso wie die Gewalterfahrungen - verdrängt (vgl. Engelfried 2000: 126). Dass Muhammet sein Bewusstsein abschaltet und die Gewalt verdrängt, lässt sich gut in den folgenden Interviewausschnitten nachvollziehen, in denen er über *seine* Opfererfahrung berichtet, er aber als sprachliches Subjekt nicht auftaucht. Um die Erfahrung des sexuellen Missbrauchs von sich fern zu halten, erzählt er über sich selbst nur indirekt. Es gibt im Interview allerdings einen »Zugzwang« zum Erzählen, der nicht mit der Interviewführung an sich in Verbindung steht, sondern mit der Tatsache, dass erzählt werden muss, was schon bekannt ist - und seine Missbrauchsgeschichte ist den pädagogischen und strafrechtlichen Institutionen schon lange bekannt. Muhammet erzählt darum, wie durch einen Zeugen der Missbrauch aufgedeckt wurde:

Muhammet: Und wenn wir waren voll wir waren besoffen, richtig besoffen, wir haben noch geraucht dazu und das is nicht gut wenn du rauchst, und wenn du rauchst mit Drogen dann geht der Kopf kaputt. Ich, ich konnte die Treppe gar nicht mehr sehen, ich bin hochgegangen, dann hab ich mich direkt mit meine ganzen Klamotten hingelegt und Cousin auch. Aber Cousin ist sein erste Mal und der hat das draußen hat der auch geraucht, hat der auch sowas genommen un so, aber Bier nich. Und weißt Du (I: hm) und dann hat der Bier getrunken und der konnte nich einschlafen, sein sein seine Eltern, der denkt immer auf seine Eltern un was die machen Syrien, machen Sorgen und so. Und dann hat der diese Tag war der wach geblieben und der war weißt Du, der hat Angst gehabt, dass wenn der jetzt aufsteht und sagt ›was machst du da‹, dass der Angst hat, dass er den ausliefert bei Polizei so und dann kann er, der hat Angst gehabt wenn er in Knast kommt, denkt der der kommt in Knast oder so und dann abschieben und so dat kommt der nie wieder in Deutschland un so. Und davor hat der Angst gehabt, und da meint der ›lieber ich erzähl dem das später‹ und dann hat der mir das diese Tag später- morgens früh ich normal aufgestanden, nix passiert meine Hose war noch da und so alles, ich bin aufgestanden, morgen früh, ham wir uns angezogen neue Klamotten, ham uns geduscht, erstmal vorher wir sind rausgegangen. Un dann spätesten mir nach dat un dat und

> dat, schwört der auf seinen Vater un so, da meint der ›wenn ich jetzt lüge soll ich sterben‹ und so.

Muhammet vermeidet in diesem Ausschnitt zu berichten, was genau passiert ist: Durch den Kontext im Interview wird klar, dass sein Cousin Zeuge von Muhammets Missbrauch ist. Muhammet beschreibt dessen Schwierigkeiten, mit ihm darüber zu sprechen; nachdem er es dann doch getan hat, erzählt Muhammet seiner Mutter davon. Er schildert die Situation so, als habe er weder etwas von der Vergewaltigung mitbekommen noch sei er davon betroffen - er habe geschlafen. Auch schildert er es wie ein einmaliges Erlebnis. Laut seiner Beschreibung konnte er auf Grund seines Drogenkonsums nichts mehr bemerken, er habe geschlafen und auch am nächsten Tag seien für ihn keine sichtbaren Spuren vorhanden. Die Erfahrung, die Schmerzen und die Tatsache, dass er sich nicht wehren konnte, blendet er damit aus. Als der Cousin sich entschließt mit Muhammet darüber zu sprechen, hat er schon mehrere Beobachtungen gemacht.

> Muhammet: Mein Cousin war auch, dann dann bin ich von meinem Vater missbraucht und so, haben wir An- Anzeige gegen gemacht, is auch nich, ich kann das auch nich mehr ertragen so, aber normalerweise red ich nich über davon aber, (6) (...) Ja ja von Syrien, der war auch Syrien wir waren auch hier nur so Urlaub und da ha hat der sich so gefallen, so Deutschland und dann war der illegal hier geblieben, seine Reise is schon fertig, auch n bisschen so erstmal hat der mich immer gesagt dein Stiefvater der kommt immer komisch vor, weißt du, und der hat das miterlebt weißt du. (...) Ham geschlafen wir irgendwo bei Freunden, wir wollten nich zu meiner Mutter gehn, wir haben uns geschämt weißt du, nee is schon mehrere Male versucht, bei erste Mal war ich im schlafen (I: hm), da hat mich m- mein Cousin mir gesagt.

Muhammet lässt auch in dieser Passage den Cousin über seine, Muhammets, Erfahrung sprechen. Er sagt auch, er kann es »nicht mehr ertragen«, wobei nicht deutlich wird, ob er die Gewalt meint oder darüber zu sprechen. Er bringt seine Scham über die Vergewaltigung zum Ausdruck und will zugleich verhindern, dass der Interviewer denkt, er habe »mitgemacht«, deshalb betont er nochmals, er habe geschlafen.

In den beiden Passagen zeigt sich ein weiteres relevantes Detail, das die Dynamik verdeutlicht: Muhammet erzählt, dass sein Cousin sich fürchtet einzugreifen und Aufsehen zu erregen, denn er ist illegal in der Bundesrepublik. Sich einen Jugendlichen zu suchen, der in solchen Zusammenhängen lebt, muss als Bestandteil der Täterstrategie gewertet werden. Die Tatsache, dass Muhammets Familie wegen ihres Aufenthaltsstatus vom Stiefvater abhängig ist und ein instabiles Umfeld hat, erleichtert es dem Täter, unentdeckt zu bleiben.

Gerade Flüchtlinge, für die wenige gesellschaftliche Möglichkeiten bestehen, können schneller in das Milieu involviert werden. Verbindungen zwischen der Situation von Flüchtlingsfrauen mit schlechtem Aufenthaltsstatus und einem daraus resultierenden »Heiratsmarkt«, den pädosexuelle Männer strategisch nutzen, um an Kinder zu kommen, liegen nahe. Die Gefahr scheint für diese Frauen - auf Grund des Drucks der Abschiebung, dem sie ausgesetzt sind - ungleich größer, zur Sicherung des Aufenthaltsstatus eine Ehe mit einem Mann einzugehen, der dem pädosexuellen Milieu entstammt. Quasi als »Nebeneffekt« übernimmt dann, wenn die Jugendlichen sowieso zu alt sind für das Milieu, der Staat ihre Beseitigung durch Abschiebung.

Neben dem genannten Faktor können weitere begünstigende Faktoren vermutet werden: Die Vergewaltigung eines jugendlichen Migranten kann eine doppelte Abwertung durch Rassismus und Sexismus beinhalten, die Täter machen die Jugendlichen zu exotischen Sexualobjekten. Eine Verbindung von rassistischen mit sexistischen Motiven wird heute höchstens beim Thema »Sextourismus und Kinderprostitution« in Ländern wie Thailand oder jetzt auch in Tschechien benannt. Den rassistischen Charakter von Sextourismus beschreibt Connell:

> »Der Kunde, vornehmlich ein Mann aus der ›ersten Welt‹, kauft eine ›exotische‹ Erfahrung, die sein Überlegenheitsgefühl erneuert und verstärkt. So wird in der Sexualität die allgemeine Struktur des Tourismus als einer scheinhaften Begegnung der Kulturen reproduziert, die auf der durch den Imperialismus vollzogenen Rasseneinteilung der Weltwirtschaft basiert.« (Connell 2000a: 84)

Warum aber sollten solche Männer sich auf den Urlaub beschränken? Weder die »exotische Erfahrung« noch die »Begegnung der Kulturen« muss auf das Ausland reduziert werden, wenn es doch in der Bundesrepublik eine Vielzahl von »Andersartigen« gibt, die auch »gekauft« werden können. Wer das richtig organisiert, muss auch nicht damit rechnen, strafrechtlich aufzufallen. Das macht es wahrscheinlich, dass solche Männer nicht nur einmal im Jahr im Urlaub sexualisierte Gewalt gegen Kinder anwenden. Dieses Thema von rassistisch-sexistischen Zusammenhängen in Deutschland ist allerdings absolut marginalisiert - indem man es mit dem Begriff (Kinder-)Sextourismus ins Ausland verlagert, wird es externalisiert. Eine Vorstellung darüber, wie viele Männer zur Ausübung sexualisierter Gewalt an Kindern ins Ausland fahren, gibt folgende Notiz:

> »Nach einer Studie der Freien Universität Berlin reisen jedes Jahr schätzungsweise 400.000 Deutsche als Sex-Touristen ins Ausland. Niemand weiß, wie viele davon Kinder missbrauchen. Die Schätzungen schwanken zwischen einem und fünf Prozent.« (UNICEF 2002: 3)

Bleiben die Männer in der BRD, suchen sie Kinder, die eben dieses exotische Klischee verkörpern. Die Männer machen den Jugendlichen attraktive Angebote, wobei es vorrangig um ökonomische Versorgung, um Raum, der auf die Interessen der Jugendlichen ausgerichtet ist und evtl. auch um so etwas wie (emotionale) Anerkennung geht. Diese Strategien erhöhen die Abhängigkeit der Kinder vom Täter; wenn er zudem keine Einzeltäter, sondern Teil des Milieus ist, verstärkt das noch die Abhängigkeit.

Exkurs: Wege in die Prostitution

Die Übergänge vom pädosexuellen Milieu in das Prostitutionsmilieu[2] können fließend sein. Ein Mitarbeiter der Jugendhilfe berichtet, dass bei dem Besitzer eines Lokals in Köln, das als Anbahnungslokal für männliche Prostituierte fungiert, bei einer Razzia unter der Theke Photos minderjähriger Jungen gefunden wurden. Werden die Jugendlichen zu alt für die pädosexuelle Szene, dann können sie in die Prostitution wechseln. Die Jugendlichen kommen auch über andere Wege in das Prostitutionsmilieu, wie der Mitarbeiter einer Anlaufstelle für Stricherjungen in einem Interview[3] berichtet:

> Herr J.: Gerade für diejenigen, die keine Arbeitserlaubnis haben, ist es oft die einzige Möglichkeit überhaupt Geld zu verdienen. Da kann man einfach irgendwo hingehen, ohne dass man Papiere ausfüllen muss oder sich anmelden muss. Das ist eigentlich nirgendwo anders möglich, außer man bettelt oder zockt. (...) Ich hab auch Jungs, die gerne arbeiten möchten und das auch versuchen, dann haben sie nen Arbeitgeber und dann dauert das mit der Genehmigung wieder drei Monate, bis dahin hat der Arbeitnehmer wieder jemanden anders gefunden. (....) Häufig werden die auch durch die schwierigen Gesetzeslagen in die Prostitution getrieben.

Herr J. erklärt, wie die Ausländergesetzgebung ihren Teil dazu beiträgt, dass Jugendliche mit Migrationshintergrund zur Prostitution kommen. Er stellt außerdem eine überdurchschnittlich hohe Beteiligung von Migrantenjugendlichen der ersten und zweiten Generation in der Szene fest.

---

2 Die Behandlung des Themas Prostitution unter dem Oberthema »Sexualisierte Gewalt« soll nicht bedeuten, dass Prostitution nicht als Erwerbsarbeit ausgeübt werden kann. Ich möchte das Thema dennoch an dieser Stelle behandeln, weil es in Köln Zusammenhänge zwischen dem pädosexuellen Milieu und dem Prostitutionsmilieu für junge Männer gibt, so dass die Jugendlichen in das Milieu gedrängt werden.

3 Das Interview habe ich im Jahr 2000 als so genanntes Experteninterview geführt.

> Herr J.: Teilweise sind in der Szene bis zu 50 Prozent ausländische Jugendliche, damit meine ich nicht nur die Migranten, sondern auch die der zweiten Generation, deren Eltern hier nach Deutschland gekommen sind. Das geht aber so in Wellen, mal sind es mehr, mal sind es weniger, das hängt auch mit den Polizeieinsätzen zusammen. (...) Wir haben hier in der Anlaufstelle wenig ausländische Jungs, wir haben hier mehr deutsche. Ich vermute als Hintergrund das Thema Homosexualität. (...) Also die haben auch noch mal stärker als in Deutschland ein stärkeres Männerbild. Das sind häufig männlichkeitsorientiertere Gesellschaften noch als hier. (...) Aber das gibt es natürlich auch bei deutschen Jungs, ich würde sagen generell bei Jungs, die selber nicht schwul sind, sich für das schämen, was sie da machen und sich permanent auch selbst erniedrigen damit, das sind auch Jungs die auch häufig gewalttätig werden können.

Deutet er zunächst noch die Scheu vor dem Stigma der Homosexualität als ein Spezifikum der Migrantenjugendlichen, relativiert er dies durch seine Erfahrung, dass alle nicht-homosexuellen männlichen Jugendlichen ein besonders starkes Gefühl der Erniedrigung erleben. In der Prostitution vereinen sich Bilder von Unterlegenheit, Ausbeutung, gesundheitlichen Risiken. Der Körper wird zur Ware, stellt sie her und verkauft sie zugleich, ist damit dreifach in Ökonomisierungsprozesse verwoben: als Produzent, Ware selbst und Marketingmanager. Der penetrierte Mann symbolisiert eine untergeordnete Form der Männlichkeit und hat damit eine höchst negative Konnotation für die geschlechtliche Identität.

> »Während also die weibliche Prostitution nicht grundsätzlich im Widerspruch steht zu den Implikationen des sozialen Geschlechts ›Frau‹, verstoßen Strichjungen eminent gegen das männliche Prinzip der Heterosexualität. Die Homophobie, in den Prozessen männlicher Sozialisation vermittelt, ist ein wesentliches Instrument, durch das sich die männliche Hegemonie selbst erhält.« (Ziehlke 1993: 127)

Zu der schwierigen rechtlichen Lage der jugendlichen Migranten kommt hinzu, dass sie auch noch in der Szene eine untergeordnete Stellung haben:

> Herr J.: Was man auch noch sagen muss, die ausländischen Jungs, die werden auch häufig ziemlich mies behandelt, von der Polizei und auch von den deutschen Jungs. Die deutschen Stricher sind zum Teil auch sehr ausländerfeindlich. Vor allem die ausländischen Jungs, die sich separieren und in Gruppen auftreten sind verachtet. Es gibt einzelne Jungs, die auch schwul sind, die integrieren sich dann so in die Gruppen der deutschen Schwulen, die sind dann auch sehr akzeptiert.

Die schlechte Stellung der jugendlichen Migranten hat vermutlich ihre Gründe darin, dass die einheimischen sich prostituierenden Jungs versuchen, über die Abwertung der anderen sich selbst aufzuwerten, sowie die Herkunft als

Definitionskriterium für unlautere Konkurrenten zu betrachten. Vielleicht fühlen sie sich auch durch das Wissen überlegen, dass Migranten jederzeit abgeschoben werden könnten, während sie selbst zumindest diesbezüglich auf der sicheren Seite stehen. Interessant ist die Beobachtung von Herrn J., dass die gleiche sexuelle Orientierung, wenn sie homosexuell ist, sich positiv auf die Akzeptanz von Migranten auswirkt und die Herkunft dadurch in den Hintergrund tritt.

10.4 Umgang mit und Verarbeitungen von sexualisierter Gewalt: Versuche, die Männlichkeit wieder gerade zu rücken

Abdul: Im Milieu eingebunden in das System hegemonialer Männlichkeit

Das Pädosexuellen- oder auch Prostitutionsmilieu, in dem sich die Jugendlichen teilweise aufhalten, ist ein »reines Männermilieu«, dessen spezifischer Kontext Auswirkungen auf ihre Konstruktion von Männlichkeit hat. Die Dynamik, die hier auftreten kann, lässt sich an der Biographie Abduls nachvollziehen: Abdul erlebt im familiären Kontext Machtbeziehungen, die im Zeichen von struktureller, physischer und sexueller Gewalt stehen. Sexualität wird mit Gewalt gekoppelt, und er erlebt als junger Mann eine direkte Verfügung über den Körper und die gesamte Person, verkörpert im Bruder, vielleicht aber auch bei sich selbst. Diese Lage hängt unmittelbar mit der Abhängigkeit der Kinder und der Mutter von diesem Mann zusammen, da er Garant des sicheren Aufenthaltsstatus ist. Nachdem die Mutter von der sexualisierten Gewalt gegen ihren jüngsten Sohn erfährt, trennt sie sich von dem Mann. Sie kommt im Frauenhaus unter, Muhammet kommt in ein Heim.

Für Abdul fühlt sich nun niemand mehr zuständig. In der Zwangslage, die sich aus fehlender institutioneller Unterstützung sowie einer ersten Straffälligkeit ergibt, zieht er nach der Trennung der Eltern zu dem Mann der Mutter. Obwohl Abdul weiß, dass dieser seinen Bruder missbraucht hat und dass er im pädosexuellen Milieu verkehrt, erscheint es ihm trotzdem als einzig sicherer Ort, der ihn vor der Abschiebung bewahrt. Sich an zuständige Institutionen zu wenden ist aus seiner Sicht kontraproduktiv und tatsächlich wahrscheinlich wenig aussichtsreich. Stattdessen muss er sich in einem von überlegenen Erwachsenen dominierten, sexualisierten und gewalttätigen Milieu behaupten.

Abduls genaue Funktion in dem Milieu kann nicht abschließend geklärt werden. Im Interview und in den Gesprächen mit SozialarbeiterInnen bekam allerdings die Vermutung immer mehr Gestalt, dass er von der Opfer- auf die Täterseite gewechselt hat. Dies gibt auch der Tatsache einen Sinn, dass er überhaupt noch bei dem Stiefvater wohnt. Als statusunterlegener, abhängiger und im Prinzip rechtloser junger Mensch ergibt sich für Abdul eine gewaltsame Lebenssituation, die Auswirkungen auf die Konstruktion seiner Männlichkeit hat: Sein männlicher Körper ist konstitutiv für die Milieuzugehörigkeit und über den Umgang mit diesem werden auch Formen der sozialen Vergeschlechtlichung erzeugt und gelebt. Abdul muss sich selbst in dem Milieu verorten, in dem Männlichkeiten entweder dominierend und gewalttätig oder - bedingt durch Alter und Herkunft - unterlegen sind. Die Männer und die Jugendlichen sind zwar voneinander abhängig, aber es herrscht ein starkes Machtgefälle. Im Milieu sind schon Vorgaben von Männlichkeitskonstruktionen vorhanden, die Abduls Aktionsradius bestimmen. Die gesamte Situation ist mit einem direkten Attribut von Männlichkeit - nämlich mit Gewalt - verbunden. Und auch er stattet sich mit diesem Attribut aus, wodurch er letztendlich im Gefängnis landet. Wenn er auch den Wechsel vom Opfer zum Täter vollzieht, so hat er den Sprung vom unterlegenen zum überlegenen Mann nicht geschafft.

Abduls unsichere Lage als Flüchtling wird zum Auslöser des Scheiterns für seine gesamte gesellschaftliche Positionierung, so dass ihm eigentlich nur noch eine Milieuorientierung bleibt. Das pädosexuelle Milieu spiegelt in Abduls Alltag sehr zugespitzt ein System der Hegemonie durch Männlichkeit wider, das Abdul auf einer der untersten Stufen einordnet. Alter und Ethnie sind in ihrer binären Logik von alt - jung und deutsch - nicht-deutsch die Lebenslage prägende Kategorien. Sie dienen dazu, die Männlichkeiten auszudifferenzieren, also hegemoniale und subordinierte Männlichkeiten festzulegen. In dieser Situation sieht sich Abdul gefangen, denn er kann nicht mehr entscheiden, ob er etwas anderes will oder nicht - auszusteigen wäre ebenso riskant wie das Dilemma zu thematisieren.

Männern des Milieus fällt es dadurch leicht, ihn im direkten Kontakt unterzuordnen, so entfernen sie ihn immer weiter von anderen Optionen der Lebensführung. Abdul kann weder als Jugendlicher noch als Mann gesellschaftlich mithalten, und es gibt immer weniger Anknüpfungspunkte für eine biographische Perspektive. Er hat kaum eine Chance, die unterlegene Position zu überwinden oder durch sein Geschlecht Hegemonie zu erzeugen. Diese Formen sexualisierter Gewalttätigkeit sind deutlich gesellschaftspolitisch aufgeladen, da Rassismus und Sexismus miteinander einhergehen. Letztendlich landet Abdul wegen einer gewalttätigen Auseinandersetzung in der Haft und bekommt den völligen gesellschaftlichen Ausschluss angedroht, während die anderen Involvierten nicht sanktioniert werden.

Ömür: Mann und Opfer[4]

Als psychische Auswirkungen des sexualisierten Missbrauchs thematisieren die Opfer selbst folgende Themen: Vertrauensverlust, Sprachlosigkeit, Schuld- und Schamgefühle, Ohnmacht, Angst, Zweifel an der eigenen Wahrnehmung, Verzweiflung und/oder Anpassung und Rückzug auf sich selbst (vgl. Enders 2001: 129ff). Manchmal richten sich diese Reaktionen in Form von Aggression und Gewalt gegen andere, oder sie richten sich so sehr gegen das eigene Selbst, dass sie in autoaggressive Handlungen bis hin zu Suizidversuchen, in Depression und Apathie münden (vgl. Enders 2001: 167ff); viele psychiatrische Krankheitsbilder können in Zusammenhang mit erlebtem Missbrauch stehen. Ömür, bei dem diverse Textpassagen auf Erfahrungen sexualisierter Gewalt verweisen, erzählt von seinen Autoaggressionen. Zunächst aber eine Kindheitserinnerung, die den ersten Anlass zu der Vermutung gab, dass er als Kind sexualisierte Gewalt erfahren hat:

> Interviewerin: Gibt's da noch andere Situationen, in denen du so Angst hattest?
> Ömür: Angst?
> I: Hm.
> Ö: Ja, damals vorm Nikolaus und so, das warn lange Geschichte /((bietet etwas an))/.
> I: Nee, danke.
> Ö: Das war ne lange Geschichte, der, weil uns unserer Opa is immer gekommen, hat uns mit der Rute zerschlagen als Kind, weil wir immer unartig waren.
> I: Kannst Du mal erzählen, die Geschichte? Du sagst das ist ne lange Geschichte.
> Ö: Ja, das so ffh- Weihnachten und der Nikolaus kam immer mit dem, wie heißt der noch, der immer die Ratsche, eh Rutsche oder in der Hand hat.
> I: Der Ruprecht.
> Ö: Der Ruprecht.
> I: Knecht Ruprecht.
> Ö: Und der kam immer, der hat uns den Hintern versohlt sozusagen, immer übers Knie gelegt vom Nikolaus von diese eh un jedes Mal das abends hat er sich hier seinen Kopf über meinem Bett gehabt so, ffh- durch n Kinderfenster hab ich immer seinen Kopf gesehen, ich meinem Bruder, der hat immer Angst davor. Nach fünf sechs, da war ich sieben acht, kam immer noch der Nikolaus,

4 Zu diesen Erfahrungen Ömürs vgl. die Ausführungen in Spindler/Tekin 2003d.

da bin ich auf den drauf gegangen, das war mein Opa, da hat ich keine Angst mehr vor dem gehabt.
I: Und der hatte sich dann immer als Nikolaus verkleidet oder wie?
Ö: Ja mein Opa.
I: Aber nur wenn der Tag war?
Ö: Ja.
I: Aha, und dann was is dann passiert, als du auf den losgegangen bist?
Ö: Ja, ich hab dem sein Bart abgerissen und ich hab dem sozusagen auf die Eier getreten als kleines Kind.
I: Und was ist dann passiert?
Ö: Ja und dann hat er erstmal geschrien, da hat er die Maske, war die Maske ja schon unten und ich musste auf mein Zimmer ja (3). Mein Opa war sauer auf mich, aber nach der Zeit, vier fünf Jahre danach, is er gestorben. (I: hm). Das hat aber alle mit runtergenommen.

In der Geschichte, die Ömür, nach Ängsten befragt, erzählt, tauchen verschiedene Begriffe auf, die sexuell belegt sind: Der Ruprecht hat die »Rute«, »Ratsche« oder »Rutsche« in der Hand, der Nikolaus hat den »Kopf über dem Bett« und Ömür hat ihm »auf die Eier getreten«. Er beschreibt die Szenerie albtraumartig, er nimmt sie durch ein »Kinderfenster« wahr, die Person ist maskiert. Das Erlebnis an sich scheint Ömür selbst nicht mehr zugänglich zu sein, er spricht darüber eher unterbewusst bzw. deutet es in den Erzählungen nur an. In dem Interview gibt es mehrere Passagen, in denen er sexualisierte Gewalt gegen Kinder thematisiert, einmal ganz direkt, jedoch ohne Bezug zu sich selbst.

> Ömür: Ja, ich hab auch n Computer zu Hause, ich bin, also ich hab den meinen jetzt meinen kleinen Bruder geschenkt, weil ich hab keine Lust mehr auf sowas, wenn man da schon guckt was da für Müllsachen sind drin sind mit Kindern und sowas. Das is für mich auch das allerletzte, wenn Kinder missbraucht werden und sowas und die gehen eher nach Hause wie wir, sowas is das allerletzte in Deutschland, die Gesetze sind dagegen voll mies. Wer Vergewaltiger und Kinder missbraucht oder was die gehn eher nach Hause wie so Leute, die eh Raub und sowas hier drin sind oder Drogen, das is das allerletzte.

Auch wenn Gefangene Kindesmissbrauch immer wieder thematisieren und Täter, die deshalb inhaftiert sind, stark von Mithäftlingen sanktioniert werden, stellt Ömür das Thema weniger in den Haftkontext, denn er spricht dann auch nicht weiter über die Haft. Das Thema steht eher isoliert im Interview, könnte aber in dem Kontext gesehen werden, dass Ömür sich auf Grund seiner eigenen Erfahrungen (auch wenn sie verdrängt sind) damit beschäftigt.

Geht man von der sexuellen Gewalterfahrung Ömürs in seiner Kindheit aus, dann lassen sich Darstellungsformen seiner Männlichkeit als durch die Missbrauchserfahrung geprägt interpretieren. So richtet er Aggressivität gegen seinen eigenen Körper, indem er sich selbst ständig Schnittwunden zufügt. Im Interview zeigt er seine verwundeten und vernarbten Arme, er erklärt, dass er einen hohen Druck verspürt, den er versucht über den eigenen Schmerz zu lösen, um nicht gegen andere gewalttätig zu werden. Er bringt damit auch seine Verzweiflung zum Ausdruck, macht die Beamten darauf aufmerksam und sich zugleich damit verletzbar. Da die Autoaggression ihn zum Opfer seiner selbst werden lässt, erntet er im Gefängnis keinerlei Reaktion. Andererseits hat er ein großes Bedürfnis danach, sich selbst stark zu machen und dafür zu trainieren, und auch den Schutz, den er Frauen gegen die auf körperlicher Ebene gefährliche Außenwelt bieten will, passt sich in diesen Interpretationsrahmen ein.

In seinem Verhältnis zu anderen Männern zeigen sich binäre Gegensätze: Geht es um den Trainer oder den ältesten Bruder, beschreibt er diese als positive männliche Leitbilder, die sich mutig und beschützend für andere Menschen einsetzen. Körperliche Stärke ist hier mit positiven Attributen belegt, sie dient dazu, sich gegen die gefährliche Außenwelt zu wehren. In anderen Beziehungen werden dieselben Eigenschaften zur Gefahr: Der körperlich überlegene Vater fügt ihm und auch der Mutter Schaden zu und es gibt Übergriffe innerhalb des eigenen Geschlechts, die gefährlich sind.

Reza: Krankheit als Symptom

In Rezas psychiatrischem Gutachten, das bei der letzten Verurteilung hinzugezogen wurde, stellt der sachverständige Psychologe fest, dass bei Reza eine Borderline-Störung vorliegt. Diese kann kurz zusammengefasst folgendermaßen beschrieben werden:

> »Die Borderline-Störungen gehören zu der diagnostischen Gruppe der Persönlichkeitsstörungen. Kennzeichnend für Borderline-Störungen ist eine fortgesetzte Instabilität in sozialen Beziehungen, im Selbstbild und der Stimmung. Dies zeigt sich z.B. in einer Abfolge intensiver, aber häufig wechselnder Beziehungen, der Neigung zu selbstgefährdendem Verhalten oder starken Gefühlsausbrüchen. In der Lebensgeschichte der Betroffenen finden sich häufig massive Missbrauchserfahrungen. In der Therapie von Borderline-Störungen steht zunächst die Stabilisierung im Alltag im Vordergrund, bevor die traumatischen Erfahrungen bearbeitet werden können.«
> (vgl. www.m-ww.de/krankheiten/psychische_krankheiten/borderline.html?page=1)

Auch der Psychologe, der Reza untersucht, sieht einen Zusammenhang zwischen seiner Störung und der Erfahrung sexualisierter Gewalt in der Kindheit; davon geht auch das Gericht aus. In der Urteilsschrift heißt es: »Der Angeklagte erfüllt jedoch nach den überzeugenden Darstellungen des Sachverständigen (...), denen sich die Kammer nach eingehender Prüfung anschließt, alle Kriterien der emotional instabilen Persönlichkeitsstörung vom Borderline-Typus.« Das »jedoch« ist darauf bezogen, dass sexueller Missbrauch nicht notwendigerweise zu psychischen Störungen führen müsse.

> Reza: Auf Grund, auf Grund ähm meiner Verhaltensgestörigkeit musste ich dazu sagen, dass ich als Kind mit 5 Jahren von meinem eigenen Onkel missbraucht worden bin bis zu meinem 8. Lebensjahr, und ich weil ich auch ziemlich viel Scham hatte und Angst hatte meiner Familie was zu erzählen weil mein Onkel mir gedroht hat, hatte ich auch mein Mund gehalten. Nach ungefähr nach ungefähr 'nem Jahr ist das dann rausgekommen, meine Mutter hat dann gesagt ›Junge was ist denn mit dir los, erzähl mal‹, habe ich ihr das dann erzählt. Sie haben Anzeige erstattet und die Anzeige ist durchgekommen und ist vor Oberlandesgericht in Köln gekommen, jedoch fallen gelassen worden auf Grund das mei- mein Onkel, zwei Kinder und Frau hat und Geschäft, ja und das ist eigentlich so mein Leben als Kind.

Diese Erzählung leitet die Haupterzählung des Interviews mit Reza ein. Dass sie so früh auftaucht, kann verschiedene Bedeutungen haben: Reza hat sich schon längere Zeit damit beschäftigt und kann darüber als Bestandteil seiner Biographie reden. Die Geschichte musste er schon für mehrere Institutionen aufbereiten. Weiterhin dient der Missbrauch auch als Erklärungsmuster, warum er »so«, also kriminell geworden ist. Reza selbst beschreibt sich als »verhaltensgestört« auf Grund des sexualisierten Missbrauchs und wahrscheinlich ist ihm dieses Label auch von den Institutionen gegeben worden. Er beendet den Bericht mit den Worten »ja und das ist eigentlich so mein Leben als Kind«, und macht damit klar, dass seine gesamte Kindheit davon überschattet war.

Im weiteren Interviewverlauf wird der Missbrauch Teil der Argumentationskette, die Reza aufbaut um zu zeigen, warum und wie er kriminell geworden ist. Wenn er auch keinen direkten Zusammenhang herstellt, so ist das Thema doch latent immer vorhanden und steht als ein Symbol für seine unglückliche Kindheit. Er erzählt, dass die Sache angezeigt wurde und der Täter straflos ausging. Wahrscheinlich in seiner Phantasie wird dann der Vater zum Rächer für diese Tat. Hier zeigt sich ein Muster, das Reza auch in anderem Zusammenhang mit Unrechtserfahrungen benutzt: Zunächst versucht er selbst das Problem zu lösen, da er es nicht lösen kann, weil er ja das betroffene Kind ist, geht er zu einer anderen Instanz, die es aber auch nicht löst, aber am Ende sorgt sein Vater für Gerechtigkeit. Damit ist zwar das Problem an sich weder gelöst noch gutgemacht, aber seine Sehnsucht danach, Dinge abzuschließen und Gerechtigkeit walten zu lassen, kommt hier zum Vorschein.

Ähnlich wie im Interview zieht sich auch durch die Haftakten das Thema sexueller Missbrauch hindurch. Hier ist vermerkt, er habe zum ersten Mal seiner Anwältin von der sexualisierten Gewalt erzählt und sie damit aktenkundig gemacht. Dies differiert mit Rezas Darstellung im Interview, dass die Sache schon vor Gericht war, dann hätte sie ja vermerkt sein und zumindest in den Akten des Jugendamtes auftauchen müssen. In der Haftakte wird erwähnt, dass Reza der Mutter erst nach langem Leidensdruck von dem Missbrauch erzählt, was er auch im Interview so darstellt.

Wie auch im psychiatrischen Gutachten unterstrichen, hat Reza eine Borderline-Störung, die zwar strafmildernd berücksichtigt wird, jedoch die Inhaftierung nicht verhindert. Reza steht unter enormem Druck und hat viele unaufgearbeitete Probleme, die im Interview sehr deutlich werden. Auf ihn ist eine gesellschaftliche Messlatte einer »Normalbiographie« und einer »normalen« gesellschaftlichen Integration nicht anzusetzen. Vielmehr müsste er erst eine Ausgangsbasis bekommen, die ihn dann stabil macht, um den Alltag zu bewältigen; die Haft bedeutet das Gegenteil. Die vom Gericht empfohlene (drogen-)therapeutische Maßnahme hat Reza schon während der Entgiftung abgebrochen. Er stellt sich, kommt wieder in Haft und verbüßt nun seine Endstrafe.

Die Auswirkungen des sexualisierten Missbrauchs werden im gerichtlichen Urteil so interpretiert, dass sein männliches Selbstbild, das durch islamische Tradition geprägt sei, deshalb besonders erschüttert wurde. Kulturelle Normen dieser Art bei einem Kind in einer Missbrauchssituation anzusetzen erscheint fragwürdig, da wahrscheinlich jedes Kind durch solche Erlebnisse im allgemeinen und geschlechtlichen Selbstbild beeinträchtigt wird. Die herangezogene Kategorie des Kulturunterschiedes soll zwar erklärend wirken, ist aber letztlich unsinnig. Was die »islamische Tradition« betrifft, so taucht in Rezas Interview nichts auf, was auf einen religiösen Hintergrund verweisen würde, im Gegenteil ist zu vermuten, dass die Flucht der Eltern aus dem Iran eher mit politischen Auseinandersetzungen in der islamischen Republik zu tun hat.

Der sexualisierte Missbrauch wirkt sich meist auch auf das sexuelle Verhalten von Kindern und Jugendlichen aus und Rezas Erzählungen sind voll von Berichten über sexualisierte Erfahrungen. Da, wo er darüber redet, tritt er in verschiedenen Rollen auf: Auf der einen Seite ist er Opfer des Missbrauchs, auf der anderen Seite erzählt er detailliert über seine sexuellen Belästigungen gegenüber Frauen. Einmal erzählt er, wie er von der Schule fliegt, weil er das Verhalten seiner Lehrerin als aufreizend betrachtet hat und ihr deshalb auf den Hintern schlägt. Möglicherweise versucht er mit solchen Aktionen, seine beschädigte Männlichkeit durch eine übertriebene Darstellung von Frauen als Sexualobjekten zu kompensieren. Die Opfererfahrung verunsichert das männliche Selbstverständnis der Jugendlichen, sie bringt sie dazu, sich Fragen über die eigene sexuelle Orientierung zu stellen. Diese vielfältigen Verunsicherungen können unterschiedliche Reaktionen auslösen: Die Jungen verhalten sich nun so, wie sie sich »richtiges männliches« Verhalten vorstellen, das beispielsweise gekennzeichnet ist durch hohe Risikobereitschaft oder durch Prahlen mit sexuellen Erfahrungen. Andererseits gibt es auch Reaktionen, die in Rückzug und Isolation oder in selbstzerstörerischem Handeln münden (vgl. Dillig 2000: 111).

Das Thema sexualisierte Gewalt hängt bei den befragten Jugendlichen mit ihrer Positionierung als junge Männer in der Gesellschaft zusammen. Dieses Thema gewinnt nun in den Gewalterfahrungen konkrete Gestalt und ist immer weniger auf einer symbolischen und immer mehr auf einer ganz realen Ebene zu verorten. Die Körper der Jugendlichen rücken dabei in den Mittelpunkt, werden zum Austragungsort. Die Mittel und Ressourcen der Jugendlichen schwinden ebenso wie die Alternativen, sich anders gesellschaftlich zu positionieren.

Auf verschiedenen Ebenen beschäftigen sich die Jugendlichen mit dieser Situation. Eine Form der Verarbeitung davon ist, dass viele von ihnen in den Interviews über Homosexualität sprechen. Sie erleben eine Verunsicherung ihrer sexuellen Orientierung und den Drang, sich immer wieder als nicht-homosexuell beweisen zu müssen. Die Auseinandersetzung mit Homosexualität bedeutet zudem, dass sie sich direkt mit einer Positionierung unter Männern auseinander setzen. Das Thema dient auch als Projektionsfolie für Ängste, denen sie damit einen Namen geben können.

11 Zur Bedeutung von Homosexualität

Noch bis in die 60er Jahre hinein galt die psychiatrische Auffassung, Homosexualität sei den Perversionen zuzuordnen. Eingeführt wurde diese Definition von Krafft-Ebing und Schrenck-Notzing Ende des 19. Jahrhunderts. Als ein Zeichen für einen Diskurswechsel verabschiedet sich beispielsweise 1974 die Amerikanische Psychiatrische Vereinigung aus dieser Klassifizierung (vgl. Pollak 1986: 55). Connell (vgl. 2000: 238) sieht in der Homosexuellenbewegung den wichtigsten Angriff auf die hegemoniale Männlichkeit, konstatiert aber zugleich, dass in der bestehenden Geschlechterordnung Homosexualität immer noch eine untergeordnete Form der Männlichkeit darstellt. Das Thema Homosexualität ist Teil der Auseinandersetzung um Geschlechterpositionierung und reiht sich in die Geschlechterpolitik der hegemonialen Männlichkeit ein.

Einige Interviews weisen Auseinandersetzungen mit dem Thema Homosexualität auf, und an ihnen wird deutlich, welche Rolle es für die Geschlechtskonstruktionen und die -positionen spielen kann.[1] Wenn die Jugendlichen über das Thema Homosexualität sprechen, bezieht sich das weniger auf die Frage, ob sie sich zu Männern hingezogen fühlen oder nicht, sondern vielmehr benutzen sie das Label »homosexuell« um damit Erfahrungen zu bezeichnen, in deren Mittelpunkt die Konstitution von (geschlechtlichen) Machtverhältnissen steht. Als homosexuell bezeichnen sie die Männer, deren Opfer sexualisierter Gewalt sie wurden. Die Gewalt wird, wie im vorigen Kapitel ausgeführt, als körperlich-sexualisierte angedroht, ausgelebt und von den Jugendlichen gefürchtet; in ihren Erzählungen tritt sie oft mit Homosexualität gepaart auf. In der Rückwirkung dieser in Sexualität gehüllten Gewalt geht es den Jugendlichen dann aber doch wieder um die Frage der eigenen sexuellen Orientierung, der geschlechtlichen Identität. Auch hier hängt die Dynamik mit einer Einordnung in Machtkonstellationen zusammen. Daher widmet sich dieses Kapitel den Fragen, in welchen Kontexten die Jugendlichen sich mit Homosexualität beschäftigen, welche Bedeutungen sie ihr zukommen lassen und welche gesellschaftlichen Bedeutungszuweisungen sich darin widerspiegeln.

1 In anderen Interviews taucht Homosexualität überhaupt nicht auf, weder als Thema, noch als Schimpfwort. Wenn auch alltagssprachlich gerne genutzt, so wissen die Jugendlichen genau, dass es nicht sozial erwünscht ist, »schwul« als Schimpfwort zu benutzen, so dass sie es in den Interviews vermeiden.

11.1 Homosexualität und die Angst vor Vergewaltigung

Levent erzählt, dass er kurz nach seiner Ankunft in einem Kölner Heim untergebracht wird. Zunächst freut er sich noch, dass er in ein Umfeld mit anderen jungen Leuten kommt. Hier läuft das Leben allerdings nach anderen als den ihm bekannten Regeln ab und er berichtet, dass es eine für ihn sehr schwierige Zeit gewesen sei. In diesem Zusammenhang steht die folgende Geschichte:

> Levent: Wichser oder so, schlimme Wörter so der hat das und das das gesagt so (5), deswegen hab ich viel Ärger da bekommen. Ich hab da auch was erlebt, zwischen zwei Männern, ich war am Schlafen, ich steh auf so, zwei Mann die hatten geschlafen miteinander /((lacht))/, ich war schockiert, ich ich kenn, ich wusste noch nicht mal was schwul ist so (4), kann kann kenn ich nicht so was (5). Ich glaub auf einmal ich hab, boh ich hab Schock gekriegt, war hart da, ich hab drei Decken in Kopf so aufgekriegt (   ), wo bin ich, was ist los jetzt, wollten die jetzt mich auch vergewaltigen so, hab ich schlechte Gedanken, wir waren acht neun Mann so in einer Zell äh Zimmer so, (6), hatt ich viel Angst gehabt damals so. Nach eine Woche so dann (5), wo ich das gesehen habe, da hab ich direkt zu Heim- ähm diese äh so Leiter so, ge- bin ich dahingegangen, der konnte Kurdisch sprechen, hab ich mich mit dem Kurdisch unterhalten, hab ich dem erzählt was passiert ist, einer hat mir Knarre gezogen oder so, er hat gesagt ›ich bring dich um‹. (   ) Ich hab voll Angst gekriegt, was ist los (3) /((lacht))/, hab ich voll viel Angst bekommen, hab ich gesagt ›weißt du wo bin ich, wollen die mich umbringen /((lacht))/ oder vergewaltigen, was ist los?‹ Ich hab dem erzählt, der hat mich in eine Einzelzimmer getan, eine Einzelzimmer hat der mich reingetan, da nach einer Woche dann haben die mich nach Q. geschickt dann.

Für Levent ist diese Situation stark mit Angst belegt, die bis zur Todesangst reicht. In der Textpassage zeigt sich das auch daran, dass er an einigen Stellen so leise spricht, dass man ihn auf der Aufnahme nicht verstehen kann. Er ist in einem Zimmer mit acht anderen Jungs und fürchtet sich davor, von ihnen vergewaltigt zu werden, weil er bemerkt hat, wie zwei andere miteinander schlafen. Ob der andere die Waffe zieht, um Levent Angst einzujagen, damit er von dem Vorfall nichts erzählt, oder ob dies eine Bedrohung in einem anderen Kontext ist, bleibt unklar. Auch bleibt die Frage offen, ob es tatsächlich um eine Vergewaltigung geht (»wollen die mich *auch* vergewaltigen«). Diese Unklarheiten spiegeln die Uneindeutigkeit der Situation wider, in der sich Levent befindet und die sie noch bedrohlicher werden lässt.

Den Neuankömmling Levent - neu im Heim und neu im Land - bringt diese Szene in eine schwierige Lage: Noch bevor er mit den Regeln des Heims vertraut ist, erhält er zufälligerweise Einblick in die Subkultur, oder wie Goffman (1972) es nennt, in das »Unterleben der Institution«. Es ist ihm völlig unbekannt und er kann es noch nicht einschätzen. Hinzu kommt seine Sprachlosigkeit, die er im Zitat anspricht als er beschreibt, dass er sich nur mitteilen konnte, weil der Heimleiter kurdisch spricht.

Dass zwei Männer Sex haben, beschreibt Levent als für ihn neu und erschreckend - er war damals gerade 16 Jahre alt -, er kann sich kaum vorstellen, dass Sex zwischen Männern auf Freiwilligkeit basieren kann. Er koppelt die Themen Homosexualität (»die hatten miteinander geschlafen« und »ich wusste noch nicht mal was schwul ist so«) und Vergewaltigung (»wollten die jetzt mich auch vergewaltigen so« und »wollen die mich umbringen oder vergewaltigen«) direkt aneinander und differenziert dann auch nicht weiter. Seine größte Angst ist, dass sich die beiden durch eine Vergewaltigung an ihm dafür rächen könnten, dass er sie »erwischt« hat. Dies ist eine sehr direkte Bedrohung für ihn, da der Sex der beiden Männer in dem Zimmer stattfindet, in dem auch er schläft. Seine Angst ist, dass »es« bzw. »sie« ihn im Schlaf überwältigen könnten.

Vergewaltigung als *der* Inbegriff patriarchaler Herrschaft über Frauen wurde in den 70er Jahren zu einem Haupttopos des Feminismus.[2] Feministinnen wie Kate Millett (»Sexus und Herrschaft. Die Tyrannei des Mannes in unserer Gesellschaft«, 1971), Susan Brownmiller (»Against our Will«, 1975) oder Susan Griffin (»Rape: The Politic of Consciousness«, 1986) vertraten die These, dass Vergewaltigung nicht nur als vollzogener Akt sondern auch als ständig präsente Bedrohung die Hierarchie der Geschlechterverhältnisse aufrechterhält.[3]

2 Diese Diskussion fand vor dem Hintergrund einer gesellschaftlichen Debatte statt, die Vergewaltigung als Tat einzelner kranker Täter thematisierte oder als Reaktion auf sexuelle Provokation von Frauen oder als ein von Frauen hysterisch-überbewertetes Phänomen. Die Autorinnen führten der Öffentlichkeit Ausmaß und Funktionen sexualisierter Gewalt gegen Frauen als Akt der Herrschaft vor Augen (vgl. Zipfel 2001: 27).

3 So z.B. Kate Millett (1971: 54, 56): »So wie in anderen Ideologien (Rassismus und Kolonialismus sind hier analoge Fälle) wäre auch in einer patriarchalischen Gesellschaft die Kontrolle unvollständig, vielleicht sogar undurchführbar, wenn sie sich nicht auf Gewaltmaßnahmen stützen könnte, sei dies in Notfällen, sei es durch ständig wirksame Einschüchterungsinstrumente. (...) Die patriarchalische Gewalt hat eine spezielle Art körperlicher Gewaltanwendung, die besonders sexuell orientiert ist: die Vergewaltigung.«

In der Interviewpassage spiegelt sich die Angst Levents vor der (körperlichen) Macht des eigenen Geschlechts wider. Sie zeigt, dass die Bedrohung der Vergewaltigung bei ihm als Druckmittel wirken kann, was ihn in eine unterlegene Position, in Stress, Zugzwang oder in ein Verharren in Bewegungslosigkeit bringen kann.

Vergewaltigung als angstbesetztes Thema wird Männern meist weder zugestanden, noch wollen sie es sich selbst eingestehen. Auch deshalb bezieht der öffentliche Diskurs die Herrschaftsmechanismen der Vergewaltigung nur auf Frauen. Die drohende Vergewaltigung erzeugt für Levent in seinem Nahbereich Furcht, die Männer selten thematisieren - Vergewaltigung als Prinzip männlicher Dominanz wirkt auch innerhalb des gleichen Geschlechts. Allerdings ist die Angst vor Vergewaltigung bei Männern weitaus weniger den gesamten Alltag strukturierendes Prinzip als bei Frauen; sie ist eher an spezifische Situationen gekoppelt als an die Tatsache, Mann zu sein. Kriegs- und Nachkriegszeiten sind solche in den Verhältnissen sehr stark von Dominanz und Unterordnung geprägte Situationen, in denen es täglich zu Vergewaltigungen auch von Männern kommt. Neben der Situation kann auch der Physiognomie eine Rolle zukommen; Levent ist beispielsweise ein kleiner und zierlicher Mann. Eine Zeit lang beherrscht die Furcht vor der Vergewaltigung seinen gesamten Alltag und er zieht auf Grund dieser Angst konkrete Konsequenzen: Er spricht mit dem Heimleiter und wird in ein anderes Heim verlegt.

Besonders brisant ist das Thema Vergewaltigung von Männern in der Hinsicht, dass dem männlichen Opfer »anhaftet«, homosexuell zu sein, so dass es als Opfer kaum in Erscheinung treten kann. Damit wird - parallel zu dem an Frauen gerichteten Vorwurf der »sexuellen Provokation« durch »falsche« Kleidung - »Eigenverschulden« des männlichen Opfers angenommen.

11.2 Homosexualität und die biographische Erfahrung des sexualisierten Missbrauchs

In Rezas biographischen Erzählungen taucht Sexualität fast immer in Kombination mit Gewalt auf, was angesichts seiner Geschichte des sexualisierten Missbrauchs durch einen Verwandten der Familie über Jahre hinweg nicht verwundert. Die folgende Erzählung Rezas enthält Hinweise auf sein Verständnis von Sexualität, Homosexualität und sexualisierter Gewalt.

> Reza: Ja und irgendwann, so das war dann '98 war das, war man am Aachener Weiher, hat ein Freund von mir gesagt ›lass uns da mal hinfahren was Gras besorgen‹. Und ich kannte den Aachener Weiher nicht und da waren so nur so schwule

> Leute, so Homosexuelle.[4] Und ich hab damit schlechte Erfahrung so wegen meinem Onkel und hab auch ziemlich Hass auf die Leute, da drauf gehabt so. Und da waren wir da und dann hat der mein Freund von sich so in der Nähe Gras geholt und wir saßen und haben uns zwei Joints geraucht ja, und dann kamen so zwei Schw- so Homosexuelle an und meinten und haben mit mir so gesprochen und fanden mich auch so ziemlich nett und so. Haben wir miteinander gesprochen dann wollte der eine gehen, dann hat der eine mir aufs Hinterteil gehauen. Ja dann hab ich wohl irgendwie einen Kurzschluss bekommen und dann hab dem dann zweidreimal mit der Faust ins Gesicht gehauen. Ja und dann kamen die anderen Jungs schon, haben gesehen wat er gemacht hatte und dann sind die mit Stöcken auf ihn losgegangen. Ich wollte das eigentlich gar nicht, nur ich hab irgendwie aus Angst und den Gefühlen von damals reagiert so, weil keiner hat das mit mir erarbeitet oder so, ja und dann haben die den dann zusammengeschlagen und so. Und dann wusste ich auf jeden Fall, dass die Polizei jetzt auf jeden Fall kommt, und dann hab ich gar nicht großartig versucht wegzulaufen oder so, hab mich dahin gesetzt und hab gewartet bis die kommt, war zwar eine Stunde, aber hätte ich auch sonstwo sein können, aber ich hab gesagt ›ja gut okay‹, ja und dann bin ich auf die PG (Polizeigewahrsam, d. Verf.) in Waidmarkt gekommen.

Der Übergriff auf seine Person, den Reza hier beschreibt, löst bei ihm die Gefühle von »damals« aus, Erinnerungen an den Missbrauch. Reza beschreibt, wie er von seinen Freunden verteidigt wird, die mit Stöcken auf den Gegner losgehen; diese Reaktion erscheint unverhältnismäßig gemessen am »Delikt«, das darin besteht, ihn auf das Gesäß zu hauen. Reza erklärt - in psychologischem Jargon - dass er mit heftiger Gewalt reagiert habe, weil keiner mit ihm seine Missbrauchsgeschichte aufgearbeitet habe. Er kann auf Grund seiner erlittenen Vergewaltigungen Homosexualität nicht von sexualisierter Gewalt gegen Kinder trennen. Er kokettiert zwar leicht damit, dass ihn die Männer attraktiv fanden (»...und fanden mich auch so ziemlich nett und so haben wir miteinander gesprochen«), wehrt sich aber dagegen, dass das Interesse an seiner Person sich darin erschöpft, ihn zum Sexualobjekt zu machen.

---

4 Der Aachener Weiher ist ein Treffpunkt in Köln für homosexuelle Männer. Pollak (1986: 59) beschreibt solche Treffpunkte: »Bestimmte Orte sind für eine spezielle Kundschaft und für den sofortigen ›Vollzug‹ bekannt, dazu zählen die ›Leder‹-Bars, die meist über einen Raum (back-room) verfügen, in dem der Geschlechtsakt an Ort und Stelle stattfinden kann, sowie Saunas und öffentliche Grünanlagen.« Bei diesen Orten, so Pollack weiter, geht es um »Effizienz und Ökonomie« sowie um die »Maximierung des ›Ertrages‹«, also darum, dass von Vorneherein klar ist, dass der Ort zum Zweck des Geschlechtsverkehrs aufgesucht wird. Der Aachener Weiher ist - wie andere Parks auch - nur an bestimmten Stellen, nämlich den bewaldeten Randgebieten Treffpunkt für homosexuelle Männer, während andere BesucherInnen sich auf den gut einsehbaren Grünflächen des Parks aufhalten.

Wie andere im weitesten Sinne mit Sexualität verknüpfte Erzählungen Rezas, endet auch diese Szenerie schließlich mit Gewalt. Das Ereignis ist weder in seinen Akten erwähnt noch wurde es strafrechtlich verfolgt. Dies lässt darauf schließen, dass der Vorfall entweder als Bagatelle behandelt wurde oder in der Form nicht stattgefunden hat. Aber der »Wahrheitsgehalt« steht nicht zur Disposition, wichtig ist vielmehr, welche Funktion das Erzählen der Geschichte in Rezas Lebensgeschichte hat und warum er immer wieder Geschichten erzählt, die in Zusammenhang mit Homosexualität stehen. Für die durchgängige Auseinandersetzung Rezas mit Homosexualität gibt es mehrere Interpretationen: Die Begründung kann einerseits in seiner Missbrauchserfahrung liegen. Andererseits könnte sie aus weiteren Zwangslagen resultieren, in denen er sich später befindet: Einmal gibt er in einem Brief an einen Richter an, dass er sich prostituierte, um Geld für Drogen zu verdienen. Eine weitere Situation, in der Reza möglicherweise Sexualität unfreiwillig oder als Dienstleistung einsetzen musste, könnte im Gefängnis gewesen sein, wo Vergewaltigungen oder Sexualität als Ware unter den Gefangenen (und nicht nur zwischen diesen) durchaus üblich sind.

Die Erzählung über die Gewalt an Homosexuellen kann auch die Funktion haben, Männlichkeit zu verteidigen. Connell (vgl. 2000: 234) interpretiert das Verprügeln von Homosexuellen als Rache, die der Schlagende stellvertretend für die Gesellschaft an den »Verrätern« der Männlichkeit auslebt. Für Reza persönlich beinhalten die Erzählungen sicher noch mehr: Mit ihrer Hilfe kann er seine Erlebnisse, bei denen er von einem Mann gezwungen wurde und ihm ausgeliefert war, in der Phantasie in ihr Gegenteil wenden - er überwindet damit die Hilflosigkeit, er rächt sich und kann so seine Männlichkeit rekonstruieren und rehabilitieren. Falls es keine »erlebte« Geschichte hinter der Erzählung gibt, dann übernimmt diese Erzählung selbst die Funktion, ein von Brüchen und Erniedrigungen gekennzeichnetes Selbstbild durch erzählte Handlungen, in denen Reza entscheidet und in körperlicher Hinsicht als Sieger aus der Situation hervorgeht, wieder aufzurichten. Die Freunde, die um *ihn* zu verteidigen mit Stöcken auf den Mann losgehen, wären dann die Menschen, die in der Einsamkeit der tatsächlichen Demütigung gefehlt haben. Er nimmt damit eine Umdeutung seiner Missbrauchserfahrung vor, indem *er* seine Kraft gegen andere richtet und über Situationen entscheidet.

»Der Homosexuelle« ist der Stellvertreter für den Täter: Er ist die männliche Bedrohung, die Reza nur mit männlichen Mitteln des Kampfes besiegen kann. Er selbst beklagt, dass ihm andere Möglichkeiten, die Missbrauchssituation zu verarbeiten, verwehrt bleiben, da keiner mit ihm seine Geschichte aufarbeitet.

11.3 Der »Vorwurf« der Homosexualität als Entmännlichung

Am Thema Missbrauch und Homosexualität haftet immer auch die Frage nach der eigenen sexuellen Orientierung. Das Opfer erfährt Stigmatisierungen oder stellt sich vor, dass die anderen es nun als Mann in Frage stellen; gerade im jugendlichen Alter sind solche Zuschreibungen und Projektionen besonders virulent. Der (generalisierte) Andere entspricht der heterosexuellen Norm, und daran misst sich der Jugendliche. Jugendliche mit sexualisierten Gewalterfahrungen stellen sich oft die Frage, ob sie selber homosexuell sind oder nicht. Abdul erzählt im Interview, wie sein Bruder darauf reagiert hat, als der Missbrauch offen gelegt wurde:

> Abdul: Ja, hat das gesehen und mein klein Bruder hat das erzählt, ja und danach da sind immer so abgehauen und so, hat gesagt immer gedacht die rufen dem Schwule so, ist immer abgehauen und so, war immer Schlägerei gemacht, hat mal mit Messer gestochen und so, der ist nie zu Hause gekommen, nur Polizei hat ihm immer festgenommen zu Hause ist ein- eine Stunde geblieben, ist immer wieder abgehauen.

Sein Bruder versucht sich gegen das Stigma, homosexuell zu sein, zu wehren. Dazu greift er auch auf Gewalttätigkeiten wie Schlägereien und Messerstechereien zurück. Die Vergewaltigung macht seine eigene Sexualität zu einer »falschen«, er wertet den Missbrauch als Sexualität und nicht als Gewalt.

Ebenso will Abdul selbst, der ja bei dem Stiefvater wohnt, nicht in »Verdacht« geraten homosexuell zu sein. Im Interview macht er an vielen Stellen deutlich, dass er eine Freundin hat, die er auch gegen den Willen des Stiefvaters mit nach Hause bringt. Er rekonstruiert so ein traditionelles Männlichkeits- und Beziehungsmuster, in dem Heterosexualität einen wichtigen Teil des Konstruktes von »richtiger Männlichkeit« bildet. Eine der Hauptkomponenten hegemonialer Männlichkeit, das konstante sexuelle Interesse an Frauen (vgl. Lorber 1999: 114), erhält er dadurch aufrecht. Abdul möchte an dieser »richtigen« Männlichkeit partizipieren, will sich wenigstens hier auf der Seite der hegemonialen Männlichkeit wähnen. Und auch er sieht den Stiefvater als Homosexuellen:

> Abdul: Dann wenn er, wenn er so Freunde sieht er bei mir, so Deutsche oder so, ›freu dich noch mehr‹ oder so sät[5] er ›*Ausländer*freund‹ dann so ist immer ruhig und so, sät er ›so einen Freund so Deutscher, red ich immer mit dem‹ und unterhalt sich immer drei Stunde oder vier Stunde mit dem. (I: hm) Und

5 »Sät« ist kölsch für »sagt«.

so ich hab irgendwie so Freunde von mir haben das auch gemerkt so, die sagen ›der ist schwul und so wie der redet und so‹. (I: aha) Ja, Freunde von meinem Bruder auch, also ja und danach hab ich immer gesagt ›musst du aufpassen irgendwann kommt einer Verrückte, der haut dich weg‹, ja und er sagt ›ach egal, kann der *kommen*‹.
Interviewer: Dann hat er zugegeben...
Ab: Nee, hat er nicht zugegeben so, so auf die Art ›ich bin nicht schwul‹ aber ich kann, ich kann auch *wehren* und so. (I: hm) Ja so mit mir hat er noch nie versucht und so (I: hm), ich weiß nicht so eine Art von dem so so wie ich das merke, so auch so die Schwulen, so ab und zu geht er raus und so, der sagt gar nicht wo er hingeht und so, ja sagt sehen die paar Leute von mir so Freunde, so in Stadt so so so bei Schwulen da herkommen.
Interviewer: Aha, du hast ihn gesehen.
Ab: Nee ich hab ihn nicht gesehen, aber Freunde von mir.
I: Aha, Freunde.
Ab: Die erzählen mir das und so, ja, ich sag ihm das, sagt er ›nee, stimmt das nicht, ich war noch nicht da‹, ja wie gesagt (8).

Die Erzählung, der Stiefvater verhalte sich zu den deutschen Freunden Abduls besonders aufmerksam, lässt darauf schließen, dass er entweder an diesen mehr Interesse hat oder dass er die Gemeinsamkeit hervorheben will, dass sie alle »Ausländerfreunde« seien und daher im gleichen Boot sitzen würden, es scheint auf jeden Fall ein Thema zu sein, über das er mit den Freunden in Kontakt tritt. Abdul gibt dem Stiefvater den guten Rat, vorsichtiger zu sein, um nicht in die Hände von Homophoben zu geraten – der aber blockt das Thema ab, indem er angibt, ein »ganzer Kerl« zu sein, einer, der sich wehren kann.

Abdul möchte sich eigentlich im Interview diesem Mann gegenüber distanziert zeigen, allerdings ist ihm klar, dass der Interviewer weiß, dass er bei ihm lebt und von daher in permanentem Kontakt zu ihm steht. Abdul betont daher, nichts gesehen zu haben und dass dieser Stiefvater noch nie versucht habe, sich ihm zu nähern. Er will damit dem Verdacht vorbeugen, mit der Homosexualität und der Päderastie des Stiefvaters etwas zu tun zu haben. Das hängt auch damit zusammen, dass er weiß, dass er nur so seine eigene »Integrität« als Mann wahren kann.

Der ausgesprochene oder antizipierte »Vorwurf« der Homosexualität ist auch bei anderen Jugendlichen Thema. Muhammet erzählt von einem anderen Jugendlichen im Gefängnis:

Muhammet: So 'n Italiener, der hat der hat so- ich kann den verstehen weißt du, aber die die Leute verstehn den nich, die ham den immer so geärgert, erst ham die gelabert wie im Knast wie immer die sagen ›der is Arschficker und so der is schwul‹ und so, und dann der weint immer. Wie seine Freundin so die,

> die kann nich hier anrufen, die kann schon hier anrufen, aber die ham meistens keine Zeit für den weißt du, und der weint un so, in der Klasse hat bei Beamte geweint und so und so und die Leute ham den gesehen, die Jugendliche wie der weint, ›ah schaut ma den ma an, der weint und so das is doch nich normal‹ und so, und dann sind bei uns hier in Knast sagt man ›Zinker‹ so Petzen.

Nach Muhammets Erzählungen bezeichnen die anderen den Jugendlichen als »schwul«, weil dies der gewöhnliche Umgangston im Gefängnis ist und auch, weil sie sein Verhalten als unmännlich empfinden: Er weint aus verschiedenen Gründen, zu diversen Gelegenheiten und auch - was wohl als größtes Fehlverhalten gilt - in der Öffentlichkeit. Vielleicht ist sein Weinen auch eine Reaktion darauf, dass man ihn als »schwul« bezeichnet und er sich nicht dagegen wehren oder davon abgrenzen kann. Muhammet solidarisiert sich mit ihm, zumindest im Interview; er könne dessen Ängste und Probleme verstehen, was die anderen Insassen nicht könnten. Er lehnt es ab, den Jugendlichen auf Grund dessen - eigentlich »weiblichen« - Verhaltens als schwul zu bezeichnen und dabei gibt er gleichzeitig zu erkennen, dass für ihn die Bezeichnung »homosexuell« ein Etikett ist, das nicht leichtfertig vergeben werden darf, weil es sehr negativ konnotiert ist. Muhammets Erfahrung sexualisierter Gewalt, die im vorigen Kapitel ausführlich dargestellt wurde, legt zwar den Rückschluss nahe, dass für ihn Homosexualität vor allem deshalb so negativ besetzt ist, weil er sie eng mit seiner Erfahrung verbindet. Er schildert jedoch darüber hinaus in dem Zitat ein allgemeines Phänomen einer Haltung von anderen Gefängnisinsassen, die wohl am ehesten der Begriff der Homophobie abdeckt. Homophobie ist in allen Bevölkerungsschichten und Lebensstilgruppen weit verbreitet. Muhammet beschreibt das Verhalten der anderen einerseits als unfair, andererseits aber auch als homophob. Das drückt sich in besonderer »Männertümelei« aus, sie schafft und betont Abstand von sich zu den anderen und die eigenen Mittel werden als »männlichere« bewertet (vgl. Theweleit 1977: 78f).

Im Zitat Muhammets kommt zum Vorschein, dass in der Bezeichnung als Homosexueller eine der größten Formen von Ent-Männlichung stattfindet: Alle haben umgehend die negative Konnotation dieses Begriffs vor Augen; jemand, der als homosexuell bezeichnet wird, ist ein Außenseiter in der Zwangsgemeinschaft des Gefängnisses, der aus der Community der Männlichkeit ausgeschlossen wird. Muhammet erzählt aber noch, dass die anderen den betroffenen Jugendlichen als »Arschficker« bezeichnen; es könnte ein Hinweis darauf sein, dass der Ausschluss nicht total ist, sondern ihm eine gewisse aktive Rolle und damit Männlichkeit zugestanden wird. Tertilt macht eine solche Bedeutungsunterscheidung für seine »Turkish Power Boys« aus:

> »Was nach deutschem Verständnis eine homosexuelle Handlung darstellte, galt für Yussuf wie auch für die anderen Cliquenmitglieder als besonderer Ausdruck ihrer Männlichkeit. ›Schwul‹ war nur derjenige, der einem anderen unterlegen war und - um die Formulierung der Jugendlichen zu übernehmen - ›gefickt wurde‹. Das ›Geficktwerden‹ signalisiert schon sprachlich die passive Rolle, die der ›Schwule‹ in den Augen der Jugendlichen einnahm. Männlichkeit dagegen war mit der Dominanz des Penetrierens assoziiert und ein Synonym für Aktivität, für Überlegenheit, für ein ›Sich-anderer-Bedienen‹.« (Tertilt 1996: 195)

Was Tertilt als kulturspezifische, türkische Besonderheit beschreibt, schildert Theweleit in seinen »Männerphantasien« in der Haltung zur und Handhabung von Homosexualität in deutschen Kadettenanstalten als einen Bestandteil deutscher Geschichte:

> »Dass im aggressiven homosexuellen Akt ein Moment des ›Besiegens‹ liegen kann, ist aus der kulturspezifischen Wertung abzuleiten, nach der das ›passive‹ Erdulden des Analverkehrs als besonders erniedrigend gilt.« (Theweleit 1978: 367)

Das Verständnis der untersuchten Jugendlichen unterscheidet zumindest vordergründig nicht nach »aktiver« und »passiver« Rolle, die unterschiedlichen Beurteilungen unterliegt - »schwul« sein hält für sie per se als Schimpfwort her, unter das alle Formen des »unmännlichen« Verhaltens subsumiert werden.

> Reza: /((seufzt))/ Äh, ja der Hass war für mich so, ich hab gedacht, weil mein Onkel nicht mit Sport hat so, hab ich gedacht so, ja der ist schwul, ja alles klar, dann hab ich das auf die ganzen Schwulen übertragen und hab gesagt ›ja, die sind die sind dat doch die machen dat doch auch alles so‹ ja, und daraufhin hab ich so nen Hass gehabt so. Und immer wenn ich (5) so zwei Leute oder so mehrere gesehen hab, die sich küssen und so oder so, und, ja, ich hab immer Hass gehabt so war traurig aber auch richtig Hass gehabt auf die Leute auch auf meinen Onkel, und alte Erinnerungen immer wieder gekommen, was ich bis heute noch nicht verdrängt hab, so in Träumen kommt das jeden Abend, ja und dann hab ich richtig Hass bekommen auf die Leute, und dann als dat dann irgendwie als der mich angepackt hat irgendwie weiß ich nich, Erinnerungen zurückgekommen alles aufgewühlt noch mal (3). Eigentlich so hat ich nie was gegen die Menschen so, aber, einfach nur der Hass gewesen, aber jetzt sag ich das sind normale Menschen wie du wie du und ich, die können ja auch nichts dafür so, und ich bin ja auch selber wie ich gesagt hab mit paar Leuten von denen befreundet so, die sind eigentlich nettere Menschen /((lacht))/ als wir normalen Leute so, dat sind echt nette Leute. Man kann mit denen über alles reden, die haben genau wie wir Gefühle, auch wie Frauen so, lesbische Frauen, die ham genau dieselben Gefühle wie wir, die denken wie wir, gehen arbeiten, haben Arbeit, haben n Haus haben n Auto, haben alles wat äh wir als normale Menschen haben, nur eben der Hass als Kind so, was ich hatte bis jetzt so, bis

> so 97 ist geblieben, weil, weil ich das erstens nicht verdrängt hab und zweitens hab ich mir immer gedacht so, hoffentlich passiert das nicht noch mal oder, weil konnte auch nicht mehr passieren so weil ich zu alt dafür war, (4) aber, ich weiß nicht wie ich das erklären soll, der Hass, der Hass war einfach noch da.

Auf einer rationalen Ebene argumentiert Reza, dass er denkt, Homosexuelle seien die gleichen Menschen wie Heterosexuelle; er versucht sie dadurch einzuschließen, schließt sie zugleich aber in zweierlei Hinsicht aus: Zum einen durch die übertriebene Betonung, wie gleich sie seien, zum anderen dadurch, dass er von »wir«, den Heterosexuellen und damit implizit von den anderen, nämlich den Homosexuellen spricht. Letztere seien nicht so wie »wir normale Leute«. Seine Auseinandersetzung mit dem Thema Homosexualität hat ebenso wie die von Muhammet den Hintergrund, dass er für sich entscheiden musste, ob seine Erfahrung des sexualisierten Missbrauchs dazu beigetragen haben könnte, dass er homosexuell ist, oder umgekehrt, seine Homosexualität dazu beigetragen haben könnte, dass er vergewaltigt wurde. Als persönliches Thema zieht sich die Frage nach Homosexualität über viele Passagen durch das Interview; er benutzt das Wort nicht im Sinne eines Schimpfwortes, sondern immer als Plattform, über seinen Missbrauch und seine Rolle als Mann nachzudenken. Ganz vorsichtig solidarisiert er sich mit Homosexuellen (»...die können ja auch nichts dafür so, und ich bin ja auch selber wie ich gesagt hab mit paar Leuten von denen befreundet so...«), aber distanziert sich deutlich und mehrmals indem er sich der Gruppe »wir normale Menschen« zuordnet.

Die Beschäftigung mit Homosexualität in den Interviews der Jugendlichen zeigt, dass sie sich durchgängig davon abgrenzen möchten und darauf bedacht sind, nicht damit etikettiert zu werden. Das können sie auf noch anderen Wegen tun - indem sie sich als klar heterosexuell entwerfen. Manifest wird das in den Interviews, wenn sie von Mädchen bzw. Frauen und den (Liebes-)Beziehungen zu ihnen erzählen. Deutlich zeigt sich, wie stark Heterosexualität mit »normaler Männlichkeit« konnotiert ist. Dass die Jugendlichen in den Interviews häufig über Mädchen und Frauen erzählen hängt aber nicht nur mit dem Versuch einer Konstruktion nicht-homosexueller und »richtiger« Männlichkeit zusammen. Die Beschäftigung mit dem anderen Geschlecht ist auch mit der konkreten Lebenssituation der Jugendlichen verbunden. Manche hatten vor der Inhaftierung eine Freundin, manche versuchen die Liebesbeziehung trotz Gefängnis aufrecht zu erhalten, verbinden Zukunftsperspektiven mit einer Beziehung. Auch wenn oder gerade weil sie in der Haft diese Beziehungen nicht in der Begegnung ausleben können, so ist das Thema für sie doch sehr nah und beschäftigt sie daher auch in den Interviews.

12 Beziehungen zu Mädchen und Frauen

In unterschiedlichen Zusammenhängen erzählen die Jugendlichen über ihre Beziehungen zu Mädchen. Neben Freundschaften aus der Schule oder der Clique tauchen sie vor allem in Erzählungen über Liebe oder Sexualität auf. Für die Konstruktion der Männlichkeit der Jugendlichen müssten diese Erzählungen ein ergiebiges Analysefeld darstellen: Die Geschlechterforschung verweist darauf, dass Männer Dominanz herstellen, indem sie Frauen als *Geschlecht* definieren und ihnen spezifische Eigenschaften zuweisen, die von der »Norm«, dem Männlichen, abweichen. Um Überlegenheit zu konstituieren, muss diese Konstruktion von Differenz eine Abwertung der Frauen sowie der als weiblich definierten Eigenschaften beinhalten. In den biographischen Erzählungen der Jugendlichen über Mädchen und Beziehungen werden solche Konstruktionen, aber auch viele weitere Themenfelder und Funktionen sichtbar.

12.1 Mädchen als Statussymbol

> Iwan: Ich hab angefangen zu Disco und in Disco immer Schlägereien oder du willst Mädchen klar machen und andere kommt und der nimmt dir weg, dann machst du auch wieder Schlägereien. Und wenn ich besoffen bin, dann ist für mich alles egal ob das Mädchen oder Junge war, ich schlage und immer ich war bei der Polizei wegen Schlägereien.

In der von Iwan beschriebenen Situation steht weder ein emotionales noch ein sexuelles Interesse an einem Mädchen im Vordergrund. In der Disco, im öffentlichen Raum, ist es ihm bloß wichtig, dieses oder jenes Mädchen »klar zu machen«, um damit einen Vorsprung zu haben, einem anderen zuvor zu kommen. Mädchen sind in solchen Situationen Trophäen, die Iwans männlichen Selbstwert aufbessern. Wenn andere Männer sich mit dem gleichen Ziel auf dasselbe Mädchen konzentrieren, so heißt das für Iwan, dass er sich mit Gewalt gegen die Konkurrenten durchsetzen muss: Unter allen Männern wäre er dann der Beste - das würde die Konkurrenz ebenso wie die Eroberte registrieren. Erobern um Männlichkeit herzustellen steht im Mittelpunkt, Frauen erscheinen in diesem Zusammenhang passiv und willenlos; sie sind bloßes Objekt. Dieses Prinzip beschreibt auch Engin in seinem Freundeskreis:

Interviewer: In eurer Gruppe waren nur Türken?
Engin: Naja Türken, also nur paar wenig Marokkaner, zwei drei Stück bei uns, nur Türken und (4) alles durcheinander. *Einer jeder hat andere Einstellung*, einer ist faul, einer ist Drogenfreak, der andere ist am Arbeiten, viel, alle durcheinander und jeder hat andere Einstellung, einer ist hinter Geld her, einer geht klauen, einer geht Leute schlagen, so und so, einer geht Mädchen anmachen (3), wie Macho also Mädchen anmachen (8).
Einerseits kann die Eroberung von Mädchen eine Aufgabe sein, ein richtiger »Job« sowie ein Charakteristikum, durch das sich ein Mann auszeichnen kann. Der Freund kann als »Macho« agieren, dies ist seine Rolle, die er in dem Freundeskreis spielt; die anderen erkennen dies an. Andererseits zeigt das Zitat, dass »Mädchen anmachen« nicht die Hauptbeschäftigung des größten Teils der Gruppe ist, die Möglichkeiten der Lebensgestaltung sind vielfältiger - Mädchen anmachen ist nur eine unter vielen möglichen Beschäftigungen. Außerdem suggeriert Engin, dass in diesem Freundeskreis nicht unbedingt Zeichen gesetzt werden müssen, besser als andere zu sein; der Freundeskreis sei tolerant und jeder könne tun, was er wolle.
Reza: Ja also von meinen Freunden so her, so alle so Leute so cool sein, so Möchtegern-Gangster. So wie hier der Schwarze, der erschossen wurde, der U., Vorbild gehabt und so und wollten einfach nur cool sein und vor den Mädchen sich beweisen.

Reza erklärt, dass es auch Sinn macht, sich in kriminelle Aktivitäten zu verwickeln, um Mädchen zu imponieren. Sie spielen eine passive Rolle, sind die Zuschauerinnen, deren Reaktionen bestenfalls ein Gradmesser dafür ist, was cool ist und was nicht und welches Ansehen der junge Mann genießt. Die eigentliche Rangelei um die Rangfolge findet unter den Jungen statt, daran können Mädchen nicht teilhaben.

12.2 Wie weit darf Mann gehen? – Gewalt gegen Frauen

Reza erzählt in seinem Interview an mehreren Stellen von körperlichen Übergriffen, die er entweder erlebt oder verübt hat.

Reza: ...((grinsend))/und dann hab ich eine Lehrerin gehabt die war ziemlich hübsch und die hat immer Miniröcke angehabt und so und ja dann sind wir mal an der vorbeigelaufen ich hab gepfiffen, die hat mich angelacht ja und dann hab ich mir irgendwie wat dabei eingebildet und so. Und am nächsten Tag ist dat, haben wir auch noch einen geraucht und dann ist die vorbeigekommen, hab ich die angepfiffen und dann hat die wieder zurückgelacht, hab ihr dann auf den Hinterteil gehauen und hab den Minirock hochgezogen und hab gesagt ›Sie haben aber einen schönen Hinterteil so‹. Dann wurde ich wegen, äh wie

> heißt dat, sexueller Nötigung von der Schule geworfen. Ja ich fand das eigentlich so eigentlich so schlimm auch nicht, ich fand zum Lachen so, weil ich hätte ja nicht damit gerechnet so, dass das so krass abgeht, von der Schule runter werfen und dies und das/, ja und dann hab ich keine Schule mehr gemacht ja.

Rezas Erzählungen sind voll von Berichten über sexualisierte Erfahrungen. Da, wo er darüber redet, tritt er in verschiedenen Rollen auf, mal als Opfer des Missbrauchs, mal erzählt er detailliert über seine Handlungen sexueller Belästigung gegenüber Frauen. Die körperlichen Grenzen von Frauen kann er nicht einschätzen und sie daher nicht einhalten. Interessant ist der Kontext, in den Reza die Erzählungen einbindet: In fast all seinen Erzählungen taucht Sexualität mit Gewalt gepaart auf; in diesem Fall schätzt er die Gewalt gegen die Lehrerin gar nicht als solche ein. Weiterhin sind mit den Themen Sexualität und Gewalt Brüche in seinem Leben verbunden - das Ereignis wird Auslöser für den Schulabbruch bzw. für seinen Rausschmiss. Rezas Grenzüberschreitungen richten sich aber nicht nur gegen Frauen, sondern auch gegen Männer, wie sich im vorigen Kapitel zeigte, als er davon erzählt, dass er einen homosexuellen Mann schlug. Seine Erzählungen und seine Ausdrucksweise über Mädchen veranlassen den männlichen Interviewer schließlich zu folgender Frage:

> Interviewer: Willst du Mädchen anfassen und so?
> Reza: /((klopfendes Geräusch, diesmal wie Bestätigung))/ Ja auf Hinterteil hauen oder so in ner Disco oder so. Und äh einer von denen aus Chorweiler, ich komm jetzt nicht mehr auf den Namen, wurd jetzt verurteilt zu 8 Jahren Haft, sitzt jetzt in Neu-Aachen wegen sexuelle Ta- sexueller Nötigung und schwerer Vergewaltigung, hat ne 16jäh- der ist selber jetzt 23, hat n Mädchen aus Chorweiler vergewaltigt, Tina heißt die, ja ist jetzt verurteilt worden ((nuschelnd)) /als ich das gehört habe hab ich einen kleinen Schock bekommen, so wat dat soll un so/, ja und seitdem hab ich mir gesagt ›was willste mit so Leuten, die so was machen, haste ja selber nix mit zu tun und so.‹ Hab ich gesagt ›*das sind doch keine Freunde*‹.

Reza gibt sich als einer heterosexuellen Männergruppe zugehörig zu erkennen, die körperliche Belästigungen von Mädchen in ihrem Repertoire haben. Ein solches Verhalten gilt nicht nur dem Mädchen:

> »Das Auftreten des Jungen, der dem Mädchen an den Po grapscht, rückt so, neben der unmittelbaren Erniedrigung des Mädchens auch unter dem Aspekt ins Blickfeld, dass er sich gegenüber den anderen zu profilieren versucht« (Krabel/ Schädler 2001: 36).

Reza definiert sich zwar als Teil der männlichen Gruppe, aber nicht um jeden Preis - alle ihre Regeln spielt er nicht mit. Für ihn selbst liegt die Verbindung von der Tatsache, dass er Mädchen »aufs Hinterteil hauen« will zu der Frage der Vergewaltigung nah. Dieser körperliche Angriff ist also für ihn kein »Kavaliersdelikt«, dennoch relativiert er dieses »kleine« Vergehen dadurch, dass er es neben eine Vergewaltigung stellt. Er verurteilt die Vergewaltigung, was ihn dann auch dazu veranlasst, sich von diesen Freunden zu distanzieren.

Rezas Motivation Mädchen »anzufassen«, den anderen und sich selbst dadurch seine Männlichkeit zu beweisen, mag auch mit seiner Erfahrung zusammenhängen, dass er vier Jahre lang von einem Bekannten missbraucht wurde, der bei der Familie lebte. Die Verwirrung über die eigene sexuelle Orientierung und das Wissen um Heterosexualität als gesellschaftliche Orientierungsnorm führt bei ihm auch dazu, übertriebene Formen der Männlichkeit zu erproben, Grenzen zu überschreiten.[1] Auch das Ansprechen erster sexueller Erfahrungen oder »nebenbei« eingestreute Geschichten über sexuelle Abenteuer bzw. die Attraktivität von Mädchen beinhalten sowohl die Aufwertung der eigenen Männlichkeit als auch eine Abgrenzung von Homosexualität. Gerade in der Zeit der Inhaftierung, in der keine heterosexuellen Kontakte möglich sind, wird es besonders notwendig, sich von Homosexualität abzugrenzen.

12.3 Verhinderte Beziehungen auf Grund des Merkmals »Ausländer«

Die Beziehungen der Jugendlichen sind auf Grund ihres Alters oft noch von den Eltern dominiert. Was das für diese Jugendlichen auch bedeuten kann, erzählen Reza und Levent:

> Levent: In Heim hatte ich keine Beziehung gehabt, nee von draußen so da hatte ich kennen gelernt. Einmal hab ich- *die erste Freundin ja war deutsche Freundin* (4) ja und wegen seine Mutter sind wir auseinander gegangen, die mochte keine Ausländer so. Hat die gesagt ›meine Mutter will nich‹ und so hab ich gesagt ›okay wenn die nich will eigentlich das hat mit uns nix zu tun was deine Mutter will oder nich, ich will doch nich mit deine blöde Mutter zusammen sein‹ /((lacht))/ hab ich gesagt, okay nachher wir warn auch jung so so 14, 16 ((leise)) /wenn das nich geht kein Problem./

Die Mutter der Freundin verbietet ihrer Tochter den Umgang mit Levent weder auf Grund des Alters noch einer persönlichen Ablehnung gegen Levent - der Migrationshintergrund reicht wohl aus, dass er ein schlechter Umgang für die Tochter ist. Levent selbst schwächt die Bedeutung dieses Vorfalls ab:

1 Vgl. Kap.11.2

Die Sache sei lange her und er sei noch jung gewesen. Die Interviewerin soll nicht denken, dass ihm das heute noch passieren würde oder dass es ihm noch etwas ausmache. Damit spielt er auch seine Betroffenheit von dieser rassistischen Argumentation herunter. Selbst wenn die Mutter nur herhalten musste, weil die Freundin Levent loswerden wollte, so kommt Levent gegen die Argumentation nicht an und muss sich damit abfinden.

> Reza: Elternmäßig hatten auch nichts gegen mich, so dass ich Ausländer bin und so, dann habe ich auch zum ersten Mal gemerkt so ein Mädchen, die Eltern so die haben nichts dagegen dass ich Ausländer bin, weil davor die drei vier Freundinnen die ich hatte, die Eltern so ›nee dat ist ein Ausländer, der kommt bei uns nicht ins Haus‹ ja und ich war so richtig froh jemanden gefunden zu haben, so ein Mädchen das so denkt wie ich, das auch soviel wie ich auch zu mir hält egal was ist, ob ich jetzt Ausländer bin ob ich Deutscher bin oder was auch immer. Ja und dann haben wir zusammen gelebt und so unsere eigene Welt gehabt.

Auch Reza erzählt, dass die Eltern seiner früheren Freundinnen die Beziehung verboten hätten, weil er Ausländer sei. Die Eltern haben oft die Kinder in diesem Alter noch unter Kontrolle und üben starken Einfluss aus. Reza findet es deshalb auch besonders erwähnenswert, dass die Eltern seiner letzten Freundin nichts gegen ihn einzuwenden hatten und auch die Freundin selbst dem Migrationshintergrund keine weitere Bedeutung zukommen lässt.

Starre Kategorisierungen kommen bei der Paarbildung immer noch und auch im städtischen Kontext zum Tragen. Was früher der »Stand«, die Klasse oder vielleicht auch die Konfession war, ist hier abgelöst vom Migrationshintergrund, vor allem wenn dieser südlich und arabisch ist. Die Kategorie Ethnizität als Ungleichheitsfaktor überlagert zumindest als Argument andere Kategorien.

12.4 Der souveräne und rationale Mann

Hüseyin präsentiert sich im Interview in bezug auf seine Freundin als derjenige, der sein Leben im Griff hat und der für sie mitdenkt. Er möchte von sich ein souveränes Bild abgeben: Er verschweigt seine Familie im Flüchtlingsheim, was einen hohen Koordinationsaufwand bedeutet, damit die Lüge nicht ans Licht kommt. Er tut dies, weil er sich für die Verhältnisse, unter denen er im Heim lebt, schämt; die Bedingungen passen verständlicherweise nicht zu seinem jugendlichen Selbstbild, und damit lässt sich auch nicht an hegemonialer Männlichkeit partizipieren.[2] Er besorgt Geld, um mit seiner Freundin

2 Vgl. Kap. 9.4.

das Wochenende zu verbringen, auszugehen. Durch einen richtigen Coup, bei dem er einen Geldautomaten überfällt, versucht er, seine finanziellen Probleme zu lösen und zugleich beim Lebensstil der Freunde und seiner Freundin mithalten zu können. Und selbst als er verhaftet wird, zeigt er sich vor seiner Freundin noch als starker Mann:

> Interviewerin: Und da war Ihre Freundin dabei, haben Sie erzählt.
> Hüseyin: Ich hab der gesagt ›kannste mich vergessen‹ ((schmunzelnd)) /ja was soll ich machen sag ich ›geh nach Hause und vergess mich erstmal‹./
> I: Und was hat sie gemacht?
> H: *Ja was soll sie machen*, weinen und so was (3). Die hat n Brief geschrieben so, ich hab auch so paar Mal zurückgeschrieben, danach hab ich nich mehr geschrieben so.
> I: Wollten Sie nicht mehr schreiben oder...?
> H: Ja, sie *soll* nich auf mich warten. Warum soll die auf mich warten? Ich bin seit einem Jahr drinne, soll die nich auf mich warten und ich hab geschrieben ›such dir einen andern‹ (5).

Er versucht auch noch bei seiner Verhaftung, einer Situation absoluter Unterlegenheit, sein Gesicht zu wahren. Wie er erzählt, denkt er dabei nicht zuerst an sein eigenes Wohlergehen, sondern an das der Freundin: Statt auf ihn zu warten, soll sie ihr Leben leben, sich umorientieren. Er präsentiert sich damit als jemand, der seinen Mann steht, um seine Fehler weiß und sie alleine auszubaden hat - er braucht keine Frau als Rückhalt, die auf ihn wartet. Dass diese Situation, in der er auf sich gestellt ist, ihn ängstigen könnte, thematisiert er nicht, sondern demonstriert Härte zu sich selbst. Auch die Probleme, die er in den ersten Monaten der Haftzeit hatte, benennt er nicht; davon will er seine Freundin fern halten. Dennoch hegt er insgeheim den Wunsch, dass sie noch für ihn da ist wenn er frei gelassen wird:

> Interviewerin: Was machen Sie denn zuerst wenn Sie rauskommen?
> Hüseyin: Zuerst, ((schmunzelnd)) /richtig feiern chh/ ja. (I: hm) Ich hab jetzt *neunhundert Mark im im Sparkonto* (3), vorher hat ich zwanzig. Vielleicht ruf ich die Ex an.

Er schützt sich allerdings hier schon vor einer Enttäuschung, indem er »vielleicht« sagt, es als Option formuliert, die Freundin zu kontaktieren - es könnte ja sein, dass sie kein Interesse mehr an ihm zeigt, weil sie seinen Ratschlag tatsächlich befolgt und einen anderen Freund hat.

12.5 Mann muss Frauen helfen

Ömür verschweigt im Interview nicht, dass er Wehrlose angegriffen hat, obwohl das ihn in Konflikte mit seiner Selbstpräsentation bringt. Daher bemüht er sich besonders, es auszugleichen, indem er immer wieder darauf hinweist, dass er ein sehr hilfsbereiter Mensch ist. Dazu gehört, dass er als Mann als Beschützer von Frauen auftritt, z.B. wenn er davon erzählt, wie er die Mutter gegen die Angriffe des Vaters verteidigt. Weiterhin trainiert er mit Frauen, denen er Kampfsporttechniken zur Selbstverteidigung beibringt. Sowohl Angriff als auch Abwehr sind in Ömürs Erzählungen immer physische Prozesse, was sich vor dem Hintergrund seiner Erfahrungen verstehen lässt.

> Ömür: Und deshalb deshalb werd ich mit meiner Gewalt draußen nichts mehr machen, ich trainiere nur noch um mir einen Gefallen zu tun, ich werd vielleicht meinen Dan meinen deutschen Dan im Kung Fu machen weiter und mach da wieder halt so ne eh Frauenschule auf wo nur Frauen machen dürfen, hat bis jetzt ganz gut geklappt
> Interviewerin: Warum....?
> Ö: Bitte?
> I: Nur Frauen?
> Ö: Nur Frauen.
> I: Gibt's da nen Grund für?
> Ö: Ja weil ich, weil ich will, ich wie gesagt, ich hasse Leute die Frauen vergewaltigen oder Frauen schlagen und sowas, will ich verhindern dadurch dass die Frauen sich also-, ich weiß ich kann zwar zwei Frauen trainieren, aber es werden schon wieder fünf sechs Frauen zerschlagen von ihren Männern oder von anderen Leuten. (I: hm) Aber ich *versuche* wenigstens was zu machen.

Seine Entscheidung, *Frauen* zu trainieren begründet Ömür damit, dass sie schwach seien und leicht der männlichen Gewalt zum Opfer fielen; davor möchte er sie mit dem Training schützen. Indem er Gewalt gegen Frauen als schlimmstes Verbrechen thematisiert, geraten seine Gewalttätigkeiten, die er vorrangig gegen Männer richtete, in den Hintergrund. Außerdem steht er mit Frauen nicht in Konkurrenz, das Trainieren von Männern könnte einen solchen Aspekt aber beinhalten. Die eigenen Gewalterfahrungen kann er, indem das Opfer-Sein der Frau vorbehalten ist, verdrängen. Der Frau als »schwachem Geschlecht« gesteht er Schwäche zu, die ihm als Mann nicht unterlaufen darf.

In diesem Prozess entwirft Ömür sich als Mann: Er spaltet »negative« geschlechtliche Anteile, die sich in Form des »schwachen Opfers« zeigen, von sich ab. Seine eigene Erfahrung als Opfer überträgt er auf die Frauen, das andere Geschlecht: Übergriffe gegen sie machen ihn wütend und daraus schöpft er sein Engagement. Auch die Erfahrung seiner Mutter, der Gewalt des Vaters schutzlos ausgeliefert zu sein, kann seine Motivation begründen. Das ermöglicht es ihm, sich und seinen Körper vom Opferdiskurs fernzuhalten, aber das Thema dennoch zu bearbeiten. Indem er Frauen trainiert tut er sogar noch mehr, denn damit kann er die »positiven« geschlechtlichen Anteile des Mannes, nämlich das »starke Geschlecht« zu sein, ohne das in Gewalt gegen Frauen zu verkehren, verstärken.

Sein eigener Körper steht in anderen Lebensbereichen im Vordergrund - er setzt ihn bei seinen Taten ein und Sport, vor allem Kampfsport spielt eine herausragende Rolle in seinem Leben. In diesem Bereich überzeichnet er dann das männliche Attribut des starken Mannes, kreiert einen männlich harten Körper, den er züchtigt und trainiert, und zwar zu dem Zweck, Zeichen zu setzen und gefeit zu sein gegen Übergriffe - also ein richtiger Mann zu sein.

12.6 Die gleichberechtigte Beziehung – der gefühlvolle und moderne Mann

In der Beziehung zu seiner Freundin zeigt Adnan sich mehr als die meisten anderen Interviewten von seiner emotionalen Seite. Er spricht z.B. wie folgt von seiner Freundin:

> Adnan: Meine Freundin die Süße, das ist eine ganz liebe Person, wirklich ein Engel[3] ist das, ihr fehlen nur ein paar Flügel, dann wär's perfekt. (...) Und so dann wir sind mal nach L. spazieren gegangen, am Rhein spazieren gegangen (I: hm), verliebte Turteltäubchen immer irgendwo am Sitzen und in den Armen liegen, ja und dat fehlt hier ne. (I: hm). Na, bald nehm ich 'n Beamten in meine Arme /((lacht))/, so weit ist et schon /((lacht))/, ja is so bald 'n Grünen in meine Arme /((lacht))/, ja ist so ist so. Ja was soll denn über die noch erzählen, die ist einfach 'ne Liebe (I: hm), eine ganz liebe Person.

Die Zeit, in der Adnan mit seiner Freundin zusammenlebt, beschreibt er als glücklich und harmonisch. Die Freundin hat einen Sohn, der dazu gehört:

> Adnan: Ich hab jetzt draußen bei der gewohnt, lief gut, wir hatten ein Kind. Ich hab es als mein Kind akzeptiert, wir waren die größten Freunde, ne, dicksten Freunde mit dem Piko. War immer schön, wenn der mich morgens wekken, bong bong, ne ich gehauen und /((lacht))/. Der Kleine war gut, na jetzt weiß ich nicht, ob ich wieder dahin kann. Ja, das ist ne ganz liebe Frau.

Adnan macht im Interview keinen Hehl daraus, dass er unter der Trennung leidet. In seinen Erzählungen über das Zusammenleben mit seiner Freundin,

3 Das Wort »Engel« benutzt er auch für seine Mutter.

die ein Kind hat, zeigen sich postmoderne Bilder von Männlichkeit und Beziehungen: Die Patchwork-Familie erlebt er als Normalität, das Kind, auch wenn es nicht das eigene ist, empfindet er als Bereicherung. Er bewundert auch, dass seine Freundin ihr Leben mit Kind bisher allein gemeistert hat. Werte wie ein freundschaftliches Verhältnis oder eine gleichberechtigte Beziehung sind ihm wichtig.

Zugleich wird in Adnans Erzählung über das Beziehungsleben ein stark konstruktiver Charakter deutlich: Er idealisiert die Zeit mit seiner Freundin, Probleme tauchen überhaupt nicht auf. In dem Zusammenleben mit Frau und Kind nähert er sich einer männlichen Normalität an, die er bisher nicht kennt. Frau und Kind ergeben eine Berechtigung für die Definition von »vollständiger« Männlichkeit. Er versucht, sich diese bestmöglich anzueignen, weil er weiß, dass sie vielleicht nur von kurzer Dauer ist. Denn es gibt einen Haken in dieser Zeit: Adnan kann nur deshalb mit der Freundin zusammenleben, weil er sich nach dem Abbruch seiner Drogentherapie nicht wieder umgehend in Haft begeben hat, was er hätte eigentlich tun müssen. Es ist also klar, dass dieses Leben in der Illegalität nur so lange funktioniert, bis er entdeckt wird.

> Adnan: Ich hab meinen Richter jetzt gebeten, ich sag: ›Ich hab Familie‹. Ich sag: ›Tun Sie mir das nicht an, geschlossenen Vollzug‹.

Er argumentiert vor dem Richter damit, dass er Familienvater sei. Er weiß um den hohen gesellschaftlichen Stellenwert der Familie und hofft damit den Richter zu bewegen, ihn in Freiheit zu lassen. Er betont, dass er nun einen Weg in die Normalität eingeschlagen hat, sich diesen selbst als Weg aus Kriminalität und Drogenabhängigkeit gesucht und sich damit selbst therapiert habe. Der Richter lässt das Argument allerdings nicht gelten und Adnan sieht sich seiner Annäherung an anerkannte Männlichkeit, die er versucht hat, durch das Familienleben herzustellen, beraubt.

Wenn er von dem Leben mit der Freundin erzählt, scheint immer noch durch, dass für ihn dieses »normale« Leben, das er mit seiner Freundin erlebt, etwas ganz Besonderes ist:

> Adnan: Und diesmal war das keine Szene oder so, das war die Realität, es waren halt alles Leute die sind arbeiten gegangen, haben Familien gehabt, die haben mich aufgenommen, akzeptiert. (I: hm) Jetzt hab ich mit meiner Freundin natürlich der ihre Freundin meine Frau hat, war nie mit äh Drogen oder (I: hm) mit kriminellen Sachen was zu tun gehabt (I: hm), so jetzt haben mich auch die Freunde von meiner Freundin akzeptiert.

Adnan bewegt sich zum ersten Mal in einem Umfeld, wo sein Migrationshintergrund und seine Vergangenheit nur eine untergeordnete Rolle spielen. Der Zwang, sich ständig definieren zu müssen, fällt weg, das Milieu ist ein völlig anderes als in Köln, seine Umgebung schätzt ihn auf Grund seiner Person und weil er der Partner seiner Freundin ist. Er kann sich zum ersten Mal von der Festlegung auf »ethnische Merkmale« frei machen. Die Rollen, die er hat, reichen aus, und sie sind unabhängig von der Herkunft - er ist nun Freund, Vater und Mitspieler im Fußballverein.

Adnan zeigt kein Interesse daran, sich im Verhältnis zu seiner Freundin als starken Macher darzustellen; er hat nicht das Bedürfnis, gegen Frauen zu kämpfen. Für seine eigene Positionierung ist ihm seine Freundin hilfreich, er sucht sich einen Platz in ihrem Leben. Adnan könnte, selbst wenn er wollte, keine traditionelle Rollenübernahme als Familienernährer leisten: Er lebt in der Illegalität, ist vom offiziellen Arbeitsmarkt exkludiert. Die Eigenständigkeit der Freundin kann und muss Adnan als Chance begreifen: Sie ermöglicht ihr Zusammenleben und verhilft ihm dazu, anerkannte Positionierungen als Mann auszuprobieren.

12.7 Beziehungen und Familiengründung: Vater-Sein

Murat ist als unbegleiteter minderjähriger kurdischer Flüchtling aus der Türkei in die Bundesrepublik gekommen und hat hier bis zu seinem 16. Lebensjahr gelebt, bis ihm die Ausländerbehörde die »freiwillige Ausreise« mit der Begründung nahe legt, sein Asylantrag habe kaum Aussicht auf Anerkennung. Er kehrt in die Türkei zurück und hält sich dort illegal auf. In Antalya lernt er seine Freundin kennen; sie ist Deutsche. Als er erfährt, dass sie schwanger ist, fasst er folgenden Entschluss:

> Murat: Deswegen habe ich gesagt ›ja wenn sie schwanger ist, wenn ich da bin wenn sie in Deutschland ist ja ich hab Kind von die.‹ Entweder muss ich dahin oder die muss her, weil die hat Ausbildung vor sich gehabt. Dann habe ich gesagt: ›Ja ich habe jetzt keine Ausbildung gar nichts. Ich kann dahin kommen Baby aufpassen. Ja wenn ich keine Arbeit hab im Moment wenn du mit deiner Ausbildung fertig bist, dann kann ich auf unsere Tochter aufpassen.‹ Deswegen bin ich gekommen. Könnte ich auch woanders hingehen, woanders in Stadt oder woanders Land. Deswegen bin ich wieder hier hingekommen wegen meine Frau und Kind.

Murat zeigt in diesem Zitat einen praktischen Umgang mit dem Thema Arbeitsteilung. Da ihm die berufliche Perspektive fehlt, kann er es sich durchaus vorstellen, auf das gemeinsame Kind aufzupassen, damit seine Freundin ihre Ausbildung absolvieren kann. Seine Freundin ist ihm statusüberlegen, sie macht eine Ausbildung, hat Eltern in der Bundesrepublik und keine Probleme mit der Sprache und der Nationalität. Murat handhabt das alles pragmatisch und stellt das gemeinsame Interesse, die Tochter zu erziehen, in den Mittelpunkt. Für sie fühlt er sich verantwortlich und an ihrer Erziehung möchte er partizipieren. Zwar hat er schon in der Bundesrepublik die Erfahrung gemacht, dass er aufenthaltsrechtliche Probleme bekommen wird, baut allerdings auf die - für ihn hinreichende - Legitimation von Frau und Kind. Heirat wäre für das junge Paar die Lösung, um zusammenbleiben zu können und ihr Kind gemeinsam zu erziehen. Die Ausländerbehörde macht ihnen allerdings einen Strich durch die Rechnung: Sie verweigert ihm zunächst in der Nähe seiner Freundin und seines Kindes zu leben - weil er schon einmal in Köln war, muss er wieder dort hin, und das legt sie ihm dann im Nachhinein als Nachteil aus:

> Murat: Bin ich in Köln gekommen habe ich gesagt ›ja ich habe einen Job gehabt‹, aber der hat mir gar keine Arbeitserlaubnis gegeben, dass ich Arbeiten gehe vom Ausländeramt her. Habe ich gesagt ›Ja ich habe ein Kind und eine Frau. Ich will heiraten, dass ich für die sorgen kann, arbeiten gehe.‹ Aber man hat mir gesagt ›ja wie willst du dahin gehen, M. ist weit‹. Habe ich gesagt ›das ist doch mein Problem, ich kann doch mit Zug hin und zurück. Dann habe ich meinen Job, kann ich meine Frau sehen, mein Kind auch sehen.‹ In M. hatten die mir nichts gegeben. War ich auch Arbeitsamt, ich habe alle Zettel, alles liegt zu Hause. Der hat mir gesagt ›nein den Stempel kriegst du nicht‹, Ausländeramt Köln, deswegen ohne Job.

Murat darf nicht in der Nähe seiner Freundin leben, die einige hundert Kilometer von Köln entfernt lebt. Die Reaktion des Ausländeramtes lässt sich dahingehend interpretieren, dass sie ihn verdächtigen, eine Scheinehe einzugehen zu wollen bzw. sich den erneuten Aufenthalt in der Bundesrepublik über die Schwangerschaft der jungen Frau »erschleichen« zu wollen. Auch Ignoranz und Schikane der Mitarbeiter können nicht ausgeschlossen werden.

> Murat: Als ich draußen war habe ich auch immer gesagt habe ich gesagt ›ist egal wenn wir auch auseinander kommen mit Frau, ich werde euch sorgen egal bis ich lebe, ich werde euch sorgen. Aber wenn ich nicht kann, kann ich auch nichts machen, aber so lange ich kann werde ich auf euch aufpassen.‹ Jetzt deswegen mache ich mich kaputt, wer soll auf die aufpassen. Die Eltern von Frau, ja wie lange? Wenn ich hier rausgehe, wenn wir auch auseinander sind, ich werd sie trotzdem helfen was ich kann, wenn ich einen Job hab dann kann ich helfen. Ich werd nicht sauer, dass die von mir auseinander gekommen ist. Ich

> weiß ein Fehler von mir is das, das hätte ich vorher überlegen sollen, aber es ist passiert, man kann doch einmal verzeihen.

Obwohl sich Murat aller strukturellen Schwächen seiner Position bewusst ist, sieht er sich in der Rolle desjenigen, der auf Frau und Kind »aufpassen« muss, er möchte Frau und Kind beschützen und mit diesem Willen präsentiert er sich sehr verantwortungsbewusst. Er weiß zwar, dass letztendlich seine Freundin über die Zukunft dieser Beziehung entscheidet und er räumt ihr alles Recht ein, sich auch gegen ihn zu entscheiden. Er versucht allerdings im Interview sich selbst und auch den Interviewer davon zu überzeugen, dass es durchaus möglich sein sollte, eine zweite Chance zu bekommen, und ihm diese Möglichkeit auch offen steht.

Die Beziehungen der Jugendlichen zu Mädchen und Frauen ergeben insgesamt ein heterogenes Bild, bei dem immer wieder offensichtlich wird, dass sie diese als Feld erleben, wo sie Positionierungen und Konstruktionen von Männlichkeit ausprobieren können. Diese »Experimente« sind ihnen nur auf der lebensweltlichen Ebene möglich. Die Vermutung läge nahe, dass sich das Muster auch auf andere lebensweltliche Zusammenhänge, vor allem in Form von Peergroups übertragen lässt. Hier aber zeichnet sich ein Prozess in eine andere Richtung ab, denn für die Jugendlichen haben ihre Peergroups eine ganz andere Funktion. In Cliquen herrschen eigene Regeln jugendlicher Männlichkeit, hier arbeiten die Jugendlichen männliche Hierarchien aus, arbeiten sich an gesellschaftlichen Hierarchien ab und reproduzieren sie. Weiterhin sind die Cliquen für die Jugendlichen mehr als nur ein Zusammenhang von Freunden, teilweise verbringen sie die meiste Zeit ihres Alltags gemeinsam. Die Cliquen müssen zudem im Kontext gesellschaftlicher Hierarchien und Zuschreibungen verortet werden. Von anderen werden sie als besondere Zusammenschlüsse wahrgenommen und durch ihre Aktionen kommen die Jugendlichen immer wieder in Kontakt mit Kontrollinstanzen, vor allem mit der Polizei.

13 Die Clique als Ort der Solidarität

Zusammenschlüsse von Jugendlichen und Peergroups sind in der Jugendforschung vielfach untersucht worden. Peergroups haben unterschiedliche Funktionen: Sie dienen dem Austesten von Grenzen, dem Rückzug, der Suche nach Identität, sie helfen bei Ablösung und Neuorientierung. Manche Zusammenschlüsse zeugen auch vom Grenzgängertum: Im Spiel von Veränderung und dem Risiko der Grenzüberschreitung ist auch Devianz inbegriffen (vgl. King 2002: 203). Unter Bezugnahme auf den Migrationskontext gibt es einige Studien über Jugendgruppen[1], die allerdings kaum den Zusammenhang von Herkunft und Geschlecht analysieren. Tertilt bezieht sich zwar in seiner Studie explizit auf Männlichkeitskonzepte der Jugendclique, interpretiert diese jedoch auf der Basis einer kulturalisierenden Sichtweise. Seine Ausführungen zum Thema Männlichkeit beginnt er mit dem Versprechen, die folgenden Thesen auszuführen:

> »Der Bedeutungshorizont von ›männlichem‹ und ›unmännlichem‹ Verhalten, der der Gruppe zu eigen war, umschließt tradierte Vorstellungen aus dem muslimischen Kulturkreis, die durch Erziehung innerhalb der Familien, aber auch durch Sozialisation innerhalb der eigenen Schicht weitergegeben wurden. Nicht zuletzt spielt der subkulturelle Charakter der Männlichkeit, wie er sich in der Bande selbst formierte, eine entscheidende Rolle.« (Tertilt 1996: 190)

Tertilt analysiert dann den Stellenwert der Thematik des »Schwulseins«, die oft in der Gruppe angesprochen wird, sowie von »Rededuellen«, die eine Form darstellen, Konflikte auf lyrische Weise auszutragen; diese deutet er als Männlichkeitsformen, die er auf das von Schiffauer (1983) analysierte türkische Ehrkonzept zurückführt. So resümiert er sein Kapitel zum Thema Männlichkeit:

> »Männlichkeit als Wertorientierung der ›Turkish Power Boys‹ steht in engem Zusammenhang mit dem türkischen Konzept von Ehre. Der türkische Ehrbegriff ist mit der Aufgabe des Mannes verknüpft, den Schutz der Familie, insbesondere der ihm anvertrauten Frauen, zu gewährleisten.« (Tertilt 1996: 215f)

Die Konzepte von Männlichkeit, die ich in den biographischen Erzählungen der Jugendlichen über ihre Cliquen gefunden habe, sind weit entfernt davon, auf ein solches tradiertes »Ehrkonzept« zurückgeführt werden zu können.

---

1 Vgl. beispielsweise Bohnsack/Nohl (1998), Dannenbeck et al. (1999), Findeisen/Kersten (1999), Nohl (2001), Sauter (2000)

Vielmehr bewegen sich die Cliquen in komplexen Zusammenhängen, die näher zu analysieren sind. Die Dynamik jugendlichen Agierens innerhalb der Clique folgt einer eigenen Logik. Wie die Jugendlichen hier Männlichkeit ausleben, muss in die jeweiligen Kontexte gestellt werden: Dazu gehören Sozialisationsbedingungen, die aktuelle Situation, Dynamiken in der Peergroup, Freund- und Feindschaften, das andere Geschlecht spielt eine Rolle, ebenso wie die Schicht, der Bildungsstand, die Kontrollinstanzen oder das Wohnumfeld. Die Gruppenmitglieder verbringen ihre Freizeit miteinander, feiern zusammen oder »hängen einfach nur ab« - die Clique ist ihre Bezugs- und Freundesgruppe. Sie nehmen aber auch gemeinsam Drogen, planen Überfälle oder erheben Ansprüche auf Territorien. Die hier beschriebenen Cliquen fungieren überwiegend als männlicher Solidaritätsverbund. Es zeigen sich ähnliche Konstitutionsprinzipien wie in anderen männlichen Seilschaften: Die Jugendlichen solidarisieren sich, helfen sich gegenseitig, decken sich vor der Polizei. Je nachdem, wen sie als Gegner ausmachen, gehen sie geschlossen gegen diesen vor, sei es gegen die Polizei oder andere Cliquen.

13.1 Anführer und Mitläufer

In diesem Kapitel werde ich anhand zweier »Cliquenbiographien« den Umgang der Jugendlichen mit der Clique, die Bedeutung, die diese für ihren Alltag und darüber hinaus für den Kriminalisierungsprozess hat, aufzeigen. Dabei entsteht ein erster Eindruck über die Cliquen und wie die Jugendlichen sich darin bewegen. Ich werde mich auf die Fragestellung konzentrieren, welche Rolle Männlichkeit und Herkunft in den jugendlichen Cliquen spielen, wie und in welcher Form sie dort produziert oder bearbeitet werden. Für die Zusammensetzung und die Dynamik innerhalb der Gruppen ist die Herkunft von großer Bedeutung. Mit Herkunft ist hier sowohl der räumliche Kontext gemeint als auch ein die Jugendlichen verbindendes Gemeinschaftsgefühl. Im Verlauf dieser Analyse wird deutlich, dass Männlichkeit und Herkunft tragende Elemente der Zusammenschlüsse der Jugendlichen darstellen.

Muhammet: Der Anführer[2]

In Muhammets lebensgeschichtlicher Erzählung ist die Zugehörigkeit zu seiner Clique ein immer wiederkehrendes Element. Die Clique stellt eine Alternative zu seiner schwierigen Familiensituation dar. Er erzählt, dass man sich gegenseitig mit »Bruder« und »Schwester« bezeichnet habe und dass die

Cliquenmitglieder für ihn wichtiger waren als die Familie. Vor allem vor dem Hintergrund der Erfahrung ständiger Ortswechsel als Flüchtling, dem Gefühl der Unerwünschtheit und der sexualisierten Gewalt gegen Muhammet lässt sich verstehen, warum diese »Ersatzfamilie« für ihn so große Bedeutung hat.

Muhammet ist Gründungsmitglied seiner Clique. Er bezeichnet den Umgang der Jugendlichen untereinander als freundschaftlich; mit einem anderen Jugendlichen, Ahmet, verbindet ihn innige Freundschaft. Die beiden verbringen viel Zeit miteinander, lernen dabei Leute kennen und durch die Vermischung verschiedener Freundeskreise erhöht sich die Zahl der Cliquenmitglieder auf ca. 60 Jugendliche. Ahmet ist für Muhammet eng mit der Clique verwoben, er ist die Konstante in einer sich stets verändernden und größer werdenden Gruppe. In ihm findet Muhammet einen besten Freund, der ihm ähnlich ist. Diese gegenseitig anerkannte Egalität ist für die Freundschaft besonders fruchtbar (vgl. Moser 2000: 18). Muhammet und Ahmet sind die Jüngsten in der Clique:

> Muhammet: Wir warn viele, Deutsche warn auch dabei, viele viele, wir warn fünfundzwanzig Deutschen so ungefähr.
> Interviewer: Ja, so groß.
> M: Fünfundzwanzig Deutschen, Mädchen und Jungs Mädchen, erstmal ham wer Deutsche gehabt, die warn auch kriminell und dann hatten wir auch Ausländer sagen wer phh zwischen- mit meinem Bruder in der Clique so sechzig sechzig Stück so.
> I: Ja?
> M: Wir warn schon viele, aber wir ham uns nich in eine Haufen gesammelt. Wir sin uns so in Straße weißt du, wir sagen wir treffen uns jetzt mit dem mit dem, wir geh laufen mit sechs Leute rum und die anderen sechs Leute laufen da rum und so, wenn irgendwas is gut eh, wenn die irgendwas gute Geschäft is, dann rufen die das an und sagen ›ja das un das‹, wenn Schlägerei is so gegen anderen oder so Kirmes, dann treffen wir uns alle und so.

Muhammet erläutert in dieser Passage einige die Clique konstituierende Merkmale: Sie ist mit ca. 60 Mitgliedern sehr groß und die Taktik, nach der man sich trifft besteht darin, sich in Untergruppen aufzuteilen und nur zu besonderen Gelegenheiten wie einer Kirmes zusammenzukommen, wo man in der Masse verschwinden kann. Damit verringern sie das Risiko, schon alleine durch die Gruppengröße auf sich aufmerksam zu machen und sich dadurch

2 Die Biographie Muhammets haben Studierende der Universität zu Köln im WS 2002/03 in dem von mir geleiteten Seminar »Gender und Biographie« ausgewertet. Für Analysen, Anregungen und Ideen der Studierenden, die in die vorliegende Ausführung eingeflossen sind, möchte ich mich bedanken.

schärferen Polizeikontrollen auszusetzen. Weiterhin setzt sich die Gruppe aus Jugendlichen zusammen, die bereit sind, Straftaten zu begehen - und zwar egal ob sie deutscher oder anderer Herkunft sind. Für Muhammet ist es wichtig zu betonen, dass die Clique nicht nur aus Jugendlichen mit Migrationshintergrund besteht. Im Gegensatz zu anderen Jugendcliquen, von denen die Interviewten erzählen, stellt also die gemeinsame Herkunft bzw. das gemeinsame Merkmal »Ausländer« kein konstitutives Element dar. Allerdings wird nicht ganz klar, ob die Deutschen nur zu Beginn dabei sind und dann später nicht mehr (»erstmal ham wer Deutsche gehabt«).

Was der Zusammenschluss für Muhammet persönlich bedeutet, darüber spricht er in anderen Passagen: Für ihn ist diese Gruppe der Ort, an dem er Anerkennung erfährt, wo man ihn respektiert. Dafür tut er aber auch einiges und so hat er eine besondere Position inne:

> Muhammet: Ja und dann hatten die immer Angst gehabt und so, und da ham die gesagt ›wir müssen irgendeinen Chef von uns wählen so, der die Clique führt‹. Und dann ham die mich alle gewählt, wir ham so wir ham gesagt ›wer ist der Beste, der der Coolste von uns und der clever‹ und so alles und dann meint der ›hier jeder schreibt den Namen auf‹. Wir ham uns alle gesammelt, wir warn dreißig Leute so in einen so Haus, weißt du. Wir ham uns- die ham alle Namen geschrieben, wir ham Zettel gehabt, alle ham meinen Namen geschrieben, fast alle und meinen ›wir wollen Muhammet haben, der der is Anführer von uns‹. Ja und dann kam das auch raus bei die Polizei, dass ich Anführer war.

Mit unverhohlenem Stolz erzählt er, wie er zum Anführer der Clique gewählt wurde. Als Kriterien nennt er »der Beste, der Coolste und der Cleverste« zu sein. Bei genauerem Nachfragen zeigt sich aber noch ein anderes Motiv der Clique, ausgerechnet ihn als Anführer zu wählen:

> Interviewer: Diese Clique hat dich als Führer gewählt, hast du einmal gesagt, und haben die Gewalt, diese Linie übernommen oder du warst der Coole.
> Muhammet: Ja genau, diese Sachen auf mich genommen und so und dass ich auch brutal war, so die ham mich so auch wegen diese Sachen- weißt du, die wollten von mir, die ham von mir verlangt dass ich auch brutal war. (I: hm) Aber wegen was die mich gewählt haben, die meinten ja erstens is mir hier klar geworden warum die mich gewählt haben: Wo ich noch klein war, da war ich dreizehn erstens (I: ja), darum ham die mich gewählt und zweitens auch war dadurch dass ich dreizehn war und dass ich auch alles auf mich schiebe, das waren zwei Gründe, darum ham die mich gewählt und die andere Grund war auch dass ich, weißte, dass ich brutal bin und so weißte, dass ich die immer helfen kann und ich war der Einzige. Dass ich die helfen kann und Ahmet auch und Ahmet ham die auch n Zweiten ich hab n Zweiten gewählt. Ich hab gesagt ›du bist der Zweite von uns‹.

I: Wie alt war Ahmet?
M: Ahmet war mein Alter, dreizehn.

Sein junges Alter verschafft Muhammet von Anfang an eine Sonderposition in der Clique. Da er noch nicht strafmündig ist, nimmt er die Taten der anderen auf seine Kappe und schützt sie so vor der Polizei. Er gesteht diverse Einbrüche und andere Straftaten. Wie sich in diesem Zitat zeigt, ist er sich darüber im Klaren, dass er nicht nur ausgewählt wurde, weil er so viele persönliche »Qualitäten« hat, sondern auch, weil die Funktion des Anführers darin besteht, die anderen zu schützen - das kann er als Person eben nicht nur auf Grund seiner Brutalität, sondern auch seiner Strafunmündigkeit mit 13 Jahren.

In der Clique, die scheinbar so anders funktioniert als die Familie, zeigt sich eine Wiederholung seiner Geschichte: Anerkennung erfährt Muhammet nur, wenn er etwas für andere tut. Von dem Mann seiner Mutter bekommt er große Geschenke und Hilfe vor der Polizei im Tausch gegen die Anwendung sexualisierter Gewalt.[3] Die Cliquenmitglieder wählen ihn zum Anführer, wenn er ihre Straftaten vor der Polizei als seine ausgibt. Die Anerkennung durch die Clique, die Tatsache, dass er ihr Anführer ist und der Bekanntheitsgrad, den Muhammet stadtweit erfährt, ist für ihn der Antrieb, sich tiefer in das Cliquenleben und immer mehr in kriminelle Aktivitäten zu verstricken.

Adnan: Der Mitläufer

Adnan hat schon in der Grundschule Schwierigkeiten. Als er sich mit elf Jahren einer Clique in seinem Stadtteil anschließt, besucht er die Hauptschule immer seltener. Für die Clique ist Herkunft konstitutiver Bestandteil der Zugehörigkeit, alle Mitglieder kommen aus dem gleichen Stadtteil und haben einen türkischen Migrationshintergrund, wodurch sie eine hohe Anziehungskraft auf Jugendliche mit eben diesem Hintergrund ausstrahlen. Um die Clique ranken sich zur Zeit ihrer Existenz schon Mythen - die Lokalpresse trägt dazu in nicht unerheblichem Maß durch ihre Berichte bei. Im Zusammenschluss der Jugendlichen zeigt sich sowohl die Positionierung durch die Kategorie »Ethnie« als auch ihre Auflehnung und Abgrenzung gegenüber dem Rest der Gesellschaft. Adnan beschreibt seine Motivation, sich der Clique anzuschließen:

Adnan: Die Clique, ja ich sag doch, das war halt die tollen Jungs. Und ich bin immer mit denen spazieren gegangen, auf Kirmes und so stand neben ihnen, ich hab gedacht, wenn die Leute mich da sehen so mh, haben sie Respekt und

3 Vgl. Kap. 10.3

alles und was weiß ich, ja hatten sie auch alle. Nur ich habe gesehen, dat die Gesellschaft mich gar nicht mehr haben will.

Der letzte Satz könnte in zweierlei Hinsicht interpretiert werden: Adnan bemerkt einen durch die Cliquenzugehörigkeit forcierten gesellschaftlichen Ausschluss oder: er fühlt sich schon vorher ausgeschlossen und sucht deshalb nach Verbündeten. Jedenfalls entfernt die Cliquenzugehörigkeit ihn nun von anderen gesellschaftlichen Feldern. Die Jugendlichen seines Umfeldes, die nicht zu der Clique gehören, begegnen ihm vorsichtiger, mit Angst:

> Adnan: So, die Jungs äh, wo ich im Fußballverein war, die hatten ein geregeltes Leben. So schon wenn ich mit denen gesprochen habe, ich hab gesehen so dat sie gar nicht aus dem freien Lauf mit mir- halt immer mit Schiss mit mir geredet haben, bloß nichts Falsches sagen und was weiß ich.

Allerdings überwiegen für Adnan die positiven Gesichtspunkte der Clique, die seine Zugehörigkeit verfestigen: Als einer der Jüngsten in der Clique nimmt er eine besondere Position ein, und auch wenn er sich um die Anerkennung der Älteren bemühen muss, ist er stolz darauf, dass sie ihn akzeptieren.

> Adnan: Ich fand die immer so toll, und die haben mich auch irgendwie so aufgenommen, als den kleinen Bruder, was heißt hier kleinen Bruder, dabei haben sie mich nur benutzt um- ›geh mal das klauen geh mal dies klauen‹.

Da er noch nicht strafmündig ist, kann er (so wie Muhammet auch) von den anderen auch vorgeschickt werden, was sie, wie sich dem Zitat entnehmen lässt, auch getan haben. In der Retrospektive sieht er sich (im Gegensatz zu Muhammet) als Mitläufer. Er denkt, keine wirklich anerkannte Stellung in der Gruppe gehabt zu haben, sondern nur benutzt worden zu sein - der Wert, den damals die Anerkennung für ihn hatte, schrumpft dadurch gegen Null zusammen. Zu der Zeit, als Adnan zu der Clique stößt, ist sie schon stark durch die Polizei kontrolliert und so steht auch Adnan unter ständiger Beobachtung. Die immer größere Abkapselung von anderen Bereichen bringt ihn immer mehr dazu, sich in die Clique hinein zu bewegen. Hier findet er Zusammenhalt und Zugehörigkeit, auch wenn diese im Verlauf der Zeit immer weniger freiwillig werden.

13.2 Kämpfe um Territorien

Cliquen brauchen einen räumlichen Bezugspunkt. Oft sind sie in und um Jugendzentren herum angesiedelt, die die Jugendlichen besetzen und umkämpfen. Für Muhammets Clique steht allerdings kein Jugendzentrum zur Verfügung, das sie als Treffpunkt nutzen könnten und auch andere Angebote für die Jugendlichen des Stadtteils sind ihnen versperrt.

> Muhammet: Wir laufen rum gar nix los (hm), kein Jugendzentrum, früher warfhh weißte, für uns ist kein Jugendzentrum da, weißt du. Die sagen, wenn die uns sehen, wir uns aus- aussehen, wie wie wir gekleidet ham, sagn wer mal jetzt, mit vier Ketten komm ich an oder mit zwei Ketten, auch mit eine Kette und zwei Ringe und vier Ringe, denken die ›nee nee deine Aussehen so‹, sehen die Hose oder so sagen die ›nee du bis in jedem Fall kriminell‹, sagen die ›nee du kommst nich rein‹. Die denken du bist gewalttätig, weißt du, du hast Drogen in der Tasche un dann solche Leute die da arbeiten, dann sagen die meistens, weißt du Mischung, wir stehen auch bei Jugendzentrum un versuchen zu rein kommen sagen die ›nee nee‹, da gibt's auch Jugendliche Disco hier in eh.

Die Jugendzentren verwehren ihnen den Eintritt, weil sie Ärger befürchten. Schon das äußerliche Auftreten der Jugendlichen gibt Hinweise darauf. Viele der von den jungen Leuten praktizierten Lebensformen ziehen sanktionierende Eingriffe der Kontrollorgane nach sich, auch weil diese Jugendlichen mehr als andere unter dem wachsamen Auge öffentlicher Kontrollorgane stehen. Oft in beengten familiären Verhältnissen lebend, haben sie nicht die Möglichkeit, sich in ihren Wohnungen oder denen ihrer Freunde aufzuhalten, ihr Treffpunkt ist die Straße. Die Quartiere, in denen sie aufwachsen, sind kontrollierter als andere: Von vornherein sind diese Jugendlichen mit größeren sozialen und ökonomischen Schwierigkeiten und gleichzeitig auch mit einem größeren Stigma als andere Jugendliche behaftet (vgl. Lindner 1998: 156f). Muhammet und seine Clique suchen sich eine Alternative: Als Muhammet einen Wohnwagen hinter dem Haus seiner Tante entdeckt, ruft er sofort alle Mitglieder der Clique zusammen, um ihn als Treffpunkt herzurichten.

> Muhammet: Diese kleine Bude ham wir gestrichen mit Rot, rote Farbe und dann mit Weiß so n bisschen dass Polizei nich so gut sehen kann. Wohnwagen wurde gestrichen und da drin was Gutes gemacht, wir ham Decken geholt von Zuhause, wir ham Decken irgendwo geholt. Meine Tante hat im Keller noch so alte Sachen, hab ich geholt so, Gasherd, dat Casie-Recorder Musikrecorder gesagt ham wir geholt. (...) Wir schlafen, wir ham auch draußen geschlafen oft da und jetzt ham wir uns gefreut dass wir Wohnsitz haben so Wohnheim und so 'n

> Haus, und so hat das auch diese Clique zusammen gebracht (I: hm) und wir ham uns auch sch- besser kennen gelernt, besser verstanden als früher.

Die Clique bemüht sich, im Wohnwagen eine häusliche Atmosphäre herzustellen und verlagert ihren Treffpunkt von der Straße dorthin. Muhammet erhofft sich eine Rückzugmöglichkeit, die er zu Hause nicht hat und möchte sich zugleich der polizeilichen Kontrolle entziehen. Aber auch dieser Wohnwagen ist nur eine eingeschränkte Alternative, denn nicht alle Cliquenmitglieder haben dort Platz und auch hier findet das Cliquenleben in einem lokalisierbaren Rahmen statt, der provozieren kann und leicht sanktionierende Zugriffe ermöglicht (vgl. Kühnel/Matuschek 1995: 202f).

Die Jugendlichen sind schon deshalb auffällig, weil sie »Schwarzköpfe«[4] sind - ausgelöst durch die physische Erscheinung springt der rassistische Diskurs sofort an und setzt negative Assoziationsketten der gewohnten Bedrohungsszenarien, die mit jungen Migranten in Verbindung gebracht werden, frei - sie tragen zum Kriminalisierungsprozess bei (vgl. Ronneberger 1998: 29).

Zudem sind sie jung und treten in Gruppen auf. Gerade junge Männer, die gemeinsam irgendwo herumstehen, gelten als Gefahrenquelle (vgl. Findeisen/Kersten 1999: 79). An einer »Street-Corner-Society« (Whyte 1996) nehmen Anwohner und Polizei Anstoß (vgl. Hüttermann 2000: 11f).[5] Die Begrenzung vieler StadtbewohnerInnen auf zu passierende Wege (von der Wohnung zur Arbeit, zum Einkaufen und zurück) gilt für die Jugendlichen nicht - für sie ist die Straße Aufenthalts- und Arbeitsort, und das fällt auf. Die Jugendlichen verstärken die Auffälligkeit dadurch, dass sie sich in »ihrem« Stadtteil sichtbar, hörbar und raumgreifend bewegen. Da sie oft weder in Schule noch Ausbildung sind geschieht dies alles zu einer Tageszeit, zu der sie sich hier nicht aufhalten »dürften«.

---

4 So nennen die Jugendlichen sich selber; sie drücken mit diesem Wort den kleinsten gemeinsamen Nenner aus, der sie als »Ausländer« vereint und identifiziert, nämlich das Merkmal, schwarze Haare zu haben - das ist unabhängig davon, wie hell oder dunkel die Haut ist, ob sie türkischen oder senegalesischen Migrationshintergrund haben. »Schwarzköpfe« bezeichnet eine große Gruppe und hebt vor allem darauf ab, dass ihnen allen der gleiche - rassistische - Umgang zuteil wird.

5 Hüttermann (2000: 11) benutzt den von William Foote Whyte stammenden Begriff vor allem für die junge, männliche, unterbeschäftigte, türkische Stadtteilbevölkerung, die allerdings anders als bei Whyte weder mit Politik verbunden noch auf bestimmte Reviere fixiert ist.

13.3 Der Cliquenname als Symbol der Macht

Der Name von Adnans Clique ist der Name eines Platzes im Stadtteil, auf dem sich die Jugendlichen treffen und den sie als ihr Terrain vereinnahmen, er steht also in direktem Bezug zur Gruppe und wird zum Sinnbild für den Territorialanspruch. Adnan setzt bei Altersgenossen im Fußballverein oder in der Schule den Cliquennamen ein, um diese zu beeindrucken. Der Name schützt ihn, die anderen verbinden ihn mit Macht und auch mit Abenteuer und er eignet sich gut, um Taten, z.B. Erpressungen, Nachdruck zu verleihen. Tertilt (1996: 29) beschreibt ähnliches für die »Turkish Power Boys«, die ihren Namen auch als symbolisches Kapital einsetzen konnten, da er weithin bekannt war.

Muhammets Clique gelangt auf völlig andere Weise zu ihrem Namen: Einige Mitglieder der Gruppe schauen sich Gangsterfilme an, an denen sich die Clique stark durch Nachahmung orientiert.

> Muhammet: Ja das is eh wiss, is so n Film so w- weißt du, wir ham uns so weißt du, wir wollten uns ein Namen nennen unsere Clique, wir waren immer so einsame Clique, kein Namen gar nix, wir ham kein Namen Gangsternamen gefunden. Da ham wer gesagt ›komm lass uns mal irgendeinen Film gucken dann versuchen wer mal da irgendwas rein zu basteln‹ weißt du (I: hm). Ham wer uns so n mexikanische Filmvideo geguckt illegales Film un naja, un von is gestreicht worden wieder reingeholt ohne Sch- Schnitte weißt du, is nich geschnitten worden diese Cassette is alles drauf von Blut und so alles. Und das is ein Mexikaner, sind Leute, Clique auch wie uns oder Leute ältere die sind zwanzig bis zweiundzwanzig sind die, achtzehn bis zweiundzwanzig und das sind so Gangster so Mexikaner is n in mexikanische gedreht worden un *Zigeuner*, das heißt Zigeunerclique und Mexikaner. (I: hm) Die Mexikaner heißen W.X. und die Zigeuner heißen D. und die ham und die beiden ham n *Hass* auf sich. (I: hm). *Clique gegen Clique* die ham n *Hass* gehabt un das ham wer auch schon ma gemacht, Clique gegen Clique ham wer Hass gehabt.

Muhammets Clique scheint sich mit dieser mexikanischen Bande identifizieren zu wollen und übernimmt deren Namen. Um das Zusammengehörigkeitsgefühl noch zu stärken, hat jedes Mitglied der Gruppe die Initialen W.X. am Arm mit einem Messer eingeritzt. Ab jetzt gehört man wirklich zusammen und bildet eine richtige Clique (»...wir waren immer so einsame Clique, kein Namen gar nix«), eine »Blutsgemeinschaft«. Die Situation wird durch das Auftreten als geschlossene Gruppe dann anstrengender. Sie bekommen zunehmend Ärger mit anderen Cliquen und haben das Bedürfnis, ihren Standpunkt und ihre Stärke beweisen zu wollen und so werden Machtkämpfe unumgänglich. Letztendlich eskaliert die Situation bei einer Schlägerei mit einer verfeindeten Clique, die zur Folge hat, dass Muhammet vorübergehend in ein geschlossenes Heim überwiesen wird. Dennoch ist das Wissen um die Zugehörigkeit, die sich mit dem Namen verbindet, identitätsstiftendes Merkmal, wie dies auch Tertilt (1996: 20) für die »Turkish Power Boys« beschreibt: Es behebt Vereinzelung durch Zusammenhalt, demonstriert Macht, wo sonst nur Ohnmacht war.

13.4 Mädchen in der Clique

Die Passagen im Interview mit Muhammet, die sich mit Mädchen und deren Rolle für die Clique beschäftigen, sind zunächst widersprüchlich: Er bezeichnet sie einerseits als seine Schwestern und hebt sie damit strukturell auf die gleiche Stufe wie die Jungen, die er als Brüder bezeichnet. Andererseits werden noch andere Strukturen deutlich:

> Muhammet: Wir ham Mädchen gehabt, die paar Leute von uns ham die, ich sag mal auf Deutsch, auf n Strich ge- geschickt. So paar Mädchen von uns die warn dumm so, da hat so n Älterer von uns so n Junge, der war auch jetzt in Ossendorf hab ich den gesehen wieder, der hat fünf Jahre kassiert wegen diese Scheiße, die ham den endlich mal erwischt. So die hat nen Verdacht gehabt die Mutter von diese Mädchen, die ham dass die auf den Strich geht, wenn die immer reinkommt und die Mutter hat irgendwas gesehn, weißt du, wenn die Unterhose so Blut. Hat die gemerkt ja und diese Junge hat eh der war immer mit mir unterwegs auch fast immer weißt du, nur Wochenende musste der immer weg was erledigen sonst, diese Tage hat der immer diese Mädchen weggeschickt und eh diese Jungen diese Junge weißt du- machst schläfst du mit denen hast du fünfzig Mark hundert Mark meistens wenn er Glück hat, das is schon gute Geld so weißt du. Meistens holt der die beim die Mädchen die ich nicht kenne weißt du, aber die ich kenne alle sind vernünftig sowas machen die nicht (I: hm), aber Drogen nehmen und sowas machen die. Weißt du, der der holt mir diese Mädchen die in Strich gehen, so was machen die bei uns, sagt der ›ja musst du auch machen‹ weißt du, sagt der zu mir musst du auch von deine Clique paar schicken auf n Strich so, meint der ›kriegst du mehr Geld‹, die- diese scheiß Abzieherei meint der ›weil hier gewinnst du nur zehn Mark und hast ne Anzeige an Hals un so wirst du bekannt, lieber schickst du diese Mädchen‹ (I: ja).

Muhammet erzählt, dass der Jugendliche, der aus dem Cliquenumfeld stammt, auch versucht ihn zur Zuhälterei zu überreden und Mädchen aus der Clique auf den Strich zu schicken. Die Begründung ist rational: Man bekommt mehr Geld und muss dann keine anderen mehr »abziehen«, was sich ohnehin nicht lohne. Das Risiko, bei der Zuhälterei erwischt zu werden, sei im Gegensatz zum Risiko, beim Abziehen erwischt zu werden, verschwindend gering. Muhammet argumentiert dagegen nun aus verschiedenen Perspektiven: Zunächst räumt er den meisten Mädchen der Clique einen eigenen Willen und »Anständigkeit« ein, indem er sagt, dass sie vernünftig seien und »sowas nicht machen«. Die sich prostituiert hätten, seien »dumm« gewesen. Dann zieht er das Argument hinzu, dass letztendlich der Junge aber dafür verantwortlich ist - er hält es für falsch, als Junge Mädchen auf den Strich zu schicken. Diese Position baut er aus:

> Muhammet:...*ej* stell mal vor ne, das macht einer mit deiner Schwester so was, was hältst n davon, da hätts n da auf's Maul gehaun oder nich?
> Interviewer: Ja.
> M: Und dann der war dumm, weißt du, hat weiter gemacht weiter und da wo ich dem das gesagt hab, war der richtig sauer auf mich, weißt du. Wenn der bei uns die Clique, wir hassten wenn einer sagt ›jetzt stell mal vor deine Schwester oder das kann deine Schwester sein, stell mal vor- das kannst du sein, dass einer dich abgezogen‹ - wir hassten sowas und ich hab den das einmal gesagt und dann hab ich gesagt ›so kann ich meine Freunde verlieren‹ und da hat ich voll Schiss gehabt, dass ich die *verliere* meine Clique und so, und und der war weggegangen un da hatten alle Leute geredet ›hängt nich mehr mit dem rum‹. Der der is- der kommt auf die Str- *Treppe* hoch, der is langsam langsam besser geworden, der wär, der is nich mehr, der lass immer *euch* arbeiten und der kassiert das Geld und der wird nich erwischt so, weißt du.

Die Situation, sich positionieren zu müssen und wirklich Stellung gegen jemanden anderen aus der Clique zu beziehen, ist für Muhammet nicht leicht. Er macht das in dem Konflikt deutlich, in dem er das Argument einsetzt, es könnte seine Schwester sein, die sich prostituiere. Diese Argumentation nach dem Motto »stell dir vor es ist deine Schwester, dein Bruder, es bist du selbst...« ist wohl in der Clique verpönt. In dem Konflikt darum, ob Mädchen eine Ware sind, die man verkaufen kann, entscheidet Muhammet sich dennoch auf Grund der Vorstellung, es könne eine Schwester sein, dagegen, schnelles Geld durch Zuhälterei zu machen. Diese Entscheidung war so heikel, dass Muhammet befürchtet, er könne seine Position nicht in der Clique behaupten. Der Druck, sich für eine Haltung entscheiden zu müssen, in der die Abwertung von Weiblichkeit mit der Aufwertung von Männlichkeit verbunden ist, ist in der Clique wahrscheinlich nicht gering und in diesem Fall ist sie auch verknüpft mit Sexualität, was es besonders schwer macht, sich zu widersetzen (vgl. King 2002: 207). Muhammet bleibt bei seiner Meinung und kann auch die anderen davon überzeugen, denn er erzählt, dass er die Oberhand behält und »seine« Jungs unter Kontrolle hat. Ob der Auslöser dafür seine Gewalterfahrungen sind, die ihn für das Thema unfreiwillige Sexualität sensibilisiert haben, oder ob sein Motiv ein anderes ist, ist nicht ersichtlich. Er gewinnt jedenfalls ohne die Abwertung von Weiblichkeit, aber durch eine moralische Entscheidung zu der er steht, in der Gruppe an Statussicherheit und Ansehen. Hinzu kommt, dass er durch sein Verhalten in die Rolle des Beschützers von Frauen schlüpfen kann, die zur Herstellung von Männlichkeit dient (vgl. Friedrichs 2002: 160).

Er schließt den jungen Mann, der die Zuhälterei betreibt, aus der Clique aus und erachtet es danach als notwendig, sich zu bewaffnen, um sich gegen die neuen Feinde im Notfall verteidigen zu können. Der andere Junge erhält nun auch die seiner Meinung nach gerechte Strafe, indem er inhaftiert wird. Dass Mädchen auch Antrieb für Handeln sind, zeigt sich im folgenden Zitat:

> Muhammet: Dann ham wer erstmal, erstens Kleinigkeiten, so wie kann man sagen, erstmal so erst mal Abzieherei un dann mit Abzieherei hat uns nicht mehr gefallen so wir wollten nicht mehr abziehen so und haben (   ) und so wir wollten uns immer groß machen vor den Mädchen und so ja und ham wer immer Polizei kam und so ja, un ham wer immer so weiter gemacht.

Zu Muhammets Clique gehören Mädchen dazu, allerdings ist ihre Rolle in der Clique - wie sich in dem Thema Prostitution und Zuhälterei erweist - nicht mit der der Jungs gleichzusetzen. Oft setzen sich die Cliquen auch nur aus männlichen Jugendlichen zusammen, so wie Adnans Clique. Mädchen betrachten sie eher als »Beiwerk«, die für den Stil der Gruppe zumindest vordergründig nicht wirklich von Bedeutung sind. Auch sind die Zugangskriterien für die Cliquenzugehörigkeit bei Mädchen und Jungen meist anders: Während Jungs beweisen müssen, dass sie dazugehören, sich ihre Zugehörigkeit erarbeiten müssen, können Mädchen durch die Partnerschaft mit einem Mitglied oder z.B. über das Kriterium der Schönheit in den Kreis gelangen. Dannenbeck et al. beschreiben, dass die von ihnen untersuchten Jungen einen solchen Prozess folgendermaßen interpretieren:

> »Die Tatsache, dass Mädchen eine einzige *Eigenschaft* aufweisen müssen, während Jungen sich durch ihr *Verhalten* um eine Mitgliedschaft erst bewähren müssen, wird entsprechend der männlich bestimmten Definitionsmacht dahingehend gedeutet, dass damit die Mädchen den leichteren Job haben.« (Dannenbeck et al. 1999: 152, Hervorh. i. Orig.)

Daher wird den Mädchen in der Clique eine andere Position zugewiesen. Sie können aber auch als Partnerinnen den Wert einzelner männlicher Gruppenmitglieder erhöhen.[6] Heute sieht auch Adnan das so: Er sagt, dass er sich in der Clique zwar toll vorkam, es aber nicht war, da er keine Freundin hatte - mit einem Mädchen wäre er wirklich toll gewesen. Im Nachhinein bereut er das vor allem angesichts der Tatsache, dass er früh in Haft kam und dort nie wirklich die Gelegenheit hatte, Sexualität und erste Liebschaften auszuleben. Vielleicht hatte er aber damals, als er mit 12/13 Jahren zu der Clique stieß, noch überhaupt kein Interesse an einer Liebesbeziehung und an Sexualität, wertet sich aber nun doch noch ein bisschen als Mann auf, indem er sich das zuspricht. Sein jetziges Alter ermöglicht es ihm, den Wert von Frauen auch für das Mann-Sein ganz anders einzuschätzen.

13.5 Die Polizei als »ebenbürtiger« Gegner

Wie sich aus der Geschichte der Clique erklärt, steht sie zum Zeitpunkt von Adnans Mitgliedschaft schon stark unter polizeilicher Kontrolle, was die Jugendlichen auch wissen. Als Jugendliche mit Migrationshintergrund und ohne deutschen Pass bedeutet das für sie, dass sie neben den strafrechtlichen auch mit ausländerrechtlichen Sanktionen rechnen müssen - auch wenn sie sich über deren Tragweite oft gar nicht bewusst sind. Zunächst gibt es ihnen einen Grund mehr, in der Polizei als Staatsvertreter *den* Gegenspieler zu sehen, an dem sie sich abarbeiten müssen, auch wenn sie schon vorher als Verlierer feststehen. Zwischen beiden Männersystemen zeigen sich - trotz aller Unterschiede - in der Art ihrer Handlungen deutliche Parallelen von Männlichkeitskonstruktionen.

> Adnan: Und wenn mir mal einer auf die Nerven gegangen ist, dann bin ich zu einem von denen hingegangen: ›Boh der geht mir auf die Nerven so.‹ Da ist der gekommen, pung pung, hat dem paar reingehauen, dat war et. Und dann wusste ganz O. ja immer ›Adnan Vorsicht, der hängt mit der Clique rum!‹ Ich bin immer rumgelaufen, Brust raus ne, dabei wollte mich keiner sehen.

Bilder von männlicher Körperlichkeit sind in der Gruppe und bei Adnan stark mit Gewalttätigkeit und der Demonstration von Macht im Männerverbund verbunden. Die Körperhaltung, das »Rumlaufen« im aufrechten

6 Diese Tendenz erwähnen auch Hitzler et al. in der Untersuchung türkischer Street Gangs im Rahmen einer Studie über jugendliche Szenezugehörigkeiten. Hier stießen sie auf physische Abwesenheit von Mädchen bei gleichzeitig ständiger Präsenz durch Thematisierung: »Als ›Thema‹ sind sie jedoch allein deswegen stets präsent, weil die Inszenierung von ›Männlichkeit‹ im Gangalltag eine zentrale Rolle spielt.« (Hitzler et al. 2001: 147)

Gang (»Brust raus«) demonstriert Männlichkeit. Der Habitus verschafft - zumindest scheinbar - Respekt und Ansehen. Vorbilder für Adnan sind die älteren Jugendlichen und weitere Personen, die nicht aus der Clique sind - einen ähnlichen Habitus hat die Polizei, wenn sie auf Bürger trifft:

> »Das Bemühen, die Stimme möglichst tief und ernst klingen zu lassen, respektive ihr patriarchalische Beiklänge zu verleihen, ist entsprechend weit verbreitet. Auch eine möglichst aufrechte Haltung, ein fester Blick und der entschlossene, raumgreifende Gang wehren jegliche Konnotation des Wankens oder gar des Wankelmütigen ab.« (Hüttermann 2000: 11)

Hüttermann (vgl. 2000: 15) sieht in seiner Untersuchung eine Parallele zwischen dem Auftreten der »Street-Corner-Society« und der mit ihr befassten Polizei, die er analog als »Street-Corner-Polizei« bezeichnet.

> »Die Street-Corner-Polizei avanciert durch ihren spezifischen Habitus und dessen alltägliche Anwendung aus der Sicht der Marxloher Street-Corner-Society gewissermaßen zur mächtigsten ›Gang‹ der Stadt. Aus der Sicht dieser Abhandlung handelt es sich um eine Art ›polizeiliche Subkultur‹ (vgl. Sacco 1986), die nach innen und außen einige Züge des männerdominierten Eckensteheher-Milieus trägt, organisatorisch, rechtlich, materiell (Ausrüstung und Räume) und schließlich hinsichtlich ihrer Bezugnahme auf den allgemeinen polizeitypischen Habitus an den gesamten Polizeikorpus gebunden ist.« (Hüttermann 2000: 15)

Für die Jugendlichen stellt die Polizei ein Gegenbild dar, sie verkörpert die hegemoniale Männlichkeit. Sie stehen auf der entgegengesetzten Seite und müssen, um ihre eigene Männlichkeit zu retten, ständig beweisen, dass sie es mit ihr aufnehmen können. Deshalb beinhalten die Erzählungen der Jugendlichen über Cliquen auch immer Auseinandersetzungen mit der Polizei. Muhammet sieht die Polizei als *das* Gegenbild, sie ist der Feind, der besiegt werden muss. Gleichzeitig zeigt sich aber auch, wie hilflos diese Versuche sind und wie oft sie ins Leere laufen.

> Muhammet: Draußen hab ich immer Freunde von mir hab ich immer draußen bei der Polizei verteidigt. Ich war der Beste von die die Deutsch konnten, da hab ich immer so die Polizei Quatsch gemacht so mit Sprüche un so (I: hm), da kannt ich von denen immer die besten, meinte komm die nennen mich immer so Q. mein Spitzname, da ham die mich immer so genannt. Da ham die gesagt ›komm mach die fertig die Polizei so, du kannst doch gut Deutsch‹. Mann, die machen uns die ganze Zeit fertig weißt du, die Polizei macht uns mit Sprüchen so fertig so ›ihr ihr dreckige Ausländer‹ meistens so, dass uns die Polizisten die hassen die Deutschen meistens äh die Ausländer und dann sagen die zu uns so und dann hab ich immer so (Affektor), den hab immer fertig gemacht die Deut-

schen und so hab ich gesagt ›ihr Deutschen und so du du Deutsche und du sei ma ruhig‹ und so (5).

Muhammet möchte den Respekt der Cliquenmitglieder vor seinen Leistungen hervorheben - und dass lässt sich gut daran zeigen, was sie ihm alles in Bezug auf die Polizei zutrauen: Er soll die anderen vor den Ordnungshütern verteidigen, weil er am besten Deutsch spreche.

Das zeigt zum einen, dass die anfangs von Muhammet erwähnte Cliquenzusammensetzung aus migrantischen *und* autochthonen Jugendlichen mittlerweile entweder nicht mehr besteht oder sie zumindest in der Position nicht gleichrangig sind, denn sonst würde sich jemand finden lassen, der besser deutsch spricht als Muhammet und für die Gruppe sprechen kann. Das große gemeinsame »Wir« der Clique sind deutlich »die Ausländer«, denn so wie Muhammet die Auseinandersetzung mit der Polizei beschreibt, spitzt sich der Konflikt auf die Zuschreibungen eines Gegensatzpaares »Deutsche-Ausländer« zu - er zitiert die Polizei mit »ihr dreckige Ausländer« und umgekehrt ringt er nach einer Beschimpfung und sagt »du du Deutsche«.

Zum anderen wird in der Passage auch deutlich, dass man *ihm* zutraut, für die Gruppe zu sprechen und damit der Polizei zu begegnen. Allerdings wirkt Muhammet sehr hilflos in dem Versuch, sich beim Gegner überlegen zu zeigen: Mit gewalttätigen Mitteln kann die Polizei nicht angegriffen werden und auf der sprachlichen Ebene verlieren die Jugendlichen. Die Mechanismen der Polizei funktionieren folgendermaßen: Sie lässt die Jugendlichen »auflaufen«, hält sie im Ungewissen über die Maßnahmen und Konsequenzen, die folgen, macht sich unnahbar und zeigt sich enerviert (vgl. Hüttermann 2000: 12f). Dieses Verhalten verunsichert die Jugendlichen, was sich in dem Zitat deutlich lesen lässt. Muhammets sprachliche Versuche sich zu wehren sind so kläglich, dass man sich die abwertende oder ignorierende Reaktion der Polizei gut dazu vorstellen kann. Die durch das Verhalten der Polizei verlangte Unterordnung provoziert die Jugendlichen einmal mehr zur Rebellion.

Als Adnan zu der Clique stößt, befindet sie sich eigentlich schon in ihrer Auflösungsphase durch die Polizei, Auseinandersetzungen zwischen Polizei und Clique sind an der Tagesordnung. Diese Dynamik verstärkt den Kampf der Clique, ihre Mitglieder lehnen sich mit allen Mitteln auf, wollen unbedingt unter Beweis stellen, dass sie noch als Gemeinschaft existieren - der äußere Druck, den die Polizei auf die Clique ausübt, führt so zu einem stärkeren inneren Zusammenhalt.

Adnans Erzählungen beinhalten weitere Facetten: Der Gegner wird auch akzeptiert und ernst genommen, man kann sogar von ihm lernen. Adnan schildert ein solches Erlebnis:

> Adnan: Und eines Tages hat mir mal ein Polizist oder ein Bulle hat mir das mal gesagt wat dat ist, da war eine Razzia am Neumarkt (I: hm), so ich wusste nicht ich wusste nur Schore (I: hm), kein Heroin so. Der I. ein ganz großer Drogenbulle ist das hier in Köln glaube ich so, dann hat der eine Razzia, waren wir mit dem im Wagen so und dann sagt der alle hat er gesagt ›ihr seid doch alle Schoreköpfe und Heroinsüchtige‹, dann sage ich zu dem ›ich nehme kein Heroin, ich nehme Schore‹. Hat der mich angeguckt sagt der: ›Willst du mich verarschen?‹ Ich sag ›wie? willst du mich verarschen‹ ich sag ›ich nehm Schore ich nehm kein Heroin‹ sagt der ›Junge das *ist* Heroin‹. Ja da war mir bewusst wat los war.

Adnan ist sogar ein bisschen stolz darauf, dass er nicht von irgendeinem Polizisten, sondern von einem »großen« Drogenpolizisten geschnappt wurde. Dies verhilft ihm zugleich zu einer höheren Position: Wenn *dieser* Polizist sich mit *ihm* beschäftigt, zeigt das, dass die Polizei die Clique und Adnan ernst nimmt. Das Verhalten dieses Polizisten würde Hüttermann (2000: 13) als patriarchalisch bezeichnen, in Form »quasi-erzieherischer Strenge« wird es vor allem gegenüber Devianten und Jugendlichen mit Migrationshintergrund angewandt. Nun, da die Jugendlichen offensichtlich verloren haben (Adnan ist ja gerade festgenommen worden), ist die Überlegenheit der Polizei und die Unterlegenheit der Jugendlichen festgeklopft. Die klaren Machtverhältnisse kann der Sieger sofort in sein Verhalten umsetzen, und wie in diesem Fall, kann es sich auch als »väterliche Strenge« bemerkbar machen.

Die Erzählungen über Auseinandersetzungen mit der Polizei machen deutlich, dass die Jugendlichen biographisch schon kurz vor der Inhaftierung stehen. Die Delikte werden immer offener und öffentlicher, und ihr Weg spitzt sich unausweichlich auf die Inhaftierung zu. Die Gemeinschaft der Clique verliert an Kraft und die Jugendlichen sehen sich der Institution Gefängnis zunächst allein gegenüberstehen.

14 Leben im Gefängnis als junger Migrant

Die Sanktionierung der jugendlichen Verhaltensweisen endet mit der Freiheitsstrafe. Vorher kamen teilweise Maßnahmen wie Sozialstunden zur Anwendung, bei erneuten Straftaten werden sie aber alsbald als wirkungslos und nicht mehr angemessen gewertet.[1] Im Mittelpunkt dieses Kapitels[2] stehen Fragen nach der Bedeutung des Gefängnisses für die Jugendlichen, inwiefern für jugendliche Migranten die Haft eine besondere Situation darstellt und wie das Gefängnis in spezifischer Weise auf sie einwirkt. Die von den Jugendlichen angesprochenen Themen weichen teilweise erheblich von dem ab, was die Literatur als problematisch charakterisiert. Die Biographien erlauben einen Einblick in den Gefängnisalltag und den Umgang der Jugendlichen damit. Das Leben dort unterscheidet sich enorm vom Leben in Freiheit und stellt die Jugendlichen vor neue Situationen, die sie bewältigen müssen. Aber in gewisser Hinsicht ist es auch eine Fortführung des Lebens draußen: Prozesse, die vor der Inhaftierung schon begonnen haben, erfahren hier eine Zuspitzung und lassen sich daher analytisch fokussieren. Bezugspunkte zeigen sich dabei auch zur These Foucaults (1976: 42), »dass die Bestrafungen und im besonderen das Gefängnis zu einer politischen Technologie des Körpers gehören«, die im Fazit noch einmal genauer ausgearbeitet wird.

Gesellschaftliche Ordnungen von Geschlecht in der Überschneidung mit anderen Faktoren wie Klasse und Ethnizität spiegeln sich in Institutionen wider und werden reproduziert. Um die Frage nach dem Verhältnis verschiedener Arten von Männlichkeit zu bearbeiten, eignet sich das Gefängnis auch insofern als dort eine starke Geschlechtertrennung herrscht, Männer daher unter sich sind. Die Produktion einer Ordnung der Männlichkeiten lässt sich hier besonders gut aufzeigen, weil gesellschaftliche Muster komprimiert in einem Mikrosystem zu Tage treten. Wie Männer eine Geschlechterordnung ausarbeiten, möchte ich anhand der Analyse und Rekontextualisierung von männlicher Gewalt aufzeigen. An dieser Stelle ist es entscheidend, den Fokus auf die Machtproduktion durch Unterdrückung von Männern durch Männer zu legen; diese ist im Gefängnis eng mit Gewalt verbunden. Die Facetten reichen von der Ausübung individueller Gewalt bis zur strukturellen Gewalt, in deren Rahmen sich die Männer bewegen.

---

1 Die Sanktionsformen verdeutlichen die unterschiedlichen Bewertungen von gesellschaftsschädigendem Verhalten. Anderes, ebenso schädliches Verhalten wie z.B. Steuerhinterziehung wird meist mit Geldstrafen geahndet (vgl. Foucault 2005: 253).

2 In dieses Kapitel sind Überlegungen aus Spindler/Tekin 2003a und 2003b eingeflossen.

Ich werde die Interdependenzen zwischen doing gender und der Struktur des Gefängnisses exemplarisch aufzeigen, denn so lassen sich die gewalttätigen Zusammenhänge, in denen sich die jungen Männer bewegen sowie ihre gewalttätigen Bearbeitungen von Geschlecht besser verstehen.

14.1 (K)ein Jugendleben in Haft

Die Interviews beinhalten immer wieder Auseinandersetzungen mit dem Verhältnis von draußen und drinnen, mit der verbrachten Lebenszeit in der Haft und mit den Gefängnisstrukturen. Dabei werden auch unterschiedliche Zugänge und Bearbeitungen der Haftsituation deutlich, die von der jeweiligen Lage abhängen, in der sich der Jugendliche vor der Inhaftierung befand.

Adnans Haupterzählung dreht sich in weiten Teilen darum, dass er sich als Opfer der Institution begreift. In seinen Erzählungen beschäftigt er sich ausführlich mit dem Gefängnis, das für ihn zur Drehtür wird: Er verbringt insgesamt fünf Jahre (zwischen seinem 14. und 21. Lebensjahr) im Gefängnis und argumentiert, dass er unter den Bedingungen, unter denen er im Gefängnis lebt, seine Lage nicht verbessern kann, im Gegenteil - er konstatiert einen Lernprozess, der ihn tiefer in die Kriminalität bringt. Im Gefängnis habe er erst gelernt, wie man als Krimineller richtig handeln muss. »Draußen« ist für den 21jährigen eine fast unbekannte Welt, der Gefängnisalltag ist für ihn die Normalität. Er hat Angst davor, entlassen zu werden, sich aus der Haftroutine wieder in den »normalen« Alltag zu begeben.[3] Infolge der langen Haftzeit hat Adnan nun Schwierigkeiten mit der Außenwelt: Er hat praktisch *verlernt*, sich dort zu bewegen und einen Alltagsablauf zu bewältigen, der nicht total vorgegeben ist. Dagegen hat er *gelernt*, mit der Haftsituation umzugehen und sich in diesen Zusammenhängen zu bewegen. Er trauert darum, diesen Zugang verloren zu haben - vor der Freiheit hat er mehr Angst, als dass er sich auf sie freut. Unvorbereitet auf das Leben draußen und was ihn dort erwartet, fühlt er sich in eine unbekannte Welt abgeschoben, von der ihn das Gefängnis über Jahre hinweg abgeschnitten hat.

In Adnans Erzählung über die Institution und die BeamtInnen liegt auch eine Aufklärungsmission seinerseits. Jemand, der selbst nicht inhaftiert war oder ist, kann nicht wissen, was es bedeutet im Gefängnis zu sein. Er macht es zu seinem Anliegen, dies zu verdeutlichen und klärt die Interviewerin darüber auf, dass das Gefängnis keine geeignete Institution für Jugendliche ist.

> Adnan: War traurig, ja wie ich schon sage, Resozialisierung gleich Null. Gibt et nicht. Ich war in Siegburg, kennen Sie die Anstalt? Dat ist die Hölle für Ju-

3 Vgl. das Zitat von Adnan im Fazit, Kap. 16.2.

> gendliche, ne, das ist wirklich dat Schlimmste, wat man Jugendlichen antun kann. Die ganze Zeit die Tür geschlossen und frühmorgens nur eine Freistunde, abends eine Stunde Umschluss so, wenn das ein Jugendlicher die ganze Zeit mitmacht, der wächst ja da auf, der kennt ja nichts mehr anderes, der kennt nichts anderes mehr außer Kriminalität, Kriminalität.

Da Adnan seine gesamte Jugend im Gefängnis verbringt, hat er das Gefühl, keine »richtige« Jugend erlebt zu haben. Er sagt »ich habe keine Jugend gehabt«, »ich kenne nur den Knast« oder »sonst kann ich Ihnen nichts erzählen, ich habe ja nur Knast erlebt«. Die Institution schneidet ihn von der Außenwelt ab, dies verstärkt die Wahrnehmung dieser Zeit als irreale (»keine Kindheit und Jugend«). Die Hafterlebnisse stimmen weder mit seinen noch mit allgemeinen gesellschaftlichen Vorstellungen über jugendliches Leben überein. Er sei noch ein Kind gewesen, als er inhaftiert wurde und eigentlich viel zu jung um für seine Taten verantwortlich zu sein. Die Isolation in der Zelle soll ihn mit seinem Gewissen konfrontieren (vgl. Foucault 1976: 305f). Adnan beschreibt die Abschottung in der Institution vor allem als Verhinderung eines Zugangs zu seiner Kindheit und Jugend. Seine Erfahrungen im Gefängnis führen dazu, dass seine Vorstellung einer Jugendbiographie in eine normative und in eine reale zerfällt: Er hat ein Bild davon, wie man als Jugendlicher leben sollte, dieses kollidiert aber mit seiner tatsächlichen Situation im Gefängnis. Und dort ist keine Verbesserung seiner Lage in Aussicht. Diese Erfahrungen verallgemeinert er für alle, die sehr jung inhaftiert werden. So erzählt er z.B. die Geschichte eines 14jährigen Mithäftlings, der nach Siegburg kam und für den er versucht habe, sich einzusetzen, damit man ihn nicht zu hart behandele, um ihm so ein Stück Jugend zu bewahren. In all seinen Erzählungen scheint immer wieder durch, dass Adnans Gewissen ihn gleichermaßen beschäftigt, wie er im Gespräch versucht, »Schuld« »dem System« zuzuschreiben und sich als moralisch gut zu präsentieren. Foucault beschreibt solche Prozesse der inneren Auseinandersetzungen als Folge der Wirkung der Gefängnisstrafe:

> »Es ist also nicht ein äußerer Respekt vor dem Gesetz oder die bloße Furcht vor der Bestrafung, die hier auf den Gefangenen einwirken, sondern die Arbeit des Gewissens selbst. Es handelt sich nicht um eine oberflächliche Dressur, sondern um eine tiefe Unterwerfung; einen Wandel der Sittlichkeit und nicht bloß des Verhaltens.« (Foucault 1976: 306)

Adnan benutzt ständig Worte, die im institutionellen Rahmen eine Bedeutung haben, wie z.B. das Wort »Resozialisierung«. Der Begriff bleibt für ihn jedoch eine Worthülse, denn die Konsequenz seiner Inhaftierungen war nie die Resozialisierung, sondern das Gegenteil. Ihn stört daran, dass die Resozialisierung zum Vorwand genommen wird, ihn von der Gesellschaft zu trennen und damit die sozialen Bindungen, die er draußen noch hat und die er sich in den kurzen Zeiten seiner Nichtinhaftierung aufgebaut hat, immer wieder zerstört werden. Er sieht sich einer machtvollen Justiz gegenüberstehen, der er ohnmächtig und wütend zugleich ausgeliefert ist. Das Gefängnis vervollständigt seine Devianz statt ihr zu begegnen und steht so einem wirklichen Resozialisierungsprozess im Weg. Adnan beschreibt, was er erlebt hat, als er nach einer Inhaftierung Arbeit suchte:

> Adnan: So kannst du dich wieder in die Gesellschaft eingliedern, aber so die Zivilisation nimmt dich nicht auf (2). Die Leute wissen äh, dat du kriminell warst oder bist, ist ja egal, vielleicht *warst* du ja mal kriminell, kannst wieder, egal die wechseln lieber die Straßenseite und, und das merkt man schon ne, egal wo man hingeht.

Auch nach seiner ersten Entlassung hört die Kontrolle der Institutionen nicht auf - er bekommt eine Führungsaufsicht, die er als völlig unsinnig empfindet. Seine erneute Straffälligkeit liefert dann gleich den Beweis, dass die Kontrolle nicht zur Besserung seines Verhaltens beigetragen habe, aber eben auch, dass »Strafen ein sehr schlechtes Mittel zur Verhinderung von Straftaten sind« (Foucault 2005: 247).

Selbst von den SozialarbeiterInnen im Gefängnis sieht sich Adnan ungerecht behandelt, sie würden die Insassen, wie er es formuliert, als »Abschaum« betrachten, weshalb er auch ihnen kein Vertrauen entgegenbringen kann. Sein Misstrauen gegenüber Institutionen, das sich durch seine gesamte Biographie zieht, kommt hier zum Tragen: Schon als Kind entzieht er sich beispielsweise der Schulpflicht oder der elterlichen Anweisung, die Moschee zu besuchen. Er lehnt aber Bestrafungen von Straftaten nicht kategorisch ab, sondern plädiert dafür, dass Jugendliche in ein geschlossenes Heim kommen sollten; ebenso äußert er sich sehr positiv über die letzte Drogentherapie, die er gemacht hat, erzählt im weiteren Verlauf aber auch davon, dass er dort Drogen konsumiert habe.

Trotz seines Grundmisstrauens findet Adnan je eine Bezugsperson unter den Sozialarbeitern in Köln und Siegburg; er bezeichnet sie als »Vollzugsväter« und bringt damit seinen Wunsch nach einer väterlichen Figur im Gefängnis zum Ausdruck. Beide Männer helfen ihm, seine Ziele zu erreichen: Sie unterstützen ihn bei der Suche nach einem Therapieplatz und einer der Sozialarbeiter bringt ihm Lesen und Schreiben bei. Die besonders gute Beziehung zu diesem zeigt Adnans Willen und auch sein strategisches Vorgehen, um seine Lage zu verbessern. Mit der Hilfe des Sozialarbeiters schafft er es drei Mal, aus der Haft heraus eine Drogentherapie bewilligt zu bekommen, was für Nicht-Deutsche auf Grund der befristeten Aufenthaltserlaubnis äußerst schwierig ist. Obwohl er dafür gekämpft hat, bricht er die Therapien in verschiedenen Einrichtungen ab:

In der ersten will er sich nicht auf die Regel einlassen, dass dort nur kurze Haare zugelassen sind, bei der zweiten wird er wegen Sex und bei der dritten wegen Drogenkonsum rausgeworfen. Zu seiner letzten Therapie sagt er:

> Ad: In anderen Therapien gibt es das gar nicht, Kasi darf man haben Kassettenrecorder darf man auf Zelle (I: ja) auf Zimmer haben.
> I: Zelle[4] , hm.
> Ad: Die erste Zeit ich hab ja die ganze Zeit- ich sag auf meiner Zelle, ›nein nein, das ist dein Zimmer nicht deine Zelle Junge‹. Ah ja Q. (Name der Einrichtung, d. Verf.) war gut, aber so mal will ich keine Therapie mehr.
> I: Nee?
> Ad: Gar nichts mehr, nee, kümmer ich mich nicht mehr drum, nein ist Feierabend. Ich habe et dreimal nicht geschafft, also mach ich es nicht noch mal. Entweder, ich sag mal, wenn der Wille nicht da ist dann kannst du zehn Therapien durchgezogen haben (I: hm), es gibt Leute die sagen immer wo ein Wille ist, ist auch ein Weg (I: hm). Bei mir: wo Wille ist, ist auch ein Gebüsch, ne, ich komm immer wieder in Gebüsch, nicht auf den Weg.

Sein »Scheitern« - oder auch sein Widerstand (je nach Standpunkt des Betrachters) - lässt sich auch dadurch erklären, dass er sich in den Therapien im Grunde wieder mit Machtmechanismen konfrontiert sieht wie im Gefängnis. Diese erscheinen als »Seelentechnologien«, angewandt von einer anderen professionellen Gruppe, nämlich von Erziehern, Psychologen und Psychiatern. Letztendlich, so Foucault (vgl. 1976: 43), gehören sie jedoch zur gleichen Technologie der Macht über den Körper, die auch das Gefängnis selbst auszeichnet, sie sind ein Instrument, um diese herzustellen. Die »Freiwilligkeit« anstelle eines Zwangs zur Therapie ist verlangtes Prinzip für ihre Durchführung; die dahinter liegenden Zwänge zeigen sich aber schon in der Beschreibung der Gründe, warum Adnan abbricht. Sicherlich kann man Adnan nach seinen diversen Therapieabbrüchen Therapieresistenz zuschreiben; im Kontext der Macht muss allerdings die Frage gestellt werden, ob diese Resistenz nicht vielmehr als ein Widerstand gegen die Macht denn gegen das Aufgeben der Drogen analysiert werden muss. Adnans ständige Versuche, trotz der widrigen Umstände aus dem Gefängnis heraus in eine therapeutische Einrichtung zu gelangen, ohne tatsächlich eine Therapie zu wollen, seine Aneignung von Freiheit durch Verlassen der Drogentherapieeinrichtung ohne

4 Dieser »Verwechsler« von Zelle im Gefängnis und Zimmer in der Therapie passiert Therapieklienten, die vorher in Haft waren, ständig; er ist mir aus Gesprächen mit Klienten vertraut, die ich als Mitarbeiterin einer Drogentherapieeinrichtung geführt habe.

sich ins Gefängnis zu begeben[5] kann in diesem Sinne als Widerstand gegen ein zusammengehörendes Machtgefüge analysiert werden.

Vergleicht er seine Taten mit denen von anderen, so hat er das Gefühl, dass ihm härtere Sanktionen auferlegt werden; z.B. ist er in der JVA Siegburg in dem einen der beiden Hafthäuser inhaftiert, in dem schlechtere Bedingungen herrschen. Diese Unterprivilegierung erfährt er auch außerhalb des Gefängnisses und führt sie auf den ihm zugeschriebenen Ausländerstatus zurück. In der Schule habe man ihn als Ausländer und im Knast als BTMer[6] stigmatisiert; beide Kategorien sind negativ konnotiert:

> Adnan: In der Schule geht et schon los (3), ja ich weiß nicht wo die Gleichberechtigung sein soll. Ich darf hier, können Sie sich vorstellen ich wollte hier Hausarbeiter machen, da hat man nein gesagt, wissen Sie warum? Ich war BTMer, also ich wär drogenabhängig oder war, deswegen dürfte ich das nicht machen (2), ja so gesehen bist bist du was Schlechteres als die anderen, ja so stempeln die dich dahin, so nach dem Motto ›du bist was Schlechtes Junge‹, so und so kommt man sich vor und da kommt der Trotz hoch (I: klar), der Trotz gegen den Staat, gegen alles, gegen alles (3).

Adnan befindet sich in einem ständigen Kampf gegen die gesellschaftlichen Beurteilungen, die ihm durch die Institutionen vermittelt werden: Seinem Sein und seiner Jugendlichkeit werden sie nicht gerecht und entfernen ihn immer mehr von einem »guten« Leben.

Adnan beschäftigt sich auch mit den aufgegeben Kämpfen anderer: Er erzählt von den Selbstmorden zweier Mithäftlinge, die ihn besonders wütend machen. Er schreibt den Beamten eine Mitschuld daran zu; zumindest der eine Selbstmord sei angedroht gewesen und die Beamten hätten im Vorfeld keine Maßnahmen ergriffen, um ihn zu verhindern.

14.2 Erschwerte Vollzugsbedingungen durch die rechtliche Situation als Ausländer

Hüseyin bleibt zunächst sieben Monate in Köln-Ossendorf in Untersuchungshaft. Dort besucht er einen Monat lang einen Grundkurs in Metall, das einzige Angebot, an dem er während der U-Haft teilnehmen kann. Er verbringt eine lange Zeit in U-Haft und ist dann nur relativ kurz in Strafhaft, was

5 Adnan bricht die Therapie ab und müsste eigentlich wieder umgehend ins Gefängnis gehen, da er die Therapie anstelle der Gefängnisstrafe angetreten hatte. Er tut dies nicht und taucht bei seiner damaligen Freundin unter (vgl. Kap. 12.6).

6 BTMer = Betäubungsmittelkonsument

trotz der Länge der Gesamtstrafe verhindert, dass er eine Ausbildung oder Schule in der Haft beginnen kann. Außerdem ist es seiner Familie nicht möglich, ihn zu besuchen. Der Grund: Ihr Ersatzausweis vom Ausländeramt, der ohne Photo ist, wird beim Einlass in die JVA nicht akzeptiert. Hüseyin ist dadurch für eine längere Zeit isoliert, was ihn psychisch sehr belastet. Vom Standpunkt der Resozialisierung aus betrachtet, ist die Zeit in der JVA für ihn daher eher kontraproduktiv.

Verschiedene Untersuchungen thematisieren eine mangelhafte soziale Betreuung der Migrantenjugendlichen, auch eine Rechtsberatung in Angelegenheiten des Ausländerrechts ist in den Haftanstalten entweder kaum vorhanden oder mangelhaft. So kann es dazu kommen, dass der Betroffene der Ausländerbehörde ausgeliefert ist, ohne sich kenntnisreich und mit fachkundiger Unterstützung gegen beabsichtige Maßnahmen oder getroffene Entscheidungen zur Wehr setzen zu können. Dies geschieht angesichts der Tatsache, dass die Betroffenen in der Regel kein Geld haben, um notwendige rechtliche Hilfe einzuholen. Eine Prozesskostenhilfe ist für Anwälte unattraktiv, weil oft nicht realistisch - gezahlt wird nur, wenn sie das Verfahren gewinnen. Außerdem ändert sich das Ausländergesetz ständig, ist sehr komplex und steht oft in Widerspruch zu anderen Gesetzen. Auf Grund dieser Situation gibt es wenige Rechtsanwälte, die in diesem Rechtsgebiet wirklich fachkundig sind.

Seit den 80er Jahren schätzen viele Untersuchungen die mangelnden Deutschkenntnisse der Migrantenjugendlichen als Hauptproblem für die Orientierung im Gefängnis und für die Institution ein (vgl. Schaffner/Kneip 1983: 261). Dies trifft nicht auf die von uns Interviewten zu, da sie alle deutsch sprechen. Und wir sind in den Gefängnissen auf keinen Jugendlichen gestoßen, mit dem wir auf Grund von mangelnden Deutschkenntnissen ein Interview nicht hätten führen können. Trotzdem betreffen einige der unter dem Stichwort »mangelnde Deutschkenntnisse« in der Literatur aufgeführten Probleme auch unsere Untersuchungsgruppe. Es fehlt an allgemeiner Information für die Untersuchungsgefangenen (Steinke 1995: 172), während der U-Haft entstehen Komplikationen bei der Kommunikation nach außen, weil Brief- und Gesprächskontakte in deutscher Sprache stattfinden müssen. Oft ist das eher für die Familien ein Problem als für die Jugendlichen selbst. Lockerungen, Urlaub und Überstellung in den offenen Vollzug sind wegen der in vielen Fällen laufenden Ausweisungsverfahren oft unmöglich (vgl. Reif 1997: 52).

Migrantenjugendliche empfinden denn auch ihre eigene Lage in der Haft als schwieriger als die der autochthonen Mitgefangenen. Sie beklagen individuellen und strukturellen Rassismus; letzterer zeigt sich auch in der verschärften Handhabung von Regeln und Genehmigungen. Für sie ist es ungleich schwieriger, einen Platz im offenen Vollzug oder einen Therapieplatz zu bekommen. Kann die Therapie nicht über die Renten- oder Sozialversicherung finanziert werden (was in der Regel der Fall ist), so trägt der Landschaftsverband Rheinland in NRW die Kosten der Therapie. Notwendig ist dafür allerdings eine sechsmonatige Aufenthaltserlaubnis der Ausländerbehörde, denn Therapie kann, muss aber nicht gewährt werden (§39 BSHG-Eingliederungshilfe). Drückt die Behörde ihre Absicht aus, die betroffene Person ausweisen zu wollen, so werden ihr aller Voraussicht nach diese Leistungen nicht gewährt.

Auch wenn sie in der Auseinandersetzung mit autochthonen Gefangenen scheinbar Vorteile durch die Zugehörigkeit zur ethnisierten Gruppe haben, sind sie durch den Entzug der Privilegien (bzw. der Rechte, die die anderen Gefangenen haben) auf der untersten Hierarchieebene anzusiedeln.

14.3 Die Gewalt (in) der Haft: Produktion und Reproduktion von Männlichkeit und Ethnizität[7]

Gewalt als biographisches Thema

Gewalt ist für die Jugendlichen in Haft ein Thema; sie sind wegen Gewalttätigkeiten verurteilt, haben sich in gewalttätigen Zusammenhängen bewegt, erfahren in der Haft selbst Gewalt. Der öffentliche Diskurs konzentriert sich auf die Dimension der Gewalttätigkeit der Jugendlichen, vor allem wenn sie Migrationshintergrund haben. Gewalt ist oft der Anlass für eine nachhaltige Kriminalisierung, die sich bei Jugendlichen mit Migrationshintergrund sofort mit Ethnisierungspraktiken verbindet. Und damit ist zugleich fast schon automatisch ihre Männlichkeit involviert.

Die Frauenforschung hat den Fokus der Aufmerksamkeit immer wieder auf die Gewalt zwischen Männern und Frauen gelenkt, was ein wichtiges Anliegen ist, aber nicht allein die Frage männlicher Gewalt beantwortet. Daher fordert Elisabeth Stanko:

> »It is not enough to uncover and make visible the hidden violence against women in order to expose features of women's lives. The focus on street violence also deflects attention away from the realities of violence in men's lives, both as perpetrators and victims. ... It should be for the purpose of deconstructing men's power and privilege, which, as all the evidence suggests, is killing men more than killing women.« (Stanko 1994: 45)

7 Vgl. Spindler 2003.

Ömürs Biographie weist vielfältige Formen von Gewalt auf, die für sein Leben relevant sind. Sie reichen von physischer bis hin zu struktureller Gewalt, von ausgeübter zu erlittener Gewalt und spielen nicht nur für seine Darstellung von Geschlecht, sondern auch für das Positionieren und Positioniert-Werden als junger Mann in der Gesellschaft eine Rolle. Körperlichkeit und körperliche Gewalt sind für Ömür herausragende biographische Themen. Er hat mehrere Arten von Kampfsport erlernt und seine daraus resultierende körperliche Stärke, die er schon in seinem Erscheinungsbild vor sich her trägt, wird ihm immer wieder zum Fallstrick. Die große Rolle, die Gewalt in seinen Taten spielt, wird für ihn selbst zum übermächtigen Faktor, an dem er scheitert. Gewalt ist nicht nur Bestandteil der Straftaten, sondern sie dient ihm auch dazu, Männlichkeit herzustellen, so dass die Straftaten ein Bestandteil der Gewalt werden.

> Ömür: Also ständiger Gewalttätiger, meine Taten sind immer mit Gewalt, ob Einbrüche ob Raubs oder ob Diebstähle sind mit Gewalt, deshalb bin ich auch verurteilt wieder und ich hoffe, dass es sich jetzt geändert hat, weil jetzt habe ich acht Monate geschafft ohne meine Hände einzuschalten sozusagen.

Die ausgeübte Gewalt der von uns befragten Jugendlichen ist meist eine physische, die vorrangig in Form von Gewalt gegen andere Männer, im eigenen Milieu oder auch gegen sich selbst stattfindet. Zwar machen die Jugendlichen im Alltag Ohnmachtserfahrungen als Männer und geraten dadurch in Konflikt mit Bildern vom »mächtigen Mann«. Dies kann zu einer »fragilen Männlichkeit« führen, die zur Ursache für Gewalt gegen sich selbst und andere wird (Döge 2000: 9).[8]

Männerbünde

Innerhalb eines Systems, das Ordnung durch verschiedene Formen von Gewalt herstellt, produzieren die Gefangenen auf der unteren Ebene Hierarchien. Diese Hierarchisierung wird oft mit Hilfe überkommener männlicher Mittel ausgetragen, z.B. in gewalttätigen Auseinandersetzungen. Um sie effektiver zu machen, schließen sich die Jugendlichen zu Gruppen zusammen:

---

8 Allerdings ist Mechthild Bereswill Recht zu geben, wenn sie verschiedene Gewaltmotive und biographische Dimensionen von Gewalt anhand dreier Biographien aufführt und dann schlussfolgert: »Auch wenn Gewalt im Gefängnis eine enge und kontextabhängige Verbindung zu den Männlichkeitsidealen des Einzelnen aufweist, ist ihre subjektive, biographische Bedeutung vielschichtiger und geht nicht in Bildern von Mann-Sein, Mann-Werden oder in Zuschreibungen von Geschlechterdifferenz auf. Die biographische Bedeutung von Gewalt überschreitet somit diejenige von Geschlecht und umgekehrt« (Bereswill 2003: 209).

> »Als ein wesentliches strukturierendes Moment von Organisationen werden Männerbünde gesehen. Männerbünde beinhalten spezifische Formen von Kommunikation, weisen dabei eine extrem hierarchische Binnenstruktur auf und sind Mittel zur Konstituierung einer männlichen Ich-Identität.« (Döge 2000a: 91)

Männer haben gelernt, dass andere Männer ihnen Probleme machen, sie demütigen, mit ihnen konkurrieren. Deshalb kreieren sie Zusammenschlüsse, die sie über Prinzipien männlicher Bindung zusammenschweißen (vgl. Kaufman 2001: 158). Ömür erzählt, wie die Insassen in der Haft Hierarchie herstellen und welche Rolle dabei Bünde spielen:

> Ömür: Ja ich bin Ossendorf gegangen, hab mich erst mal da rumboxen müssen damit ich wieder Respekt hab beigebracht kriege. Dann das zweite Mal, dritte Mal auch Freistunde immer geboxt. Dann hab ich die Arschkarte also die Scheißkarte gehabt bei den Beamten und immer schwieriger wurde. (...) Ja das geht in die Ecke, wird n Kreis gemacht, die Wachen gucken sogar weg dabei un dann wird sich geboxt. (...)
> Interviewerin: Was passiert dann?
> Ö: Wenn du n Läbbie bist, dann musste auf Zelle bleiben, du darfst nich in die Freistunde. Gewinnst du, muss der eine in der Zelle bleiben, so is das, oder er kommt noch mal raus und boxt dich nochmal.
> I: Und wieso darfst du dann nich in die Freistunde?
> Ö: Ja dann kriegste von den anderen Schläge, dann kommt die ganze Gruppe. (...) Die Deutschen bleiben alle auf Zelle, die ham damit gar nichts zu tun, jeder Deutsche bleibt so, auch hier, hier sehn se höchstens ein, zwei fr- eh Deutsche, in die in die Freistunde gehen, höchstens.
> I: Und wie kommt das?
> Ö: Die ham, pah, weil das alles Ausländer is hier is siebzig Prozent Ausländer hier im Knast, siebzig Prozent, bevor sie ihre Jogginganzug oder ihren Ring oder ihre Goldkette oder ihre Silberkette abgeben müssen, bleiben se lieber auf Zelle.

In dieser Passage zeigt sich der Zusammenhang von Männerbund und Herstellung der Hierarchien: Kommt ein Neuling in die Haft, inszenieren die anderen Gefangenen eine Art »Aufnahmeritual«, das der Platzzuweisung in der Zwangsgemeinschaft dient. Männliche Verhaltenskodizes werden dabei eingesetzt, insbesondere die körperliche Stärke bestimmt den Rang, so dass davon auszugehen ist, dass Ömür in einer guten Position unter den Gefangenen ist. Eine schon bestehende ethnische Gemeinschaft hilft bei der Positionierung der Neulinge. Trotz seines deutschen Passes fühlt Ömür sich hier unhinterfragt der »ausländischen« Gemeinschaft zugehörig und scheint in dieser akzeptiert zu werden. Gleichzeitig bietet ein ethnischer Gruppenzusammenhalt eine Hilfestellung, eine Schutzstruktur. Die Haftsituation beschleunigt damit eine Ethnisierungsdynamik.

Die »ausländischen« Jugendlichen definieren sich als per se zusammengehörig, arbeiten aber innerhalb der Gruppe durch den Faustkampf Rangfolgen aus. In der Haft ist das Faustrecht unter den Gefangenen allgemein anerkannt. Es ist eine männliche Form, Hierarchien zu erstellen, die die meisten Insassen schon draußen einsetzten und die auch in der Haft wieder zum Einsatz kommt. Bereswill hat solches Verhalten folgendermaßen analysiert:

> »Konflikt- und Verhaltensstrategien wie ›Coolness‹, Härte und die Inszenierung ungebrochener Durchsetzungsfähigkeit bis hin zum Einsatz physischer und psychischer Gewalt gelten unter Jungen und Männern jenseits von Kriminalisierung nicht nur im Gefängnis als Garanten für angesehene und sichere Positionen in der jugendlich-männlichen Hierarchie. In der Haftsituation können diese Strategien zum symbolischen Kapital für die eigene Sicherheit in einem bedrohlichen System institutioneller und subkultureller Regeln werden.« (Bereswill 1999: 11)

Die Institution erlaubt und inszeniert diese Formen des doing gender und erweist sich als durch eine überkommene Geschlechterordnung ausgestaltet (vgl. Krüger 2002: 67). Ömür erzählt, dass die Deutschen in dieser Form der Ausarbeitung einer Hierarchie gar nicht erst mitspielen dürfen, womit gleichzeitig ein Akt der Entmännlichung stattfindet. Durch die Definition als Zugehöriger zur Kategorie »Ausländer« können die Jugendlichen mit Migrationshintergrund »Vorteile« erlangen - die unterprivilegierte Lage, die den Häftlingen von draußen bekannt ist, wird im Gefängnis in ihr Gegenteil verkehrt, auch da das quantitative Verhältnis hier ein anderes ist. Dabei wird ein Bezug zu Mithäftlingen in Form von Solidarität oder Gegnerschaft sowie eine Position in der Hierarchie entlang einer ethnischen Linie hergestellt. Gegenüber anderen Insassen und der Institution scheint die Zugehörigkeit zu einer auf ethnischer Ebene organisierten Gemeinschaft hilfreich, um sich in der Gefängnishierarchie abzugrenzen. Angriffe der Institution in demütigender Form, die der Einzelne als Angriff auf seine Persönlichkeit erlebt, werden dadurch abgefedert und gleichzeitig auf die Gegengruppe übertragen. Die Subjekte müssen sich zwar den Bedingungen unterwerfen, nutzen aber (so weit sie können) noch die Spielräume, die sie zur Gestaltung haben.

In ihrem Versuch, durch männerbündisches Verhalten Macht herzustellen, bleiben die Gefangenen immer unter sich. Ressourcen zur Beherrschung anderer Terrains sind ihnen nicht gegeben, im Gefängnis sind sie gar verboten. Zugänge zu vielen gesellschaftlichen Bereichen sind auf Grund des ökonomischen und des sozialen Hintergrundes sowie des Migrationshintergrundes schon vorher versperrt, wie sich in den Biographien deutlich zeigt. Deshalb versuchen die Jugendlichen immer wieder Macht anderswo herzustellen, und weil nicht viel mehr bleibt als ihr Körper, tun sie dies durch körperliche Gewalt (vgl. Kaufman 2001: 152).

Staatsgewalt

Die Bandbreite gewalttätiger Zusammenhänge, in denen sich die Jugendlichen bewegen, beschränkt sich nicht nur auf ihre individuelle Gewalttätigkeit. Diese steht am einen Ende der Skala, dazwischen wirken strukturell gewalttätige Zusammenhänge und am anderen Ende der Skala sehen sie sich der Staatsgewalt konfrontiert. Im Gefängnis treffen diese verschiedenen Aspekte aufeinander: Auf der Alltagsebene zeigen sich viele Facetten der Gewalt von Männern gegen Männer. In Form institutionalisierter staatlicher Gewalt repräsentiert das Gefängnis die Monopolstellung staatlicher Gewalt (vgl. von Trotha 1995: 17). In der Analyse der Interviews wird die ständige Gegenwart der Themen Macht und Gewalt deutlich. Viele Erzählungen der Jugendlichen drehen sich um den Gefängnisalltag, sie erleben ihn als permanenten Kampf gegen sich, und so müssen auch sie den Kampf gegen andere führen. Im Mittelpunkt der Erzählung erlittener Gewalt steht das Personal, mit denen sie tagtäglich umgehen. Die durchweg männlichen Beamten verkörpern sowohl die Rigidität des Systems als auch dessen geschlechtliche Durchdringung. Bereswill (1999: 4) bezeichnet das Gefängnis als »Reproduktionsstätte von Männlichkeitsmustern«.

Die Jugendlichen erzählen viel über Interaktionen zwischen Gefangenen und Beamten. Ömür beschreibt verschiedene Formen der Behandlung der Insassen durch die Beamten, die das Verhältnis der beiden Männergruppen zueinander markieren. Zunächst geht es darum, dass er als Gewalttäter in der Haft ist:

> Ömür: Weil hier mal unsere Beamten hier, die Justizbeamten von Abteilung elf zwölf, die haben mich vier Monate lang abkacken lassen. Sie wollten mir keine Arbeit geben gar nichts wollten sie mir geben, sie meinten dass ich Gewalttäter bin, weil ich vorher in Haft vorher in der vorigen Inhaftierung Mist gebaut hab, Körperverletzung hier verfügt hab, dass sie heute sozusagen noch das Urteil für mich sprechen können. Ich hab absolut nix bekommen, kein Radio kein Fernsehen gar nichts.

Ömür interpretiert die Handlung und Aussagen der Beamten so, dass sie seine Gewalttätigkeit zum Anlass nehmen, auch mit ihm gewalttätig umzugehen - wenn auch nicht unbedingt in Form körperlicher Gewalt. Sie zeigen den Gefangenen ihre überlegene Position mit konventionellen Mitteln der Provokation, gegen die sich die Gefangenen nicht wehren dürfen. Bei Ömür machen sie sich auch dessen Autoaggressionen zunutze - er verletzt sich, indem er sich mit Messern oder Rasierklingen Schnitte in die Arme zufügt –, die sie als Beleg für seine »Minderwertigkeit« verwenden und überbetonen.

> Ömür: Auch hier mit diesem mit meinen Armen und so, die sind alle die Beamten haben zu mir gesagt, ich soll mir nicht die Arme ganz normal schneiden, sondern ich soll die Pulsadern aufschneiden und mir die Kehle durchschneiden, das sind die Sprichworte, die die mir sagen, is so. Auf meine Abteilung gibt's auch viele Zeugen dass die sowas sagen. (I: hm) Und dann Ausdrücke zum Beispiel ›du Arschloch, du Wichser‹ und ph- sowas sind für mich Kinderausdrücke, das haben wir damals so benutzt oder ›ich fick deine Mutter‹ sowas sagt der, zeigt mir die Mittelfinger und sowas. Der versucht mich zu provozieren, damit ich gewalttätig werde. Dafür gibt's auch hier zum Beispiel ist auch einer, der das bezeugen könnte, aber jetzt seit paar Monaten mach ich gar nichts mehr, gar nichts mehr (5), ich weiß gar nicht mehr was ich sagen soll jetzt.

Ömür zitiert den Beamten mit Ausdrücken, die männlich belegt sind, es sind vorrangig Worte, die Männer für Männer verwenden. Ömür versucht im Gegenzug Überlegenheit zu mimen, indem er sie als »Kinderausdrücke« ablehnt. Er zeigt sich damit als erwachsener Mann, was er im Interview dazu einsetzt, sich über die Beamten zu stellen, seine Reife auszudrücken um damit dem ihm zugeschriebenen Stereotyp und seiner Positionierung etwas entgegenzuhalten.

Verfestigung von Hierarchien durch Beharren auf Herkunft

Das Personal zementiert die unterlegene Position der Gefangenen durch weitere Faktoren. In der ersten zitierten Interviewpassage erzählt Ömür, dass er keine Arbeit in der Haft bekommen habe. Er führt dies darauf zurück, dass er als Gewalttäter besonders unterprivilegiert sei. Arbeit spielt für sein männliches Selbstverständnis eine wesentliche Rolle. Das kapitalistische System funktioniert auf Grund der geschlechtlichen Arbeitsteilung, durch das Geschlecht strukturiert es die soziale Praxis. Dies ist ein Bestandteil der Erzeugung sozialen Geschlechts, so dass Erzählungen über Arbeit und Arbeitsabläufe einen Anhaltspunkt für Produktionen oder Reproduktionen von Geschlecht darstellen können: Den Gefangenen, die in der Haft oft zum Nichtstun verdammt sind, Arbeit zu verweigern, bedeutet auch, sie auf der Skala der Männlichkeit ganz unten einzuordnen. Als Ömür dann Arbeit bekommt, beschreibt er folgendes Szenario, in dem sich ein deutliches Zusammenspiel von Geschlecht und Herkunft wiederfinden lässt:

> Ömür: Aber das interessiert die nich, das interessiert die kein bisschen, für die bin ich immer noch das Schwein, was ich vorher war. Jetzt hab ich vor kurzem meine Hände draußen röntgen lassen, die waren beide Hände waren so dick wie

Luftballons und das hat die nicht interessiert. Ich musste dann mit einem arbeiten, Steine schleppen, die meinten zu mir ich wär ein türkischer, türkischer hier wie heißt es, Erdbebensammler[9], die würden mich da einsetzen in nem Erdbebengebiet was draußen vor ihrer Sicht is, Steine schleppen bis nach hinten.

Ömür muss weiter arbeiten, obwohl er krank ist – eine Form der physischen Gewalt gegen ihn. Das Personal übt sie jedoch nicht dadurch aus, indem es sich die Finger schmutzig macht, sondern tarnt sie hinter dem Beharren darauf, dass Ömür weiter arbeiten soll. Die Gewalt richtet sich hier direkt gegen den Körper, was ein Prinzip des Gefängnisses ist (vgl. Connell 2000a: 83). Ömür erklärt sie als legitimiert durch die Beurteilung seiner Unmoral (»das Schwein, was ich vorher war«), ohne dass anerkannt würde, dass er sich geändert habe. Es scheint dem Personal nicht auszureichen, dass die Überlegenheit »nur« über den Körper hergestellt wird. Es verstärkt den Vorfall dadurch, dass es ein Szenario ausmalt, in dem die Steine, die Ömür trägt, Trümmersteine des kurz zuvor in der Türkei stattgefundenen Erdbebens sind. Das Thema Arbeit mündet also für Ömür in einer seelischen Demütigung, die über einen rassistischen Umgang hergestellt wird – damit verfestigt das Personal seine Überlegenheit und Ömürs Unterworfenheit weiter. In Verbindung mit der Arbeit schlägt sich dies direkt auf sein männliches Selbstwertgefühl nieder. In der Beurteilung von Ömürs Moral und in dem Szenario des Erdbebens in der Türkei zeigt sich die Verstärkung der Unterwerfung des Körpers durch die Seele, die das Gefängnis als politische Technologie des Körpers perfektioniert hat (vgl. Foucault 1976: 42).

Ömür schildert mehrere solcher Begebenheiten in seinem Interview; er erzählt auch, dass es einige »richtige Rechtsradikale« unter den Beamten gebe. Er habe nie Vergünstigungen bekommen und man habe ihn als Tier betrachtet: In dieser Themenverknüpfung bringt Ömür rassistisches Verhalten in Verbindung mit einer allgemein schlechten Behandlung, die in der Entmenschlichung gipfelt.

Ömür: Die v- ver- die beurt- verurteilen mich nochmal, ich werd vom Gericht verurteilt und werd hier drin auch nochmal verurteilt und das is das letzte, hier drin is man kein Mensch sondern ein Tier, das wird man auch, das wird auch so gesagt ›ihr habt hier keine Rechte‹ so sagen die ›ihr habt hier keine Rechte, seid froh dass ihr hier hier euer Essen bekommt und dass ihr euren Freigang habt‹, das wird hier gesagt. Freistunde is genauso wie so n Hund, Ihren Hund bringen Sie auch zwei drei Stunden mal raus oder wenn Ihr Hund mal muss, dann geht der um die Ecken und dreht seine Runden und ge- eh irgendwo pin-

9 Das bezieht sich auf das schwere Erdbeben in der Türkei im August 1999, bei dem über 30.000 Menschen ums Leben kamen; die genaue Zahl der Opfer ist nicht bekannt.

kelt der ja hin. Das is genauso wie bei uns, bei uns wird eine Stunde die Freistunde, ›geht eure Runden und haltet die Schnauze‹ das is so hier.

Viele der Jugendlichen haben in den Interviews geäußert, dass sie sich wie Tiere behandelt fühlen, Ömür führt es mit der Metapher des Hundes aus. So sieht er sich als der sprichwörtliche »underdog«. Wird Ömür als Mensch wahrgenommen, dann explizit als »Ausländer«:

Ömür: Ja der (der Chef des Arbeitsbereiches, Anm. d. Verf.) macht jeden Tag so Andeutungen. Ich arbeite ja als Müllmann Hof-innen, ich kann mich hier im Knast frei bewegen und jeden Morgen hab ich diesen Spruch ›wenn ich eu- wenn ich euch Ausländerpack sehe, ich würd euch alle abschießen‹ und son Blödsinn redet der. Ich sag einfach ›jaja leck mich am Arsch‹ und gehe meinen Weg, ich mach meine Arbeit, mehr brauch ich nich.

Das Gefühl unterworfen zu werden, und zwar weitaus mehr als es das System verlangt, wird hier besonders deutlich. Das Personal setzt den Migrationshintergrund der Jugendlichen in vielfachen Zusammenhängen ein und leitet daraus eine Nichtzugehörigkeit ab, die es mit Verachtung versieht, die bis zur Negation der Daseinsberechtigung reicht – eine rassistische Praxis, die die Jugendlichen auch als solche deuten.

Ömürs in die Institution eingelassene Unterlegenheit als Gefangener wird also zusätzlich durch die Konstruktion einer Unterlegenheit als Migrant verstärkt. Auch seine Männlichkeit bzw. Formen seiner Männlichkeit werden herangezogen und dienen dazu, die Gräben tiefer zu ziehen. Auf eben dieser männlichen Ebene provozieren ihn andere Männer und er lässt sich provozieren. Die Umgangsformen rekonstruieren ständig die Unterlegenheit seiner Situation und verschärfen diese. Erzeugt wird ein Zustand, der seinen Ausgangspunkt darin hat, dass er ein junger Mann mit Migrationshintergrund ist und genau als dieser keine Rechte in Anspruch nehmen kann. Die Beamten gießen im Gegenzug ihre Überlegenheit in Zement. Die Geschichte Ömürs zeigt plastisch, wie Geschlechterpolitiken und Rassismus ineinander greifen können, sich dabei um den Körper und im Körper gruppieren: Der Körper wird zum politischen Feld, zum Anlass und Austragungsort, zur Ursache und zum Ziel der Unterwerfung.

Ömür beschreibt noch ein weiteres Phänomen um die Frage von Macht und Gewalt: Erst in der Haft habe er spürbar erfahren, dass Leute stärker als er sein können und dass es neben physischen auch andere Formen der Machtausübung gibt.

Ömür: Das is das deshalb hab ich immer gedacht unschlagbar unschlagbar, aber man sieht man findet immer seinen Gegner und ich hab meinen Gegner gefunden. Ich hab meinen Gegner hier drin gefunden, das ist diese- das sind mehrere Gegner, das sind die Beamten, der Anstaltsleiter, gegen die kann ich nichts anrichten, wenn ich dem eine eine gebe krieg ich fünf zurück (I: hm), nich nur fünf, mehr als genug davon. Und deshalb, deshalb werd ich mit meiner Gewalt draußen nichts mehr machen. Ich trainiere nur noch um mir einen Gefallen zu tun.

Ömür beschreibt, dass er immer *den Gegner* gesucht habe und dieser als solcher im Gefängnis zum ersten Mal ein Gesicht bekommt. Macht ist im Gefängnis personalisiert und damit handhabbar. Außerhalb der Mauern bleibt die Hegemonie der anderen virtuell, begegnet ihm nicht als solche - seine Gewalttätigkeit kann so als eine stetige Suche nach dem gesichtslosen Gegner gedeutet werden. Im Gefängnis bekommt dieser Name und Gestalt in Form des Anstaltsleiters und der Beamten: Um gegen sie zu siegen, fehlen ihm die adäquaten Mittel, mit denen er Macht und Überlegenheit herzustellen weiß. Der Gegner ist mit allen Mitteln der Männlichkeit ausgestattet, die ihm durch die institutionelle Macht als Herrschaft zur Verfügung stehen. Da er den Gegner nun endlich gefunden hat, könnte auch dies zum Grund werden, warum er wieder und wieder zurückkehrt in die Haft.

Angst vor der Gewalt

Mit der Inhaftierung der Jugendlichen sind auch Ängste verbunden, vor allem die Angst vor sexualisierter Gewalt:

Interviewerin: Sie haben erzählt, mit 14 sind Sie zum ersten Mal nach Ossendorf gekommen.
Adnan: Ja.
I: Können Sie sich noch erinnern an den Tag?
Ad: Ja sehr gut.
I: Ja?
Ad: ((dunkle Stimme)) /Ja ja, ich kam von der Polizeiwache hierhin, ich hab mir Knast vorgestellt wie in dem Film, wie in Amerika. (I: aha) Boh ich hab nur (gedacht) solche Bären die vergewaltigen mich und hin und her./ Ja dann kam ich hierhin, war alles anders ne, aber Schiss gehabt bis zum Geht-nicht-mehr, ja und dann kam ich nach Haus 9 das erste Mal. (I: hm) Da fing die Laufbahn richtig an, da ging das richtig los, so was hab ich gemacht ich hab dies gemacht oh oh von überall was abgehört ne. (I: hm) (3) Ja daran kann ich mich erinnern ja (3), nach vier Wochen oder so weg, raus, aber war mir egal (2).
I: Das heißt nach vier Wochen kamen Sie wieder raus oder?
Ad: ((dunkle Stimme)) /Haftprüfung ja ja, bei diesem Verfahren da war so oder so überflüssig dass ich reinkam/, und das zweite Mal gab es richtig Kasalla.

I: Was heißt das?
Ad: Richtig Strafe (3), viereinhalb Jahre (2), ab geht die Post (2) und voll abgebüßt ne.

Adnan hat schon vor der Inhaftierung Bilder der Furcht vor Vergewaltigung im Gefängnis in seinem Kopf. Er sagt zwar, dass alles anders gewesen sei, als er es sich vorgestellt habe, bleibt dann jedoch im nächsten Teil des Satzes dabei, dass er sehr große Angst hatte, wobei er sich nicht dazu äußert, ob seine Angst vor Vergewaltigung unbegründet war. Er entkräftet dies jedoch auch nicht, sondern bleibt beim Thema Angst.

Vergewaltigungen im Gefängnis sind wahrscheinlich eher die Regel als die Ausnahme. Sie eignen sich als besondere Repression in einer Situation, in der jeder auf den Körper verwiesen ist, in der kaum andere Ressourcen vorhanden sind; hinzu kommt die spezielle Situation des Mangels an Möglichkeiten sexueller Beziehungen. Teilweise prostituieren sich Männer auch: Wer ökonomische Ressourcen hat, kann in der Haft über andere bestimmen und auch Sex als Gegenleistung verlangen. Kersten (1997a: 65) stellt fest, dass in Situationen des Mangels Männlichkeitsbeweise auf sexueller Ebene ausgetragen werden, so dass Vergewaltigung gerade in Gefängnissen nicht nur den Beweis individueller Männlichkeit beinhalte, sondern auch Gruppenhierarchien abstecke. Nach außen hin verwenden die Jugendlichen viel eher eine Konstruktion von Heterosexualität zur Herstellung von Männlichkeit (vgl. Thurston 1996: 143). Hüseyin schildert, dass vor allem die Migrantenjugendlichen sexualisierter Ausbeutung oder Belästigung ausgesetzt sind - allerdings nicht durch die Mithäftlinge, sondern durch das Personal:

Hüseyin: Die behandeln uns wie ein Hund hier, weiß ich nich, wir sind immer korrekt zu den Beamten oder zu wen wat weiß ich zu eine andere, aber die sind nich so korrekt (2).
Interviewerin: Hm, und Sie haben gesagt, die hätten Hass auf Ausländer.
H: Ja, eine Chef bei uns, nicht große Chef da vom ganzen Metallwerkstatt da is so groß Metall, da arbeiten mindestens fünfzig Leute. (...) Ja er sitzt ganze Zeit da und (3) der macht nur Leute an so t'schuldigung, is schwul so, der macht Leute an so und das...
I: ((unterbricht)) /ach so, der macht die *wirklich* an?!/
H: Ja, der macht einen Leute an so ((leise)) /un das is das find ich total scheiße/.
I: Und kann man gar nichts dagegen machen?
H: Was kann man dafür machen, wir sind Gefangene, wir ham kein Recht dazu. (...)
I: Sind Sie denn auch mal angemacht worden von dem.
H: Ich bin von diesem Chef angemacht ja...

I: Ja...
H: Hm...
I: Und was hat der da gemacht?
H: Ja so komische Hand dings, weiß ich nich (2)((schmunzelnd)) /und da war ich dann Dreck/ (5) ((leise)) /was solln wir machen/ ja *Fehler is bei mir*, ich weiß nich warum ich hier reinkomme.

Hüseyin ist hier in einer dreifach unterlegenen Stellung: Erstens ist er bei der (Zwangs-)Arbeit diesem Chef untergeordnet, zweitens wird er als Migrant rassistisch behandelt und drittens erzählt er von sexualisierter Gewalt. Zudem schreibt er sich diese Situation auch noch selber zu, denn er sieht sich schuldig an seiner Inhaftierung. Er versucht Normalität in diese Situation zu bringen, indem er sagt, dass es im Gefängnis so sei und man nichts dagegen unternehmen könne - als Gefangener kann er sich gegen das Personal nicht wehren und muss die Unterdrückung deshalb akzeptieren.

Die Resignation, mit der dieser Jugendliche die Situation beschreibt, deutet darauf hin, dass er sich damit abgefunden hat, sowohl mit Rassismus als auch mit Sexismus zu leben. Kaufman (2001: 143) verdeutlich die tiefe Eingelassenheit dieser Strukturen in die Gesellschaft: »Rassismus, Sexismus und Heterosexismus wurden in unseren Gesellschaften institutionalisiert und sind gesellschaftlich geregelte Akte der Gewalt.« Im und durch das Gefängnis werden deren Wirkungen besonders deutlich. Am Ende der Inhaftierung jugendlicher Migranten steht meist der gesellschaftliche Ausschluss, exekutiert durch Abschiebung.

15 Abschiebung

In den Interviews ist eine bevorstehende Abschiebung eines der heikelsten Themen. Es wird zwar nicht erst in der Haft virulent, denn gerade Flüchtlinge leiden ständig unter der Angst, abgeschoben zu werden, solange sie noch nicht anerkannt sind. Die Inhaftierung verschärft aber die Lage der Jugendlichen: Abschiebung wird nun für alle zum unausweichlichen Thema, außer für diejenigen, die eine kurze Strafe verbüßen oder die deutsche Staatsangehörigkeit haben (und das sind die wenigsten).

Die Begründung für die Ausweisung ist, dass vom weiteren Aufenthalt des »Ausländers« Gefahren ausgehen könnten. Migranten, die gegen das Betäubungsmittelgesetz verstoßen sowie solche, die zu einer Jugendstrafe von über zwei Jahren ohne Bewährung verurteilt werden, schiebt der Staat in der Regel ab (§ 47 II AuslG). Ab einer Jugendstrafe von drei Jahren sind sie auszuweisen (§47 I AuslG). Eine Stichtagsuntersuchung des Kriminologischen Dienstes des Justizministeriums NRW ergab, dass 1997 jeder vierte Jugendliche ohne deutschen Pass wegen eines Betäubungsmittel-Deliktes inhaftiert war (vgl. Wirth 1998: 282).[1] Die in Strafhaft interviewten Jugendlichen verbüßen meist lange Strafen, diese sind außerdem oft mit Verstößen gegen das Betäubungsmittelgesetz verbunden - die Interviewpartner sind also fast alle solche, die das Ausländergesetz als Gefahrenquelle definiert, wenn sie sich weiterhin in der BRD aufhalten.

Ein besonderer Ausweisungsschutz (§ 48 AuslG) trifft auf diese Gruppe von inhaftierten Jugendlichen faktisch nicht zu, da erst ab dem 16. Lebensjahr unabhängig vom Aufenthaltsstatus der Eltern eine verfestigte Aufenthaltsgenehmigung vorgesehen war. Die Aufenthaltserlaubnis wird wegen der vorangehenden Straffälligkeit der Jugendlichen nur befristet erteilt. Gleichzeitig werden sie sodann auch automatisch aus einem Einbürgerungsverfahren der Eltern ausgeschlossen (vgl. Tekin 2003: 311).

In den Interviews greifen die jungen Männer das Thema Abschiebung dann in unterschiedlicher Art und Weise auf: Einige erzählen unaufgefordert über die Probleme, die sie mit dem Thema Abschiebung haben, andere, die in der Nachfragephase des Interviews auf das Thema angesprochen werden, reagieren ausweichend und erklären dass sie davon nicht betroffen seien. Klar

1 Als Anlass für Delikte spielen Drogen aber eine wesentlich größere Rolle. Schlehbusch (1999: 21) sowie Kastner und Sessar (2001: 350) gehen davon aus, dass bei ca. 50 % der jugendlichen und heranwachsenden Verurteilten eine Betäubungsmittelproblematik vorliegt.

ist aber, dass die meisten der Interviewpartner schon eine Androhung der Abschiebung bekommen haben oder ihnen diese ins Haus steht.

Adnan, in der Bundesrepublik geboren und aufgewachsen, sieht sich unrechtmäßig der (nicht vorhandenen) Staatsbürgerrechte beraubt.[2] Er weist Gründe von sich, rechtlich anders positioniert zu sein als andere und argumentiert, warum er eigentlich Deutscher sein müsste: Sein Lebensmittelpunkt ist in der Bundesrepublik, hier lebt er schon immer, spricht auch besser deutsch als türkisch. Die Türkei kennt er nur als Urlaubsziel und dort behandelt man ihn als »Deutschländer« (auch z.B. wegen seiner langen Haare). Er würde in ein ihm unbekanntes Land abgeschoben, in dem er schlechte Ausgangsbedingungen für sich sieht. All dies führt ihn dazu, ein Leben in der Türkei als bedrohlich zu entwerfen: Er macht deutlich, dass dies das Ende seines Lebens bedeuten könnte, wenn er sagt: »da ist entweder der Tod das Beste oder was anderes«. Dabei stellt er, ohne die Herkunft seiner Familie zu verleugnen klar, dass er sich selbst als »Wahldeutschen« sieht und sich hier zugehörig fühlen möchte. Gleichzeitig greift er die rechtlichen Bedingungen für eine Einbürgerung auf (Dauer des Aufenthalts, Sprachkenntnisse) und macht deutlich, dass er die Kriterien *eigentlich* erfüllt. Seine frühzeitige Inhaftierung verhinderte jedoch eine mögliche Verfestigung des Aufenthaltsstatus, die nach dem alten Staatsbürgerschaftsrecht erst ab 16 Jahren möglich war.

> Adnan: ...will das geht nicht, die wollen dich nicht (2), die wollen dich nicht mehr, ẹgal, jeder spricht dich mit Deutschländer an, mit Deutschländer, Deutschländer. So, wohin gehört man jetzt (2), wohin gehört man? Ich weiß et nicht, ich weiß nicht ob ich Türke, Deutscher, eins von beiden muss ich sein (3). Keine Ahnung (2), keine Ahnung ((räuspern)), ich weiß es nicht mehr (2). Was könnte ich Ihnen noch erzählen, was interessiert Sie, ich weiß es nicht.
> Interviewerin: Was Sie erzählen wollen.
> Ad: Ja ich weiß es nicht keine Ahnung, fragen Sie mich irgendwas (2), dann kann ich Ihnen weiterhelfen vielleicht, aber so ich von mein Kopf ist wieder voll da. (I: hm) Besten man schaltet hier ab, vergisst dat alles.

Die Passage zeigt, dass er sich durch seinen rechtlichen Status in Deutschland gezwungen sieht, sich ethnisch einzuordnen oder definieren zu lassen. Da er aber nirgendwo akzeptiert wird, bleibt die Definition ihm selbst überlassen. Er weiß nur, als was er nicht akzeptiert wird: hier ist er der »kriminelle Ausländer«, der nicht mehr gewollt wird, dort der »arrogante Deutschländer«, den auch niemand haben will. Sein eigener Spielraum, sich zu positionieren, ist dabei sehr gering. Adnan ist aber der Meinung, dass jeder Mensch einen Platz

2 Ab hier sind einige Überlegungen aus Spindler/Tekin 2003a eingeflossen.

haben muss, an den er gehört und dem er sich zugehörig fühlen darf, er sagt: »...dabei will man auch nur irgendwo dazugehören.« Die subjektive Verarbeitung des Jugendlichen weist auf eine Zuspitzung des Ethnisierungsprozesses durch die drohende Ausweisung hin, die den Ort und die Verortung in Frage stellt. Selbst- und Fremddefinition wollen nicht zusammen passen und je heikler die Situation wird, desto unklarer wird für Adnan, wo er sich selbst noch verorten kann.

In anderen Interviews kommen neue Probleme und Sichtweisen hinzu. Muhammet hat schon eine Ausweisungsandrohung bekommen, die allerdings – wie er sagt – »auf Eis gelegt wurde«. In den folgenden Sätzen zeigt sich deutlich, wie er versucht, die Probleme von sich fern zu halten. Er spricht von Abschiebeproblemen, als seien sie nicht seine eigenen, sondern die der anderen:

> Muhammet: ...versaust du dir alles und du lernst nix davon, lieber lernst du davon und du gehst früher raus und die sind die Dümmsten, die versauen viel draußen, die versauen ihre Schule, die versauen alles, die kriegen dann eines Tages, wenn die so weiter machen- ich seh schon ganz viele Ausländer abgeschoben, jetzt Albaner im ersten (I: ja), Albaner und ich glaube Algerier n Kollege Algerier ich hab mit meine Augen gesehn, wie die den nach nach Rua- Algerien zurückge- abgeschoben haben und da hab ich auch gesagt ›das das gibt's nix‹, ich hab gesagt ›ich muss mich zurücklehnen‹, ich hab gesagt ›ich will nich auch nich einmal in Syrien landen‹.

Levent hat sogar schon eine Ausweisung hinter sich. Nach einem halben Jahr kehrt er illegal in die Bundesrepublik zurück, wird aber kurz darauf wieder verhaftet.

> Levent: Ich weiß nicht ich bin-, ich hab von dann ab hier keine Angst, ich hab von hier, ich war zwischendurch wo ich hierhin gekommen bin, weil ich in '98 hab ich Abschiebung gekriegt. (..) Ich weiß nicht was passieren wird, wenn ich wieder Abschiebung kriegen werde wär das sehr schlimm (I: hm), ich hab viel Angst wenn ich wieder Abschiebung werd, ich weiß nicht was jetzt passieren wird.

Was Levents und auch Muhammets Interviewpassage verdeutlichen, steht stellvertretend für die Auseinandersetzung anderer Jugendlicher: Sie alle haben große Angst vor der Abschiebung, vor einer ungewissen und als bedrohlich antizipierten Zukunft. Engin konkretisiert das, wenn er über frühere Freunde spricht, deren Abschiebung er erlebt hat.

> Engin: Jetzt weiß ich nicht jetzt ist mein Pass wieder also ähhm wie soll ich sagen auch wieder abgelaufen fast (3). Jetzt müssen meine Eltern mir mein Pass beantragen, vom Richter wieder verlängern. /((klopft)) (7)/
> Interviewer: Ein Ausweisverfahren oder so hast du noch nicht, hast du auch einige Freunde erlebt dass die auch ausgewiesen worden sind?

E: Nur Ältere (3), Schore[3] und ( ) die wurden abgeschoben (7).
I: Alle vier?
E: Vier Stück, einer ist in Türkei gestorben (6), drei sind immer noch in Türkei (4).

Die Androhung der Ausweisung erleben die Jugendlichen als eine Doppelbestrafung, die für ihre eigene Resozialisierungsbestrebung und -motivation verständlicherweise zu einem Kontrapunkt wird (vgl. Heldmann 1997: 42). Hamburger et al. (1981: 159) stellen fest, dass die Androhung der Ausweisung die Jugendlichen mit dem Verlust aller Lebenschancen konfrontiert und einen Angriff auf die Integrität der Person darstellt. Dies werde zur Basis für die Verfestigung »einer ›professionellen‹ devianten Orientierung«, die ihre Legitimation durch die Behandlung als Ausländer unter Rekurs auf persönliche Rechte erfährt. 1981 von den AutorInnen verfasst, muss diese These ein viertel Jahrhundert später immer noch diskutiert werden.

Die durch die Gefängnisstrafe angestrebte Resozialisierung wird durch die rechtliche Unsicherheit konterkariert (vgl. Bielefeld et al. 1982, M. Walter 1993), durch die bevorstehende Ausweisung kann sie gar nicht mehr das wirkliche Ziel sein. Michael Walter (2001: 122) betont, dass strafrechtlichen Eingriffen durch das Ausländerrecht die sozialstaatliche Flankierung genommen und das Strafrecht seiner Resozialisierungskomponente beraubt wird. Die Häufung von Strafen und ausländerrechtlichen Konsequenzen wie Abschiebung lassen den Grundsatz der Verhältnismäßigkeit hinfällig werden. Schon 1984 fordert Chaidou eine Änderung des Ausländergesetzes, die den Aufenthalt sichert, damit die Jugendlichen auch wirklich eine Perspektive haben und nicht illegal wieder in die Bundesrepublik einreisen müssen. Auch bei den Konferenzen der Deutschen Vereinigung für Jugendgerichte und Jugendgerichtshilfen (DVJJ) wird diese Forderung immer wieder gestellt. Seitdem hat sich die Situation aber nicht entspannt sondern noch weiter zugespitzt: 1994 wurde das Verbrechensbekämpfungsgesetz eingeführt, das auf das Ausländerrecht insofern einwirkte, dass die Freiheitsstrafe der Jugendstrafe gleichgesetzt wurde (vgl. Heldmann 1997: 41) und die Jugendstrafe seither als Abschiebungsgrund gilt (AuslG § 47). Die Konsequenz solcher Maßnahmen:

> »Laufend verschärft wurden die Ausweisungs- und Abschiebungstatbestände der §§ 45 ff. AuslG. Ausweisungen und Abschiebungen wurden dadurch vereinfacht: Immer größere Möglichkeiten wurden den Behörden eingeräumt, immer mehr Ausländer auf Grund immer geringerer Straffälligkeit auszuweisen und abzuschieben.« (Kirpes 2000: 103)

3 Szenebezeichnung für Heroin

Auch wenn die Abschiebung nicht vollzogen wird, bleiben auch nach der Entlassung aus der Haft die Ausweisungsverfügungen des Ausländergesetzes relevant. Vor allem ist es nun schwieriger, die Aufenthaltserlaubnis zu verlängern.

Wenn es um die Abschiebung auf Grund von Straffälligkeit geht, sind Flüchtlinge und Migranten der zweiten Generation gleichermaßen betroffen. Allerdings bestimmt die Vorgeschichte der Jugendlichen ihren Umgang mit dem Thema: Wie oben gezeigt, überwiegen bei Adnan die Vorstellungen darüber, in der Türkei zu leben, den Komplex der Abschiebung. Er beschäftigt sich stark damit, weil er dort noch nie gelebt hat und ihn die Perspektive beängstigt. Für Hüseyin dagegen ist es unvorstellbar, in die Türkei zurückkehren zu müssen, weil er und seine Familie als Kurden dort unter den lebensbedrohlichen Bedingungen politischer Verfolgung lebten.

Das Strafsystem besteht nicht nur aus einer juristischen Perspektive und Praxis, in deren Mittelpunkt die Strafe steht, sondern es sieht seine Aufgabe zugleich in einer anthropologischen Praxis, das Individuum zu »bessern« (vgl. Foucault 2005: 253). Im Begriff der Resozialisierung ist eben dieser Gedanke der Transformation des Individuums, der »Besserung« enthalten und wird in allen Maßnahmen des Strafvollzugs propagiert (vgl. Foucault 1976: 318).[4] Dass Besserung nicht erreicht wird sondern das Gefängnis gegenteilige Wirkungen erzielt, spricht für Foucault dafür, dass sich dessen Verwendung mit der Zeit verändert habe, dass das Gefängnis nun als »Eliminierungsmechanismus« diene (vgl. 2005: 787).

Die Besserungsabsicht wird durch die Abschiebung zur reinen Deklaration; der Strafvollzug behält für die Gruppe der Migranten sein propagiertes Ziel rhetorisch zwar bei, verunmöglicht es aber de facto. Wo Migranten entfernt werden müssen läuft der Subtext mit, dass dies eben notwendig sei, weil man sie nicht bessern könne. Damit wird ihnen eine besondere Stellung »außerhalb« der Institution und weiter gefasst der Gesellschaft zugewiesen. Die Abschiebung konterkariert daher nicht nur das Ziel der Resozialisierung, sondern perfektioniert rassistischen Ausschluss.

Die politische Besetzung des (Fremd-)Körpers wird in der Abschiebung deutlicher denn je. Gefängnis und Abschiebung funktionieren analog dem Bann, der eben damals auch den Ausschluss aus der Herrschaft bedeuten sollte, den Verbannten aber zur politischen und damit mit der Macht in

---

4 Zur Kritik an Foucaults Widerspruchseliminierung, indem er alle Prinzipien des Gefängnisses als Teile des Konzepts der »Besserung« analysiert sowie an seiner Übernahme des ideologischen Konzeptes der »Besserung« vgl. Rehmann 2003: 73.

Verbindung stehenden Kategorie schlechthin macht. Giorgio Agamben widmet sich dieser Frage in der Figur des *homo sacer*[5], dessen Funktion er in vielen Belangen ähnlich der des Verbannten sieht:

> »Er (der homo sacer oder auch der Verbannte, Anm. d. Verf.) ist aus der religiösen Gemeinschaft und von jedem politischen Leben ausgeschlossen: Er kann weder an den Riten seiner *gens* teilnehmen (...) noch irgendeine gültige Rechtshandlung vollziehen. Darüber hinaus, da jeder ihn erschlagen kann, ohne einen Mord zu begehen, ist seine ganze Existenz auf ein nacktes, aller Rechte entkleidetes Leben reduziert, das er nur auf der endlosen Flucht oder in der Zuflucht eines fremden Landes retten kann. Gleichwohl, und gerade insofern er in jedem Augenblick einer unbedingten Todesdrohung ausgesetzt ist, befindet er sich in fortwährender Verbindung mit der Macht, die ihn verbannt hat. (...) In diesem Sinn, das wissen die Verbannten und Geächteten, ist kein Leben ›politischer‹ als das seine.« (Agamben 2002: 192f, Hervorh. i. Orig.)

Das zeitgenössische Pendant zur Verbannung, die Abschiebung, scheint zwar der Verzicht zu sein, die Menschen zu regieren, indem sie aus dem Staat ausgeschlossen werden - aber genau darin liegt das Politikum, liegt das politische ihres Körpers, das sie unweigerlich mit dem Staat verbindet. Die Abschiebung als rassistisches Mittel ist eine Form der Herrschaft, die sich aber nur im Verhältnis zur Regierung positionieren und überhaupt entfalten kann - und wird insofern unweigerlich selbst ein Teil dieser Regierung.

---

5 *Homo sacer* steht für das »nackte Leben«, das Konzept einer getrennten Kategorie von politischer Existenz. Den politischen Kern der Kategorie nachzuweisen, sowie die Unmöglichkeit, privates Leben von politischer Existenz sowie biologischen Körper von politischem Körper zu unterscheiden, ist Agambens Anliegen. Ausgangspunkt seiner Analyse ist das Lager. »Von den Lagern gibt es keine Rückkehr zur klassischen Politik; im Lager sind Staat und Haus ununterscheidbar geworden, und die Möglichkeit, zwischen unserem biologischen Körper und unserem politischen Körper, zwischen dem, was nicht mitteilbar und stumm, und dem, was mitteilbar und sagbar ist, zu unterscheiden, ist uns ein für allemal genommen.« (Agamben 2002: 197)

16 Fazit

Nach der ausführlichen Analyse der Kontexte der Jugendlichen sowie ihrer biographisch relevanten Themen werde ich diese nun im *ersten Teil des Fazits* resümierend darstellen. In der Gesamtschau wird deutlich, dass und wie immer mehr Kontexte ausgeblendet werden und sich die Biographien der Jugendlichen immer weiter von gesellschaftlich anerkannten Möglichkeiten der Lebensführung entfernen. In diesem Prozess der Dekontextualisierung gewinnen ihr Geschlecht und ihre (geschlechtlichen) Körper immer mehr an Relevanz – die Jugendlichen erleben diese Zunahme an Bedeutung aber zugleich als Reduktion. Männlichkeit ist ihnen als Ressource geblieben, und wenn immer weniger Möglichkeiten bleiben, den Alltag zu gestalten, sind sie immer mehr darauf angewiesen, diese auszuleben. Die Öffentlichkeit nimmt nur das Ende dieses Prozesses wahr, der in übertriebene und zugespitzte Inszenierungen von Männlichkeit mündet: das gemeinsame Furcht einflößende Auftreten in Cliquen, die Zurschaustellung trainierter Körper und deren Einsatz in gewalttätigen Handlungen. Für die jungen Männer, die nicht nur selbst gewalttätig sind, sondern vor allem in gewalttätigen Zusammenhängen leben, ist dieser Einsatz des Körpers oft das letzte Mittel, um sich durchzuschlagen. Vor dem Hintergrund der Reduktion gewinnt ihr Verhalten an Sinn; letztendlich scheitern sie aber daran.

Im *zweiten und dritten Teil dieses Fazits* möchte ich die bis dahin gewonnenen Ergebnisse reinterpretieren und gesellschaftstheoretisch einbetten; dafür gehe ich in zwei Schritten vor. Zunächst verfolge ich die Frage, inwiefern der Körper zur Zielscheibe rassistischer, kriminalisierender und vergeschlechtlichender Prozesse wird. Ausgehend von der Annahme, dass Geschlecht kontextuell und in Interaktion produziert und reproduziert wird, bedeutet das Ausblenden der Kontexte und ihrer Interaktionsmöglichkeiten zugleich eine Beschneidung der Möglichkeiten des doing gender der Jugendlichen. Die Zusammenhänge, die übrig bleiben, stellen den Körper in den Mittelpunkt und werfen die Jugendlichen darauf zurück. Dieses Ergebnis nehme ich nun als neue Folie, um die Entwicklung der Jugendlichen zu reinterpretieren: Was bedeutet die Reduktion auf den Körper für sie und wie gehen sie damit um? Wie muss das vor ihrem Migrationshintergrund gedeutet werden? Der in den Mittelpunkt gerückte Körper macht deutlich, dass auch die Rassismuserfahrungen der Jugendlichen sich auf ihre Körper richten. Was also bedeutet es, wenn die Körper *dieser* Jugendlichen als einziges übrig bleiben?

Im dritten Teil behandele ich die Frage, wie und warum diese Gesellschaft den Jugendlichen die Möglichkeit nimmt, anders zu agieren, um eben nicht zu scheitern. Meine bis dahin festgestellten Befunde konfrontiere ich mit Foucaults Analyse der Gouvernementalität, vor deren Hintergrund sie eine neue Dynamik gewinnen können. In der biographischen Serie der Exklusionen werden die jugendlichen Migranten aus modernen Formen der Regierung ausgeschlossen - damit erhält Rassismus ein neues Standbein. Statt im Wettbewerb um Selbstbestimmung, Selbstverantwortung, Freiheit und Autonomie - Attribute, mit denen sich der Neoliberalismus kleidet - zu konkurrieren, werden ihnen repressive Elemente zugedacht. Zugleich greifen die angeblich überwundenen Kategorien sozialer Ungleichheit, werden aber nicht als Bestandteile des Systems erklärt, sondern den Migranten als durch ihre Wesensart selbstverschuldet angelastet. Dazu dient ein Diskurs, der sie ständig vormoderner, patriarchaler und traditioneller Eigenschaften bezichtigt, deren Konsequenz sei, dass sie sich damit selbst in bestimmten Rassen-, Klassen- und Geschlechterlagen hielten, was sie wiederum der Selbstführung unfähig beweise. Damit ist ihre »Andersartigkeit« ein weiteres Mal gesichert, der »nationale Körper« frei gesprochen und als der bessere gesegnet, so dass er noch offener für neoliberale Anrufungen werden kann.

Widerstand, den die Jugendlichen dem entgegen setzen - wenn man so will können große Teile ihrer Biographien auch als widerständische gelesen werden - wird gegen sie gerichtet. Was bleibt, ist die Desozialisation im Gefängnis. Was kommt, ist eine Positionierung im Nichts - sie ist vorgesehen und unmöglich zugleich. Und weil sie unmöglich ist, ist die Abschiebung ihre logische Konsequenz.

16.1 Von den Kontexten der Jugendlichen zur Dekontextualisierung

Die Familie in der ethnisierten Situation

Die elf Jugendlichen legen in Erzählungen über ihre Eltern viele individuelle Sichtweisen über ihre Beziehung zu ihnen dar: So unterschiedlich die Jugendlichen sind, so unterschiedlich sind auch die Eltern. Dabei fällt allerdings auf, dass Väter, als männliche Vorbilder, häufiger und ausführlicher thematisiert werden als die Mütter. Einige Jugendliche schildern ihre Väter als verständnisvoll, andere sehen in ihnen eine Bedrohung, für einige sind sie Konstanten im Leben, für wieder andere sind sie unerreichbar.

Trotz aller Unterschiede haben die Familien der Jugendlichen eine entscheidende Gemeinsamkeit: In ihrer Migrationssituation leben sie ökonomisch, stadtgeographisch, sozial und rechtlich gesehen marginalisiert, oft sogar zurückgezogen und ausgegrenzt. Sie haben eine schwache Position in der Gesellschaft. Das familiäre Leben entspricht weder den Erwartungen der Jugendlichen an ihre Eltern noch dem Leben, das sie bei den Eltern anderer Jugendlichen sehen. Die Arbeitssituationen sind extrem prekär: Die Väter sind oft arbeitslos oder arbeiten als ungelernte Hilfsarbeiter, die Mütter meist als Putzkräfte. Damit gehören sie zu einer Gruppe, die besonders von Arbeitslosigkeit bedroht ist. Die Arbeitssituation der Flüchtlinge ist noch schwieriger: Entweder haben sie keine Arbeitserlaubnis oder wenn sie eine haben, können sie nur die Tätigkeiten ausüben, die kein Deutscher oder EU-Ausländer machen will.

Die Familien leben auf engstem Raum, sie sind gezwungenermaßen auf sich als Familie zurückgeworfen. Auch wenn die Väter in der Familie versuchen, die Stellung als Familienoberhaupt zu wahren, so müssen sie diese immer wieder legitimieren. Sie rangieren auf der gesellschaftlichen Bedeutungsskala ganz unten, was die Jugendlichen auch registrieren (vgl. Findeisen/Kersten 1999: 141). Hüseyin schildert das eindrücklich, wenn er über das Leben und die Kontrolle im Flüchtlingsheim erzählt und über den Vater, der keine Arbeit findet. Er hat das Gefühl, als Sohn die Familie stützen und Funktionen übernehmen zu müssen, denen er nicht gewachsen ist. Mit Unterstützung der Institutionen kann die Familie nicht rechnen. Im Gegenteil: Sie ist auf sich selbst als Unterstützungssystem angewiesen und ihre Intaktheit wird durch die Institutionen eher verhindert als gefördert.

Bourdieu (2000: 84ff) analysiert in seiner Studie Beziehungen von Vätern und Söhnen. Das zentrale Element des »väterlichen Erbes« sei die Erwartung der Väter an ihre Söhne, die von ihnen erreichte gesellschaftliche Position »würdig« fortzusetzen. Für die hier im Mittelpunkt stehenden Jugendlichen hat aber der Status, den ihre Väter erreicht haben, einen geringeren Wert und sie können - oder wollen - die in sie gesetzten Erwartungen nicht bedingungslos erfüllen. Im Thema Bildungsambitionen, die viele Eltern für ihre Kinder haben, wird der Konflikt deutlich: Zusätzlich zu den Eltern sind die Jugendlichen in der Institution Schule nochmals mit anderen, von der Familiensituation abgelösten Anforderungen konfrontiert. Wenn sie nun weder dem Erbe der Eltern noch den Vorgaben der Schule gerecht werden (können), dann benutzen sie Erklärungsmuster entlang zweier Linien: Sie schreiben entweder ihr Versagen ganz und gar sich selbst zu und verzweifeln daran, oder sie vernichten das väterliche Projekt komplett, in dem sie für sich in jeder Hinsicht die Gegenposition zum Lebensstil der Familie aufbauen.

King (vgl. 2002: 96) verfolgt im Zusammenhang mit männlich-väterlichen Vorbildern eine nahe liegende, aber nicht konsequente These: Jugendliche suchten in ihren Vätern Vorbilder, die zum Anlehnen und zur konstruktiven Auseinandersetzung dienen. Sind sie dabei erfolglos, gerieten sie in eine orientierungslose und verlorene Situation. Die Übertragung dieser These auf die untersuchten Jugendlichen könnte stimmig sein, denn sie waren mit ihren Handlungen nicht erfolgreich, sondern sind im Gefängnis gelandet, was auf Orientierungslosigkeit zurückgeführt werden könnte. In den Familien gibt es tatsächlich das männliche Vorbild nicht, dem die Jugendlichen einfach nacheifern oder an dem sie sich messen könnten.

In den Biographien von Hüseyin, der enttäuscht ist, statt des starken Vaters einen alten Mann vorzufinden, Adnan, dessen Vater sich mit dem Gedanken der Migration in die Türkei trägt, und Franco, dessen Vater schon nach Eritrea emigriert ist, zeigen sich ganz andere Probleme mit den Vätern, die vielmehr deren gesellschaftliche Stellung in der Bundesrepublik betreffen. Daraus folgt aber nicht Orientierungslosigkeit der Jugendlichen, sondern sie richten ihre Handlungen an einer anderen, eng mit der Familie verbundenen Logik aus: Sie arbeiten zielgerichtet daran, die Schwächen ihrer Familie auszugleichen. In dieser Situation entwickeln sie neue Verhaltensweisen - sie können eben nicht einfach »traditionelle« Entwürfe und familiäre Regeln übernehmen. Die würden nämlich nicht zur Situation passen, die Eltern leben ihnen keine Entwürfe vor, die ihnen als Vorlage dienen könnten. Die Jugendlichen übernehmen nun für sich und die anderen Verantwortung und richten ihr Handeln entlang einer Orientierung aus, die am ehesten mit dem Begriff »Stärke« zu erfassen ist. Das passt zu einigen Lebensläufen insofern, dass manche Jugendliche schon früh lernen mussten, in schwierigen Situationen alleine zurechtzukommen.

Ihre Handlungsmaxime der Stärke zeugt von einer Konformität mit gesellschaftlichen Männlichkeitsbildern, indem sie diesen nacheifern. Sie haben es sich zur Aufgabe gemacht, die familiären Schwächen auszugleichen, haben aber dafür nur wenig Rückhalt und wenige Ressourcen. Wenn sie also auf reduzierte Ausdrucksformen männlicher Stärke zurückgreifen, so liegt das nicht daran, dass die Väter dafür Vorbilder abgegeben haben. Es ist vielmehr die Folge des Versuchs, die ethnisierte Situation der Familie zu meistern. Gleichzeitig müssen sie sich von der Familie abheben, denn sonst können sie sich nicht gegen die gesellschaftliche Positionierung wehren. Die für die Jugendlichen kaum zu bewältigende Aufgabe, die Situation der Familie auszugleichen, müsste eigentlich zur Kapitulation führen; die können sie allerdings nicht eingestehen. Deshalb verlagern sie ihre Aktivitäten in andere Bereiche und entfernen sich immer mehr von ihren Familien.

In der Analyse wurde ein weiterer Grund ersichtlich, warum sich die Jugendlichen von ihren Familien distanzieren: Gesellschaftliche Zuschreibungen an Migrantenfamilien wirken sich auch auf deren Kinder aus. Gerade die Konstruktionen von Geschlechterdifferenzen, von patriarchalen Vätern und unterdrückten Müttern haben durch ihre gebetsmühlenartige Wiederholung auch die Kinder der MigrantInnen eingeholt. Die Jugendlichen pauschalisieren Verhaltensweisen ihrer Eltern durch die Brille gesellschaftlicher Zuschreibungen; Herkunft, mit Traditionalität und Rückständigkeit verbunden, steht dabei im Mittelpunkt. Ömürs Erzählungen über den Vater demonstrieren, dass die Jugendlichen in einem selbstethnisierenden Prozess patriarchale Väter und starke Geschlechtertrennungen als »ethnisches« Spezifikum ansehen und damit den Kreis reziproker Interpretation schließen. Und auch hier versuchen sie wieder, sich selbst aus diesem Kreislauf zu befreien. Das kann ihnen aber nicht gelingen. Je älter sie werden, desto mehr erleben sie, dass die Zuschreibungen auch sie einschließen.

Allerdings ist auch die Situation der Familie in der Migration nur ein Faktor für Männlichkeitskonstruktionen, die mit Gewalt verbunden sind. Die Biographien der Jugendlichen geben keinen Anlass zu der Schlussfolgerung, dass in der Familie vermittelte traditionelle Männlichkeitsbilder zum Hauptmotor für gewalttätiges Handeln werden. Der Fokus wäre falsch gesetzt und das Sichtfeld eingeschränkt, wollte man die Lebenswege der Jugendlichen vorrangig als Resultat des familiären Backgrounds verstehen. Werden die Jugendlichen älter, gewinnen andere Kontexte an Bedeutung.

Ethnisierung und Scheitern in der Schule

> »Jedes Erziehungssystem ist eine politische Methode, die Aneignung der Diskurse mitsamt ihrem Wissen und ihrer Macht aufrechtzuerhalten oder zu verändern.« (Foucault 1991: 30)

Im theoretischen Teil dieser Arbeit habe ich Diskurse über Migration dargelegt und auch solche, die Konstruktionen von Geschlecht einbeziehen. Insofern führt die Aussage von Foucault zu der Frage, was die Schule zur (Re)Produktion der Diskurse über männliche Migranten beiträgt. Denn sie beeinflusst, ob, wie und welche Diskurse sich die SchülerInnen aneignen.

In den Biographien stellt die Kategorie »Ausländer« in vielerlei Hinsicht eine dominante für die Schulkarrieren der Jugendlichen dar. Die strukturellen Benachteiligungen, die die Kinder und Jugendlichen durch ihren Migrationshintergrund erleben, führen oft zu schulischem Misserfolg und Ausschluss.

Die Gesellschaft nimmt das allerdings anders wahr, bezeichnet das Versagen der Kinder als Ergebnis ihrer »Andersartigkeit«, ihrer »Sprachprobleme« und »kulturellen Defizite«, die vorrangig familienbedingt seien.

Unser Schulsystem ist auf Homogenität ausgerichtet und auf (fiktive) Bedürfnisse einer Mittelschicht zugeschnitten. Diese sind der Maßstab und diejenigen, die davon abweichen, werden als »Problem« betrachtet. Der defizitorientierte Blick sorgt dafür, dass im Unterricht die Ressourcen der Kinder meist nicht wahrgenommen werden: Ressourcen werden überdeckt von Defiziten auf Grund der »anderen Kultur«, der Mehrsprachigkeit, der Wohnumgebung und der sozialen Herkunft. Dafür braucht man dann schulische Sondermaßnahmen für Kinder mit Migrationshintergrund - hauptsächlich ausgerichtet an den angenommenen Differenzen, während die vorhandenen Benachteiligungen nicht registriert und schon gar nicht beseitigt werden. Besonders virulent wird die Ausrichtung auf Homogenität bei den Flüchtlingen - wie sich in Abduls, Muhammets, Murats und Levents Biographien zeigt, ist schon der Zugang zur Schule für sie mit erheblichen Schwierigkeiten verbunden.

Die Trennungen von autochthonen und Kindern mit Migrationshintergrund im Bildungssystem hat einen Nebeneffekt, der zwar nicht staatliches Programm, aber Realität ist: Es haben sich spezielle Schulen für migrantische Kinder entwickelt. Die interviewten Jugendlichen erzählen von den »Ausländerschulen«, die die Einheimischen meiden, weil sie in einem schlechten Ruf stehen. Dass Jugendliche wie beispielsweise Hüseyin im Interview diesen Ausdruck wählen, lässt sich auf Folgendes zurückführen: Als Migranten sind sie sich durchaus bewusst, dass sie als »Störfaktor« wahrgenommen werden, und so erzählen sie in den Interviews zwar von den Ausländerschulen, die sie besuchten, wahren aber Distanz und versuchen, einen »objektiven« Blick darauf zu geben. Auch wenn sie selbst das Wort »Ausländerschule« benutzen, schwingt die negative Bedeutung mit. Mit anderen Worten: Die kollektive Stigmatisierung akzeptieren sie als unausweichlich und so ist ihr Anliegen nicht, dagegen anzukämpfen. Als Möglichkeit bleibt ihnen nur, Argumente zu finden, um sich selbst als Individuum davon auszunehmen.

Auch im Schulalltag sind die Jugendlichen ständig damit konfrontiert, dass ihnen Individualität abgesprochen wird. Sie müssen sich mit LehrerInnen auseinander setzen, die stereotype Vorstellungen darüber haben, was die Jugendlichen können und wie daher deren Schul- und Berufswege zu verlaufen hätten. Wie Martina Weber in ihrer Studie zur Konstruktion geschlechtlicher und ethnischer Unterschiede in der Schule feststellt, stufen viele Lehrkräfte die SchülerInnen mit Migrationshintergrund von vornherein als unterprivilegiert ein. Die LehrerInnen gehen davon aus, dass Eltern mit Migrationshintergrund ihre Kinder schulisch nicht unterstützen würden. Das Lehrpersonal traut den Kindern auf Grund von angenommenen Kultur- und Modernitätsdifferenzen eine erfolgreiche Karriere auf einem Gymnasium nicht zu - eine Denkweise, die neben anderen Zuschreibungen die Bildungschancen der Jugendlichen noch weiter verringert (vgl. Weber 2003: 126). Weber hält als Zwischenfazit ihrer Untersuchung über die Situation von Kindern mit Migrationshintergrund an Gymnasien fest,

> »...dass sich in den Zuschreibungen bezüglich der Kapitalausstattung[1] ›türkischer‹ SchülerInnen zeigt, dass auf Grund der ethnischen Herkunft eine Statuszuweisung vorgenommen wird, die dazu führt, dass die an dieser SchülerInnengruppe wahrgenommenen schwächeren Schulleistungen mit quasi natürlichen, auf jeden Fall unabänderlichen Erscheinungen auf Grund eines spezifischen sozialen Milieus erklärbar werden. Die Verantwortung für ein Scheitern dieser SchülerInnen in der gymnasialen Oberstufe ist auf diese Weise gänzlich aus dem Zuständigkeitsbereich der Schule hinaus verlagert.« (Weber 2003: 126)

Struktur und Personal der Schule führen zur Aussonderung der Kinder mit Migrationshintergrund, sie werden als abweichend betrachtet. »Schulische Devianz« wird vorausgesetzt und gleichzeitig erzeugt, ohne dass der Jugendliche die Gelegenheit bekommt, als Person zu agieren. Die Annahme der Devianz setzt sich in schablonenhaftem Verhalten von LehrerInnen und MitschülerInnen fort.

In der Folge wird den Jugendlichen dann z.B. höchstens die Aussicht auf einen traditionellen Lehrberuf geboten, auch wenn sie kein Interesse dafür zeigen und dies nichts mit ihrer Lebenswelt und ihren Fähigkeiten zu tun hat. Feridun Zaimoğlu hat seine eigenen Schulerfahrungen literarisch verarbeitet:

> »Und auch ich tat mich in jüngeren Jahren hervor. Auf die Frage unseres Deutschlehrers nach unseren Berufswünschen sagte ich arglos, ich wolle mich später doch in der Kunst umsehen, in Schrift und Bild etwas bewerkstelligen. Darauf-

1 Martina Weber bezieht sich mit dem Begriff der Kapitalausstattung auf Kapitalarten Bourdieus, die er zur Beschreibung der sozialen Lage des Einzelnen und der Klasse entwickelte (vgl. Weber 2003: 28ff). Auch in der PISA-Studie wurden sie angewendet und zwar in der Frage danach, inwiefern kulturelles und soziales Kapital von Kindern und Jugendlichen Einfluss auf deren Bildungschancen hat (vgl. Ratzki 2003: 25). Die Studie hat festgestellt, dass in der Bundesrepublik das Leistungsniveau der Kinder viel stärker als in den anderen untersuchten Ländern von ihrer sozialen Herkunft abhängt. »Beispielsweise ist die Chance für ein Kind eines leitenden Angestellten oder Beamten, auf das Gymnasium und nicht auf die Hauptschule zu gehen, heute noch immer 33-mal so groß wie für ein Kind eines ungelernten Arbeiters.« (*Frankfurter Rundschau-online* vom 06.05.2003)

> hin gab er mir den in seinen Augen weisen Rat, ich sollte mich doch bitteschön nicht verheben und Kfz-Mechaniker lernen, das sei Kunstfertigkeit genug für einen Türken. Jeder von uns hat sein persönliches Damaskuserlebnis.« (Zaimoğlu 2001: 16)

Zaimoğlu beschreibt seine Betroffenheit und auch die Tragweite der Zuschreibungen von Seiten seines Lehrers. Dieser schöpft seinen »guten Ratschlag« über die weitere berufliche Zukunft aus einem Stigma über Türken. Die Fähigkeiten und die Individualität des Schülers verschwinden dahinter.[2]

Die Jugendlichen erzählen von rassistischen Zuschreibungen, denen sie in der Schule ausgesetzt sind. Diese treten nicht nur als kulturrassistische Aussagen zu Tage, sondern rekurrieren auch noch auf biologistische Rassismen. Francos detaillierte Erzählung darüber, wie sein Lehrer das Wort »Neger« verwendet, was es für ihn bedeutet und wie er sich dagegen wehrt, zeigt, wie sehr ihn dies auch noch Jahre später beschäftigt. Für das Individuum hat der Rassismus eine hohe Durchschlagkraft, auch dann, wenn es versucht, Widerstand zu leisten oder darüber hinweg zu sehen.

In diesem Kontext lässt sich ein besonderes Zusammenspiel mit dem Geschlecht beobachten - einerseits in speziellen Zuschreibungen der Schule an die Jungen, andererseits in den spezifischen Reaktionen der Jugendlichen auf die Gesamtheit dieser Zuschreibungen. Männliche Jugendliche dürfen aggressiv sein, müssen sich aber auch als leistungsstark erweisen. Junge Männer aus der Unterschicht laufen dabei Gefahr, von den LehrerInnen als »abweichend« wahrgenommen zu werden (vgl. Ziehlke 1993: 92). Allgemein macht man heute Jungen als neue problematische Gruppe in der Schule aus: Doppelt so oft wie Mädchen müssen sie eine Klasse wiederholen, das Gymnasium verlassen und besuchen sie die Sonderschulen (vgl. *Der Spiegel* 2002a). Bei Jungen mit Migrationshintergrund ist dieser Trend noch stärker zu finden: Bei der Einschulung werden sie überdurchschnittlich häufig als auffällig

2 Hier zeigt sich eine deutliche Verhaftung des Lehrers, der die Kinder mit Migrationshintergrund einer speziellen Gruppe zuordnet: Sie gehören einer »Klasse« an - sowohl in schulischer (manifestiert in den Sonderformen für Seiteneinsteiger) als auch in gesellschaftlicher Hinsicht; hier kommen sie nicht mehr so einfach raus. Das dreigliedrige Schulsystem verstärkt diesen Prozess. Kleinau (2000a: 309ff) beschreibt die Bemühungen von Pädagoginnen im 19. Jahrhundert, die Sichtweise auf Mädchen zu ändern, damit sie im Bildungsprozess als Individuen wahrgenommen würden. In der ständischen Gesellschaft bleiben sie aber ihrer Bestimmung als Hausfrau, Mutter und Gattin verhaftet. Antiquiert anmutend, haben solche Positionierungen heute immer noch Aktualität - wenn auch die deutliche Parallele weniger bei den Mädchen als vielmehr für die Gruppe der Migranten (deren Bestimmung es ist, Automechaniker zu werden) zu finden ist.

bewertet, kommen in Sonderprogramme und später in Sonderschulen. Häufig verlassen sie die Schulen früh und oft sogar ohne Abgangszeugnis. Sie werden im Unterricht als problematisch wahrgenommen. Die in der Schule beteiligten LehrerInnen deuten ihr Verhalten als in einem stark patriarchalen Bild und »anderen kulturellen« Bedingungen wurzelnd, die Migrantenkinder zu Hause vorfänden. Vor allem die Jungen würden nach väterlichem Vorbild handeln und seien daher besonders betroffen, die Traditionalität zu wiederholen. *Der Spiegel* spitzt dies zu:

> »Auf den Konflikt zwischen patriarchalischen Traditionen und pädagogischem Weiberkram reagiert manch ein Migrantensohn mit permanenten Störmanövern und Schulschwänzerei. ›Den Türken fällt es schwer, sich von einer anatolischen Machokultur auf ein feminisiertes Westeuropa umzustellen‹, urteilt der hannoversche Kriminologe und Justizminister Pfeiffer.« (*Der Spiegel* 2002b)

Wiederum geben Schule und Gesellschaft die Verantwortung für schulisches Versagen von Migranten voll an die Familie und die Herkunft ab, diesmal bezüglich der Frage, warum das Versagen vor allem männliche Migrantenkinder betrifft. Die Antwort ist so einfach wie eingängig: Die Herkunftskultur mache aus den Jungen Machos. So rückwärts gewandt ihre Kultur, so rückwärts gewandt sei auch ihre Männlichkeit. In dieser Argumentation bestimmt die Herkunft die Geschlechterkonstruktionen, die Kategorie »race« überkreuzt die Kategorie gender.

Die in dieser Arbeit durchgeführte Analyse zeigt jedoch in Bezug auf schulische Geschlechterpositionen, wie die Institution Schule selbst auf Geschlechterkonstruktionen der Kinder wirkt. Darauf bin ich gestoßen, als ich Ömürs Einstellung zu seinen Lehrerinnen und zum Direktor analysiert habe, bei der zunächst nur seine scharfe Trennung der Geschlechter ins Auge fiel. Den Hintergrund zu Ömürs Einstellung liefert aber die Schule selbst als patriarchale Institution: Die Positionen von Lehrerinnen und Lehrern in der Schule sind - gekoppelt an die Schultypen - ungleich verteilt: Besonders an den Grundschule finden sich fast ausschließlich Frauen, nicht zuletzt deshalb, weil Grundschullehrerinnen ökonomisch und symbolisch unten auf der LehrerInnen-Skala rangieren. Und trotz feministischer Ausrichtung der Pädagogik sind heute immer noch stereotype Geschlechterbilder deutlich in die Schule eingeschrieben; Direktoren sind auch bei überwiegend weiblichem Kollegium meist männlich. Damit ist die Schule kein institutioneller Ausnahmefall, sondern passt sich gesellschaftlich ein. Die Festschreibung von Geschlechterdifferenz und Geschlechterhierarchie prägt auch die Wahrnehmung der TeilnehmerInnen des Systems: Deshalb müssen geschlechterstereotype Wahrnehmungen und Verhaltensweisen der Kinder als ein *Verstehen des Systems* gedeutet werden.

Die Schule stellt den »Ausländerstatus« von Kindern mit Migrationshintergrund auf mehreren Ebenen in den Fokus von Zuschreibungen und Maßnahmen. Wenn also mit Hilfe der Kategorie Geschlecht zusätzlich immer neue Negativzuschreibungen auftauchen, dann forciert das die ohnehin vorhandene Benachteiligung. Differenz wird in Devianz umgedeutet, und die erzeugte Devianz wird weiter perfektioniert, wenn den Kindern und Jugendlichen noch das Label »gefährlich« angeheftet wird (vgl. Bukow 2003: 26).

Wissen um die Bedeutung der Arbeit

Die Ausführungen zur schulischen Situation der Jugendlichen weisen schon darauf hin, dass und welche Probleme in beruflicher Hinsicht auf die Jugendlichen zukommen. Auch wenn ihre Verwicklungen in kriminalisierte Milieus auf eine scheinbar dem Arbeitsleben entgegengesetzte Lebensweise hindeuten, so hat das Thema Arbeit für sie aber trotzdem große Bedeutung. Für ihre Platzierung als Mann ist es konstitutiv. Dass die Jugendlichen das wissen, wird deutlich, wenn sie über ihre Väter sprechen. Sie legen Wert auf deren Arbeitstugenden und produktive Kräfte, die eine große Relevanz für Männlichkeit haben. Döge weist im folgenden Zitat auf die Bedeutung der Arbeit für Männlichkeit hin:

> »Erwerbsarbeit ist nach wie vor zentraler Bestandteil (nicht nur) männlicher Identität. (...) Statt sie endlich abzulösen, werden *Arbeitsmann* und *Macht-Mann* im Kontext von Globalisierung und Neoliberalismus in ihrer Widersprüchlichkeit sogar noch aufgewertet: Auf der einen Seite gewinnen zentrale männliche Attribute wie Orts- und Reproduktionsunabhängigkeit, Bindungslosigkeit, Risikofreudigkeit, Einsatzbereitschaft, Dominanzbereitschaft eine noch größere Bedeutung, auf der anderen Seite erfahren immer mehr Männer die Kehrseite dieser Bilder: Sie sind konfrontiert mit Arbeitslosigkeit, Ausgrenzung und sozialem Abstieg.« (Döge 2000: 21f, Hervorh. i. Orig.)

Dabei hätten die Jugendlichen einerseits gerne, dass ihre Väter solche männlichen Normen erfüllen, wissen aber andererseits, dass diese auf Grund von Frühinvalidität oder fehlender Arbeitserlaubnis oft gar nicht arbeiten können. Das hat sich in den Erzählungen Engins über seinen kranken Vater und Francos über die ehrenamtliche Tätigkeit seines Vaters gezeigt. Dennoch sprechen beide Jugendliche ihren Vätern das Bild des Arbeitsmannes zu und versuchen damit, deren beschädigte Männlichkeit zu reparieren.

Dass Arbeit Männer machen kann, wird auch dann sichtbar, wenn die Jugendlichen selber arbeiten, und das ist meist in den illegalisierten Marktsegmenten. In den Erzählungen darüber versuchen die Jugendlichen, sich ein Arbeitsethos zuzulegen, versprechen sich davon Bestätigung und Erfolg. Das kann zwar funktionieren, aber nur im kleinen Rahmen des Milieus und nur so lange, bis sie erwischt werden. In der Haft ist dann an gesellschaftliche Anerkennung gar nicht mehr zu denken.

Die Bedeutung der Arbeit für ihr doing gender ist keine Erfindung der Jugendlichen, sondern entspricht gesellschaftlichen Vorgaben; erreichen die Jugendlichen solche Ziele nicht, kann dies zu einer Krise führen, die ihre Männlichkeit insgesamt betrifft.

> »Denn aus dieser Perspektive wird verständlich, dass gerade arbeitslose oder an den Rand des Arbeitsmarktes gedrängte Jugendliche mitunter reaktiv die Insignien eigener Männlichkeit übersteigern und Zusammenhalt in entsprechend männerbündisch geprägten Gruppierungen suchen müssen. (...) Auch einige Probleme der adoleszenten Kinder von Migranten sind aus dieser Perspektive verstehbar. Denn soziale Integrationsprobleme, berufliche Misserfolge und fehlende gesellschaftliche Anerkennung bei Vätern oder Söhnen werden - unter den Voraussetzungen eines konventionell polarisierten Geschlechterverhältnisses - offenbar regelmäßig auch als Krise der Männlichkeit erlebt und können gerade bei Jugendlichen zu entsprechend kompensatorischen Inszenierungen von Männlichkeitsklischees führen.« (King 2000: 104f)

Die Jugendlichen erleben diese Krise als Männlichkeitskrise und bearbeiten sie daher auch auf einer geschlechtlichen Ebene, nämlich in übersteigerten Ausdrücken männlichen Geschlechts. *Kein* Ausweg ist es für die Jugendlichen, wenn sie in Maßnahmen wie die Jugendwerkstatt eingebunden werden. Diese dienen in erster Linie der Disziplinierung und ändern weder etwas an der Arbeitssituation noch an der damit zusammenhängenden geschlechtlichen Positionierung. Aber sie sagen einiges über ihre gesellschaftliche Stellung und über den Umgang aus, den man mit ihnen wählt - und der bringt die Jugendlichen überhaupt nicht weiter. Abdul erzählt, dass er in der Jugendwerkstatt weder einen Sinn für seine Zukunft entdecken konnte noch mit der dort herrschenden Disziplinierung klar kam. Es wird für die Jugendlichen zunehmend logischer, in illegalisierte Märkte wie beispielsweise das Drogenmilieu hineinzugehen. Neben allen damit verbundenen Schwierigkeiten und auch wenn diese Milieus noch so instabil sind, bieten sie ihnen oftmals die einzige Option, sich ökonomisch zu etablieren, sich symbolisch mit mehr Macht auszustatten. Sie produzieren damit eine zwar fragile, aber dennoch innerhalb des Systems wirkende »inoffizielle« Form hegemonialer Männlichkeit.

Sexualisierte Gewalt: Unterlegenheit bis hinein in den Körper

Gesellschaftliche Bilder von »richtiger« Männlichkeit erschöpfen sich nicht im Bild des »Arbeitsmannes«. Bestimmte Erfahrungen sollen nicht zu Männlichkeit passen, eine davon ist das Opfersein. Deshalb wird die Opfererfahrung von Männern nur selten zum gesellschaftlichen Thema. Noch mehr gesellschaftliche Tabus betreffen die Thematisierung sexualisierter Gewalt an Jungen. Und Jungen mit Migrationshintergrund als Opfer von Rassismus und Sexismus verschwinden total. Es wird im Gegenteil ständig ein entgegengesetztes Bild junger männlicher Migranten entworfen, indem man sie per se als »gewalttätige Machos« auf der Täterseite verortet.

Einige der Biographen haben Opfererfahrungen durch mehrfache Formen von Gewalt, was es notwendig macht, ihre Konstruktionen von Geschlecht unter diesen Lebensbedingungen zu deuten. Wenn es um erlittene sexualisierte Gewalt geht, wird das besonders einleuchtend: Manchmal sind den Jugendlichen ihre diesbezüglich gemachten Erfahrungen nicht mehr zugänglich, oder sie möchten nicht darüber sprechen. Wenn sie doch davon erzählen, werden zwei Gefühle deutlich: Scham und die Schuldzuweisung an sich selbst. Die Teenager gehen damit unterschiedlich um: Während Reza in der Missbrauchserfahrung die Ursache seiner Kriminalität sieht, hütet sich Muhammet davor, über sie zu sprechen. Aber obwohl er nicht davon erzählen will, gelingt ihm das nicht immer.

Das Thema wird noch brisanter, wenn die Jugendlichen Opfererfahrungen im pädosexuellen Milieu machen. Hier werden sie nicht nur einem Mann, sondern einem ganzen System untergeordnet - und nehmen dort den niedrigsten Rang ein. Ihr Migrationshintergrund wird zum Katalysator für den Zugang zu einem Milieu, in dem erwachsene Männer ihr Wissen um die Situation der Jugendlichen anwenden. Besonders deutlich wird das beim sexualisierten Missbrauch Muhammets, dessen »Stiefvater« gezielt eine Flüchtlingsfrau heiratet und ihre problematische existenzielle Lage missbraucht. Diese Männer bauen damit ihre Macht aus - das rassistisch-sexistische Zusammenspiel funktioniert perfekt. Im pädosexuellen Milieu binden sie die Jungen dann in die von ihnen entworfene Dynamik ein. Werden ihre Opfer älter, können sie auch noch zu Mittätern gemacht werden. Abdul wurde wahrscheinlich so in das Milieu eingebunden; dies stellt zugleich sicher, dass er keine Informationen gegen die Männer verwertet. Das Milieu wirkt als Beschleuniger für die kriminellen Karrieren der Jugendlichen, was schon die Tatsache zeigt, dass sich ein Großteil der in Köln bekannten jugendlichen »Intensivtäter« im pädosexuellen Milieu bewegt. Die Kriminalisierung dieser

Jugendlichen führt dann auch noch zu ihrer »Entsorgung« durch den Staat – durch Abschiebung.

Das Milieu wird zur Verkörperung der gesellschaftlichen Situation, in der die Jugendlichen ohnehin schon leben: Das, was sie tun, erleben sie als falsch, sie gehören auf die unterste Stufe einer Leiter, sie müssen sich anderen zur Verfügung stellen, um überhaupt einen Platz zu ergattern. Sie können darüber weder sprechen noch die Gewalt anprangern, zu groß ist die Gefahr, dass sie dann noch mehr unter Druck geraten. Die Möglichkeiten, ihr Selbstbild und Entwürfe ihres Geschlechts zu bearbeiten oder zu korrigieren, schrumpfen immer mehr zusammen. Im pädosexuellen Milieu finden alle Entwürfe von Geschlecht im Rahmen des gewalttätigen und hierarchischen Systems statt. So statten auch sie ihr Geschlecht mit Gewalt aus und versuchen damit zugleich, in der Hierarchie aufzurücken.

Die jugendlichen Körper sind der Ort der Austragung. Der Körper wird zum unterlegenen, zum penetrierten Objekt – eine den Frauen kulturgeschichtlich zugeschriebene Position. Indem sie den jungen Männern zugewiesen wird, schreibt sie Unterlegenheit fest. Andere Männer verfügen über ihren Körper und machen ihn sich gefügig. Damit dominieren sie mehr als nur die Körper; manchmal beherrscht das Milieu den gesamten Alltag der Jugendlichen, selbst noch in der Haft. Die Erfahrung wehrlos zu sein manifestiert ihre Unterlegenheit als Mann. Aber je mehr der Körper der Jugendlichen in den Vordergrund tritt, desto mehr geraten ihre Konstruktionen von Geschlecht in den Hintergrund. Ihre unterlegene Position im System der Männlichkeiten ist schon so festgeklopft, dass sie ihr nicht mehr entrinnen können. Sobald das Spiel verloren ist, wird der ehemalige Gegner als Verlierer uninteressant und in diesem Desinteresse wird ihm das Mannsein gänzlich abgesprochen. Gewalt und Kriminalität können der Versuch der Jugendlichen sein, ihr Geschlecht wieder ins Spiel zu bringen und sich selbst als männlich zu entwerfen.

Was heißt hier homosexuell? Im System der Zwangsheterosexualität

Diejenigen Jugendlichen, die Homosexualität in den Interviews thematisieren, haben einen engen biographischen Bezug zum Thema. Homosexualität ist für sie oft an Gewalt gekoppelt: Sie sind entweder missbraucht worden oder haben andere Erfahrungen gemacht, auf Grund derer sie Homosexualität in die Nähe von Gewalt rücken. Ob sie selbst homosexuell sind oder wie groß der »Anteil« an Homosexualität in ihrer sexuellen Orientierung ist, ist eine Frage, mit der sie sich beschäftigen. Vor allem aber sind die Erzählungen eine

Form der Auseinandersetzung mit ihrer Positionierung als Mann, denn in ihrem Mittelpunkt stehen Machtverhältnisse.

Die Erfahrung der Abweichung von der heterosexuellen Norm forciert das Bedürfnis der Jugendlichen, die geschlechtliche Ordnung für sich und die anderen zu rekonstruieren, um sich darin gesellschaftskonform zu zeigen. Reza ist im Interview bestrebt, sich eindeutig der Kategorie »heterosexuell« zuzurechnen. Deshalb erzählt er von Homosexuellen, die er mal verprügelt und mit denen er mal Mitleid hat, weil sie anders sind als »wir« - also auch als er.

Wie sich Reza und andere Jugendliche mit sexualisierten Gewalterfahrungen mit Homosexualität auseinander setzen zeigt, dass sie um intelligible Geschlechtsidentitäten kämpfen. Diese geben vor, dass das anatomische Geschlecht, die Geschlechtsidentität und dazu gehörende sexuelle Praxen und Wünsche kohärent seien und Kontinuität stiftend (vgl. Butler 1991: 38).[3] Es wird angenommen, dass die »innere Einheit« für die Identität von Frau und Mann unerlässlich sei. Butler analysiert dies als ein von der institutionalisierten Heterosexualität getragenes Konstrukt. Es verbindet sex, gender und Begehren so miteinander, dass die Binarität von Mann und Frau, Heterosexualität und heterosexuelles Begehren selbstverständlich werden und damit das System aufrechterhalten.

Den interviewten Jugendlichen mit Missbrauchserfahrung stellt sich die Frage, wie sie eine solche der Norm entsprechende geschlechtliche Identität konstituieren können. Sie sind mit divergierenden Erfahrungen konfrontiert und wissen zugleich um ihre Abweichung von der gesellschaftlichen Norm. In Anlehnung an Butler (1991: 38ff) kann formuliert werden, dass die Regulierungsverfahren der Geschlechterausbildung und -trennung die innere Zerrissenheit von Jugendlichen, denen eine einheitliche Geschlechtsidentität fehlt, konstituieren. In dem Sinne, wie Kohärenz und Kontinuität keine der Person inhärenten oder logischen Merkmale sind, so können auch Nicht-Kohärenz und Nicht-Kontinuität nicht dem »Wesen« der Jugendlichen zuge-

3 Die besondere Wendung, die der Geschlechtsidentität inhärent ist, beschreibt Butler: »Innerhalb des überlieferten Diskurses der Metaphysik der Substanz erweist sich also die Geschlechtsidentität als performativ, d.h. sie selbst konstituiert die Identität, die sie angeblich ist. In diesem Sinne ist die Geschlechtsidentität ein Tun, wenn auch nicht das Tun eines Subjekts, von dem sich sagen ließe, dass es der Tat vorangeht. (...) Hinter den Äußerungen der Geschlechtsidentität *(gender)* liegt keine geschlechtlich bestimmte Identität *(gender identity)*. Vielmehr wird diese Identität gerade performativ durch diese ›Äußerungen‹ konstituiert, die angeblich ihr Resultat sind.« (Butler 1991: 49, Hervorh. i. Orig.)

rechnet werden. Sie sind vielmehr Ausdruck der Verarbeitung ihrer Erfahrungen, ihrer momentanen Lebenssituation und gesellschaftlicher Vorgaben.

Junge Männer dürfen nicht homosexuell sein, denn das widerspräche sowohl gesellschaftlichen Regulierungen als auch ihren eigenen Erfahrungen. Das, was sie als Homosexualität kennen und beschreiben, ist gewalttätig und gegen ihren Willen geschehen. Als Levent von seinen Erfahrungen berichtet, auf Grund derer er das Heim wechselt, macht er deutlich, wie die Angst vor einer Vergewaltigung ihn lähmt. Schon die Androhung der Vergewaltigung demonstriert männliche Dominanz anderer Männer und konstituiert Machtverhältnisse innerhalb des eigenen Geschlechts.

Macht lässt sich in Zusammenhang mit Homosexualität schon durch bloßen »Verdacht« herstellen. Wenn andere Männer sie »verdächtigen«, »schwul« zu sein, dann versagen sie den Jugendlichen die »heterosexuelle Normalität«, mit der diese selbst ringen. Und innerlich lassen ihre eigenen Erfahrungen des Missbrauchs sie daran zweifeln, ob sie denn wirklich heterosexuell sind, oder ob es nicht eine innere, »tatsächliche«, aber ihnen verborgene Homosexualität ist, die andere Männer dazu bringt, sie als homosexuell einzuordnen. Diese Vermutung bewegt Muhammet dazu, lieber nicht viele Worte über seine Erfahrung des sexualisierten Missbrauchs zu verlieren.

Reza hingegen hegt offene Rachegedanken an homosexuellen Männern. Seine (fiktive) Rache dient einerseits als Vergeltung für den Verrat dieser Männer an der heterosexuellen Norm der Gesellschaft, aber andererseits will er an ihnen vor allem seinen Missbrauch rächen und damit die eigene Männlichkeit wieder herstellen. In der Sichtweise der Jugendlichen macht Homosexualität die Bedrohung durch Männer und der Männlichkeit greifbar.

Ausleben »anderer« Formen von Männlichkeit: Beziehungen zu Mädchen und Frauen

Sprechen die Jugendlichen über Mädchen und Frauen, so beinhaltet das schon eine Konstitution von Männlichkeit, denn damit positionieren sie sich klar als heterosexuell und grenzen sich von Homosexualität ab. Die Beziehungen zu Mädchen und Frauen sind je nach Lebenssituation und Person ganz verschieden: Frauen können einfach nur als »Statussymbol« herhalten und ebenso kann eine Liebesbeziehung dem jungen Mann Sinn verleihen, indem sie männliche Normalität und eine Lebensperspektive verspricht.

Die Interviewpartner haben nur wenige Möglichkeiten, mit angesehenen Mitteln Männlichkeit zu produzieren. Daher könnte ihnen vorschnell unterstellt werden, verstärkt auf ein Überlegenheit konstruierendes Verhältnis zu

Frauen zurückgreifen, um Männlichkeit zu erzeugen. Manchmal zeigt sich das auch: Sie nutzen Mittel der Unterdrückung, z.B. körperliche Übergriffe oder auch sprachliche Abwertung von Frauen. Dadurch versuchen sie Hegemonie durch Abgrenzung vom und Abwertung des anderen Geschlechts herzustellen. Wo solche Versuche auftauchen - z.B. wenn Iwan Mädchen als Statussymbole benutzt - haben diese Situationen mit der heterosexuellen Paarbeziehung allerdings nur wenig gemein. Die Jugendlichen erproben zwar patriarchale Konstruktionen, da sie aber keine patriarchalen Kräfte haben, bleibt es oft bei beim Versuch und das Scheitern verweist sie in ihre Grenzen.

Weiterhin können Frauen auch als Projektionsfläche dienen, an denen die Jugendlichen als vergeschlechtlicht beschriebene Eigenschaften abarbeiten können. Schwäche und Opfersein werden auf das weibliche Geschlecht übertragen, um sich selbst davon zu befreien oder freizuhalten. Ömür erzeugt sich als Mann in der Projektion vergeschlechtlichter Eigenschaften auf die Frauen, die er im Kampfsport trainiert, sowie in der Betonung seiner männlichen Körperlichkeit.[4]

Ein weiteres, in der Forschung oft genanntes Merkmal, mit dem Männer Überlegenheit im Geschlechterverhältnis herstellen wollen, ist die Betonung der Reproduktionsfunktion weiblicher Arbeit. In meiner Untersuchung konnte ich dies allerdings kaum feststellen. Das hängt auch damit zusammen, dass die Jugendlichen sich selbst nicht auf Seiten der Produktionsarbeit sehen können. Gerade wenn der berufliche Kontext nicht gewährt ist, scheint es möglich, neue Formen der Geschlechterbeziehung auszuleben, da die jungen Männer nicht in die strukturelle Erzeugung von Männlichkeitsmustern eingespannt sind. Für Connell (2000b: 25) sind genau solche Lebensumstände interessant, die Männlichkeitsmuster nicht stabil halten, sondern die Chance bieten, sie mehr oder weniger offen zu gestalten.

Adnan gibt ein beispielhaftes Verhalten in einer solchen Situation: Er hat sich durch einen Therapieabbruch einen illegalen Weg in die Freiheit geschaffen, lebt dann mit seiner Freundin und ihrem Kind zusammen. In einer gleichberechtigten Beziehung mit einer Frau, die einer Erwerbsarbeit nachgeht, kann er sich von dem Druck befreien, den Beck als das »Joch der alleinigen Ernährerrolle« (Beck 1990: 47f) bezeichnet. Ohnehin kann er diese nicht erfüllen und wird sich in dieser Situation darüber klar, dass er in Alltagsdingen und emotional auf die Freundin angewiesen ist. »In beidem

4 Das Training seines Körpers wiederum lehnt sich an ein normatives männliches Ideal an, wobei sich im männlichen Körper Tugenden wie Selbstkontrolle und Ordnung widerspiegeln sollen (vgl. Mosse 1997: 17). Und da dies Ömür nicht immer gelingt, bestraft ihn die Gesellschaft mit der Inhaftierung.

liegen wesentliche Impulse, die Identifikation mit den Vorgaben der Männerrolle zu lockern und neue Lebensformen zu proben« (Beck 1990: 48). In Adnans Alltag wäre es schwieriger, eine unselbstständige Freundin zu haben als eine, die offensichtlich auch ohne Mann ihr Leben führen kann. Ebenso wie die Partnerin handhabt er die Situation pragmatisch und erlebt das Selbstbewusstsein der Frau nicht als feministische Herausforderung (vgl. Meuser 1998: 292). In dieser Situation erübrigen sich die vergeschlechtlichte Arbeitsteilung und damit verbundene Formen der Darstellung von Männlichkeit.

Adnan probiert Formen der Geschlechtskonstruktion aus, die für ihn neu sind, sich eigentlich aber eng an männlicher Normalität ausrichten - er beschreibt das Leben mit Partnerin und Kind als Familienleben, das in seiner Harmonie schon fast verklärt wirkt. Damit möchte er in dieser anerkannten Form von Männlichkeit, nämlich der des »Familienvaters«, zumindest für eine Zeit lang »normale« Männlichkeit leben, die für Adnan aber überhaupt nicht die Normalität darstellt. Deutlich unterscheidet sich solche Männlichkeit von der in der Clique, für die er den Vorgaben der Älteren folgte; diese beschränkten sich oft auf eine demonstrative Zurschaustellung von Männlichkeit in öffentlichen Auftritten.

Als Adnan bei seiner Freundin lebt, verfolgen die Institutionen ihn zwar, haben ihn aber noch nicht, wie sonst üblich, im Griff. Im privaten Bereich genießt das doing gender einen größeren Spielraum als im institutionellen, denn die Institutionen basieren noch wesentlich auf überkommenen Regelungen der Geschlechterdifferenzierung und auf Zuschreibungen davon, wer welche Form von Geschlecht leben darf. Die Spielräume, die die Individualisierung eröffnet, entfalten sich eher im privaten Alltag als in den Institutionen (vgl. Krüger 2002: 71f). Es zeigt sich,

> »...dass es empirisch-zeitliche Verschiebungen und Ungleichzeitigkeiten zwischen verschiedenen Ebenen der gesellschaftlichen Konstruktion und Konstitution von Geschlechterdifferenz und Geschlechterverhältnissen sind, die es zunächst einmal theoretisch und empirisch gegeneinander zu differenzieren gilt.« (Krüger 2002: 65)

Bis hierher scheint der Migrationshintergrund tatsächlich einmal zweitrangig zu sein. Aber auch in den Beziehungen zu Frauen taucht dessen Relevanz wieder auf. So zum Beispiel, als die Mutter von Levents Freundin ihr die Beziehung verbietet - es passt ihr überhaupt nicht, dass die Tochter einen »Ausländer« zum Freund hat. Dieses Verbot löst aus, dass sich die Freundin von Levent trennt.

Die Wichtigkeit des Migrationshintergrundes für Liebesbeziehungen spiegelt sich auch im Thema »Scheinehe« wider. Murat muss das erleben: Als er erfährt, dass seine deutsche Freundin schwanger ist, migriert er, der wieder in der Türkei lebt, in die BRD; eigentlich wollten die beiden heiraten. Heirat ist oft das einzige Mittel, um eine Beziehung als MigrantIn in der BRD überhaupt leben zu können - im Vorwurf der Scheinehe wird es als Schwindel abgestempelt. Das Argument Scheinehe dient der Konstruktion eines *Typus des männlichen Einwanderers*: Der nutzt die Liebe von Frauen aus, um auf ihre Kosten im reichen Deutschland zu leben, und das »erschleicht« er sich durch ein Kind. Im Gegenzug entsteht das Bild der *naiven Frau*, die auf diese »Masche« des Mannes hereinfällt - natürlich nicht irgendeines Mannes, sondern eines »Ausländers«, der dadurch besonders hinterlistig erscheint. Bilder über Migranten verschränken sich mit Geschlechterkonstruktionen und ergeben ein Stereotyp, das immer wieder gerne zitiert wird, um Migranten abzuweisen. Bei Murat weiß das Ausländeramt sogar zu verhindern, dass er überhaupt in die Nähe seiner Freundin kommt.

Beziehungen zu Mädchen geben den Wünschen und Vorstellungen der Jugendlichen oft ein Gesicht und erden sie. Damit liegen sie fernab von gewalttätigen Formen von Männlichkeit, was aber nicht heißt, dass diese nicht parallel in anderen Lebensbereichen vorhanden wären. Das macht die Geschlechtskonstruktionen dynamischer und vielschichtiger. Die Beziehungen bringen sie so einem konstitutiven Merkmal von Männlichkeiten wieder näher - nämlich dem, dass diese nicht homogene und damit starre Zustände sind (vgl. Connell 2004: 290).

Aber auch in Beziehung zu anderen Männern realisieren die Jugendlichen nicht nur gewalttätige Männlichkeit. Neben abgrenzenden Auseinandersetzungen (wie beim Thema Homosexualität und sexualisierter Gewalt aufgezeigt) bilden sie auch Koalitionen mit Männern, in denen sie gemeinsam gegen andere vorgehen und die zum Mittel werden, mit der marginalisierten Lage fertig zu werden.

Männlichkeit und Herkunft als konstituierende Merkmale von Cliquen

Cliquen und Peergroups sind mehr als nur ein Übergangsphänomen zwischen Familie, Erwachsenwerden und eigener Familie. Manchmal sind sie dominierendes Element im jugendlichen Alltag, manchmal wirken sie auch dann noch nach, wenn sie sich längst aufgelöst haben. Ungefähr zur gleichen Zeit, als die Jugendlichen den Anschluss an das System verlieren, schließen sie sich einer Clique an. Cliquen werden so zum Ersatzsystem, das nach Schul- oder Ausbildungsabbruch den Hauptbezugspunkt für die Alltagsgestaltung stellt. Von hier knüpfen oder verstärken sie Kontakte zu illegalisierten Milieus, die sich um Drogenkonsum und -handel, Kleinkriminalität und Prostitution gruppieren und sich vielfach überschneiden. Die Milieus sind allerdings oft erwachsenendominiert in ihrer Organisationsstruktur, was sie von den Cliquen unterscheidet. Das Leben der Jugendlichen in diesen Nischen hat mehrere Funktionen: Es erscheint profitabel und ist zugleich ein täglicher Kampf. Die Cliquen bieten »Sicherheit«, denn sie ermöglichen es, vor der Polizei oder dem Ausländeramt unterzutauchen. Allerdings entsteht hier ein Kreislauf, den sie nicht wahrnehmen oder aus dem sie sich nicht befreien können: Je mehr sie sich in dieses Leben hineinbegeben, desto mehr entfernt es sie davon, sich systemisch zu verankern oder auch, den Alltag und die Interessen anderer Altersgenossen zu teilen. Es wird immer unsicherer und das Risiko, von der Polizei erwischt zu werden, steigt. Milieus wie das Drogenmilieu üben Druck aus, der umso größer wird, je mehr der Jugendliche über das Milieu weiß; er ist eine potenzielle Gefahr, falls es zu einem Verhör durch die Polizei kommt.

Für den Cliquenzusammenhang und -alltag ist Männlichkeit relevant. Adnan spricht von seiner Clique als »den coolen Jungs«, vor denen andere »Respekt hatten«. Die Cliquen richten sie stark an Männlichkeit aus, sie werden zu Männercliquen: Sie treten provokativ in der Öffentlichkeit auf, dominieren Terrains oder andere Jugendliche und geben sich ein Cliquenimage, bei dem Stärke, Macht und Überlegenheit, also Begriffe, die gemeinhin mit Männlichkeit assoziiert werden, im Vordergrund stehen. Mit dem öffentlichen Auftreten wollen die Jugendlichen Aufmerksamkeit erregen und sichtbar werden (vgl. Findeisen/Kersten 1999: 37). Außerdem ist die Straße der einzig für sie verbleibende Raum, den sie sich aneignen können. Sie provozieren damit vor allem negative Reaktionen der BewohnerInnen und der Sicherheitskräfte, die ein solches Verhalten nicht dulden, trotz der Heterogenität städtischer Quartiere.

> »In allen deutschen Großstädten haben sich Allianzen aus Geschäftsleuten und Behörden gebildet, um Verbotszonen für bestimmte Gruppen und normative Vorstellungen zur sozialen Reglementierung öffentlicher Räume durchzusetzen. (...) Damit findet ein Rückfall hinter die Strafrechtsreform Anfang der 70er Jahre statt, in der u.a. der Tatbestand der Bettelei und Landstreicherei im StGB gestrichen wurde« (Ronneberger 1998: 27).

Die Konfrontationen mit ihren Gegnern können von Seiten der Jugendlichen als »Bewerkstelligung von Geschlecht« (Findeisen und Kersten 1999: 82) interpretiert werden. Die Jugendlichen wollen der Umwelt männliche Hegemonie abtrotzen, die ihnen verwehrt wird. Mit zunehmender Kriminalisierung wird Männlichkeit immer wichtiger.

Muhammets Erzählungen über die Clique zeigen seinen sprichwörtlichen Versuch, mit aller Gewalt Überlegenheit herzustellen und sowohl in der Clique als auch von außen Anerkennung zu bekommen. Ausübung von Gewalt wird zum sichtbaren Zeichen von Macht und Kontrolle und die Clique verhilft Muhammet dazu. In ihr liegt Muhammets einzige Ressource, um Männlichkeit zu erzeugen.

Männlichkeit durch Gewalttätigkeit und Kriminalität herzustellen ist aber kein Selbstweck - es ist zugleich Muhammets Reaktion auf strukturelle und sexualisierte Formen der erlebten Gewalt. Er ist Analphabet und er sieht sich als Opfer des Staates. Die langen Jahre in Flüchtlings- und später in Jugendheimen und die erlittene sexualisierte Gewalt sind für ihn Ohnmachtserfahrungen, die er auf diese Weise beherrschen will.

Muhammets und Adnans Cliquen arbeiten sich an der Polizei ab: In ihr beziehen sie ein Gegenbild, denn Polizisten sind Repräsentanten einer männlich organisierten Institution. Insofern erscheinen sie den Jugendlichen als würdige Gegner, die für gesellschaftliches Ansehen, Macht und Kontrolle über andere stehen. Die Parallelen jugendlichen und polizeilichen Verhaltens in dem Versuch, dominierende Männlichkeit mit körperlichen Mitteln herzustellen, sind kaum zu übersehen. Die Auseinandersetzung mit der anderen Gruppe stabilisiert die eigene Gruppe nach innen, und zwar bei Polizei und Cliquen. Hüttermann (2000: 21) sieht Männlichkeit und Männersolidarität als einen »übergeordneten Ethos« beider Gruppen, der die Grundlage für ihr Handeln schafft. Die Clique hat ebenso wie die Polizei Hierarchien und Funktionen, auch sie hat »Krieger-Männlichkeiten« (Behr 2001: 106ff), die den offenen Straßenkampf führen, auch wenn sie (noch) nicht so genau wissen, worauf es dort ankommt.

Einen eklatanten Unterschied zur Polizei gibt es aber - die Cliquen haben keine legitimierte Macht. Der Rückgriff der Jugendlichen auf eng mit Gewalt gepaarte Männlichkeit ist in einem Kontext zu verorten, der weder ökonomische noch kulturelle Ressourcen aufweist. Und zudem ist die überlegene Macht des Staatsapparates ständig in ihrem Leben präsent, zum einen verkörpert in der Polizei und zum anderen durch drohende Inhaftierung und in deren Konsequenz Abschiebung. So kommt es, dass die Jugendlichen sogar

Konzepte verteidigen, von denen sie wissen, dass sie unnütz sind, wie z.B. das der »männlichen Ehre«.

»Ethnische« Herkunft handhaben die Cliquen zwar unterschiedlich - aber sie ist immer relevant. Zu Muhammets Clique gehören auch deutsche Jugendliche und natürlich beteiligen auch sie sich an den Straftaten. Muhammet weist denn auch darauf hin, dass Kriminalität nicht ein Merkmal der »Ausländer« ist und sich auf sie beschränkt. Für die Mitgliedschaft in Adnans Clique ist es notwendig, »türkischer« Jugendlicher zu sein, denn die Clique definiert sich ausdrücklich als »türkisch«. Im einen wie im anderen Fall spielt Herkunft eine Rolle.

Das Merkmal »Ausländer« hat noch eine größere Tragweite, denn werden die Jugendlichen bei Straftaten erwischt, so sind die Konsequenzen für die migrantischen anders als für die autochthonen Jugendlichen. Bei Migranten tritt nämlich zusätzlich zum Jugendgerichtsgesetz das Ausländergesetz in Kraft, das ihren Aufenthalt in der Bundesrepublik in Frage stellt, denn je nach Delikt und Länge der Verurteilung droht den Jugendlichen die Ausweisung.

Das manifestiert ihre »Andersartigkeit«, was Auswirkungen auf die Cliquendynamik hat: Sie betonen den Zusammenhalt als »ethnische« Clique stärker. Indem sie sich selbst als »Türken« oder »Ausländer« bezeichnen, wenden sie eben jenes Merkmal, das sonst dem Ausschluss dient, in ein einschließendes und ihre Zusammengehörigkeit markierendes Merkmal. Ein Selbstethnisierungsprozess wird deutlich: Dieser stammt aus der aktuellen Situation und nicht, wie gerne unterstellt, aus dem Rückgriff auf kulturelle Gemeinsamkeiten oder Traditionen. Die Jugendlichen ziehen diese aber gerne im Nachhinein hinzu, um die Gruppenzusammengehörigkeit zu untermauern - es bleibt aber dabei, dass sie nicht Gruppen konstituierend sind. Vielmehr *schaffen* sich die Jugendlichen eine Gruppe, zu der sie legitimerweise gehören dürfen, die ihre Zugehörigkeit nicht auf Grund der Herkunft in Frage stellt; damit verarbeiten sie auch Diskriminierungserfahrungen.

Cliquen dienen den Jugendlichen dazu, Vergeltung an der Mehrheitsgesellschaft und an deren Hegemonie zu üben. Als männlich dominierte bzw. durch Männlichkeit konstituierte Milieus ermöglichen sie, übertriebene Formen von Männlichkeit zu praktizieren, die hilfreich und als situativer Vorteil erscheinen. Die Clique erscheint wie eine Alternative zu den gesellschaftlichen Ausschlusserfahrungen und zu anderen Lebensbereichen, bietet Zugehörigkeit und Solidarität. Das Handeln der Jugendlichen in der Clique ist aber auch von ihrer Umwelt abhängig und sie reproduzieren gesellschaftliche Macht- und Einflussbereiche sowie konventionelle Männlichkeitsmuster auf eigene Weise (vgl. Schröder/Leonhard 1998: 39).

Manchmal greifen die Jugendlichen auf Klischees über MigrantInnen zurück und schlachten sie zu ihren Gunsten aus. Sie führen einfach eine Interpretation im Sinn der herrschenden Meinung ins Feld, um ihr gewalttätiges, aggressives oder kriminelles Verhalten zu erklären und zu rechtfertigen. Mit ihrem »Türkisch-Sein« oder »Ausländer-Sein« begründen sie alles, was an ihnen »anders« ist als an den anderen. VertreterInnen der sozialen und kontrollrechtlichen Instanzen können das akzeptieren, weil es ihrer vom Common Sense geprägten Denkweise über MigrantInnen entspricht. Selbstethnisierungen werden den Jugendlichen zur Strategie, um mit den Zuweisungen umzugehen, auf die sie reduziert werden. Sie übersehen, dass sie die Etiketten damit auch tradieren und sich zu Erfüllungsgehilfen machen. Letztendlich tragen sie selber dazu bei, immer mehr auf ein Stereotyp des männlichen Ausländers festgelegt zu werden. Aber auch die gegenteilige Strategie dient der Auseinandersetzung mit der Frage der Zugehörigkeit: Adnan argumentiert, dass es illegitim sei, dass er, eigentlich ein Deutscher, rechtlich keiner sein dürfe. Damit kann er das Unrecht, was er selbst getan hat, gegen das des Staates stellen und aufrechnen.

Das Gefängnis als gewalttätiges männliches System

Rassismus und Selbstethnisierungen ziehen sich kontinuierlich durch das Leben der Jugendlichen, aber in der Haft spitzen sie sich zu. Das Gefängnis lässt sie pointiert auftreten, denn hier verdichten sich spezifische Problemlagen und Abhängigkeiten und Gewalt zeigt sich mehrdimensional.

Das für Inhaftierte im Allgemeinen und inhaftierte Jugendliche im Besonderen angestrebte Ziel der »Resozialisierung« ist für Migranten nicht vorgesehen. Zu ihrer Verurteilung als Verbrecher kommt die Verurteilung als »Ausländer«: Für Migranten gelten nicht nur besondere Regelungen in der Haft, sondern das Ausländergesetz wirkt sogar über die Haftzeit hinaus durch die (drohende) Abschiebung. Falls sie es bisher nicht verstehen wollen, so wird nun deutlich, dass sie nicht dazu gehören sollen. Die Definition nicht als Jugendlicher oder als junger Mann, sondern als »Ausländer« wird damit in den Mittelpunkt gerückt.

Vor diesem Hintergrund ziehen sich die Jugendlichen weiter in die »ethnische Andersartigkeit« zurück. Ohnehin darauf festgelegt »Ausländer« zu sein, versuchen sie zumindest durch die gemeinsame Sache Solidarität und Schutz zu erzeugen. »Ethnischer Zusammenhalt« bedeutet im Gefängnis noch mehr als »ethnische Cliquen« draußen. Er ermöglicht, Diskriminierungen abzufedern, sie zur Gruppensache zu machen, damit sie nicht dem Einzelnen zugeordnet werden müssen. Wiederum zeigt sich ein ethnischer Zusammenschluss als Resultat der aktuellen Situation, als Solidargemeinschaft, die sich über die Zuschreibung des »ethnischen Ausländers« bildet. Das Leben in Haft beschleunigt und festigt Fremd- und Selbstethnisierung durch eine starke strukturelle Etikettierung »der Ausländer« und »der Türken«.

Mit Hilfe der Technik der Männerbünde gestalten die Jugendlichen die Zusammenschlüsse nicht nur mit »Ethnizität«, sondern auch mit Geschlecht aus. Ömür erzählt davon, wie die Neulinge in der Haft kämpfen müssen, um einen Platz angewiesen zu bekommen. Diese tätlichen, nach dem Prinzip des Faustrechts funktionierenden Kämpfe veranschaulichen, auf welch männliche Art und Weise Hierarchien festgelegt werden. Aber auch diese männliche Technik bringen die Jugendlichen eng in Zusammenhang mit Herkunft. Wer mit Migrationshintergrund in Haft kommt, findet in der ethnisierten Solidargemeinschaft besseren Rückhalt für diesen Kampf. Hier schaffen sie es ein Mal, Männlichkeit zu ihrem Vorteil mit »Ethnizität« auszugestalten und sowohl im Kampf als auch an Männlichkeit zu gewinnen.

Wie schon für die Institution Schule ausgeführt, ist auch das Gefängnis als Institution selbst geschlechtlich verfasst und macht enge Vorgaben für das alltägliche doing gender der Beteiligten. Die institutionelle und die individuelle Ebene einzubeziehen beugt der Gefahr vor, »die Dimension sozialstruktureller Geschlechterordnung zu personalisieren bzw. die Inkorporation von Macht-Ungleichgewichten zwischen den Geschlechtern in der Sozialstruktur zu übersehen« (Krüger 2002: 64). Was Helga Krüger als »zwischen den Geschlechtern« bezeichnet, beziehe ich nicht auf zwei Geschlechter, sondern auf die Herstellung von Hierarchie innerhalb des männlichen Geschlechts.

Im Gefängnis bewegen sich die Jugendlichen in einer Ordnung der Männlichkeiten, und ihre Bearbeitungen des Geschlechts stehen in engem Zusammenhang mit der Institution. Die Beamten verkörpern dieses System, sie demonstrieren ihre Überlegenheit zum einen durch eine rigide Handhabung des Haftalltags – also durch die strukturelle Einschreibung von Gewalt. Sie prangern die Gewalttaten der Insassen ständig an, um die in die Institution eingeschriebene (Staats)Gewalt in Form des Freiheitsentzuges stets aufs Neue zu legitimieren – eine symbolische Einschreibung von Gewalt. Der Gefangene wird schon beim Eintritt in die Institution und dann stets aufs Neue daran erinnert, dass er zu den Personen gehört, die Anlass gaben, solche Einrichtungen überhaupt zu etablieren; nach Goffman (1972) stellt das eine Form der sozialen Kontrolle dar. Zusammen mit den strukturellen Einschreibungen von Gewalt geht es sogar um die Ausübung doppelter sozialer Kontrolle.

Hüseyin und andere Jugendliche beschreiben, wie das Personal im Haftalltag rassistisch handelt. Der Rassismus als Mittel zur Konstruktion von Unterlegenheit des »Ausländers« ergänzt die Konstruktion der Unterlegenheit als Mann. Das Männersystem stellt Unterlegenheit durch Entmännlichung her - die Gleichsetzung der Jugendlichen mit einem Tier, genauer einem Hund, wie Ömür die Behandlung kennzeichnet, verleiht dem Nachdruck. Beide Konstruktionen können wechselseitig eingesetzt werden, sie passen ineinander und verstärken einander gegenseitig.

Dazu dienen auch Einschreibungen in die jugendlichen Körper: Die Ängste von einigen Jugendlichen vor einer Vergewaltigung demonstrieren, dass die Inkorporierung gelungen ist. Eine eigentlich den Frauen vorbehaltene Furcht hat die jungen Männer eingeholt und entmännlicht sie einmal mehr. Die Befürchtungen der Jugendlichen haben gute Gründe: Wie Hüseyin erzählt, bleibt es im Falle seines Chefs in der Gefängniswerkstatt nicht bei der bloßen Androhung sexualisierter Gewalt. Vergeschlechtlichte, rassistische und sexualisierte Unterdrückungen überlagern sich mehrfach und es scheint, als hätten sie im Gefängnis alle den jugendlichen Körper zum Ziel.

Die Jugendlichen wehren sich mit verschiedenen Taktiken dagegen: Sie üben sich in Ignoranz, in Selbstironie (indem sie über ihre Angst lachen) oder wehren sich gewalttätig. Ignoranz und Ironie laufen zwar meist ins Leere, dienen aber immerhin noch dem Selbstschutz, während sie Gewalttätigkeiten entweder gegen sich selbst richten oder diese in Form von Haftverlängerungen oder anderen Sanktionen auf sie negativ zurückwirken.

Bei der Analyse jugendlicher Gewalt ist es insofern geboten, die strukturellen Gewalttätigkeiten, in denen die Jugendlichen sich bewegen, einzubeziehen (vgl. Geiling 2000). Mit Macht ausgestattete Strukturen, die sich in den Handlungen ihrer Repräsentanten als Gewalt ausdrücken, bedingen, dass die Jugendlichen sich herausgefordert sehen, dagegen anzulaufen. Zugleich wissen sie, dass das eigentlich zwecklos ist, denn Ziel ist der Ausschluss. Das Gefängnis wird zur letzten Selektionsmaschine, die Freiheitsstrafe gibt den Grund, nach Ausländergesetz abschieben zu können. Noch nicht einmal mehr offensichtlichste Formen der Unterwerfung sollen eine Rolle spielen, da ihnen ohnehin die Ausweisung droht. Sie werden immer weiter ausgeblendet, in immer weniger Raum in immer dunklere Zonen gedrängt, bis schließlich kein sichtbares Zeichen mehr von ihnen bleibt.

Resümee: Entwicklung der Männlichkeitskonstruktionen der Jugendlichen

Zusammenfassend stelle ich dar, wie sich Männlichkeitskonstruktionen und Rassismen gegenseitig verstärken und die Jugendlichen im gesellschaftlichen Aus landen: Um eine Gegenbewegung zur ethnisierten Familiensituation zu schaffen, sehen die Jugendlichen im familiären Kontext ihren Auftrag darin, sich als stark zu erweisen - allerdings sind sie damit überfordert und können dem Anspruch nicht genügen. Ihre Herkunft wird auch im institutionellen Kontext der Schule relevant: Struktur und Personal halten ihnen ständig ihr »Anderssein« vor Augen, weder ihre Herkunft noch ihre Geschlechtskonstruktionen, die familienbedingt »machohaft« seien, gingen mit gesellschaftlichen Normen konform. Damit lenkt die Institution von ihrer eigenen patriarchalen Durchsetzung ab. Die Jugendlichen brechen die Schule früh ab - für die sich schon abzeichnende Verweigerung einer »legalen« Männlichkeit bedeutet das eine Verfestigung, denn ohne Schulabschluss können sie sich auch nicht in den Arbeitsmarkt einbringen. Die Jugendlichen müssen nun andere Räume suchen, um sich zu positionieren.

Rassismus vereinnahmt zunehmend die jugendlichen Geschlechtskonstruktionen, indem er ihre Männlichkeit als abweichende thematisiert. Eine körperliche Erfahrung von Rassismus zeigt sich in der an ihnen verübten sexualisierten Gewalt, die ihre Männlichkeit zu einer unterworfenen macht. Der kindliche bzw. jugendliche Körper, vor allem wenn an ihm in sexualisierten Milieus Gewalt und Rassismus ausgelebt werden, wird so zum »ethnischen Körper«.

Nach der Verweigerung anerkannter Männlichkeit suchen die Jugendlichen Auswege - dazu statten sie ihre Männlichkeit gewalttätig aus. Ihnen bleiben nur wenige Ressourcen und in ihrem Alltag ist Gewalt an der Tagesordnung. Sie üben Gewalt in Cliquen aus, die als Männerbünde Geschlecht und Herkunft zum konstitutiven Merkmal der Zugehörigkeit definieren. Gewalttätige Männlichkeit können die Jugendlichen hier gemeinsam ausleben. Damit arbeiten sie im Prinzip wie andere Männerbünde auch - nur eben am anderen Ende der Skala hegemonialer Männlichkeit. Sie führen ihre Auseinandersetzungen gegen Repräsentanten hegemonialer Männlichkeit und staatlicher Macht, gegen Gegner wie beispielsweise die Polizei. Damit versuchen sie, sich überlegener Männlichkeit anzunähern, entfernen sich aber immer mehr davon. Ihre unterworfene Männlichkeit verkehren sie in Gewalt, körperliche Auseinandersetzungen sind ihr einziges Mittel. Das reicht aber gegen diesen Gegner nicht aus und prädestiniert sie, zu verlieren.

Auf Nebenpfaden zeigt sich die individuelle Suche nach anderen Formen von Geschlecht, und damit nach Auswegen aus der Versagung anerkannter Formen von Männlichkeit. Die Jugendlichen platzieren Männlichkeit da, wo die Institutionen Lücken lassen. Sie grenzen sich von Formen gesellschaftlich untergeordneter Männlichkeit ab, was deutlich wird in der Ablehnung von Homosexualität. Sie stellen auch Bezüge zum weiblichen Geschlecht her: Sie konstruieren Überlegenheit, indem sie Weiblichkeit mal abwerten, mal Formen von Beziehungen favorisieren, die ihnen männliche Normalität und damit anerkannte Männlichkeit verschaffen könnten.

Diese »privaten« Versuche reichen jedoch nicht aus, einen Platz in der Gesellschaft zu erreichen. Vielmehr holen männliche Milieus oder Institutionen sie ein und weisen ihnen wieder ihre untergeordnete Stellung zu, worauf die Jugendlichen reagieren müssen. Tun sie das mit Gewalt, so ist das die ihnen mögliche Antwort auf Ausschluss und Unterordnung, verstärkt diese aber, denn sie ist gesellschaftlich nicht erlaubt. Erneut handeln sie sich den Vorwurf ein, ihre Männlichkeit nicht im Griff zu haben und damit zur Gefahr zu werden; Grund genug, sie aus- oder wegzuschließen. Das Gefängnis kennzeichnet den Endpunkt marginalisierter Männlichkeit. Ordnungen von über- und unterlegener Männlichkeit sind hier unverrückbar festgeklopft. Eigene Ausformulierungen von Geschlecht werden immer belangloser, Aufbegehren macht immer weniger Sinn. Wenn selbst das Geschlecht nicht mehr wichtig sein darf, führt das in letzter Konsequenz zur Ent-Männlichung.

16.2 Rassismus und Körper

Die Biographien belegen, dass die Jugendlichen immer mehr Kontexte verlieren, bis sie schließlich mit sich und ihrer Biographie allein im Gefängnis übrig bleiben. Mit den Kontexten schwinden Lebenszusammenhänge und Möglichkeiten, einen gesellschaftlichen Platz zu finden. Je mehr Kontexte ausgeblendet werden, desto deutlicher findet eine Reduktion der Jugendlichen statt, die sich immer stärker auf den Körper konzentriert. Diese Reduktion zeigt sich in den Zuweisungen an die Jugendlichen sowie auch in einem Rückzug der Jugendlichen selbst auf ihre Körper. Als Ergebnis eines rassistischen Prozesses muss dieser offensichtlich den Körper als Bezugspunkt wählen.

Körper als Zielscheibe von Rassismus

> »Die Herausbildung von Formen der Männlichkeit und der Bedeutung männlicher Körper ist in der globalen Gesellschaft immer noch mit Rassismus verbunden. ›Rasse‹ wurde und wird nach wie vor als Hierarchie der Körper verstanden und dies verbindet sich unauflöslich mit einer Hierarchie von Männlichkeiten.« (Connell 2000a: 82)

Connell thematisiert den Körper als Kreuzungspunkt von Macht. Er steht nicht nur im Mittelpunkt von Vergeschlechtlichungsprozessen, sondern dient als Symbol, als Anlass, Differenzierungen vorzunehmen und Hierarchien zu entwerfen. Analog zur oben beschriebenen Produktion von Geschlecht wird auch die »Rasse« über das Medium des Körpers konstruiert - und schreibt sich im Gegenzug in den Körper ein. Rassismus macht den Körper vom Subjekt zum Objekt seiner Machtmechanismen. Nach Foucault (vgl. 2005: 270) sind Praktiken der Unterscheidung und Teilung für die Objektivierung des Subjekts zuständig. Das Subjekt in sich zu teilen und vom anderen zu trennen - und das tut Rassismus - macht es zum Objekt.

Überall, wo sich die Jugendlichen bewegen, werden ihre »Ethnizität« und ihr Geschlecht relevant. Ethnisierung und Vergeschlechtlichung sind unmittelbar miteinander verbunden und beeinflussen sich wechselseitig. Im und am Körper der Jugendlichen zeigt sich die Verflechtung von Vergeschlechtlichung und Rassismus, er wird zum Vermittler der Unterordnung. Von Weißen Männern verübte sexualisierte Gewalt an den Jugendlichen macht das besonders deutlich.

Weiße stellen Hegemonie her - zwar auch durch Alter und Position, aber auch mittels ihres eigenen und des anderen Körpers. Die Jugendlichen werden in dieses hegemoniale System eingespannt, sie produzieren »Gegenentwürfe«, indem sie versuchen, Macht durch ihre »bedrohlichen Schwarzen« Körper zu erlangen.

Den Jugendlichen bleibt tatsächlich kaum etwas anderes übrig, als ihren Körper in seiner symbolischen Bedeutung aufzublähen (vgl. Lenz et al. 2004: 8). Sie sind zurückgeworfen auf einen Körper, der »anders« ist als der des imaginierten Weißen. Ihr Körper wird nicht dem großen gemeinsamen Körper, dem »Volkskörper«, zugerechnet - er wird nicht inkorporiert in die »nationale Gemeinschaft«. Mit Hilfe der Abgrenzung kann sich dieser »Volkskörper« überhaupt erst erschaffen; seine Reproduktion bedarf der ständigen Abgrenzung zum »Anderen«. In ihre Körper werden so die Hierarchien durch die Zuschreibungen von Schwarz und Weiß eingeschrieben, die als »Farben« positiv und negativ konnotiert sind. Rassismus reduziert die Jugendlichen so weit, bis kaum mehr ein anderes Anzeichen von ihrem Leben als der »materielle« Körper übrig bleibt, der damit zugleich aber ein hochpolitisierter ist. Damit zielt er auf ihre Körper. Er offenbart sich in der Geschichte der Jugendlichen, manifestiert sich in seiner Konsequenz, die da heißt, den »sauberen«, den Weißen (Volks-)Körper vom Schwarzen Körper zu »bereinigen«.

Die Reduktion auf den Körper – Der Körper als letzter Ausweg

Messen die Jugendlichen dem Körper als Ausdruck von Männlichkeit Bedeutung bei, so bewegen sie sich damit durchaus im gesellschaftlichen Common Sense. Zu einer Zeit, in der Verunsicherung darüber herrscht, wie man sich als Mann definieren kann, kommt dem Körper eine neue Bedeutung zu und er mutiert zum »demonstrativen Geschlechtszeichen«:

> »Dieses Demonstrative kommt ihm in der Welt traditioneller Männlichkeit und habitueller Sicherheit gerade nicht zu. Angesichts abhanden gekommener Fraglosigkeiten entwickeln die Männer ein deutliches Gespür dafür, wie sehr Männlichkeit auf Verkörperung verwiesen ist.« (Meuser 1999: 31)

Bei dem Versuch diese Verkörperung zu verwirklichen, verweigert die Gesellschaft den Jugendlichen den Einsatz der Ressource Körper auf Grund ihrer einmal eingeschlagenen Lebenswege. Die Jugendlichen kämpfen dagegen an und verstricken sich immer mehr - ihre Strategie, einen männlichen Platz mit Hilfe des Körpers zu finden, wird zum weiteren fehlgeschlagenen Versuch der Positionierung.

Sie steigern sich immer mehr in Gewaltdelikte hinein und landen schließlich in der Haft, wo Körper und Bewegung auf allen Ebenen eingeschränkt sind. Der Rückzug der Jugendlichen auf den Körper ist kein freiwilliger. Auch wenn sie ihn als Zeichen der Männlichkeit benutzen, so ist er einfach die letzte ihnen bleibende Ressource. Mit seiner Hilfe versuchen sie Strategien für die Zukunftsgestaltung zu entwickeln, verlassen sich auf ihn als Basis. Auch eine scheinbar übertriebene Form der Darstellung von Körperlichkeit, die mit Hypermaskulinität einhergeht, ist Folge der Ausbeutung dieser letzten Ressource. Wenn die »männliche« Ausstattung des Körpers zur Notwendigkeit wird, weil sie die einzige Perspektive bietet, dann entstehen gleichzeitig Probleme: Die Jugendlichen müssen mit diesem Körper arbeiten und ihn be-arbeiten, wodurch er zur Gefahr für andere wird. Die nehmen ihn auch dann als Gefahr wahr, wenn er nicht als solche eingesetzt wird. Die Betonung des Körpers verleiht den Jugendlichen den Ausdruck von Bedrohung, von Unkontrollierbarkeit und einem archaischen Verhalten, dessen Männlichkeit diese Gesellschaft längst überwunden glaubt.

Nicht nur für die Jugendlichen selbst wird ihr Körper immer wichtiger, nicht nur sie greifen auf ihn zurück und überschreiten in ihren Gewalttätigkeiten die körperlichen Grenzen von anderen. Vor allem durch sexualisierte Gewalt erfahren sie von außen eine Entgrenzung und eine Überschreitung ihrer Körpergrenzen, die sie zugleich begrenzt. Diese Erfahrung geschieht zu einer Zeit, in der die Gesellschaft die Definition ihres Körpers als geschlechtlich vorantreibt, nämlich kurz vor und in der Pubertät, die den Körper dann »geschlechtsreif« macht. In dieser Zeit greifen die anderen auf den Körper zu, machen ihn gefügig und tun ihm Gewalt an, produzieren damit hegemoniale Männlichkeit und legen im Gegenzug die Jugendlichen auf subordinierte Männlichkeit fest, die sich in deren Körper einschreibt.

Ihr Körper ist dem Verhalten der Jugendlichen *nicht* vorgelagert, und zwar weder als männlicher noch als »ethnischer«. Er *wird* vielmehr vergeschlechtlicht und ethnisiert, wird in diskursiven Praxen hergestellt, wie dies vor allem Michel Foucault (1977) und im Rahmen der Geschlechterforschung Judith Butler (1991, vgl. Kap.1) darlegen. Körper ist nicht einfach eine »materielle Grundlage«: Ohne die diskursiven Praxen, ohne seine Beschreibung, ohne seine Disziplinierung, ohne ihm Bedeutung und Interpretation beizumessen wäre er gar nicht existent. Nur scheinbar ist der Körper eine materielle Angelegenheit, er wird vielmehr diskursiv produziert und als geschlechtlich entworfen. Und so sind auch die Körper der Jugendlichen Bestandteil dieser Diskurse und Abbilder der gesellschaftlichen Bedeutungen von Vergeschlechtlichung, auch ihre Ausdrücke von Männlichkeit diskursiv erzeugt. So wie ihr Körper zum Anlass genommen wurde, ihm Geschlecht zuzuschreiben, hat diese Zuschreibung das Geschlecht in ihn eingeschrieben.

Die jugendlichen Körper erfahren - scheinbar widersprüchlich durch extensive Diskursivierung - von außen und dann auch von innen die Zuweisung einer reduzierten Bedeutung. Aber nicht nur sie, auch die Jugendlichen als Personen mit Geschichten werden nicht mehr wahrgenommen, sind nur noch als Defizitträger interessant, immer mit Blick auf das, was an ihnen anders und anormal ist, was ihnen fehlt, was sie falsch gemacht haben. Ihre Männlichkeit wird auf wenige und ausschließlich negative Attribute reduziert: »gewalttätig«, »aggressiv«, »unproduktiv« und reichlich »verantwortungslos«. Auch wenn für die Jugendlichen ihre Geschlechtskonstruktionen in Form der Körperlichkeit durchaus mit der Gesellschaft korrespondierende und zu vereinbarende Formen sind, und auch wenn ihre Deutung innerhalb dessen liegt, was sie von der Gesellschaft kennen und was sie für sie bedeutet, nämlich Gewalterfahrungen, so steht das Urteil der gesellschaftlichen Zuschreibungen fest: Diese Jugendlichen können gar keine Verantwortung für sich übernehmen. Deshalb wird die Haft für sie auch zum endlich »richtigen« Ort, denn hier müssen und dürfen sie auch keine Verantwortung übernehmen. Nach Jahren müssen die Jugendlichen diese Zuschreibung annehmen:

> Adnan: Dat ist mein zweites Zuhause geworden, in sechs Monaten sind meine sechs Jahre voll (2). So ich bin gerade 21, ja mir tut das schon weh (I: hm). Aber man hat sich dran gewöhnt, wo ich damals von Siegburg entlassen worden bin, hab ich geweint (I: hm) wie ich nach Hause gehe, ich wollte nicht mehr weg, jahrelang man wusste, was dann- was sein System ist ne. Frühmorgens aufstehen, ich hab Hausarbeiter gemacht in Siegburg, Essen verteilen, nachmittags war Sport, abends war ein bisschen äh Umschluss und dann war Feierabend, dann haben die Beamten zu mir auch gesagt ›bist du doof oder was, warum weinst du?‹, ich sag ›ich kann hier nicht weg ich kenn nichts mehr anderes‹. (I: hm) Dann haben die auch ein bisschen dumm geguckt ne, ja.

Adnan tut es *weh*, dass er das Gefängnis als Heimat akzeptiert hat, aber weil es so ist, leidet er unter der Entlassung und *weint* - zwei *körperliche* Ausdrücke, die seinen *seelischen* Konflikt mit der Akzeptanz der Bedingungen und seine Resignation kennzeichnen. Michel Foucault hat in seiner Analyse zur Entwicklung von Gefängnis und Strafe historisch dargelegt, wie man seit Beginn des 19. Jahrhunderts davon abrückte, den Körper öffentlich zu strafen und das physische Leid in den Mittelpunkt des Strafwesens zu stellen. Statt physischer Bestrafung richtet sich das neue Strafkonzept nun auf die Seele:

> »Das psychiatrische Gutachten sowie ganz allgemein die Kriminalanthropologie und der hartnäckige Diskurs der Kriminologie haben hier ihre Funktionen: indem sie die Gesetzesübertretungen feierlich in den Bereich der wissenschaftlich erkennbaren Gegenstände einweisen, berechtigen sie die Mechanismen der gesetzlichen Bestrafung zum Zugriff nicht nur auf die Gesetzesübertretungen, sondern auf die Individuen - nicht nur auf das, was die Individuen getan haben, sondern auf das, was sie sind, sein werden, sein können. Die Seelen-Zugabe, die sich die Justiz gesichert hat, hat nur anscheinend erklärende und begrenzende Funktion; tatsächlich handelt es sich um eine Annexion. Seitdem vor 150 oder 200 Jahren Europa seine neuen Strafsysteme geschaffen hat, sind die Richter Schritt für Schritt - im Zuge einer noch weiter zurückreichenden Entwicklung - darangegangen, über etwas anderes als die Verbrecher zu richten: über die ›Seele‹ der Verbrecher.« (Foucault 1976: 28)

Zusätzlich überlebt ein Teil des auf den Körper gerichteten Strafkonzepts in dem Postulat, dass es gerecht sei, dass ein Verurteilter physisch mehr leide als andere Menschen; ein »›peinlicher‹ Rest in den modernen Mechanismen der Kriminaljustiz - ein Rest, der nicht ganz überwunden wird, der aber immer mehr in ein Strafsystem der Körperlosen integriert wird« (Foucault 1976: 25).

Die Seele gerinnt zum Teil der Körperpolitik, wird zu ihrer Verdopplung, zum »Bezugspunkt einer bestimmten Technologie der Macht über den Körper« (Foucault 1976: 41). Eine externe Macht, die bisher nur Zugriff von außen hatte, bekommt hiermit ein zweites Standbein, zielt nach innen in einer Form der inneren Kolonisierung. Selbst- und Fremdführung greifen ineinander, das Produkt ist die Seele des Abweichlers, des Anderen, des Versagers, des Kontrollierten, der sich zu guter Letzt sein Leben ohne die Kontrolle noch nicht einmal mehr vorstellen kann. Teile des Selbstbildes der Jugendlichen, die nicht mit der Vorstellung vom Verbrecher korrelieren, sondern mit anderen, positiven Eigenschaften belegt sind, treten in den Hintergrund. Die Seelenausrichtung sorgt dafür, dass den Inhaftierten die Verteidigung ihres Handelns und ihres biographischen Werdens nicht nur gegenüber den Anderen zunehmend schwer fällt, sondern auch gegenüber dem Selbst. Sie müssen anerkennen, dass in ihrem Inneren etwas nicht stimmt, nicht normal, nicht gesund ist und sie selbst »aus sich heraus« es nicht schaffen, verantwortlich für sich zu handeln. Die Durchdringung des Subjekts gelingt auch deshalb, weil die Anerkennung der Notwendigkeit der Strafe ihnen zur viel beschworenen inneren Kohärenz verhilft – selbst wenn diese »den Verbrecher« vervollständigt.

Das Gefängnis wird zum Ort, der erkennbar macht, wie alte und neue Formen von Macht kumulieren. Rassismus wird zum Beschleuniger, der die Kriminalisierung und die Exklusion in spezifischer Form aufbereitet und perfektioniert. Im Gefängnis vervollständigen sich die Grenzen zwischen den Körpern und innerhalb des Gesellschaftskörpers und zugleich wandert diese Grenze in das Innere der Körper. »Wir haben es nicht nur ›mit gefährlichen Individuen‹ oder ›gefährlichen Klassen‹ zu tun, vor denen die Gesellschaft zu schützen ist, sondern auch mit biologischen Risiken, die im Inneren des Körpers für dessen Krankheit und Tod verantwortlich sein sollen«, so Lemke (2003a: 166) mit Verweis auf Foucault. Die Körper als Produkte der Einschreibungen von Macht werden zum Ausgangspunkt und zur Zielscheibe von Rassismus, dienen der Schaffung und Aufrechterhaltung von Ungleichheit. Der Körper wird politisiert und ist doch immer schon politischer Körper gewesen.

16.3 Positionierung im Nichts: Rassismus durch Ausschluss aus der Gouvernementalität

Bei den Jugendlichen spitzt sich Rassismus im Gefängnis zu und gewinnt deutlichere Konturen. Im Gefängnis sind sie nur scheinbar zeitweise weggeschlossen, temporär aus der Gesellschaft ausgeschlossen - ihre Biographien sind von Exklusionen gekennzeichnet und die Inhaftierung bereitet den letztendlichen Ausschluss vor. In der Betrachtung der Gesamtheit der Exklusionsprozesse zeigt sich eine Gemeinsamkeit: Moderne Formen der Regierung, Technologien des Selbst sollen bei ihnen keine Anwendung finden. Diese Technik des Ausschlusses aus Selbstführungsprozessen scheint eine neue Variante von Rassismus zu sein, die zu seiner anhaltenden Wirkungskraft als Kategorie der Ungleichheit beiträgt. Rassismus als konstitutives Element für gesellschaftliche Spaltung wird damit zu einer Technologie moderner Macht.

Um dieser These nachzugehen, lege ich zunächst kurz Michel Foucaults Konzeption der Gouvernementalität dar, auf das die Interpretation dann rekurriert. In den Studien zur Gouvernementalität entwickelt Foucault seine Arbeit an der Analyse der Beziehung von Macht und Subjekt fort. Historische Entwicklungen von der souveränen Macht zur disziplinierenden Macht verweisen über die Biomacht zu einer »neuen« Form der Lenkung, die er Gouvernementalität nennt. Gouvernementalität entfaltet sich in einer Gesamtheit von Institutionen und Verfahren, ist ein Ensemble »unterschiedlicher Rationalitäten, Handlungsformen und Praxisfelder, die auf die Steuerung und Kontrolle von Individuen und Kollektiven zielen und gleichermaßen Formen der Selbstführung wie Techniken der Fremdführung umfassen« (Lemke 2003: 268). Im Mittelpunkt des Konzepts der gouvernementalen Führung steht der *Begriff des Regierens*: Regieren bedeutet, Verantwortung für einen Komplex zu übernehmen, der sich aus Dingen und Menschen zusammensetzt. Die Regierung richtet ihr Augenmerk auf den Menschen in seinen Beziehungen und Verwicklungen zu den ihn umgebenden Dingen. Im Mittelpunkt steht also der *Mensch*, »die Idee, dass es eine Regierung der Menschen geben kann und dass die Menschen sich regieren« (Foucault 2004: 185).[5] Die *Dinge* können Reichtümer, Nahrung oder das Klima sein, Sitten oder Denkweisen, potenzielle Unfälle oder Hungersnöte. Es zeichnet die

5 Foucault sieht den Vorläufer zu dieser Form der Regierung in der pastoralen Macht und in der Seelenführung. Der Hirte »tut alles für die Gesamtheit seiner Herde, doch gleichermaßen tut er alles für jedes einzelne Schaf der Herde ... Es ist schließlich eine Macht, die zugleich auf alle und jeden in ihrer paradoxalen Äquivalenz zielt und nicht auf die vom Ganzen geformte höhere Einheit.« (2004: 191, 193)

Regierung aus, dass sie Verantwortung übernimmt und den Zusammenhang zwischen den Menschen und den Dingen herstellt - gerade das Herstellen des Zusammenhangs charakterisiert die Lenkung (vgl. Foucault 2000: 51). Regieren findet in vielen Bereichen statt, zentralisiert Macht nicht an einem Punkt.

> »Hier dagegen geht es nicht darum, den Menschen ein Gesetz aufzuerlegen; es geht darum, über die Dinge zu verfügen, d.h. vielmehr Taktiken statt Gesetze oder äußerstenfalls Gesetze als Taktiken einzusetzen und dafür zu sorgen, dass mit einer bestimmten Anzahl von Mitteln dieser oder jener Zweck erreicht werden kann. (...) Diesen Zweck wird man in der Vervollkommnung, Maximierung oder Intensivierung der von der Regierung geleiteten Vorgänge zu suchen haben, und an die Stelle der Gesetze werden als Instrumente der Regierung verschiedene Taktiken treten.« (Foucault 2000: 54)

Darin unterscheidet sich das Regieren zum einen wesentlich von der Souveränität, deren Ziel letzten Endes die »absolute Unterwerfung« ist, und zum anderen von der Disziplinarmacht. Die Gouvernementalität hat aber weder Souveränität noch Disziplinierung vollständig abgelöst, sondern bildet gemeinsam mit ihnen ein Dreieck (vgl. Foucault 2000: 53, 64).

Entscheidend neu und über die disziplinäre Zurichtung hinausweisend sind die Taktiken, die das Regierungsinstrumentarium sind. Sie treten vor allem als *Prozesse der Subjektivierung* auf; diese kennzeichnen die Mechanismen gouvernementaler Führung. Sie vermitteln zwischen der Macht und der Subjektivität (vgl. Lemke et al. 2000: 8), und zwar durch *Selbsttechnologien*, die ein Teil der Herrschaftstechniken sind. Sie ermöglichen dem Individuum in einer Art Über-Ich, sich selbst, mit seinem Körper und seinen Lebensformen funktional zu halten; das Subjekt internalisiert die Regeln so, dass es sich selber lenkt. Subjektivität muss nun nicht unterdrückt werden - im Gegenteil, sie wird unabdingbar. Wichtig ist, dass die »richtigen« Selbsttechnologien entwickelt werden, also nur diejenigen, die zur Erfüllung der Regierungsziele dienen (vgl. Lemke et al. 2000: 27ff).

Foucaults Einführung dieser Analysekategorien zur Beschreibung der Machttechniken entsteht nicht zufällig Ende der 70er Jahre, als das fordistische Modell deutliche Brüche aufweist und die Hegemoniebestrebungen und -erfolge neoliberaler Denkweisen immer deutlicher werden. Foucaults Disziplinarmodell der Macht wird diesen Entwicklungen immer weniger gerecht, es erscheint ihm selbst als »eine eigentümlich unökonomische und archaische Form der Macht« (Lemke 2003: 267). Die von ihm als Selbsttechnologien analysierten Mechanismen hingegen machen gouvernementale Führung zur idealen Form, das Subjekt »fit für den Neoliberalismus« zu machen:

> »Regierung im Sinne Foucaults bezieht sich somit nicht in erster Linie auf die Unterdrückung von Subjektivität, sondern v.a. auf ihre ›(Selbst-)Produktion‹, oder genauer: auf die Erfindung und Förderung von Selbsttechnologien, die an Regierungsziele gekoppelt werden können. (...) Warum sollte es nötig sein, individuelle Freiheiten und Gestaltungsspielräume einzuschränken, wenn sich politische Ziele wesentlich ›ökonomischer‹ mittels individueller ›Selbstverwirklichung‹ realisieren lassen? Entscheidend ist die Durchsetzung einer ›autonomen‹ Subjektivität als gesellschaftliches Leitbild, wobei die eingeklagte Selbstverantwortung in der Ausrichtung des eigenen Lebens an betriebswirtschaftlichen Effizienzkriterien und unternehmerischem Kalkül besteht.« (Lemke/Krasmann/Bröckling 2000: 29f)

In der Verinnerlichung der Regierung durch die Subjekte und dem Zusammenspiel von Selbst- und Fremdführung bei gleichzeitiger Zustimmung der Subjekte gestaltet diese Form der Macht den neoliberalen Ausbau des Staates. Dieser Mechanismus einer Individualisierung, des Einzugs von Regierungsmechanismen in die Individuen, bedeutet eine enorme Ausweitung der Macht. Im Gegenzug tritt der Staat (scheinbar) zurück, gesteht den Individuen, die die Regierung »einverleibt« haben, Eigenverantwortung und Selbstmanagement zu. Diese neue Macht in Form von Eigenverantwortung ist keineswegs weniger problematisch als andere zuvor, wie sich auch schon im obigen Zitat andeutet: Verantwortungsübergabe an das Subjekt wird im Sinne der ökonomischen Nutzbarmachung forciert, erleichtert dann z.B. den Abbau sozialer Sicherungssysteme, die nun vom Individuum »ersetzt« werden. Subjektivierung bedeutet nicht, dass Unterwerfung oder Unterdrückung beseitigt wären. Das neue Verhältnis von Macht und Subjekt ist trotz des Terminus der Selbstverantwortung nicht mit Freiheit oder Autonomie des Subjekts gleichzusetzen; im Gegenteil macht genau das widersprüchliche Spannungsfeld des Verhaftetseins zwischen Zwang und Wille zur Selbstverantwortung, zwischen Eigeninitiative und neuen Zumutungen den Kern aus (vgl. Langemeyer 2004: 70).

Foucault (2001: 305) bezeichnet Rassismus als grundlegenden Mechanismus der Macht, der »die Funktion des Todes in der Ökonomie der Bio-Macht gemäß dem Prinzip, dass der Tod der Anderen die biologische Selbst-Stärkung bedeutet«, sichert. Die Biomacht, entwickelt in der Zweiten Hälfte des 18. Jahrhunderts und in den Staat eingeschrieben durch die Transformation des politischen Rechts im 19. Jahrhundert, richtet sich als nicht-souveräne und nicht-disziplinäre Macht an den lebendigen Menschen, verwandelt das Recht des Souveräns, »sterben zu machen oder leben zu lassen« in die Macht, »leben zu machen und sterben zu lassen« (2001: 284) und richtet sich dabei auf die Regulierung der Bevölkerung. Rassismus, zwar nicht erst jetzt erfunden, aber neu eingesetzt, besetzt die Rolle, zu fragmentieren und Zäsuren im biologischen Kontinuum einzuführen (2001: 301) und weiterhin mit dem Tod der Anderen die eigene Bevölkerung zu sichern, um das Leben vor der »anormalen Rasse« zu schützen, gesund zu halten. Bei dieser Beziehung zwischen Biomacht und Rassismus handele es sich »nicht um eine militärische, kriegerische oder politische Beziehung, sondern um eine biologische Beziehung« (2001: 302).[6] Auch wenn in dem Anderen nicht der »Gegner im politischen Sinn«, sondern die »biologische Gefahr« (ebd.) bekämpft wird, so ist die Einschreibung des Rassismus als substanzieller Bestandteil, als Teil des Wesens der Macht eine politische Beziehung. Foucault weist diese Funktion des Rassismus anhand von Kolonisierung und Nationalsozialismus nach, arbeitet das Konzept allerdings nicht systematisch aus. Die Entfaltungen in subtilen Formen, wie sie sich im zeitgenössischen Rassismus äußern, im Rassismus, der eben nicht offensichtlich auf den Tod zielt, sondern sich durch fortwährende Zäsuren im Alltag einschreibt, fehlen in seiner Analyse. Nimmt man Rassismus als grundlegenden Mechanismus der Macht an, der, wie Foucault ihn beschreibt, fragmentiert und Zäsuren einführt, können an diesem Punkt Ausschlussmechanismen, die in den Biographien der Jugendlichen ständig vorkommen, noch einmal genauer betrachtet werden. Wie entfaltet Rassismus Wirkungskraft, woran schaltet er sich, in welcher Form betritt er die Bühne? Wie und woraus werden die Jugendlichen ausgeschlossen?

Formen und Wirkungen der Exklusion

Der Ausschluss aus modernen (Selbst)Regierungstechniken lässt sich über die Biographien der Jugendlichen hinweg beobachten. Ihnen werden Selbsttechnologien nicht zugestanden, weder zugetraut noch zugebilligt. Das zeigt sich schon an der familiären Situation, setzt sich in der Schule dann fort. Dort und an den weiteren Stationen ihres Lebens sind sie extremen Ungleichheiten ausgesetzt - was zugleich darauf hinweist, dass die Kategorien sozialer Ungleichheit keineswegs an Wirkungskraft verloren haben, trotz gebetsmühlenartiger Wiederholung neoliberaler Maximen wie der des Erfolgs durch eigene Leistung oder des Appells an die Selbstverantwortung. Soziale Herkunft, Klasse, das Elternhaus, das Geschlecht, das Erbe usw. - kurzum: Spaltung der Gesellschaft qua Geburt - wirken nach wie vor. Wenn Migrantenfamilien ständig unterstellt wird, sie seien traditionell, lebten rückwärts gewandt in ethnischen Ghettos und handelten nach alten, patriarchalen Machtformen, kann das über das bloße Vorurteil hinausweisen: Die Klischees werden zum Argument für ihr »Versagen« und gegen den Einschluss in die Regierung und damit auch gegen Subjek-

6 Ausführlich zu Foucaults Konzept des Verhältnisses von Biomacht und Rassismus vgl. Magiros 2004: 91ff.

tivierungsprozesse. Die Vermutung liegt nahe, dass zugleich gesellschaftlich vorgelagerte Kategorien der Ungleichheit verdunkelt werden, da sie nicht recht zu den »modernen« Formen neoliberaler Ideologie passen wollen. Paradoxerweise kann man die Migranten *selbst dafür verantwortlich* machen, nicht in der Moderne angekommen zu sein und darauf hinweisen, wie *unverantwortlich* ihr Verhalten sei.[7]

Der Ausschluss bestimmter Gruppen aus einem Teil der Macht und aus der Teilhabe an Macht kann die Existenz anderer »undemokratischer« Regulierungsmechanismen der Gesellschaft verschleiern. Indem diese scheinbar »nur« bei MigrantInnen wirken, fühlen sich die anderen sicher.[8] Es kann sich darin aber auch die Unfähigkeit neoliberaler Regierung ausdrücken, diese Gruppen zu integrieren oder ihre Widerstände zu vereinnahmen. Und zugleich zeigen sich die Widersprüche des Konzeptes: Wird allenthalben die Selbstverantwortlichkeit heraufbeschworen und genutzt, um damit soziale Verantwortung in das Individuum zu verlagern, werden zur Erfüllung des Ziels der Ökonomisierung des Sozialen genau jene Bruchlinien aktiviert, die entlang der Kategorien »race«, class, gender verlaufen.[9]

Die jugendlichen Biographien zeigen Ausschlüsse durch alle Lebensbereiche bis zum Gefängnis. Separierung der Minderheiten, der Marginalisierten ist an und für sich keine neue Strategie, gewinnt aber seit den 70er Jahren eine neue Qualität. Sie wird unter dem Stichwort »Anständigkeit« oder »Verstän-

---

7 Diese These könnte auch in anderen Bereichen Fragen des Umgang mit Migranten beantworten: Warum wehrt man sich beispielsweise so hartnäckig, »Ausländern« nach dem Territorialprinzip das Wahlrecht zuzugestehen?

8 Christina Kaindl (2005: 193f) zeigt am Beispiel der Greencard einen ähnlichen Mechanismus auf, wobei Zumutungen an ausländische Arbeitnehmer (etwa in Form einer rückwirkenden Verkürzung der Aufenthaltsgenehmigung im Falle einer Nicht-Beschäftigungsfähigkeit) schon gar nicht mehr thematisiert werden und aus der Sicht »der Deutschen« als selbstverständlich akzeptiert werden. Dies dient der Versicherung, dass Ausweitungen von Zumutungen für »die Anderen« reserviert sind, verstärkt das Gemeinschaftsgefühl ebenso wie das Gefühl einer »Inländerpräferenz« und verhindert die freie Sicht auf die Ausweitung von Zumutbarkeitsgrenzen in anderen Bereichen.

9 Das zeigt sich in weiblichen Lebenszusammenhängen, wenn der Autonomiegewinn von Frauen im Konzept der »Unternehmerin ihrer selbst« seine Konterkarierung da findet, wo Frauen in zunehmendem Maß die Erfüllung produktiver und reproduktiver Arbeit unter höchsten Leistungsanforderungen abverlangt wird und sie es sich selbst abverlangen. Vorgängige Geschlechterzuschreibungen und -verhältnisse werden dazu unbemerkt reaktiviert und erfahren eine Zuspitzung. Vgl. z.B. Brodie 2004, Pühl 2003, Schild 2004.

digkeit« vollzogen; diese Begriffe werden nicht mehr, wie früher, quantitativ abgestuft, sondern dienen der qualitativen Bewertung - dabei geht es um eine »im Kern moralische Stigmatisierung« (Rose 200: 101, vgl. auch S. 89, 100). Und um die »Marginalität zu regieren«, so Rose, bedarf es oftmals unmittelbarer und auf Disziplinierung zielender Maßnahmen, was er mit einer in Europa steigenden Gefangenenzahl belegt (vgl. Rose 2000: 99f). Auch das Konzept des Umgangs mit den Jugendlichen führt hin zu disziplinierenden Formen der Herrschaft.

Würden die Jugendlichen an der Erfüllung der gesellschaftlichen Leitbilder beteiligt, so müssten diese auch mit allen Konsequenzen für sie zur Verfügung stehen. Die ihnen zugewiesene Funktion als Negativ-Folie, als abschreckendes Beispiel ist Teil der Ökonomie der Macht. Wem Selbstverantwortung abgesprochen wird, der wird nicht regiert, sondern beherrscht. Die Biographien der Jugendlichen verweisen ständig auf Elemente der Repression, des Autoritarismus und des Zwangs, angesiedelt im Flüchtlingsheim, im Ausländergesetz, im Arbeitsverbot für die Eltern, im Gefängnis, im Nicht-Zugeständnis politischer Rechte, in der Verweigerung eines gerechten Zugangs zu Bildung. Die Anwendung dieser Herrschaftsformen auf das Subjekt zieht sich durch ihr Leben und hat eben nicht nur mit dem Umstand zu tun, dass der Schauplatz das Gefängnis ist.[10] Die Jugendlichen werden damit in eine offensichtlich marginalisierte Lage gebracht, die wiederum mit dem Ruch des selbstverschuldeten Modernisierungsdefizits behaftet ist. Sie sollen nicht an dem partizipieren dürfen, was proklamiertes Lebensgefühl ist. Der Graben, der sich auftut zwischen der repressiven Behandlung der Jugendlichen und der Selbstbestimmung, Freiheit und Flexibilität, wie sie der Neoliberalismus verspricht, wird zu einem zentralen Moment, das ihre »Andersartigkeit« vorführt.

---

10 Susanne Krasmann (2000) veranschaulicht am Beispiel von Anti-Aggressivitäts-Trainings in der Haft, wie Formen der Gouvernementalität auch im Gefängnis erfolgreich installiert werden können. Dennoch müssen die migrantischen Jugendlichen auch davon ausgeschlossen bleiben: Denn wenn, wie dies Krasmann für das Anti-Aggressivitätstraining nachweist, Macht über Sprache gebildet wird und das Selbstregieren durch strategischen Spracheinsatz geformt werden soll, gleichzeitig aber immer wieder Sprachdefizite der Jugendlichen hervorgehoben und überbetont werden, so bleibt am Ende nichts mehr anderes übrig als das Defizit. Sie bekommen kaum die Möglichkeit von therapeutischen Sondermaßnahmen, mit deren Hilfe die Kunst des Selbstregierens als Technik gelehrt wird - als Verhinderung beugt hier schon die Rechtsprechung vor, die ihnen gar nicht erst erlaubt, Anspruch auf solche Maßnahmen wie Therapien zu erheben.

Ein kohärent erscheinender Gesellschaftskörper wird auch über das Geschlecht produziert, »als Zusammenspiel von das Individuum disziplinierender und die Masse der Bevölkerung regulierender Praktiken« (Bublitz 2002: 258). Was bedeutet das für diejenigen, die nicht Teil dieser Kohärenz sind? Weiter oben habe ich aufgezeigt, dass die Männlichkeit der Jugendlichen im biographischen Verlauf immer mehr an Reduktion erfährt, auf wenige, negativ konnotierte Attribute zusammenschrumpft. Geschlecht wird damit zum Verstärker oder Grund des Ausschlusses. Als Angehörige des männlichen Geschlechts lässt man ihnen keine Möglichkeit mehr, eine Position zu beziehen - und sei sie noch so weit unten. Stattdessen sind sie »Hunde«, sind sie »Abschaum«[11] oder einfach etwas Drittes, das nicht einmal mehr eine Benennung erfährt. Damit wird immer deutlicher, wie wenig sie dem »Gesellschaftskörper« angehören und angehören sollen.

Die Jugendlichen verstehen die rassistischen Mechanismen, die an ihnen ausgelebt werden. Sie kämpfen gegen die Exklusionen an, um dann - wie in einer sich selbst erfüllenden Prophezeiung - immer mehr darauf zuzusteuern. Widerstandsversuche zeigen sich darin, den Körper extrem einzusetzen oder ihn zu zerstören, auszulöschen. Die Selbstmordversuche, die einige der Jugendlichen hinter sich haben, machen klar, welche Lösung der Situation sie bevorzugen. Die Versuche oder auch die Erwägung des Selbstmordes werden manchmal der Abschiebung vorgezogen, so wie es Adnan benennt: »Da ist entweder der Tod das Beste oder was anderes«. In letzter Konsequenz scheint der Tod als Lösung einer Situation, in der das Subjekt keine Entscheidungsmöglichkeiten mehr hat; für »was anderes« findet Adnan keinen Begriff. Er betrachtet den Selbstmord, auch wenn er im Tod endet, als eine Möglichkeit, Autonomie über das Selbst zu erlangen.

An den Jugendlichen zeigt sich die extreme Exekution des Umgangs mit »dem Anderen«: Je mehr der soziale Zusammenhang entfernt ist, desto mehr finden Einschreibungen in den Körper statt und er wird zu deren Produkt. Und so können auch ihre Körper nicht mehr *ihre* Ressource sein, denn diese sind durchdrungen von Zuschreibungen an Geschlechterkonstruktion sowie von einer Geschichte des Rassismus - der Körper ist das Medium, über das

11 Diese Begrifflichkeiten haben mehrere Jugendliche in den Interviews verwendet. Der Begriff »Abschaum« hat im Herbst 2005 in Frankreich eine öffentliche Bühne gefunden und zugleich für Wirbel gesorgt, als der Innenminister Nicolas Sarkozy revoltierende Jugendliche mit Migrationshintergrund in den banlieues als solchen bezeichnete. Der gleiche Mechanismus rassistischer Behandlung der Jugendlichen in den französischen Vorstädten und von jugendlichen Migranten in der BRD findet darin Ausdruck.

ihnen stückweise der Ausschluss vermittelt wird. Der Ausschluss des Subjekts aus modernen Regierungstechniken, die damit verbundene Ent-Subjektivierung bei gleichzeitiger Anwendung autoritärer und rigider Herrschaftsformen hat die Funktion, einen gesellschaftlichen Körper, der auf neoliberalen Anrufungen beruht zu »reinigen« und ihn damit überhaupt erst zu erschaffen. Er wird zugleich als »nationaler« mit allen dazugehörigen Privilegien erhalten und ständig rekonstruiert.

Literatur

Agamben, Giorgio (2002): Homo sacer. Die souveräne Macht und das nackte Leben. Frankfurt/Main

ders. (2003): Jenseits der Menschenrechte. In: Attac-Gegenstimmen: Der stille Krieg gegen die Flüchtlinge. Globalisierung, Migration und die Festung Europa, S. 11-15.

Albrecht, Hans-Jörg (1998): Jugend und Gewalt. In: Monatsschrift Kriminologie, 6, S. 381-398.

Albrecht, Peter-Alexis/Pfeiffer, Christian (1979): Die Kriminalisierung junger Ausländer. Befunde und Reaktionen sozialer Kontrollinstanzen. München 1979.

Alheit, Peter (1990): Biographizität als Projekt. Der »biographische Ansatz« in der Erwachsenenbildung. Universität Bremen.

Ders. (2002): Biographieforschung und Erwachsenenbildung. In: Kraul, Margret/ Marotzki, Winfried (Hg.): Biographische Arbeit. Perspektiven erziehungswissenschaftlicher Biographieforschung. Opladen, S. 211-240.

Ders./Dausien, Bettina (1985): Arbeitsleben. Eine qualitative Untersuchung von Arbeiterlebensgeschichten. Frankfurt/Main, New York.

Ders./Dausien, Bettina (2000): Die biographische Konstruktion der Wirklichkeit. Überlegungen zur Biographizität des Sozialen. In: Hoerning, Erika (Hg.): Biographische Sozialisation. Stuttgart, S. 257-283.

Ders./Völker, Susanne/Westermann, Bernd/Zwick, Michael M. (1994[2]): Die Kehrseite der Erlebnisgesellschaft. Eine explorative Studie. Bremen.

Althoff, Martina/Kappel, Sibylle (1995): Einleitende Bemerkungen zu »Geschlechterverhältnis und Kriminologie«. In: Althoff, Martina/Kappel, Sybille (Hg.): Geschlechterverhältnis und Kriminologie. Kriminologisches Journal, 5. Beiheft, S. 3-8.

Andriessen, Margot/Japenga, Caren (1985): Die großen Männer der Kriminologie und ihr Frauenbild. In: Monatsschrift Kriminologie 68, Heft 6, S. 313-322.

Angenendt, Steffen (2000): Kinder auf der Flucht. Minderjährige Flüchtlinge in Deutschland. Opladen.

Apitzsch, Gisela (1997): Schulbesuch unerwünscht. Aspekte der Diskriminierung von Flüchtlingskindern und Kinderflüchtlingen im deutschen Bildungssystem. In: Meinhardt, Rolf (Hg.): Zur schulischen und außerschulischen Versorgung von Flüchtlingskindern. Oldenburg.

Apitzsch, Ursula (1999): Biographieforschung und interkulturelle Pädagogik. In: Krüger, Heinz-Hermann/Marotzki, Winfried (Hg.): Handbuch erziehungswissenschaftliche Biographieforschung. Opladen, S. 471-486.

dies. (2001): Leben in der Stadt: Der »Modernisierungsvorsprung« der allochthonen Bevölkerung. In: Bukow, Wolf-Dietrich/Nikodem, Claudia/Schulze, Erika/Yildiz, Erol (Hg.): Auf dem Weg zur Stadtgesellschaft. Die multikulturelle Stadt zwischen globaler Neuorientierung und Restauration, S. 44-55.

dies. (2003): Biographieforschung. In: Orth, Barbara/Schwietring, Thomas/Weiß, Johannes (Hg.): Soziologische Forschung: Stand und Perspektiven. Opladen, S. 95-110.

dies. et al. (2000): Junge Türken als Täter und Opfer von Gewalt - Tagungsdokumentation. WissenschaftlerInnen und ExpertInnen aus Verwaltung und Praxis im Gespräch über die Gewaltbelastung junger Migranten türkischer Herkunft. Weinheim, Freudenbergstiftung.

dies./Jansen, Mechtild M. (Hg.) (2003): Migration, Biographie und Geschlechterverhältnisse. Münster.

Aslan, Hakan (2003): Ehre und hohle Männlichkeit. In: *die tageszeitung* vom 10.02.2003.

Aulenbacher, Brigitte (2002²): Die »zweite« Moderne, ein herrenloses Konstrukt - Reichweite und Grenzen modernisierungstheoretischer Zeitdiagnosen. In: Knapp, Gudrun-Axeli/Wetterer, Angelika (Hg.): Soziale Verortung der Geschlechter. Gesellschaftstheorie und feministische Kritik. Münster, S. 188-224.

Auernheimer, Georg (1993): Die unausweichliche welthistorische Konfrontation. Peter Scholl-Latours Fernsehserie: »Das Schwert des Islam«. In: Jäger, Siegfried/Link, Jürgen (Hg.): Die vierte Gewalt. Rassismus und Medien. Duisburg, S. 267-284.

Ders. (1993a): Kulturelle Identität als pädagogisches Problem. In: Fuchs, Max (Hg.): Kulturelle Identität. Eine Aufgabe für die Jugendkulturarbeit. Remscheid, S. 80-105.

Ders. (Hg.) (2001): Migration als Herausforderung für pädagogische Institutionen. Opladen.

Ders. (Hg.) (2003): Schieflagen im Bildungssystem. Die Benachteiligung der Migrantenkinder. Opladen.

Baacke, Dieter/Sander, Uwe (1999): Biographieforschung und pädagogische Jugendforschung. In: Krüger, Heinz-Hermann/Marotzki, Winfried (Hg.): Handbuch erziehungswissenschaftliche Biographieforschung. Opladen, S.243-257.

Balibar, Etienne (1992²): Gibt es einen »Neo-Rassismus«? In: Balibar, Etienne/Wallerstein, Immanuel: Rasse, Klasse, Nation. Ambivalente Identitäten. Hamburg, Berlin, S. 23-38.

von Balluseck, Hilde (Hg.) (2003): Minderjährige Flüchtlinge. Sozialisationsbedingungen, Akkulturationsstrategien und Unterstützungsysteme. Opladen.

dies./Meißner, Andreas (2003): Formen und Auswirkungen von Traumatisierung bei minderjährigen Flüchtlingen. In: von Balluseck, Hilde (Hg.): Minderjährige Flüchtlinge. Sozialisationsbedingungen, Akkulturationsstrategien und Unterstützungsysteme. Opladen, S. 76-78.

Bange, Dirk (1993): Sexueller Missbrauch an Jungen. In: Winter, Reinhard (Hg.): Stehversuche. Sexuelle Jungensozialisation und männliche Lebensbewältigung durch Sexualität. Tübingen.

Ders./Enders, Ursula (1995): Auch Indianer kennen Schmerz. Ein Handbuch gegen sexuelle Gewalt an Jungen. Köln

Bauböck, Rainer (1988): Ethnizität, Minderheit und Staat. In: Bauböck, Rainer et al. (Hg.):...und raus bist du! Ethnische Minderheiten in der Politik. Wien.

Bauman, Zygmunt (1992²): Moderne und Ambivalenz. In: Bielefeld, Uli (Hg.): Das Eigene und das Fremde. Hamburg, S. 23-50.

de Beauvoir, Simone (1997/1949): Das andere Geschlecht. Sitte und Sexus der Frau. Reinbek.

Beck, Ulrich (1986): Risikogesellschaft. Auf dem Weg in eine andere Moderne. Frankfurt/Main.

Ders. (1995): Die »Individualisierungsdebatte«. In: Schäfers, Bernhard (Hg.): Soziologie in Deutschland. Entwicklung. Institutionalisierung und Berufsfelder. Theoretische Kontroversen. Opladen, S. 185-198.

Ders./Beck-Gernsheim, Elisabeth (1990): Das ganz normale Chaos der Liebe. Frankfurt/Main.

Becker-Schmidt, Regina (1988): Perspektiven einer feministischen Theorie gesellschaftlicher Reproduktion. In: Sektion Frauenforschung (Hg.): Frauenforschung - Frauenpolitik. Dokumentation des Workshops der Sektion Frauenforschung. Hannover.

Bednarz-Braun, Iris/Heß-Meining, Ulrike (2004): Migration, Ethnie und Geschlecht. Theorieansätze - Forschungsstand - Forschungsperspektiven. Wiesbaden.

Behnke, Cornelia/Meuser, Michael (1999): Geschlechterforschung und qualitative Methode. Opladen.

Behnken, Imbke/Schulze, Theodor (1997): Tatort: Biographie. Spuren. Zugänge. Orte. Ereignisse. Opladen.

Behr, Rafael (2001): Gefährdete und gefährliche Jugend und andere Konflikte um Männlichkeit in der Polizei. In: Döge, Peter/Meuser, Michael (Hg.): Männlichkeit und soziale Ordnung. Neuere Beiträge zur Geschlechterforschung. Opladen, S. 105-122.

beiträge zur feministischen theorie und praxis (1990): Geteilter Feminismus. Rassismus - Antisemitismus - Fremdenhass. Heft 27.

beiträge zur feministischen theorie und praxis (2003): Wenn Heimat global wird. Heft 63/64.

Bentheim, Alexander/Kruse, Torsten (2000): Fort- und Weiterbildung zur sexualisierten Gewalt an und durch Jungen. Konzept und erste Erfahrungen eines Modellprojektes bei WIDERSPRUCH in Kiel. In: Lenz, Hans-Joachim (Hg.): Männliche Opfererfahrungen. Problemlagen und Hilfeansätze in der Männerberatung. Weinheim und München, S. 267-282.

Benz, Martina/Schwenken, Helen (2005): Jenseits von Autonomie und Kontrolle. Migration als eigensinnige Praxis. In: Prokla 140, S. 363-377.

Berentzen, Detlef (1992): Das Märchen von der Jugendgewalt. In: Psychologie Heute, Heft 8, S. 64-68.

Bereswill, Mechthild (1999a): Gefängnis und Jugendbiographie. Qualitative Zugänge zu Jugend, Männlichkeitsentwürfen und Delinquenz. KfN-Forschungsbericht Nr. 78, Hannover.

dies. (1999b): »Was ist das denn für'n Kindergarten hier.« Die biographische Positionierung eines Jugendlichen in einer geschlossenen Haftanstalt. KfN-Forschungsbericht Nr. 79, Hannover.

dies. (2001): »Die Schmerzen des Freiheitsentzugs« - Gefängniserfahrungen und Überlebensstrategien männlicher Jugendlicher und Heranwachsender. In: Bereswill, Mechthild/Greve, Werner (Hg.): Forschungsthema Strafvollzug. Baden-Baden, S. 253-285.

dies. (2003): Gewalthandeln, Männlichkeitsentwürfe und biographische Subjektivität am Beispiel inhaftierter junger Männer. In: Koher, Frauke/Pühl, Katharina (Hg.): Gewalt und Geschlecht. Konstruktionen, Positionen, Praxen. Opladen, S. 189-212.

Beyon, John (2002): Masculinities and Culture. Buckingham, Philadelphia.

Bhabha, Homi (2000): Die Verortung der Kultur. Tübingen.

Bielefeld, Uli (1992): Das Konzept des Fremden und die Wirklichkeit des Imaginären. In: Bielefeld, Uli (Hg.): Das Eigene und das Fremde. Hamburg, S. 97-128.

ders./Kreissl, Reinhard/Münster, Thomas (1982): Junge Ausländer im Konflikt. Lebenssituationen und Überlebensformen. München.

Bieling, Hans-Jürgen (2000): Dynamiken sozialer Spaltung und Ausgrenzung. Gesellschaftstheorien und Zeitdiagnosen. Münster.

Boehme, Ulfert (2000): Die Suche nach Hilfe. Zugänge zu geschlechtsspezifischen Hilfeangeboten für männliche Opfer sexueller Gewalt. In: Lenz, Hans-Joachim (Hg.): Männliche Opfererfahrungen. Problemlagen und Hilfeansätze in der Männerberatung. Weinheim und München, S. 167-184.

ders./Julius, Henri (1997^2): Sexuelle Gewalt gegen Jungen. Göttingen.

Böhnisch, Lothar (2000): Männer als Opfer - ein paradigmatischer Versuch. In: Lenz, Hans-Joachim (Hg.): Männliche Opfererfahrungen. Problemlagen und Hilfeansätze in der Männerberatung. Weinheim und München, S. 70-78.

Boers, Klaus (2000): Jugend und Gewalt. Entwicklungen und Erklärungen seit der Wende. In: Neue Kriminalpolitik 3/2000, S. 7-10.

Bohnsack, Ralf/Nohl, Arnd-Michael (1998): Adoleszenz und Migration. Empirische Zugänge einer praxeologisch fundierten Wissenssoziologie. In: Bohnsack, Ralf/Marotzki, Winfried (Hg.): Biographieforschung und Kulturanalyse - interdisziplinäre Zugänge qualitativer Forschung. Opladen.

Böttger, Andreas (1996): »Hervorlocken« oder Aushandeln? Zu Methodologie und Methode des »rekonstruktiven Interviews« in der Sozialforschung. In: Strobl, Rainer/Böttger, Andreas (Hg.): Wahre Geschichten? Zu Theorie und Praxis qualitativer Interviews. Baden-Baden, S. 131-158.

Bourdieu, Pierre (2000): Das väterliche Erbe. Probleme in der Vater-Sohn-Beziehung. In: Bosse, Hans/King, Vera (Hg.): Männlichkeitsentwürfe. Wandlungen und Widerstände im Geschlechterverhältnis. Frankfurt/New York, S. 83-91.

Bowker, Lee H. (Ed.) (1998): Masculinities and Violence. Thousand Oaks, London, New Delhi.

Bregenstroth, Lars (2003): Interview. In: *die tageszeitung* vom 03.11.2003.

Brod, Harry/Kaufman, Michael (Ed.) (1994): Theorizing Masculinities. Thousand Oaks, London, New Delhi.

Brodie, Janine (2004): Die Re-Formulierung des Geschlechterverhältnisses. Neoliberalismus und die Regulierung des Sozialen. In: Widerspruch. Beiträge zu sozialistischer Politik. Nr. 46, S. 19-32.

Brownmiller, Susan (1978): Against our Will. Men, Women and Rape. New York.

Bublitz, Hannelore (2002²): Geschlecht als singuläres Ereignis: Foucaults poststrukturalistischer Beitrag zu einer Gesellschafts-Theorie der Geschlechterverhältnisse. In: Knapp, Gudrun-Axeli/Wetterer, Angelika (Hg.): Soziale Verortung der Geschlechter. Gesellschaftstheorie und feministische Kritik. Münster, S. 256-287.

Bude, Heinz (1985): Der Sozialforscher als Narrationsanimateur. Kritische Anmerkungen zu einer erzähltheoretischen Fundierung der interpretativen Sozialforschung. In: Kölner Zeitschrift für Soziologie und Sozialpsychologie, 37. Jg., Heft 2, S. 327-336.

Bukow, Wolf-Dietrich (1992): Ethnisierung und nationale Identität. In: Institut für Migrations- und Rassismusforschung (Hg.): Rassismus und Migration in Europa. Hamburg, Berlin 1992, S. 133-146.

ders. (1993): Leben in der multikulturellen Gesellschaft. Opladen.

ders. (1996): Feindbild Minderheit. Ethnisierung und ihre Ziele. Opladen.

ders. (2003): Einleitung: Ausgegrenzt, eingesperrt und abgeschoben. Plädoyer für einen Perspektivenwechsel. In: Bukow, Wolf-Dietrich et al. (2003): Ausgegrenzt, eingesperrt und abgeschoben. Migration und Jugendkriminalität. Opladen, S. 15-34.

ders./Heimel, Isabel (2003): Der Weg zur qualitativen Migrationsforschung. In: Badawia, Tarek/Hamburger, Franz/Hummrich, Merle (Hg.): Wider die

Ethnisierung einer Generation. Beiträge zur qualitativen Migrationsforschung. Frankfurt/Main, S. 13-39.

ders./Jünschke, Klaus/Spindler, Susanne/Tekin, Ugur (2003): Ausgegrenzt, eingesperrt und abgeschoben. Migration und Jugendkriminalität. Opladen.

ders./Llaryora, Roberto (1988): Mitbürger aus der Fremde. Soziogenese ethnischer Minderheiten. Opladen.

ders./Nikodem, Claudia/Schulze, Erika/Yildiz, Erol (2001): Die multikulturelle Stadt. Von der Selbstverständlichkeit im städtischen Alltag. Opladen.

Bundesministerium für Familie, Senioren, Frauen und Jugend (2000): Kinder- und Jugendhilfe.

Butterwegge, Christoph/Hentges, Gudrun/Sarigöz, Fatma (1999): Medien und multikulturelle Gesellschaft. Opladen.

Butler, Judith (1991): Das Unbehagen der Geschlechter. Frankfurt/Main.

Carrigan, Tim/Connell, Robert W./Lee, John (1985): Towards a New Sociology of Masculinity. In: Theory and Society 5, pp. 551-604.

Castro Varela, María do Mar/Clayton, Dimitria (2003): Migration, Gender, Arbeitsmarkt. Neue Beiträge zu Frauen und Globalisierung. Königstein/Taunus.

Cicourel, Aaron, V. (1972): Cognitive Sociology. Language and Meaning in Social Interaction. London, Reading and Fakenham.

Clatterbaugh, Kenneth (1997): Contemporary Perspectives on Masculinity. Men, Women, and Politics in Modern Society. Boulder, Colorado und Oxford, 2. Aufl.

Cohen, P. (1990): Gefährliche Erbschaften: Studien zur Entstehung einer multirassistischen Kultur in Großbritanien. In: Kalpaka, Anita/Räthzel, Nora (Hg.): Die Schwierigkeit, nicht rassistisch zu sein. Leer, S. 81-144.

Collier, Richard (1998): Masculinities, Crime and Criminology. Men, Heterosexuality and the Criminal(ised) Other. London, Thousand Oaky, New Delhi.

Connell, Robert W. (1993): Introduction. In: Messerschmidt, James W.: Masculinities and Crime. Critique and Reconceptualization of Theory. Lanham, Maryland, pp. I-XV.

ders. (2000²): Der gemachte Mann. Konstruktion und Krise von Männlichkeiten. Opladen.

ders. (2000a): Globalisierung und Männerkörper - Ein Überblick. In: Feministische Studien, Heft 2/2000, S. 78-87.

ders. (2000b): Die Wissenschaft von der Männlichkeit. In: Bosse, Hans/King, Vera (Hg.): Männlichkeitsentwürfe. Wandlungen und Widerstände im Geschlechterverhältnis. Frankfurt/New York, S. 17-28.

ders. (2004): »Ich warf Bälle wie ein Mädchen«. Schwierigkeiten mit dem männlichen Körper. In: Lenz, Ilse/Mense, Lisa/Ullrich, Charlotte (Hg.): Reflexive Körper? Zur Modernisierung von Sexualität und Reproduktion. Opladen, S. 281-308

Cremer-Schäfer, Helga (1993): Was sichert Sicherheitspolitik? Über den politischen Nutzen steigender Kriminalität und ausufernder Gewalt. In: Kampmeyer, Eva/ Neumeyer, Jürgen (Hg.): Innere Unsicherheit. Eine kritische Bestandsaufnahme. München, S. 13-40.

Dannenbeck, Clemens/Eßer, Felicitas/Lösch, Hans (1999): Herkunft (er)zählt. Befunde über Zugehörigkeiten Jugendlicher. New York, München, Berlin.

Dausien, Bettina (2000): Biographie als rekonstruktiver Zugang zu »Geschlecht« - Perspektiven der Biographieforschung. In: Lemmermöhle, Doris/Fischer, Dietlind/Klika, Dorle/Schlüter, Anne (Hg.): Lesarten des Geschlechts. Zur De-Konstruktionsdebatte in der erziehungswissenschaftlichen Geschlechterforschung. Opladen, S. 96-115.

dies./Kelle, Helga (2005): Biographie und kulturelle Praxis. Methodologische Überlegungen zur Verknüpfung von Ethnographie und Biographieforschung. In: Völter, Bettina/Dausien, Bettina/Lutz, Helm/Rosenthal, Gabriele (Hg.): Biographieforschung im Diskurs. Wiesbaden, S. 189-212.

Deleuze, Gilles (1993): Postskriptum über die Kontrollgesellschaften. In: Deleuze, Gilles: Unterhandlungen. 1972-1990. Frankfurt/Main, S. 254-262.

Demirovic, Alex/Bojadzijev, Manuela (2002): Konjunkturen des Rassismus. Münster.

Der Spiegel (2002): Ausländer. Die Rückseite der Republik; Heft 10 vom 04.03.2002.

Der Spiegel-online (2002a): Böse Buben, kranke Knaben. Debatte; Spiegel-online vom 07.10.2002

Der Spiegel-online (2002b): Zuchtstation für dumme Machos. Böse Buben, kranke Knaben 2; Spiegel-online vom 09.10.2002

Deutsches Jugendinstitut e.V. (Hg.) (2000): Flüchtlingskinder - eine Randgruppe im multikulturellen Milieu. Projektheft 3/2000, München.

die tageszeitung vom 18.06.2002.

Diehm, Isabell/Radtke, Frank-Olaf (1999): Erziehung und Migration. Eine Einführung. Stuttgart, Berlin, Köln.

van Dijk, Teun A. (1993): Eliten, Rassismus und die Presse. In: Jäger, Siegfried/ Link, Jürgen (Hg.): Die vierte Gewalt: Rassismus und die Medien. S. 80-130.

Dillig, Peter (2000): Gewalterfahrungen männlicher Klienten in einer ländlichen Eltern- Jugend- und Familienberatungsstelle. In: Lenz, Hans-Joachim (Hg.): Männliche Opfererfahrungen. Problemlagen und Hilfeansätze in der Männerberatung. Weinheim und München, S. 103-118.

Dittrich Eckart J./ Lentz, Astrid (1994): Die Fabrikation von Ethnizität. In: Kößler, Reinhard/Schiel, Tilman (Hg.): Nationalstaat und Ethnizität. Frankfurt, S. 23-43.

ders./Radtke, Frank-Olaf (Hg.) (1990): Ethnizität. Wissenschaft und Minderheiten. Opladen

Döge, Peter (2000): Geschlechterdemokratie als Männlichkeitskritik. Männerforschung, Männerpolitik und der »neue Mann«. In: Aus Politik und Zeitgeschichte. Beilage zur Wochenzeitung Das Parlament. 28.Juli, 31/32, S.18-23.

ders. (2000a): Männlichkeit und Politik. Ansatzpunkte einer politikwissenschaftlichen Männer- und Männlichkeitsforschung. In: Feministische Studien 2/ 2000, S. 87-97.

ders./Meuser, Michael (2001): Geschlechterverhältnisse und Männlichkeit. Entwicklung und Perspektiven sozialwissenschaftlicher Männlichkeitsforschung. In: Döge, Peter/Meuser, Michael (Hg.): Männlichkeit und soziale Ordnung. Neuere Beiträge zur Geschlechterforschung. Opladen, S. 7-26.

Eberhard, Andreas (1998): Verschwiegene Jahre. Biographische Erzählungen von Gefangenschaft und dem Leben danach. Berlin.

Ecarius, Jutta (1998): Biographie, Lernen und Gesellschaft. Erziehungswissenschaftliche Überlegungen zu biographischem Lernen in sozialen Kontexten. In: Bohnsack, Ralf/Marotzki, Winfried (Hg.): Biographieforschung und Kulturanalyse. Transdisziplinäre Zugänge qualitativer Forschung. Opladen, S. 129-151.

Eichhorn, Cornelia (1995²): Im Dienste des Gemeinwohls. Frauenbewegung und Nationalstaat. In: Eichhorn, Cornelia/Grimm, Sabine: Gender Killer. Texte zu Feminismus und Politik. Berlin, S. 77-91.

Enders, Ursula (Hg.) (1990): Zart war ich, bitter war's. Sexueller Missbrauch an Mädchen und Jungen; Erkennen - Schützen - Beraten. Köln.

dies. (Hg.) (2001³): Zart war ich, bitter war's. Handbuch gegen sexuellen Missbrauch. Köln.

Engelfried, Constance (2000): Mit Widersprüchen leben lernen. Ergebnisse einer empirischen Studie über männliche Jugendliche in der Gruppe von Gleichaltrigen. In: Lenz, Hans-Joachim (Hg.): Männliche Opfererfahrungen. Problemlagen und Hilfeansätze in der Männerberatung. Weinheim und München, S. 119-133.

Erel, Umut (2004): Paradigmen kultureller Differenz und Hybridität. In: Sökefeld, Martin (Hg.): Jenseits des Paradigmas kultureller Differenz. Neue Perspektiven auf Einwanderer aus der Türkei. Bielefeld, S. 36-51.

Erhart, Walter/Hermann, Britta (Hg.) (1997): Wann ist ein Mann ein Mann? Zur Geschichte der Männlichkeit. Stuttgart, Weimar.

Farrokhzad, Schahrzad (2002): Medien im Einwanderungsdiskurs. Überlegungen zur Konstruktion der »fremden Frau«. In: beiträge zur feministischen theorie und praxis. Heft 61, S. 75-93.

Findeisen, Hans-Volkmar/Kersten, Joachim (1999): Der Kick und die Ehre. Vom Sinn jugendlicher Gewalt. München.

Fischer, Arthur /Fritzsche, Yvonne/Fuchs-Heinritz, Werner/Münchmeier, Richard (2000): Jugend 2000. 13. Shell Jugendstudie. Opladen.

Fischer-Rosenthal, Wolfram (1990): Von der biographischen Methode zur Biographieforschung: Versuch einer Standortbestimmung. In: Alheit, Peter/Fischer-Rosenthal, Wolfram/Hoerning, Erika (Hg.): Biographieforschung: Versuch einer Standortbestimmung. Bremen, S.11-32.

Flick, Uwe (2002^6): Qualitative Sozialforschung. Eine Einführung. Reinbek bei Hamburg.

Foucault, Michel (1976): Überwachen und Strafen. Die Geburt des Gefängnisses. Frankfurt/Main.

ders. (1977): Der Wille zum Wissen. Sexualität und Wahrheit 1. Frankfurt/Main.

ders. (1991): Die Ordnung des Diskurses. Frankfurt/Main

ders. (2000): Die Gouvernementalität. In: Bröckling, Ulrich/Krasmann, Susanne/ Lemke, Thomas (Hg.): Gouvernementalität der Gegenwart. Studien zur Ökonomisierung des Sozialen. Frankfurt/Main, S. 41-67.

ders. (2001): In Verteidigung der Gesellschaft. Frankfurt/Main.

ders. (2004): Geschichte der Gouvernementalität I. Sicherheit, Territorium, Bevölkerung. Frankfurt/Main.

ders. (2005): Schriften in vier Bänden. Dits et Ecrits, Band 4. Frankfurt/Main.

Frankfurter Rundschau (1998): »Schluss mit der Polemik. Die Wahrheit über Ausländerkriminalität ist kompliziert«; vom 10.06.1998.

Frankfurter Rundschau-online (2003): »Bei der Bildung fängt es an«; vom 06.05. 2003.

Fraser, Nancy (2005): Frauen, denkt ökonomisch! In: *tageszeitung* vom 07.04.05

Frey, Regina (2000): Begriffs-Konstruktionen. Zum theoretischen Subtext des entwicklungspolitischen Gender-Diskurses. In: ASA/iz3w: Malestreaming gender? Geschlechterverhältnisse in der Entwicklungspolitik. Freiburg, S. 6-9.

dies./Dingler, Johannes (2000): Was ist Gender? In: *die tageszeitung* vom 16./ 17.09.2000, Magazin, S. VI.

dies. (2001): Wie Theorien Geschlechter konstruieren. In: Heinrich-Böll-Stiftung: Alles Gender? Oder was? - theoretische Ansätze zur Konstruktion von Geschlecht(ern) und ihre Relevanz für die Praxis in Bildung, Beratung und Politik. Dokumentation einer Fachtagung der Heinrich-Böll-Stiftung am 9./ 10.03.2001. Berlin, S. 7-24.

Friebel, Harry/Epskamp, Heinrich/Knobloch, Brigitte/Montag, Stefanie/Toth, Stephan (2000): Bildungsbeteiligung: Chancen und Risiken. Eine Längsschnittstudie über Bildungs- und Weiterbildungskarrieren in der »Moderne«. Opladen.

Friedrichs, Jürgen (2002): Drogen und soziale Arbeit. Opladen

Garfinkel, Harold (1967): Studies in Ethnomethodology. Englewood Cliffs, New Jersey.

Geiling, Heiko (2000): Gewalt im öffentlichen Raum. Über Gegenaufklärer und städtische Gewaltverhältnisse. Beitrag zur Jahrestagung »Gewalt und Zivilisation« der Loccumer Initiative kritischer WissenschaftlerInnen vom 27.-29.10.2000 in Loccum; Internetpublikation: www.agis.uni-hannover.de vom 20.05.2003.

Geiss, Immanuel (1988): Geschichte des Rassismus. Frankfurt/Main

Geißler, Rainer (1999): Der bedrohliche Ausländer. Zum Zerrbild ethnischer Minderheiten in Medien und Öffentlichkeit. In: Ottersbach, Markus/Trautmann, Sebastian. K. (Hg.): Integration durch soziale Kontrolle. Zu Kriminalität und Kriminalisierung allochthoner Jugendlicher. Köln, S. 23-41.

ders. (2002): »Ausländerkriminalität« - Vorurteile, Missverständnisse, Fakten. Anmerkungen zu einer vielschichtigen Problematik. In: Kawamura-Reindl, Gabriele/Keicher, Rolf/Krell, Wolfgang (Hg.): Migration, Kriminalität und Kriminalisierung. Herausforderung an Soziale Arbeit und Straffälligenhilfe. Freiburg im Breisgau, S. 27-45.

Gelsthorpe, Loraine/Morris, Allison (1988): Feminism and Criminology in Britain. British Journal of Criminology, 28, pp. 93-110.

Gerhard, Ute (1995): Sozialwissenschaftliche Frauenforschung: Perspektivenwechsel und theoretische Diskurse. In: Schäfers, Bernhard (Hg.): Soziologie in Deutschland. Entwicklung. Institutionalisierung und Berufsfelder. Theoretische Kontroversen. Opladen 1995, S. 199-212.

Gildemeister, Regine/Wetterer, Angelika (1992): Wie Geschlechter gemacht werden. Die soziale Konstruktion der Zweigeschlechtlichkeit und ihre Reifizierung in der Frauenforschung. In: Knapp, Gudrun-Axeli/Wetterer, Angelika (Hg.): Traditionen Brüche. Entwicklungen feministischer Theorie, S. 201-254.

Goffman, Erving (1972): Asyle. Über die soziale Situation psychiatrischer Patienten und anderer Insassen. Frankfurt/Main.

Gomolla, Mechtild (2003): Fördern und Fordern allein genügt nicht! Mechanismen institutioneller Diskriminierung von Migrantenkindern und -jugendlichen im deutschen Schulsystem. In: Auernheimer, Georg (Hg.): Schieflagen im Bildungssystem. Die Benachteiligung der Migrantenkinder. Opladen, S. 97-112.

dies. (2005): Schulentwicklung in der Einwanderungsgesellschaft. Strategien gegen institutionelle Diskriminierung in England, Deutschland und der Schweiz. Münster, New York, München, Berlin.

dies./Radtke, Frank-Olaf (2002): Institutionelle Diskriminierung. Die Herstellung ethnischer Differenz in der Schule. Opladen.

Gransee, Carmen/Stammermann, Ulla (1992): Kriminalität als Konstruktion von Wirklichkeit und die Kategorie Geschlecht. Versuch einer feministischen Perspektive. Pfaffenweiler.

Griffin, Susan (1986): Rape: The Politic of Consciousness. San Francisco.

Griese, Hartmut M. (Hg.) (1984): Der gläserne Fremde. Bilanz und Kritik der Gastarbeiterforschung und Ausländerpädagogik. Opladen.

Groenemeyer, Axel (2003): Kulturelle Differenz, ethnische Identität und die Ethnisierung von Alltagskonflikten. Ein Überblick sozialwissenschaftlicher Thematisierungen. In: Groenemeyer, Axel/Mansel, Jürgen (Hg.): Die Ethnisierung von Alltagskonflikten. Opladen, S. 11-46,

Grottian, Peter/Schaeffer-Hegel, Barbara (1998): Vom Verschwinden des Geschlechterthemas aus dem Wahlkampf. In: *Frankfurter Rundschau* vom 20.08.1998

Gültekin, Nevâl (2003): Bildung, Autonomie, Tradition und Migration. Doppelperspektivität biographischer Prozesse junger Frauen aus der Türkei. Opladen.

Gümen, Sedef (1998): Das Soziale des Geschlechts. Frauenforschung und die Kategorie »Ethnizität«. In: Das Argument. Zeitschrift für Philosophie und Sozialwissenschaften. Nr. 224, S. 187-202.

dies. (2000): Vergeschlechtlichung und Ethnisierung im Kontext der Familie. Gesellschaftspolitische Dimensionen des Alltäglichen. In: Buchkremer, Hansjosef/Bukow, Wolf-Dietrich/Emmerich, Michaela (Hg.): Die Familie im Spannungsfeld globaler Mobilität. Zur Konstruktion ethnischer Minderheiten im Kontext der Familie. Opladen, S. 163-183.

Gutiérrez Rodríguez, Encarnación (1996): Eine Frau ist nicht gleich Frau, nicht gleich Frau, nicht gleich Frau... Über die Notwendigkeit einer kritischen Dekonstruktion in der feministischen Forschung. In: Fischer, Ute Luise/ Kampshoff, Marita/Keil, Susanne/Schmitt, Mathilde (Hg.): Kategorie: Geschlecht? Empirische Analysen und feministische Theorien. Opladen, S. 163-190

dies. (1999): Intellektuelle Migrantinnen - Subjektivitäten im Zeitalter von Globalisierung. Opladen

Hall, Stuart (1994): Die Frage der kulturellen Identität. In: Ders.: Rassismus und kulturelle Identität. Ausgewählte Schriften 2. Hamburg.

ders. (2005): Europas anderes Selbst. In: Kölnischer Kunstverein et al. (Hg.): Projekt Migration. Köln, S. 803-805.

Hamburger, Franz (1984): Erziehung in der Einwanderungsgesellschaft. In: Griese, Hartmut M. (Hg.): Der gläserne Fremde. Bilanz und Kritik der Gastarbeiterforschung und Ausländerpädagogik. Opladen, S. 56-72.

ders./Seus, Lydia/Wolter, Otto (1981): Zur Delinquenz ausländischer Jugendlicher. Bedingungen der Entstehung und Prozesse der Verfestigung. Wiesbaden: BKA-Reihe.

Haraway, Donna (1987): Geschlecht, Gender, Genre - Sexualpolitik eines Wortes. In: Hauser, Kornelia (Hg.): Viele Orte? Feminismus und Bewegung. Berlin, S. 22-41.

Hartsock, Nancy (1990): Foucault on Power: A Theory for Women? In: Nicholson, Linda J. (Ed.): Feminism/Postmodernism. New York and London, pp.157-175.

Haug, Frigga (2000): Globale Umbrüche und Geschlechterverhältnisse. In: Rosa-Luxemburg-Stiftung (Hg.): Globalisierung und Geschlecht. Anforderung an feministische Perspektiven und Strategien. Berlin, S. 68-81.

dies. (2005): Geschlechterverhältnisse als Produktionsverhältnisse. In: Kaindl, Christina (Hg.): Kritische Wissenschaften im Neoliberalismus. Marburg, S. 124-140.

Hernandez, Berenice (2004): Mit halber Machete in die Kämpfe des Alltags. Lebensrealitäten und Überlebensstrategien von Migrantinnen. In: Arranca – linke Zeitschrift, Ausgabe 26. http://arranca.nadir.org/artikel.php.3?nr=26&id=206.

Heck, Gerda/Spindler, Susanne (2004): »Wir wissen, dass das Ausbeutung ist, aber...« Geschlecht im Migrationsprozess: Konstruktionen, Widersprüche und Bewegungen. In: Hertzfeld, Hella/Schäfgen, Katrin/Veth, Silke (Hg.): GeschlechterVerhältnisse. Analysen aus Wissenschaft, Politik und Praxis. Berlin, S. 139-155.

Heinrich-Böll-Stiftung (2002): Mann oder Opfer? Dokumentation einer Fachtagung am 12./13.Oktober 2001 in Berlin. http://www.boell.de/downloads/gd/ MannoderOpfer.pdf; zuletzt abgerufen am 14.09.2003.

Heitmeyer, Wilhelm (1992): Soziale Desintegration und Gewalt. Lebenswelten und -perspektiven von Jugendlichen. In: DVJJ-Journal 1-2, S. 76-84.

Heldmann, Hans Heinz (1997): Ausländerrecht und Jugendstrafe. In: Jünschke, Klaus/Tekin, Ugur (Hg.): Kölner Stadtbuch Jugendkriminalität. Gegen die Kriminalisierung von Jugendlichen. Köln, S. 41-46.

Hentges, Gudrun (1999): Irreale Bedrohungsszenarien und reale Politik: »Ein Gespenst geht um in Europa - das Gespenst der multikulturellen Gesellschaft.« In: Butterwegge, Christoph/Hentges, Gudrun/Sarigöz, Fatma (Hg.): Medien und multikulturelle Gesellschaft. Opladen, S. 29-44.

Hess, Sabine (2003): Gender im Wandel. Osteuropas Transformation als androzentristisches Projekt. In: Attac-Gegenstimmen: Der stille Krieg gegen die Flüchtlinge. Globalisierung, Migration und die Festung Europa, S. 3-7.

Hitzler, Ronald/Bucher, Thomas/Niederbacher, Arne (2001): Leben in Szenen. Formen jugendlicher Vergemeinschaftung heute. Opladen.

Holzapfel, Renate (1999): Kinder aus asylsuchenden und Flüchtlingsfamilien: Lebenssituation und Sozialisation. In: Dietz, Barbara/Holzapfel, Renate: Kinder aus Familien mit Migrationshintergrund. Kinder in Aussiedlerfamilien und Asylbewerberfamilien–alleinstehende Kinderflüchtlinge. München, S. 53-233.

hooks, bell (1996): Sehnsucht und Widerstand. Kultur, Ethnie, Geschlecht. Berlin.

Huhnke, Brigitta (1993): Intermediale Abhängigkeiten bei der Inszenierung rassistischer Feindbilder seit Mitte der achtziger Jahre am Beispiel der Wochenzeitungen »Bild am Sonntag« und »Der Spiegel«. In: Jäger, Siegfried/Link, Jürgen (Hg.): Die vierte Gewalt. Rassismus und die Medien. Duisburg, S. 213-266.

Hüttermann, Jörg (2000): Polizeialltag und Habitus: Eine sozialökologische Fallstudie. In: Soziale Welt, 5, S. 7-24.

Inowlocki, Lena/Lutz, Helma (2000): Hard Labour. The ›Biographical Work‹ of a Turkish Migrant Woman in Germany. In: The European Journal of Women's Studies, Vol. 7, pp. 301-319.

Jäger, Margret (2000): Ethnisierung von Sexismus im Einwanderungsdiskurs. Analyse einer Diskursverschränkung. Duisburg.

dies./Cleve, Gabriele/Ruth, Ina/Jäger, Siegfried (1999): Von deutschen Einzeltätern und ausländischen Banden. Duisburg.

dies./Jäger, Siegfried (1993): Verstrickungen - Der rassistische Diskurs und seine Bedeutung für den politischen Gesamtdiskurs in der Bundesrepublik Deutschland. In: Jäger, Siegfried/Link, Jüger (Hg): Die Vierte Gewalt. Rassismus und Medien. Duisburg.

Jäger, Siegfried (2001): Rassismus und institutioneller Rassismus als Effekte von Diskursverschränkungen. In: Jäger, Siegfried/Paul, Jobst (Hg.): »Die Rechte ist immer noch Bestandteil unserer Welt. Aspekte einer neuen Konservativen Revolution. Duisburg, S. 49-67.

Jordan, Silke (2003): Soziale Arbeit mit Kinderflüchtlingen. In: Schöer, Wolfgang/Sting, Stephan (Hg.): Gespaltene Migration. Opladen, S. 79-94.

Joseph, Gloria I. (1993): Das disharmonische Dreiecksverhältnis: Marxismus, Feminismus und Rassismus. In: Joseph, Gloria I. (Hg.): Schwarzer Feminismus. Theorie und Politik afroamerikanischer Frauen. Berlin, S. 71-88.

Jünschke, Klaus (2003): Murat: »Unbewusst hab ich das gemacht.« In: Bukow, Wolf-Dietrich et al.: Ausgegrenzt, eingesperrt und abgeschoben. Migration und Jugendkriminalität. Opladen, S. 149-166.

Kaindl, Christina (2005): Rechtsextremismus und Neoliberalismus. In: Kaindl, Christina (Hg.): Kritische Wissenschaften im Neoliberalismus. Marburg, S. 180-200.

Kalpaka, Anita/Räthzel, Nora (Hg.) (1990): Die Schwierigkeit, nicht rassistisch zu sein. Leer.

Karakayalı, Serhat/Tsianos, Vassilis (2002): Migrationsregimes in der Bundesrepublik Deutschland. Zum Verhältnis von Staatlichkeit und Rassismus. In: Demirovic, Alex/Bojadzijev, Manuela: Konjunkturen des Rassismus. Münster, S. 246-267.

Karakayalı, Serhat/Tsianos, Vassilis (2005): Mapping the Order of New Migration. Undokumentierte Arbeit und die Autonomie der Migration. In: Peripherie 97/98, S. 35-64.

Kastner, Peter/Sessar, Klaus (Hg.) (2001): Strategien gegen die anwachsende Jugendkriminalität und ihre gesellschaftlichen Ursachen. Hamburg.

Käthner, Martina/Kleinau, Elke (1996): Höhere Töchterschulen um 1800. In: Kleinau, Elke/Opitz, Claudia (Hg.): Geschichte der Mädchen- und Frauenbildung. Band 1: Vom Mittelalter bis zur Aufklärung. Frankfurt/Main, New York, S. 393-408.

Kaufman, Michael (2001³): Die Konstruktion von Männlichkeit und die Triade männlicher Gewalt. In: BauSteineMänner (Hg.): Kritische Männerforschung. Neue Ansätze in der Geschlechtertheorie. Hamburg, S. 138-171.

Kawamura-Reindl, Gabriele (2002): Der »kriminelle Aussiedler«- das neue Problemkind der Institutionen sozialer Kontrolle? In: Kawamura-Reindl, Gabriele/Keicher, Rolf/Krell, Wolfgang (Hg.): Migration, Kriminalität und Kriminalisierung. Herausforderung an Soziale Arbeit und Straffälligenhilfe. Freiburg im Breisgau, S. 47-65.

Kersten, Joachim (1994): Anmerkungen zur neuen deutschen Jugendgewalt-Debatte. In: Recht der Jugend und des Bildungswesens. Zeitschrift für Schule, Berufsbildung und Jugenderziehung, Heft 2/1994, S. 187-198.

ders. (1997a): Gut und (Ge)schlecht: Männlichkeit, Kultur und Kriminalität. Berlin, New York.

ders. (1997b): Risiken und Nebenwirkungen: Gewaltorientierung und die Bewerkstelligung von »Männlichkeit« und »Weiblichkeit« bei Jugendlichen der underclass. In: Krasmann, Susanne/Scheerer, Sebastian (Hg.): Die Gewalt in der Kriminologie. Kriminologisches Journal, 6.Beiheft, Weinheim, S. 103-114.

ders. (2002): Jugendgewalt und Gesellschaft. In: Aus Politik und Zeitgeschichte 44, Internetausgabe: http://www.bpb.de/publikationen/41XNIY,1,0, Jugendgewalt_und_Gesellschaft.html#art1; zuletzt abgerufen am 25.04.04

Kessler, Suzanne J./Mc Kenna, Wendy (1978): Gender. An Ethnomethodological Approach. Chicago, London.

Kimmel, Michael S. (Ed.) (1987): Changing Men. New Directions in Research on Men and Masculinities. Newbury Park, London, New Delhi.

King, Vera (2000): Entwürfe von Männlichkeit in der Adoleszenz. Wandlungen und Kontinuitäten von Familien- und Berufsorientierungen. In: Bosse, Hans/King, Vera (Hg.): Männlichkeitsentwürfe. Wandlungen und Widerstände im Geschlechterverhältnis. Frankfurt/New York, S. 92-107.

dies. (2002): Die Entstehung des Neuen in der Adoleszenz. Individuation, Generativität und Geschlecht in modernisierten Gesellschaften. Opladen.

Kirpes, Reinhard (2000): Ausweisung und Abschiebung. In: Bewährungshilfe, Heft 1/2000, S. 102-106.

Kleinau, Elke (1996): Gleichheit oder Differenz? Theorien zur höheren Mädchenbildung. In: Kleinau, Elke/Opitz, Claudia (Hg.): Geschichte der Mädchen- und Frauenbildung. Band 2: Vorm Vormärz bis zur Gegenwart. Frankfurt/ Main, New York, S. 113-128.

dies. (2000): Das Eigene und das Fremde. Frauen und ihre Beteiligung am kolonialen Diskurs. In: Lohmann, Ingrid/Gogolin, Ingrid (Hg.): Die Kultivierung der Medien. Erziehungs- und sozialwissenschaftliche Beiträge. Opladen, S. 201-218.

dies. (2000a): Pädagoginnen der Aufklärung und ihre Bildungstheorien. In: Opitz, Claudia/Weckel, Ulrike/ Kleinau, Elke (Hg.): Tugend, Vernunft und Gefühl. Geschlechterdiskurse der Aufklärung und weibliche Lebenswelten. Münster, New York, München, Berlin, S. 309-338.

Kleyer-Zey, Nele (2003): Berufsorientierung junger Flüchtlinge. In: von Balluseck, Hilde (Hg.): Minderjährige Flüchtlinge. Sozialisationsbedingungen, Akkulturationsstrategien und Unterstützungsysteme. Opladen, S. 183-192.

Klingelhöfer, Susanne/Rieker, Peter (2003): Junge Flüchtlinge in Deutschland. Expertise zu vorliegenden Informationen, zum Forschungsstand und zum Forschungsbedarf. http://cgi.dji.de/bibs/188_2138.pdf; zuletzt abgerufen am 10.07.2004

Knapp, Gudrun-Axeli (2002²): Dezentriert und viel riskiert: Anmerkungen zur These vom Bedeutungsverlust der Kategorie Geschlecht. In: Knapp, Gudrun-Axeli/Wetterer, Angelika (Hg.): Soziale Verortung der Geschlechter. Gesellschaftstheorie und feministische Kritik. Münster, S. 15-62.

dies./Wetterer, Angelika (2002): Einleitung. In: Knapp, Gudrun-Axeli/Wetterer, Angelika (Hg.): Soziale Verortung der Geschlechter. Gesellschaftstheorie und feministische Kritik. Münster, S. 7-14.

Kölner Stadtanzeiger (1999): Jede dritte deutsche Frau leidet zu Haus unter Gewalt; vom 01.12.1999.

Koser, Khalid/Lutz, Helma (1998): The New Migration in Europe. Contents, Constructions and Realities. In: Koser, Khalid/Lutz, Helma (Hrsg.): The New Migration in Europe. Social Constructions and Social Realities. London, New York, S. 1-17.

Körber, Karen/Neckel, Sighard (1997): Last exit ethnicity. Zur politischen Konstruktion von Ethnizität in den USA und Deutschland. In: Hettlage Robert (Hg.): Kollektive Identität in Krisen. Ethnizität in Region, Nation, Europa. Opladen, S. 310-320.

Kornmann, Reimer (2003): Zur Überrepräsentation ausländischer Kinder und Jugendlicher in »Sonderschulen mit dem Schwerpunkt Lernen«. In: Auernheimer, Georg (Hg.): Schieflagen im Bildungssystem. Die Benachteiligung der Migrantenkinder. Opladen, S.81-95.

Krabel, Jens/Schädler, Christian (2001): Dekonstruktivistische Theorie und Jungenarbeit. In: Heinrich-Böll-Stiftung: Alles Gender oder was? Theoretische Ansätze zur Konstruktion von Geschlecht(ern) und ihre Relevanz für die Praxis in Bildung, Beratung und Politik. Berlin, S. 35-46.

Krasmann, Susanne (2000): Gouvernementalität der Oberfläche. Aggressivität (ab)trainieren beispielsweise. In: Bröckling, Ulrich/Krasmann, Susanne/Lemke, Thomas (Hg.): Gouvernementalität der Gegenwart. Studien zur Ökonomisierung des Sozialen. Frankfurt/Main, S. 194-226.

Krüger, Helga (2002[2]): Gesellschaftsanalyse: der Institutionenansatz in der Geschlechterforschung. In: Knapp, Gudrun-Axeli/Wetterer, Angelika (Hg.): Soziale Verortung der Geschlechter. Gesellschaftstheorie und feministische Kritik. Münster, S. 63-90.

Krüger-Potratz, Marianne (2005): Interkulturelle Bildung. Eine Einführung. Münster, New York, München, Berlin.

Kühne, Peter/Rüßler, Harald (2000): Die Lebensverhältnisse der Flüchtlinge in Deutschland. Frankfurt/Main, New York.

Kühnel, Wolfgang/Matuschek, Ingo (1995): Gruppenprozesse und Devianz. Risiken jugendlicher Lebensbewältigung in großstädtischen Monostrukturen. Weinheim, München.

Kümmel, Gerhard (1999): Gewalt und Rechtsextremismus in biographischen Interviews. Der Fall Guido Rössner. Referat anlässlich der Zweiten Tagung der Sektion Jugendsoziologie der Deutschen Gesellschaft für Soziologie in Chemnitz. Unveröffentl. Manuskript.

Lamnek, Siegfried (1995[3]): Qualitative Sozialforschung. Band 1: Methodologie. Weinheim.

Lang, Sabine/Sauer, Birgit (1998): Postmoderner Feminismus und politische Praxis. In: Hornscheidt, Antje/Schlichter, Annette (Hg.): Kritische Differenzen - geteilte Perspektiven. Zum Verhältnis von Feminismus und Postmoderne. Opladen, Wiesbaden, S. 74-92.

Langemeyer, Ines (2004): Subjektivität und kollektive Erfahrung. Subjektivierung als Machtinstrument im Produktionsprozess. In: Widerspruch. Beiträge zu sozialistischer Politik. Nr. 46, S. 65-78.

Laqueur, Thomas (1992): Auf den Leib geschrieben. Die Inszenierung der Geschlechter von der Antike bis Freud. Frankfurt/Main, New York.

Lemke, Thomas (2003): Andere Affirmationen. Gesellschaftsanalyse und Kritik im Postfordismus. In: Honneth, Axel/Saar, Martin (Hg.): Michel Foucault. Zwischenbilanz einer Rezeption. Frankfurt/Main, S. 259-274.

ders. (2003a): Rechtssubjekt oder Biomasse. Reflexionen zum Verhältnis von Rassismus und Exklusion. In: Stingelin, Martin (Hg.): Biopolitik und Rassismus. Frankfurt/Main, S. 160-183.

ders./Krasmann, Susanne/Bröckling, Ulrich (2000): Gouvernementalität, Neoliberalismus und Selbsttechnologie. Eine Einleitung. In: Bröckling, Ulrich/Krasmann, Susanne/Lemke, Thomas (Hg.): Gouvernementalität der Gegenwart. Studien zur Ökonomisierung des Sozialen. Frankfurt/Main, S. 7-40

Lemmermöhle, Doris (2002): Neue Chancen - alte Zwänge: Berufsfindungsprozesse junger Frauen. In: Regionalstelle Frau und Beruf (Hg.): Fachtagung Arbeit und Geschlecht. Dokumentation der Vorträge und Arbeitsgruppen. Bottrop, S. 12-28.

Lenz, Hans-Joachim (2000): »...und wo bleibt die solidarische Kraft für die gedemütigten Geschlechtsgenossen?« Männer als Opfer von Gewalt - Hinführung zu einer (noch) verborgenen Problemstellung. In: Lenz, Hans-Joachim (Hg.): Männliche Opfererfahrungen. Problemlagen und Hilfeansätze in der Männerberatung. Weinheim und München, S. 19-69.

Lenz, Ilse (1995): Geschlecht, Herrschaft und internationale Ungleichheit. In: Becker-Schmidt, Regina/Knapp, Gudrun-Axeli (Hg.): Das Geschlechterverhältnis als Gegenstand der Sozialwissenschaften. Frankfurt/New York, S. 19-46.

dies./Mense, Lisa/Ullrich, Charlotte (2004): Reflexive Körper? Zur Modernisierung von Sexualität und Reproduktion: Einleitung. In: Lenz, Ilse/Mense, Lisa/Ullrich, Charlotte (Hg.): Reflexive Körper? Zur Modernisierung von Sexualität und Reproduktion. Opladen, S. 7-15.

Lindemann, Gesa (1993): Das paradoxe Geschlecht. Transsexualität im Spannungsfeld von Körper, Leib und Gefühl. Frankfurt/Main.

Lindner, Werner (1998): Von der »Unwirtlichkeit« zur »Unwirklichkeit« der Stadt. In: Neue Praxis 2, S. 150-162.

Lorber, Judith (1999): Gender-Paradoxien. Opladen.

Lutz, Helma (1990): Welten verbinden. Türkische Sozialarbeiterinnen in den Niederlanden und der Bundesrepublik Deutschland. Frankfurt.

dies. (1992): Sind wir uns immer noch so fremd? Konstruktionen von Fremdheit in der Frauenbewegung. In: Widersprüche 45, S.79-90.

dies. (2001): Von Grenzen, Pässen und Rechten: Europäische Szenarien. In: eurozine–the netmagazine. http://www.eurozine.com/article/2001-03-09-lutz-de.html.

dies. (2002): In fremden Diensten. Die neue Dienstmädchenfrage in Europa als Herausforderung für die Migrations- und Geschlechterforschung. In: Gottschall, Karin/Pfau-Effinger, Birgit (Hg.): Zukunft der Arbeit und Geschlecht. Opladen, S. 161-182.

dies./Davis, Kathy (2005): Geschlechterforschung und Biographieforschung: Intersektionalität als biographische Ressource am Beispiel einer ungewöhnlichen Frau. In: Völter, Bettina/Dausien, Bettina/Lutz, Helma/Rosenthal, Gabriele (Hg.): Biographieforschung im Diskurs. Wiesbaden, S. 228-247.

dies./Huth-Hildebrandt, Christine (1998): Geschlecht im Migrationsdiskurs. Neue Gedanken über ein altes Thema. In: Das Argument. Zeitschrift für Philosophie und Sozialwissenschaften. Nr. 224, S. 159-173.

Lynch, Michael J. (1996): Class, Race, Gender and Criminologie: Structured Choices and the Life course. In: Schwartz, Martin D./Milovanovic, Dragan (Ed.): Race, Gender and Class in Criminology. The Intersection. New York and London, pp. 3-28.

Mac an Ghaill, Máirtín (1996) (Ed.): Understanding Masculinities: Social Relations and cultural Arenas. Buckingham, Bristol.

Magiros, Angelika (2004): Kritik der Identität. ›Bio-Macht‹ und ›Dialektik der Aufklärung. Werkzeuge gegen Fremdenabwehr und (Neo-)Rassismus. Münster.

Maihofer, Andrea (1995): Geschlecht als Existenzweise. Königsstein.

Mansel, Jürgen/Hurrelmann, Klaus (1998): Aggressives und delinquentes Verhalten Jugendlicher im Zeitvergleich. in: KZfSS, März, S. 78-109.

McLaughlin, Andrée Nicola (1993): Schwarze Frauen, Identität und das Streben nach Menschenwürde und Ganzheit. In: Joseph, Gloria I. (Hg.): Schwarzer Feminismus. Theorie und Politik afroamerikanischer Frauen. Berlin, S. 271-281.

Mecheril, Paul (2001): Pädagogiken natio-kultureller Mehrfachzugehörigkeit. Vom »Kulturkonflikt« zur »Hybridität«. In: Diskurs, Jahrg.11, Heft 2.

ders./Scherschel, Karin/Schrödter, Mark (2003): »Ich möchte halt von dir wissen, wie es ist, du zu sein.« Die Wiederholung der alinierenden Zuschreibung durch qualitative Forschung. In: Badawia, Tarek/Hamburger, Franz/ Hummrich, Merle (Hg.): Wider die Ethnisierung einer Generation. Beiträge zur qualitativen Migrationsforschung. Frankfurt/Main, S. 93-110.

Memmi, Albert (1987): Rassismus. Frankfurt/Main.

Messerschmidt, James W. (1993): Masculinities and Crime. Critique and Reconceptualization of Theory. Lanham, Maryland.

Metz-Göckel, Sigrid (1996): Die »deutsche Bildungskatastrophe« und Frauen als Bildungsreserve. In: Kleinau, Elke/Opitz, Claudia (Hg.): Geschichte der Mädchen- und Frauenbildung. Band 2: Vorm Vormärz bis zur Gegenwart. Frankfurt/Main, New York, S. 373-385.

dies./Müller, Ursula (1986): Der Mann. Die Brigitte Studie. Weinheim.

Meuser, Michael (1998): Geschlecht und Männlichkeit. Soziologische Theorie und kulturelle Deutungsmuster. Opladen.

ders. (1999): Männer ohne Körper? Wissenssoziologische Anmerkungen zum Verhältnis von Geschlecht und Körper. In: Zeitschrift für Politische Psychologie. 7. Jg., Sonderheft »Sozialisation und Identitäten«, S. 23-36.

ders. (2001): »Ganze Kerle«, »Anti-Helden« und andere Typen. Zum Männlichkeitsdiskurs in neuen Männerzeitschriften. In: Döge, Peter/Meuser, Michael (Hg.): Männlichkeit und soziale Ordnung. Neuere Beiträge zur Geschlechterforschung. Opladen, S. 219-236.

ders./Löschper, Gabi (2002): Einleitung: Qualitative Forschung in der Kriminologie (26 Absätze). In: Forum Qualitative Sozialforschung/Forum Qualitative Research (Online Journal), 3 (1). Verfügbar über: http://www.qualitative-research.net/fqs/fqs.htm; zuletzt abgerufen am 25.07.2002.

Mey, Günter (1999): Adoleszenz, Identität, Erzählung. Theoretische, methodologische und empirische Erkundungen. Berlin

Miles, Robert (1992²): Die Idee der Rasse und Theorien über Rassismus: Überlegungen zur britischen Diskussion. In: Bielefeld, Uli (Hg.): Das Eigene und das Fremde. Neuer Rassismus in der Alten Welt? Hamburg, S. 189-218.

Millett, Kate (1971): Sexus und Herrschaft. Die Tyrannei des Mannes in unserer Gesellschaft. München.

Mischau, Anina (1997): Frauenforschung und feministische Ansätze in der Kriminologie: dargestellt am Beispiel kriminologischer Theorien zur Kriminalität und Kriminalisierung von Frauen. Pfaffenweiler.

Monatsschrift für Kriminologie und Strafrechtsreform (1985): Weiblichkeitsmythen in der Kriminologie. Heft 6.

Morokvasic-Muller, Mirjana (2003): Gender-Dimensionen der postkommunistischen Migrationen in Europa. In: Apitzsch, Ursula/Jansen, Mechthild M. (Hg.): Migration, Biographie und Geschlechterverhältnisse. Münster S. 143-171.

Moser, Johannes (2000): Jugendkulturen. Recherchen in Frankfurt am Main und London. Frankfurt/Main

Moser, Susanne/Raynova, Ivanka B. (1999): 50 Jahre *Das andere Geschlecht.* In: Labyrinth, Vol. 1, Nr. 1. In: http://h2hobel.phl.univie.ac.at/ iaf/Labyrinth/ Paris.html; zuletzt abgerufen am 25.04.04.

Mosse, George L. (1997): Das Bild des Mannes. Zur Konstruktion der modernen Männlichkeit. Frankfurt/Main.

Moulier Boutang, Yann (2003): Nicht länger Reservearmee. Thesen zur Autonomie der Migration und zum notwendigen Ende des Regimes der Arbeitsmigration. In: Attac-Gegenstimmen: Der stille Krieg gegen die Flüchtlinge. Globalisierung, Migration und die Festung Europa, S. 18-23.

Müller, Marion (2003): Geschlecht und Ethnie. Historischer Bedeutungswandel, interaktive Konstruktion und Interferenzen. Wiesbaden.

Neckel, Sighard (1989): Individualisierung und Theorie der Klassen. Zwischenbemerkungen im Paradigmastreit. In: Prokla 76, 19.Jg., S. 51-59.

Nestvogel, Renate (1994): »Fremdes« oder »Eigenes«? Freiräume zwischen Ausgrenzung und Vereinnahmung. In: Nestvogel, Renate (Hg.): »Fremdes« oder »Eigenes«? Rassismus, Antisemitismus, Kolonialismus, Rechtsextremismus aus Frauensicht. Frankfurt/Main, S.11-23.

Neubacher, Frank (2003): Jugendkriminalität. Erscheinungen und Umgang. In: Sportjugend Berlin im Landessportbund Berlin e.V. (Hg.): Fachtagung »Evaluation von Kriminalprävention und Jugendarbeit«, S. 5-23.

Neue Kriminalpolitik (1995): Frauen und Kriminalität. Heft 1.

Newburn, Tim/Stanko, Elisabeth (1994): Introduction: Men, masculinity and crime. In: Newburn, Tim/Stanko, Elisabeth (Ed.): Just Boys doing Business? Men, masculinities and crime. London, pp. 1-9.

Nohl, Arnd-Michael (2001): Migration und Differenzerfahrung. Junge Einheimische und Migranten im rekonstruktiven Milieuvergleich. Opladen.

Notz, Gisela (2000): Grenzenlos flexibel? Antworten auf die Globalisierung. In: Rosa-Luxemburg-Stiftung (Hg.): Globalisierung und Geschlecht. Anforderung an feministische Perspektiven und Strategien. Berlin, S. 82-96.

Oakley, Ann (1972): Sex, Gender and Society. New York.

Obermöller, Bernd/Gosch, Mirko (1995): Kriminalitätsberichterstattung als kriminologisches Problem. In: Kritische Justiz, Jg.28, 1/1995.

Oevermann, Ulrich/Allert, Tilman/Konau, Elisabeth (1980): Zur Logik der Interpretation von Interviewtexten. Fallanalyse anhand eines Interviews mit einer Fernstudentin. In: Heinze, Thomas/Klusemann, Hans-Werner/Soeffner, Hans-Georg (Hg.): Interpretationen einer Bildungsgeschichte. Überlegungen zur sozialwissenschaftlichen Hermeneutik. Bensheim, S. 15-69

Pech, Detlef (2002). »Neue Männer« und Gewalt. Gewaltfacetten in reflexiven männlichen Selbstbeschreibungen. Opladen.

Peter, Erich (2003): Die Rechtsstellung der Flüchtlingskinder in Deutschland. In: von Balluseck, Hilde (Hg.): Minderjährige Flüchtlinge. Sozialisationsbedingungen, Akkulturationsstrategien und Unterstützungsysteme. Opladen, S. 33-75.

Philipper, Ingeborg (1997): Biographische Dimensionen der Migration. Zur Lebensgeschichte von Italienerinnen der ersten Generation. Weinheim.

Phizacklea, Annie (1998): Migration and Globalization: A Feminist Perspective, In: Koser, Khalid/Lutz, Helma (Ed.): The New Migration in Europe. Social Constructions and Social Realities. London, New York, S. 21-38.

Poliakov, Léon (1993): Der arische Mythos: Zu den Quellen von Rassismus und Nationalismus. Hamburg.

Pollak, Michael (1986): Männliche Homosexualität - oder das Glück im Ghetto? In: Ariès, Philippe/Béjin, André/Foucault, Michel u.a.: Die Masken des Begehrens und die Metamorphosen der Sinnlichkeit. Zur Geschichte der Sexualität im Abendland. Frankfurt/Main, S. 55-79.

Pfeiffer, Christian (2001): Machos, Feinde der Menschheit. In: *Die Zeit*, Nr. 16, S. 9.

ders./Wetzels, Peter (1999): Zur Struktur und Entwicklung der JugendGewalt in Deutschland. Ein Thesenpapier auf Basis aktueller Forschungsbefunde. In: Aus Politik und Zeitgeschichte. Beilage zur Wochenzeitschrift Das Parlament, 26/99, S. 3-22.

dies. (2000): Junge Türken als Täter und Opfer von Gewalt. KfN-Forschungsbericht Nr. 81. Hannover.

dies. (2000a): Gewalt hat ein Geschlecht. In: *Emma*, Jan./Feb., S. 49-51.

dies. (2001): Jugend und Gewalt. Eine repräsentative Dunkelfeldanalyse in München und acht anderen Städten. Baden Baden.

Pries, Ludger (2005): Transnationale Ökonomie als Herausforderung und Chance. In: Kölnischer Kunstverein et al. (Hg.): Projekt Migration. Köln, S. 394-402.

Prodolliet, Simone (1999): Spezifisch weiblich: Geschlecht und Migration. Ein Rückblick auf die Migrationsforschung. In: Zeitschrift für Frauenforschung, 1+2/1999, S. 26-42

Projekt Migration (2005): Ausstellungskatalog zum »Projekt Migration«. Herausgegeben vom Kölnischen Kunstverein. Köln.

Pross, Helge (1978): Die Männer: eine repräsentative Untersuchung über die Selbstbilder von Männern und ihre Bilder von der Frau. Reinbek/Hamburg.

Pühl, Katharina (2003): Der Bericht der Hartz Kommission und die ›Unternehmerin ihrer selbst‹: Geschlechterverhältnisse, Gouvernementalität und Neoliberalismus. In: Pieper, Marianne/Gutiérrez Rodríguez, Encarnación (Hg.): Gouvernementalität. Ein sozialwissenschaftliches Konzept im Anschluss an Foucault. Frankfurt/Main, New York, S. 111-135.

dies./Brenssell, Ariane (2003): Hegemoniale Geschlechterverhältnisse im Neoliberalismus oder Geschlechterverhältnisse als neoliberale Hegemonie? In: Buko (Hg.) (2003): radikal global. Bausteine für eine internationalistische Linke. Berlin, Hamburg, Göttingen, S. 84-100.

Radtke, Frank-Olaf (1995²): Migration und Ethnizität. In Flick, Uwe et al. (Hg.): Handbuch qualitative Sozialforschung: Grundlagen, Konzepte, Methoden und Anwendungen. Weinheim, S. 391-394.

ders. (2004): Die Illusion der meritokratischen Schule. Lokale Konstellationen der Produktion von Ungleichheit im Erziehungssystem. In: IMIS-Beiträge, Heft 23/2004, S. 143-178.

Ratzki, Anne (2003): Skandinavische Bildungssysteme - Schule in Deutschland. Ein provokanter Vergleich. In: Auernheimer, Georg (Hg.): Schieflagen im Bildungssystem. Die Benachteiligung der Migrantenkinder. Opladen, S. 23-31.

Rehmann, Jan (2003): Vom Gefängnis zur modernen Seele. In: Das Argument. Zeitschrift für Philosophie und Sozialwissenschaften. Nr. 249, S. 63-81.

Reichertz, Jo (1996): Lassen sich qualitative Interviews hermeneutisch interpretieren? In: Strobl, Rainer/Böttger, Andreas (Hg.): Wahre Geschichten? Zu Theorie und Praxis qualitativer Interviews. Baden-Baden, S. 77-92.

ders. (2000): Objektive Hermeneutik und hermeneutische Wissenssoziologie. In: Flick, Uwe/von Kardorff, Ernst/Steinke, Ines (Hg.): Qualitative Forschung. Ein Handbuch. Reinbek bei Hamburg, S. 514-524.

Reif, Wolfgang (1997): Zur Situation nicht-deutscher Inhaftierter in den Justizvollzugsanstalten. In: Jünschke, Klaus/Tekin, Ugur (Hg.): Kölner Stadtbuch Jugendkriminalität. Gegen die Kriminalisierung von Jugendlichen. Köln, S. 47-54.

Ricker, Kirsten (2003): Migration, Biographie, Identität - Der biographische Ansatz in der Migrationsforschung. In: Badawia, Tarek/Hamburger, Franz/Hummrich, Merle (Hg.): Wider die Ethnisierung einer Generation. Beiträge zur qualitativen Migrationsforschung. Frankfurt/Main, S. 53-65.

Roedig, Andrea (2001): Judith Butler - ein Sohn ihrer Zeit. In: Heinrich-Böll-Stiftung: Alles Gender? Oder was? - theoretische Ansätze zur Konstruktion von Geschlecht(ern) und ihre Relevanz für die Praxis in Bildung, Beratung und Politik. Dokumentation einer Fachtagung der Heinrich-Böll-Stiftung am 9./10.03.2001. Berlin, S. 25-34.

Rohr, Elisabeth (1994): Ethnizität und kulturelle Symbolgefüge. In: Kößler, Reinhart/Schiel, Tilman (Hg.): Nationalstaat und Ethnizität. Frankfurt, S. 57-74.

Rommelspacher, Birgit (1995): Dominanzkultur. Texte zu Fremdheit und Macht. Berlin

Ronneberger, Klaus (1998): Die Stadt der »Wohlanständigen« und die neuen »gefährlichen Klassen«. Der Umbau der Städte zu Konsumfestungen. In: Breyvogel, Wilfried (Hg.): Stadt, Jugendkulturen und Kriminalität. Bonn, S. 16-36.

Rose, Nikolas (2000): Tod des Sozialen? Eine Neubestimmung des Grenzen des Regierens. In: Bröckling, Ulrich/Krasmann, Susanne/Lemke, Thomas (Hg.): Gouvernementalität der Gegenwart. Studien zur Ökonomisierung des Sozialen. Frankfurt/Main, S. 72-109.

Rosenthal, Gabriele (1987): »...wenn alles in Scherben fällt...«: von Leben und Sinnwelt der Kriegsgeneration: Typen biographischer Wandlungen. Opladen.

dies. (1995): Erlebte und erzählte Lebensgeschichte. Gestalt und Struktur biographischer Selbstbeschreibungen. Frankfurt, New York dies. (1999): Migration und Leben in multikulturellen Milieus: Nationale Zugehörigkeit zur Herstellung von familien- und lebensgeschichtlicher Kontinuität. In: Apitzsch, Ursula (Hg.): Migration und Traditionsbildung. Opladen, Wiesbaden, S. 22-34.

dies. (2005): Die Biographie im Kontext der Familien- und Gesellschaftsgeschichte. In: Völter, Bettina/Dausien, Bettina/Lutz, Helma/Rosenthal, Gabriele (Hg.): Biographieforschung im Diskurs. Wiesbaden, S. 46-64.

Sack, Fritz (1973): Zur Definition der Gewalt - am Beispiel Jugend. In: Neidhardt, Friedhelm (Hg.): Aggressivität und Gewalt in unserer Gesellschaft. München, S. 39-61.

ders. (2000): Einige Thesen zum Thema »Ausländerkriminalität«. In: Apitzsch, Ursula et al.: Junge Türken als Täter und Opfer von Gewalt - Tagungsdokumentation. WissenschaftlerInnen und ExpertInnen aus Verwaltung und Praxis im Gespräch über die Gewaltbelastung junger Migranten türkischer Herkunft. Weinheim, Freudenbergstiftung, S. 85-88.

Sassen, Saskia (1991): Mobilität von Arbeit und Kapital. In: Prokla. Migrationsgesellschaft. H. 83, S. 222-248.

Sauer-Burghard, Brunhilde/Zill, Gerda (1984): Frauen in der Rechtsprechung. Opladen.

Sauter, Sven (2000): Wir sind »Frankfurter Türken«. Adoleszente Ablösungsprozesse in der deutschen Einwanderungsgesellschaft. Frankfurt/Main.

Schaffner, Paul/Kneip, Wolfgang (1983): Fühlt sich der Ausländer in Haft als Gefangener zweiter Klasse? In: Zeitschrift für Strafvollzug und Straffälligenhilfe, Heft 5/1983, S. 259-265

Scheerer, Sebastian (1978): Der politisch-publizistische Verstärkerkreislauf. In: Kriminologisches Journal, 10/1978, S. 222-227.

Schild, Verónica (2004): Die Freiheit der Frauen und gesellschaftlicher Fortschritt. Feministinnen, der Staat und die Armen bei der Schaffung neoliberaler Gouvernementalität. In: Kaltmeier, Olaf/Kastner, Jens/Tuider, Elisabeth (Hg.): Neoliberalismus - Autonomie - Widerstand. Soziale Bewegungen in Lateinamerika. Münster, S. 82-100.

Schiffauer, Werner (1983): Die Gewalt der Ehre. Erklärungen zu einem türkisch-deutschen Sexualkonflikt. Frankfurt/Main.

Schlehbusch, Stefan (1999): Drogenabhängige Ausländer im Strafvollzug - psychosoziale Hintergründe, Therapiechancen und Folgerungen für die Suchtberatung. In: Zeitschrift für Strafvollzug, 1/1999, S. 15-21.

Schroer, Marcus (2001): Die im Dunkeln sieht man doch. Inklusion, Exklusion und die Entdeckung der Überflüssigen. In: Mittelweg 36, 5/2001, S. 33-47.

Schubarth, Wilfried (2001): Jugendgewalt als Konjunkturthema in den Medien. In: Neue Kriminalpolitik. Forum für Praxis, Politik und Wissenschaft. Heft 3, August, S. 25-29.

Schütz, Alfred (1962; 1964; 1966): Collected Papers I-III. Volume I: The Problem of Social Reality. Volume II: Studies in Social Theory. III: Studies in Phenomenological Philosophy. Den Haag.

Schütze, Fritz (1977): Die Technik des narrativen Interviews in Interaktionsfeldstudien. Arbeitsberichte und Forschungsmaterialien Nr.1 der Universität Bielefeld, Fakultät für Soziologie.

ders. (1983): Biographieforschung und narratives Interview. In: Neue Praxis 3.

von See, Klaus (1994): Barbar, Germane, Arier: Die Suche nach der Identität der Deutschen. Heidelberg.

Sessar, Klaus (1996): Über einen (vergeblichen) Versuch, mit den Medien über kriminologische Erkenntnisse ins Gespräch zu kommen. In: Kriminologisches Journal, 28.Jg. 1996, H.4, S. 281-284.

Smaus, Gerlinda (1995): Feministische Erkenntnistheorie und Kriminologie von Frauen. In: Althoff, Martina/Kappel, Sybille (Hg.): Geschlechterverhältnis und Kriminologie. Kriminologisches Journal: 5. Beiheft 1995, S. 9-27.

dies. (2000): Soziale Kontrolle und das Geschlechterverhältnis. Manuskript eines an der Fern-Universität Hagen gehaltenen Vortrags. http://www.vings.de/kurse/wissensnetz/frauen/pdf/smaus.pdf; zuletzt abgerufen am 17.4.2004.

Sökefeld, Martin (2004): Das Paradigma kultureller Differenz. Zur Forschung und Diskussion über Migranten aus der Türkei in Deutschland. In: Sökefeld, Martin (Hg.): Jenseits des Paradigmas kultureller Differenz. Neue Perspektiven auf Einwanderer aus der Türkei. Bielefeld, S. 9-33.

Spindler, Susanne (2003): Geschlecht hinter Mauern. Zur Ordnung von Männlichkeiten durch Ethnisierung. In: beiträge zur feministischen theorie und praxis. Heft 63/64, S. 77-88.

dies. (2003a): Name, Alter, Herkunft und andere Skandale. Die Rolle der Medien im Kriminalisierungsprozess. In: Bukow, Wolf-Dietrich et al.: Ausgegrenzt, eingesperrt und abgeschoben. Migration und Jugendkriminalität. Opladen, S. 71-89.

dies./Tekin, Ugur (2003a): Wie man zum Türken wird: Fremd- und Selbstethnisierung in der totalen Institution. In: Bukow, Wolf-Dietrich et al.: Ausgegrenzt, eingesperrt und abgeschoben. Migration und Jugendkriminalität. Opladen, S. 238-258.

dies. (2003b): Adnan: Die Suche nach Zugehörigkeit. In: Bukow, Wolf-Dietrich et al.: Ausgegrenzt, eingesperrt und abgeschoben. Migration und Jugendkriminalität. Opladen, S. 134-146.

dies. (2003c): Hüseyin: Vom Leben in totalen Institutionen. In: Bukow, Wolf-Dietrich et al.: Ausgegrenzt, eingesperrt und abgeschoben. Migration und Jugendkriminalität. Opladen, S. 165-178.

dies. (2003d): Ömür: Der Körper als Schlachtfeld. In: Bukow, Wolf-Dietrich et al.: Ausgegrenzt, eingesperrt und abgeschoben. Migration und Jugendkriminalität. Opladen, S. 179-197.

dies. (2003e): Biographieforschung als Methode der Rekonstruktion und Deutung von Lebensgeschichten. In: Bukow, Wolf-Dietrich et al.: Ausgegrenzt, eingesperrt und abgeschoben. Migration und Jugendkriminalität. Opladen, S.91-103.

Spohn, Margret (2002): Türkische Männer in Deutschland. Familie und Identität. Migranten der ersten Generation erzählen ihre Geschichte.

Stadt Köln (1999): Sozialbericht der Stadt Köln.

Stammermann, Ulla (1997): »Weiblichkeit« und die Macht kultureller Deutungsmuster. In: Kriminologisches Journal, Heft 3, S. 210-219.

Stanko, Elisabeth A. (1994): Challenging the problem of men's individual violence. In: Stanko, Elisabeth A/Newburn, Tim (Ed.): Just Boys doing Business? Men, masculinity and crime. London, New York, pp 32-45.

Steinke, Joachim (1995): Ausländer in Untersuchungshaftvollzug. In: Bewährungshilfe, Heft 2/1995, S. 170-182.

Süddeutsche Zeitung (2003): Die ignorierte Zeitbombe. Experten warnen vor einer Eskalation der Gewalt unter jugendlichen Aussiedlern aus GUS-Staate; vom 08./09.02.2003.

Süddeutsche Zeitung (2001): Islam-Serie: Wie in Deutschland eine Parallelgesellschaft entsteht; vom 04.12.2001.

Süddeutsche Zeitung (2004): Auffanglager in Nordafrika. Grüne kritisieren Schilys Flüchtlingspläne; vom 03.08. 2004.

Tekin, Ugur (2003): Die gesellschaftspolitische Dimension: Vom »Ausländer« zum Bürger. In: Bukow, Wolf-Dietrich et al.: Ausgegrenzt, eingesperrt und abgeschoben. Migration und Jugendkriminalität. Opladen, S. 307-312.

Terkessidis, Mark (2000): Migranten. Hamburg.

ders. (2000[2]a): Wir selbst sind die Anderen. Globalisierung, multikulturelle Gesellschaft und Neorassismus. In: Butterwegge, Christoph/Hentges, Gudrun (Hg.): Zuwanderung im Zeichen der Globalisierung. Migrations-, Integrations- und Minderheitenpolitik. Opladen 2000, S. 231-251.

ders. (2003): Der lange Abschied von der Fremdheit. Kulturelle Globalisierung und Migration. In: Die Brücke. Forum für antirassistische Politik und Kultur. Heft 4/2003, S. 30-36.

ders. (2003a): »Bei denen haben Frauen doch überhaupt keine Rechte«. Methodologie der Rassismusforschung: Probleme bei der Erkenntnis eines Gegenstandes, der selbst Erkenntnisse formuliert. In: Badawia, Tarek/Hamburger,

Franz/Hummrich, Merle (Hg.): Wider die Ethnisierung einer Generation. Beiträge zur qualitativen Migrationsforschung. Frankfurt/Main, S. 67-80.

ders. (2004): Die Banalität des Rassismus. Migranten zweiter Generation entwikkeln eine neue Perspektive. Bielefeld.

Tertilt, Hermann (1996): Turkish Power Boys. Ethnographie einer Jugendbande. Frankfurt/Main.

Theweleit, Klaus (1977): Männerphantasien Bd.1. Frauen, Fluten, Körper, Geschichte. Frankfurt/Main

ders. (1978): Männerphantasien Bd.2. Zur Psychoanalyse des weißen Terrrors. Frankfurt/Main.

Thürmer-Rohr, Christina (1999): Pluralität als Herausforderung. In: *die tageszeitung* vom 08.03.1999.

Thurston, Richard (1996): Are you sitting comfortably? Men's storytelling, masculinities, prison culture and violence. In: Mac an Ghaill, Máirtín (Ed.): Understanding Masculinities. Social Relations and Cultural Arenas. Buckingham, pp.139-152.

Treibel, Annette (1997): Einführung in soziologische Theorien der Gegenwart. Opladen.

von Trotha, Trutz (1995): Staatliches Gewaltmonopol und Privatisierung. Notizen über gesamtstaatliche Ordnungsformen der Gewalt. In: Sack, Fritz u.a. (Hg.): Privatisierung staatlicher Kontrolle: Befunde, Konzepte, Tendenzen. Baden-Baden, S. 14-37.

Tschernokosheva, Elka (2005): Geschichten vom hybriden Leben: Begriffe und Erfahrungswege. In: Tschernokoshewa, Elka/Juric Pahor, Marija (Hg.): Auf der Suche nach hybriden Lebensgeschichten. Theorie–Feldforschung–Praxis. Münster, New York, München, Berlin.

Tuider, Elisabeth (2003): Körpereventualitäten. Der Körper als kultureller Konstruktionsschauplatz. In: Macha, Hildegard/Fahrenwald, Claudia (Hg.): Körperbilder zwischen Natur und Kultur. Interdisziplinäre Beiträge zwischen Natur und Kultur. Opladen, S. 43-67.

UNICEF-Information (2002): Kinderprostitution, Kinderpornographie, Kinderhandel. Zerstörte Kindheit. 4/02.

Uslucan, Haci Halil (2003): Das Fleisch ist deins. In: *die tageszeitung*, 13.01.2003.

Vester, Michael/Gardemin, Daniel (2001): Milieu und Klassenstruktur. Auflösung, Kontinuität oder Wandel der Klassengesellschaft? In: Rademacher, Claudia/Wiechens, Peter: Geschlecht–Ethnizität–Klasse. Zur sozialen Konstruktion von Hierarchie und Differenz. Opladen, S.219-274.

Wacquant, Loic (2000): Elend hinter Gittern. Konstanz.

Walter, Joachim (1993): Auch wenn Cassandra selten gehört wird. In: DVJJ-Journal, Heft 3/1993, S. 245-250

Walter, Michael (1993): Über die Bedeutung der Kriminalität junger Ausländer für das Kriminalrechtssystem. In: DVJJ-Journal, Heft 4/1993, S. 347-359.

ders. (1999): Von der Kriminalität in den Medien zu einer bedrohlichen Medienkriminalität und Medienkriminologie? In: DVJJ-Journal 4/1999, S. 348-354.

ders. (2001): Migration und damit verbundene Kriminalitätsprobleme. In: Jörg-Martin Jehle (Hg.): Raum und Kriminalität: Sicherheit der Stadt. Migrationsprobleme. Mönchengladbach, S. 209-228.

Weber, Martina (1999): Replik auf den Artikel »Zur Ethnisierung von Geschlecht« von Encarnación Gutiérrez Rodríguez. In: Das Argument. Zeitschrift für Philosophie und Sozialwissenschaften. Nr. 231, S. 573-581.

dies. (2003): Heterogenität im Schulalltag. Konstruktion ethnischer und geschlechtlicher Unterschiede. Opladen.

Weiss, Karin/Enderlein, Oggi/Rieker, Peter (2001): Junge Flüchtlinge in multikultureller Gesellschaft. Opladen

Westphal, Manuela (2000): Familienorientierung im Kontext kultureller und geschlechtlicher Differenz. In: Buchkremer, Hansjosef/Bukow, Wolf-Dietrich/Emmerich, Michaela (Hg.): Die Familie im Spannungsfeld globaler Mobilität. Zur Konstruktion ethnischer Minderheiten im Kontext der Familie. Opladen, S. 185-200.

Weyh, Christine (2003): Die Brillen der ExpertInnen. In: Bukow, Wolf-Dietrich et al.: Ausgegrenzt, eingesperrt und abgeschoben. Migration und Jugendkriminalität. Opladen, S. 277-290.

Whyte, William Foote (1996³): Die Street Corner Society. Die Sozialstruktur eines Italienerviertels. Berlin, New York.

Wichterich, Christa (2000): Gender matters. Zur Vergeschlechtlichung von Arbeit auf globalisierten Märkten. In: Rosa-Luxemburg-Stiftung (Hg.): Globalisierung und Geschlecht. Anforderung an feministische Perspektiven und Strategien. Berlin, S. 13-36.

Widersprüche (2005): Genders neue Kleider? Dekonstruktivistischer Postfeminismus, Neoliberalismus und Macht. Heft 95.

Wirth, Wolfgang, 1998: Ausländische Gefangene im Jugendstrafvollzug NRW: Ergebnisse einer Stichtagserhebung (15. Juli 1997). In: Zeitschrift für Strafvollzug, Heft 5/98, S. 278-286.

Wollrad, Eske (2004): Körperkartographien. Konstruktion von »Rasse«, Weißsein und Geschlecht. In: Rohr, Elisabeth (Hg.): Körper und Identität. Gesellschaft auf den Leib geschrieben. Königstein/Taunus, S. 184-197.

Yildiz, Erol (1999): Fremdheit und Integration. Bergisch Gladbach ders. (2003): Stigmatisierende Mediendiskurse in der kosmopolitanen Einwanderungsgesellschaft. In: Die Brücke. Forum für antirassistische Politik und Kultur. Heft 4/2003, S. 22-29.

Zaimoğlu, Feridun (2001): Kopf und Kragen. Kanak-Kultur-Kompendium. Frankfurt/Main.

Zarkov, Dubravka (2003): Männer wurden Opfer sexueller Gewalt. In: *die tageszeitung* vom 26.05.2003.

Ziehlke, Brigitte (1993): Deviante Jugendliche. Individualisierung, Geschlecht und soziale Kontrolle. Opladen.

Zipfel, Gaby (2001): Blood, sperm and tears. Sexuelle Gewalt in Kriegen. In: Mittelweg 36, 5/2001, S. 3-20.

Zurstiege, Guido (2001): Im Reich der großem Metapher - Männlichkeit und Werbung. In: Döge, Peter/Meuser, Michael (Hg.): Männlichkeit und soziale Ordnung. Neuere Beiträge zur Geschlechterforschung. Opladen, S. 201-217.

Transkriptionszeichen

(7)	= Dauer der Pause in Sekunden
nein	= betont, laut
((lachend))	= Kommentar des Transkribierenden
/	= Einsetzen bzw. Ende des kommentierten Phänomens
(...)	= Auslassung in der Passage
( )	= Inhalt unverständlich, die Länge der Klammer entspricht in etwa der Dauer der Äußerung
aber-	= Abbruch

Die Autorin

Susanne Spindler Dr. päd., Jahrgang 1971, Studium der Dipl.-Pädagogik, von 1998-2002 Mitarbeiterin an der Forschungsstelle für interkulturelle Studien, Universität zu Köln (Soziologie), zur Zeit Bildungsreferentin der Rosa-Luxemburg-Stiftung NRW und Lehrbeauftragte an der Universität zu Köln. Redakteurin der Zeitschrift *beiträge zur feministischen theorie und praxis* und Mitglied im Frauenbeirat von *Das Argument. Zeitschrift für Philosophie und Sozialwissenschaften*. Diverse Veröffentlichungen zu Jugend, Migration und Geschlecht.

Joannah Caborn

Schleichende Wende

Diskurse von Nation und Erinnerung bei der Konstituierung der Berliner Republik

268 S., 24 EUR [D]
ISBN 3-89771-739-5

Auf der Suche nach nationaler Identität konkurrieren seit der deutschen Einheit 1990 in Politik und Feuilleton Entwürfe von Bonner und Berliner Republiken. Joannah Caborn analysiert die damit einhergehenden Verwerfungen im Diskurs über die Nation und insbesondere über Erinnerung.
Schon bei der Konstituierung der Berliner Republik wird das Gebot unterlaufen, sich der NS-Zeit und ihrer Verbrechen zu erinnern. Die Grundsätze, denen zufolge die Bundesrepublik mit Bonn eine quasi nicht-nationale Hauptstadt hatte, werden in Berlin ignoriert oder auf den Kopf gestellt. So kann unter anderem die Analyse der Regierungsarchitektur in Bonn und Berlin zeigen, wie der Einfluss des Erinnerungsdiskurses auf die nationale Identität abnimmt. Dabei wird das diskursanalytische Instrumentarium in Richtung einer Dispositivanalyse erweitert.

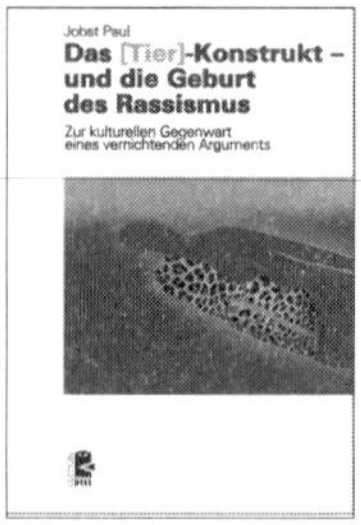

Jobst Paul

Das ›Tier‹-Konstrukt - und die Geburt des Rassismus

Zur kulturellen Gegenwart eines vernichtenden Arguments

400 S., 24 EUR [D]
ISBN 3-89771-731-4

Die Studie ermittelt das Konstrukt vom ›Tier‹ als destruktives und zugleich widersprüchliches Stereotyp der westlichen Bildung. Alltag, Philosophie und Wissenschaft bedienen sich darin seit Jahrhunderten – und heute medial – eines gemeinsamen Codes, der Ausgrenzung und Ungleichheit rechtfertigt. Zugleich bewahrt das aus der griechischen Philosophie stammende ›Tier‹-Konstrukt den christlichen Affekt gegen das Judentum auf. Dabei ist es gerade die universalistische Ethik des Judentums, die noch heute gern als ›christliche‹ Ethik vereinnahmt wird.

Alfred Schobert / Siegfried Jäger (Hg.)

Mythos Identität

Fiktion mit Folgen

234 S., 18 EUR [D]
ISBN 3-89771-735-2

Nationale Mythen und Vorstellungen von Identität sind zwar Konstrukte, sie haben aber reale Folgen. Die Beiträge diskutieren unterschiedliche Konzepte und Entwicklungen der Nationen- und Identitätenbildung international.
Mit Beiträgen von: Kurt Lenk (Erlangen), Inan Gololobov (Moskau), Yomb May (Neubeuern), Gudrun Quenzel (Essen), Alfred Schobert (Duisburg), Siegfried Jäger (Duisburg), Semra Celik (Berlin), Frank Wichert (Duisburg), Moshe Zuckermann (Tel Aviv) u.a.

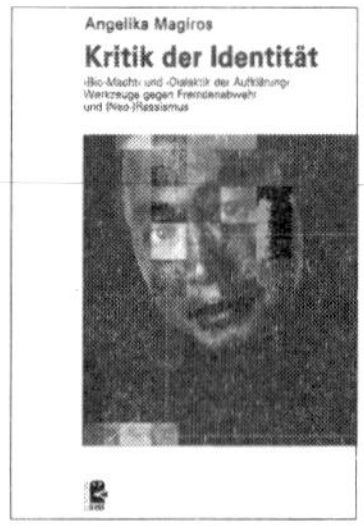

Angelika Magiros

Kritik der Identität

›Bio-Macht‹ und ›Dialektik der Aufklärung‹ - Werkzeuge gegen Fremdenabwehr und (Neo-)Rassismus

284 S., 18 EUR [D]
ISBN 3-89771-734-4

Foucaults Geschichte der Bio-Macht und die aufklärungskritische These Horkheimers und Adornos repräsentieren höchst unterschiedliche Traditionen der Moderne-Kritik. Doch sie treffen sich in einem Punkt: Beiden gilt die Logik der *Identität* – der Drang zum widerspruchsfreien ›Einssein‹ – als politisch gefährlichster Bestandteil moderner Rationalität.
In ihrer packend geschriebenen Studie zeigt Angelika Magiros, wie gerade dieser gemeinsame Kern der beiden Theorien für eine eingehende Analyse moderner und (post-)modernster Formen der Fremdenfeindlichkeit fruchtbar gemacht werden kann.